開発論の源流

―新構造主義・幼稚産業論・学際的アプローチ―

宮川典之著

文眞堂

まえがき

　本書の出版計画を立案してから時間がかなり経過してしまった。ともかくここに本書の刊行が実現したことを素直に喜びたい。もとより本書は，10年ほど前に刊行された『開発論の視座——南北貿易・構造主義・開発戦略——』（文眞堂）の姉妹本として，もしくはそれを補完拡充する意図をもって執筆されたものである。その意味においてはこのふたつの著作は，いわば対をなすものとして位置づけられよう。

　ところで筆者が早稲田大学大学院経済学研究科の博士後期課程在学時に，政府筋から世界銀行の『世界開発報告1982』の翻訳の仕事がまわってきて，それを訳出してゆくなかで，世銀もずいぶんとそのスタンスが変わってきたなあとの強い印象を持ったことが懐かしく想い起こされる。まさしくそれは世銀総裁がマクナマラからクローセンへ代わったときであり，この国際金融機関の拠って立つ開発思想が構造主義経済学から新古典派経済学へと大きく変化したことを物語るものであった。言い換えるなら若干の時期の異動はあるが，チーフエコノミストが構造学派のチェネリーから新古典派のクルーガーへと入れ替わったことに，それは象徴的に表れていた。そのときから世銀内部においても，新古典派が優位に立つようになった。相対的に自由な市場メカニズムに国民経済の運命を委ねた国や地域が良好な経済実績を上げるようになったことが強調されて，新自由主義経済学が興隆する土壌が形成されていった。かくして1990年代から別名ネオリベラリズム全盛の時代へ突入したのだった。その過程において鍵概念となったのが構造調整貸付（SAL）であり，やがて貧困削減がそれに取って代わった。ところがミレニアムを迎えたぐらいからふたたび様相が変化し，国際間不平等の問題もしくは途上国の貧困者のさらなる窮乏化がことあるごとに主張され，とりわけラテンアメリカ地域では，左派政権が穏健派から急進派まで数多く誕生してア

メリカ合衆国主導の新自由主義的政策に対して異議が唱えられるにいたった。

さて本書の構成だが，上に述べた事情の背景に開発論もしくは開発思想においてどのような葛藤があったのかを丹念に跡づけたのが第1部であり，新構造主義を新自由主義に対置させて論じる。第1章では過去から今日にいたるまでの構造主義経済学の全般的な流れについて述べ，補遺では新自由主義経済学の結晶ともいうべきワシントン・コンセンサスについて，新構造主義の視点を中心に議論する。そしてとくにテイラー学派を取り上げて，左派政権が続出するまでになったラテンアメリカの事情を中心にすえてこの学派による新自由主義評価を試みる。なおここでの議論は，同志社大学グローバル経済研究会（2003）において報告した内容を基礎としている。

第2部は開発論の源流の重要部分を占める幼稚産業論について，その初期の提唱者であるハミルトンとリストの議論から開始し，この理論の発展過程を跡づける。第2章ではあえて伝記的スタイルを取り入れ，人間性をも含むかたちで展開する。そして第3章ではミル＝バステーブル＝ケンプの議論をあつかい，それとハーシュマンの連関効果とを総合する。なお筆者が名古屋大学経済学部でおこなった隔年講義「産業構造」（1999, 2001）において，ここの議論の一部を取り入れた。

第3部は社会経済学的，経済地理学的，経済人類学的，そして歴史経済学的色彩を帯びた学際的アプローチである。ここであつかわれるのは順にヴェーバー，フォン・チューネン，ルイス，ケインズである。いわば歴史を彩る大学者であるとともに大思想家でもあるこれらの人物の中心思想と開発論との関係を探る。そうすることをとおしてこれまでにヴェールに包まれて見えにくかった開発に関係する諸問題が，くっきりとあからさまにされるであろう。ただしここでの展開は学問的抽象化までにはいたらない。ここで提示される諸問題をいかにして学術的体系化まで高めるかは，今後のこの領域の課題である。

本書は，平成18年度岐阜聖徳学園大学学術図書出版助成によって実現したものである。ずいぶん前からこの著作を構想していて，もっと早くやれと

学会関係者から叱咤激励を受けたことがたびたびあった。開発論の絵所秀紀先生（法政大学）からも励ましの言葉をいただいた。またラテンアメリカ経済論の西島章次先生（神戸大学）からは適切な助言をいただいた。それに対しては，やや遅れはしたけれど本書が刊行されたことでなんとか応えられたのではないかと思う。本書のベースとなった個々の論考について，これまで多くの先生方からご批評をいただいた。主な先生を挙げるなら，西川潤先生（早稲田大学），いまは亡き矢内原勝先生（当時作新学院大学），千代浦昌道先生（獨協大学），内田勝敏先生（同志社大学），西口章雄先生（同志社大学），藤村幸雄先生（同志社大学），本山美彦先生（福井県立大学），内藤能房先生（名古屋市立大学），吉田昌夫先生（日本福祉大学）らである。その他にもいろいろな方からご意見をいただいたことに，合わせてお礼を申し上げたい。

　またこのところの出版事情が厳しいなかで本書の刊行をお引き受けくださった文眞堂の前野隆氏と丹念に編集の労をとってくださった前野弘氏に，心より感謝の意を申し上げたい。

　最後になるが，この仕事に対して蔭ながら筆者を励ましてくれた妻みどりと息子朋也と娘吏紗に本書をささげたいと思う。

　　　2006年晩秋

宮　川　典　之

目　次

まえがき

第 1 部　新構造主義経済学　対　新自由主義経済学

第 1 章　初期構造主義から新構造主義へ……………………… 3
　1.1　はじめに ……………………………………………………… 3
　1.2　構造主義の視点と新古典派の視点 ………………………… 5
　1.3　両派の思想的および理論実証的背景 ………………………10
　1.4　プレビッシュの視点とルイスの視点との総合 ……………20
　1.5　新構造主義の交易条件論 ……………………………………29
　1.6　結び ……………………………………………………………37

第 1 章　補遺　新構造主義による新自由主義評価 …………47
　補遺−1　ワシントン・コンセンサス …………………………47
　補遺−2　テイラー学派による評価 ……………………………56
　　第 1 部の参考文献 ………………………………………………68

第 2 部　幼稚産業論

第 2 章　幼稚産業論の原型
　　　　　──ハミルトンとリストのケース── ………………79
　2.1　はじめに ………………………………………………………79
　2.2　重商主義と重農主義とのはざまで …………………………84
　2.3　ハミルトンの通商政策論 ……………………………………95

2.4　リストの分析視角と歴史認識 ……………………………………106
　　2.5　結び ………………………………………………………………120

第3章　幼稚産業論の発展 …………………………………………129

　　3.1　はじめに ……………………………………………………………129
　　3.2　主流派における幼稚産業論の公準 ………………………………132
　　3.3　開発論における含意 ………………………………………………142
　　3.4　輸入代替局面から輸出指向局面へ ………………………………151
　　3.5　結び ………………………………………………………………158
　　　　第2部の参考文献 ………………………………………………163

第3部　学際的アプローチ

第4章　ヴェーバーと開発論 ………………………………………169

　　4.1　はじめに ……………………………………………………………169
　　4.2　ヴェーバーの分析視角 ……………………………………………173
　　4.3　開発論における意義 ………………………………………………187
　　4.4　結び ………………………………………………………………198

第5章　フォン・チューネンと開発論
　　　　　――チューネンからルイスへの視座―― ……………………206

　　5.1　はじめに ……………………………………………………………206
　　5.2　チューネンの分析視角 ……………………………………………210
　　5.3　開発論へのインプリケーション …………………………………217
　　5.4　結び ………………………………………………………………229

第6章　ルイス問題再考 ……………………………………………234

　　6.1　はじめに ……………………………………………………………234
　　6.2　ルイスの二重構造論の本質 ………………………………………238

6.3		交易条件問題 …………………………………………249
6.4		結び ………………………………………………254

第7章　ケインズと開発論 …………………………………259

- 7.1　はじめに …………………………………………………259
- 7.2　ケインズ経済学の功績と限界 ………………………………262
  - 7.2.1　雇用決定モデルとトダーロのパラドックス …………262
  - 7.2.2　ハロッド＝ドーマー・モデルと開発問題 ……………266
- 7.3　ケインズ的着想とプレビッシュ経済学 ……………………272
- 7.4　ケインズの総合評価 …………………………………………280
- 7.5　結び ………………………………………………………284
- 　　第3部の参考文献 …………………………………………293

人名索引 ………………………………………………………………303
事項索引 ………………………………………………………………307

第1部
新構造主義経済学　対　新自由主義経済学

第1章
初期構造主義から新構造主義へ

1.1 はじめに

　いわゆる経済開発論についてイメージするとしたら，現在のところ経済学の主流派である新古典派経済学が装いを新たにして登場した新自由主義経済学が世界のいたるところで影響を及ぼしている――貿易の自由化，資本の自由化，国（公）営部門の民営化などグローバル・エコノミーの拡大に典型的にみられる――なかで，その当時一世を風靡した構造主義経済学の影ははなはだ薄まってしまったといった印象が強い。初期構造主義の代表的学者であるシンガー（H. W. Singer）の言葉を借りるなら，ケインズ的コンセンサスからワシントン・コンセンサスへの移行として捉えられる[1]。そして前世紀末に発生したアジア経済危機がひとつの転機とみなされるが，スティグリッツ（J. E. Stiglitz）による国際通貨基金（IMF）批判――これはワシントン・コンセンサスからの脱却の必要性を訴える類のものであった――も手伝って，様相はかなり変化してきている[2]。さらにはいまのところ主流派経済学の中心地であるアメリカでは，スティグリッツを始めとしてコース（R. H. Coase）やノース（D. C. North）らに代表される新制度学派が脚光を浴びつつあり，かれらはいずれもノーベル経済学賞の栄誉に与り，セン（A. Sen）とともに国際開発機関の現場に新風を吹き込み，1990年代の構造調整貸付（SAL）ベースから99年以降は貧困削減戦略文書（PRSP）ベースへとその重心は変化してきている[3]。

　そのような新しい動向についてはさておき，ここでは開発論の根幹をなした構造主義についてその存在意義を明らかにするとともに新構造主義の可能

性について改めて考えてみたい。もちろん開発論関係の展望論文はこれまで数多く提示されてきたが，ここで展開するコンテクストのものはさほど多くはない。しかし新古典派が復権してきてからは，幾人かの開発論プロパーの学者によるこの学問領域の存在意義を問うような種類の論考が公にされるようになった[4]。かくして開発論悲観主義とも呼ぶべき事態が横溢した時期もみられたのだが，現在ではひとつの可能性として学際的にアプローチする方向が打ち出されているようにもみえる。たとえば政治経済学の手法を用いるやり方がその典型であろう。言い換えるなら，「国家」の介入のあり方と「開発」との関係を改めて問うというような問題意識がこの分野において共通のものとなってきていて，それをめぐって収斂してきているといっても過言ではあるまい。そこでこの問題は歴史的にどのように扱われてきたのかについて，ここで簡単に顧みることとしよう。それというのも本章でのこれからの展開にとって大いに参考になるからだ。

　国際開発経済史上，国家が経済発展にどのようにかかわってきたかについてみるとき，貿易論の歴史を顧みるのが最も手っ取り早い。まず多大なる国家介入をともなったのがかの重商主義だったが，それはフランス革命の余波としてのナポレオン戦争後に展開された穀物法論争を経て（このときはこの条例は存続・強化された），19世紀半ばについに終焉を迎えた（1846年に条例は廃止された）。その背景に古典派経済学のルーツであるスミス（A. Smith）による徹底的な重商主義批判と，リカードゥ（D. Ricardo）による比較優位の原理の提示があったことは論を俟たない。かくして自由貿易が勝利を収めることになったのだが，1860年代から1870年代にかけて後発国のアメリカとドイツにおいて保護主義の議論が盛んになる。その思想的バックボーンとなったのが，幼稚産業論を唱えたハミルトン（A. Hamilton）とリスト（F. List），ケアリ（H. C. Carey），さらには部分的にはミル（J. S. Mill）だったことも周知の事実である。かくして保護主義がそれなりの意義を有した時代は長期スパンでみて第一次世界大戦までであり，この時期に多くの途上国はいわゆるグローバル・エコノミーに統合された。それから1950年ごろまでに世界は大恐慌と第二次世界大戦を経験し，この時期に少

なからずの途上国がいわゆる輸出ペシミズムの気運とともに国家主導的な近代経済成長の過程——輸入代替工業化——に入るにいたった。すなわちここまでのプロセスを「国家」と「市場」とのやりとりのコンテクストで捉えなおすならば，超国家介入の時代から市場優位の時代へ，そして緩やかな国家介入の時代へ，さらに途上国が前面に出るかたちでの国家介入の時代へと移り変わってきたといえる。その最後の過程のなかで，思想的にはケインズ（J. M. Keynes）の影響が大きかったことはいうまでもない。

1.2 構造主義の視点と新古典派の視点

本節では，第二次世界大戦後の開発論において栄華を極めた初期構造主義の分析視角について，その対極にある新古典派のそれと比較すること[5]によって，筆者なりの評価を試みることとする。

初期構造主義はプレビッシュ（R. Prebisch）によって創始され，その他幾多の学者がこの学派のコンテクストにおいて独自の視点をそれぞれ披瀝した。プレビッシュのばあい，いわゆる「一次産品の対工業製品交易条件の長期的悪化説」をひっさげて輸出ペシミズムの視点から，工業化——すなわち輸入代替工業化——を唱えたことはあまりにも有名である[6]。その他の学者でめぼしいところを拾ってみると，プレビッシュと同世代ではミュルダール（G. Myrdal）とペルー（F. Perroux）がある。ミュルダールは「累積的因果律」や「軟性国家論」などで知られ，大著『アジアのドラマ』（1968）は当時の南アジア地域における発展の可能性についてきわめて悲観的な視点で貫かれている[7]。かたやペルーは「成長の極説」で知られ，ハーシュマン（A. O. Hirschman）によって唱えられた不均衡成長論に相通じるものを提示した[8]。いまではかれらの説はいずれもすでに古典のカテゴリーに入れられるが，その共通する視点は，主流派経済学では途上国の経済が正確に認識されているとはいえないという点にあった。したがってかれらの努力は，途上国の実情を正確に捉えるための新しい経済学の探究だったといえる。

さらにかれらに共通する点を挙げるなら，市場メカニズムが機能しない傾

向が強いというのが途上国経済のひとつの特徴であり,そこにかのガーシェンクロン(A. Gerschenkron)が主張した国家主導型開発のための論拠が準備されたといえるのであって,加えてかのルイス(W. A. Lewis)が別の筋道で展開した「二重構造論」の原初的解釈ともつながってくる[9]。ただしルイス・モデルのその後の解釈はさらに発展的におこなわれ,なんと主流派においてそれを起点としていっそう充実したモデルの精緻化が進行したのであった。あえて簡単にいってしまえば,ルイスは構造主義経済学から主流派に組み込まれてしまったということだ。ここでいまひとつ述べておきたいのは,学際的領域でしか論じられてこなかった問題を経済学の枠組みで論じつくしたことであって,とくにかれのいう自給部門(subsistence sector)の存在がかつては文化人類学の分野でしか十分な解釈はなされなかったのを,総産出高最大化という原理を,言い換えるならこの部門の評価は限界原理ではなくて平均生産力でもってなされるべきことを明示したことから,経済学による共同体の解釈が可能となったのである[10]。その対極にある近代的部門の評価は限界生産力でなされることはもはや明らかであろう。この問題を初期構造主義に関連づけて論じるなら,すなわち両者を総合して捉えることで途上国経済の認識がいっそう深まるということが重要なのである。それはプレビッシュが鉱山採掘部門もしくはプランテーションで栽培される一次産品を念頭に置いて論じた交易条件論の背景に,ルイスが念頭に置いて論じた二重構造が存在するということ,これである。この点については,いくら強調してもし過ぎることにはならない。

　ここで構造主義理論派の旗手チェネリー(H. B. Chenery)にしたがって,構造主義の特徴を新古典派と対照することをとおして再確認しておこう[11]。かれによれば,新古典派は次の諸事項を前提としている。すなわち生産要素の使用においてはいずれの要素報酬も各要素の限界生産力に等しく——賃金は労働の限界生産力に,資本レンタル率は資本の限界生産力に,地代は土地の限界生産力にそれぞれ等しい——,規模の経済は存在せず,いずれの市場においても予見は可能であり,均衡は連続的である。それに対して構造主義の前提はこうだ。すなわち国内需要の変化は所得と相関関係があ

り，対外市場には制約があり（輸出ペシミズム），調整に遅れがみられ（供給側の硬直性），生産構造の変化によって要素市場に不均衡が生ずる（労働市場においても資本市場においても要素価格は競争的市場を前提としたシャドウ・プライスからかなり乖離しがちであり，近代的部門において賃金は割高に，資本は割安になる傾向がみられ，当初意図されるような雇用増は進まない）。

実証面においてもその視点は異なる。新古典派は需要や貿易における代替の弾力性は相対的に高く，部門を二重に分割して考える必要はないとする。ところが構造主義のばあい，価格弾力性は低く調整は遅れがちであり，要素市場は分断されていて新技術の導入・普及は鈍いとみなす。すなわち前述のように途上国においては二重経済構造が支配的であって，近代的部門と伝統的部門の二種類の要素市場で考えなければならず，そこに機能しているシステムは異なるとする。

さらには経済成長の源泉についても，捉えかたが異なっている。新古典派はそれを資本蓄積，労働の質量両面における向上，中間投入物の増加，各部門内での全要素生産性の向上に求めるが，構造主義においては，これら以外に相対的に生産性の高い部門に資源を再配分すること，規模の経済と実行による学習を重視すること，対内並びに対外の阻害要因を低める努力をすることなどに求める。すなわち後者は，かつて日本が成功を収めたとされる傾斜生産方式，フェルドルン効果を期待しての幼稚産業論，および two-gap 説に対応するものである。

以上，チェネリーによって整理されたふたつの学派の相違点を中心に簡単に要約したが，全般的に総じていうなら，新古典派の認識の仕方はきわめて特殊的であって，とくに途上国の現状を反映するものにはなっておらず，それを射程に入れた経済学の枠組みが必要であること，言い換えるならかつてケインズが古典派を批判するなかで，不完全雇用の前提および総供給よりもむしろ総需要を優先的に考えるような発想の転換を訴えたように，構造主義はいっそう広い枠組みを擁する開発論をめざしたことがわかる。その意味において，構造主義はケインズ的なのである。

この点をより深く理解するため，1940年代から1950年代にかけてラテンアメリカにおいて顕著化したインフレ現象の原因をめぐって繰り広げられた構造主義・マネタリスト論争を簡単に回顧してみよう[12]。

　当事者は，前者が国連ラテンアメリカ経済委員会（ECLA）を中心とした構造主義の学者たち，後者は当時のチリの要請で招かれたIMFのスタッフを中心としたマネタリストであった。後者は市場原理を徹底して信奉する新古典派と同一視できよう。マネタリストはインフレの原因を貨幣供給の増加率の大きさに求め，強力なデフレ政策を勧告した。しかしそれはインフレ率の低下だけではなくて，経済成長率の低下もしくは資源の過少利用をももたらすこととなり，経済停滞が恒常化した。こうした経緯に対して構造主義は，インフレの進行過程については貨幣供給を中心とした金融政策との相関関係を認めるものの，インフレの根源をそれによって断ち切ることはできないとし，インフレの発生源をラテンアメリカの歴史過程にさかのぼる構造的側面に求めた。すなわちインフレは供給側の硬直性に起因するものであって，それは歴史的に形成された構造すなわち工業化の過程が不十分だったことにあるとした。工業化以前の時代には農産物の供給はかなり弾力的で人口成長も低かったため相対的な価格安定が得られていたが，1930年代以降，工業化の時代に入り，そのとき人口増加が食料供給を圧迫しただけではなく，資本形成という重要な役割を担うはずの資本家階級が投資に意欲的でなかったことなど，こうした事情が発展の阻害要因となるとともにインフレ過程の始まりであるとみなした。その後の賃金・価格スパイラルが事態をさらに悪化させたとみる。それに対してマネタリストは，観察されるところのボトルネックはインフレ自体によって誘発されたのであって，歴史的因果関係ではないとし，供給側にボトルネックが存在するのは投資意欲を減退させるような価格統制などの政策に起因すると主張した。したがってマネタリストの考えでは，インフレを収束させる唯一の方策は需要を抑制させる財政金融政策であること，および構造主義の主張する供給側の硬直性やボトルネックは自律的もしくは構造的なものではなくて，むしろインフレ過程のなかで生み出された価格や為替レートの歪みによってもたらされたものであるという

にあった。

　じっさいインフレと経済発展との体系的関係を見出すのはむずかしく，この論争は結局水掛け論に終始したのだった。しかし一連の議論から，構造主義が輸入代替工業化に代表される一種のケインズ的国家介入を擁護する立場であること，およびマネタリストは貨幣供給を重視しつつ市場原理を貫こうとする新古典派的立場であることがわかるのである。あえて言い換えるなら，この論争は先進国経済について繰り広げられたケインジアン・マネタリスト論争の途上国版といえるだろう。

　次に簡潔に要点が整理されたフレンチ・デイヴィス（R. French-Davis）の論考にしたがって，1970年代に復権してきた新古典派の現代ヴァージョンである新自由主義経済学と，装いを新たにした構造主義である新構造主義との分析視角の違いについて考えてみよう[13]。

　新自由主義の基本的考え方は，次のように要約できる。すなわち自由主義経済における調整のほうが迅速かつ良性であり，同質経済において限界的変化が発生したとき，事象は新古典派の理論的命題群によって示されることがらにしたがって作動する傾向がある。そこにおいてなされる比較静学分析はミクロ経済学的効率に焦点を当て，一度にひとつだけの不均衡を考える傾向があり，その不均衡は政府による政策の結果であると仮定し，パレート最適の状態は十分達成可能であるとみなす。分析される各問題についてただひとつの政策手段が用いられるが，だからといってそれは経済政策パッケージの適用を排除するものではない。加えて経済学は各事例のなかで同一問題に対して同一解答を与える一科学であって，分析の歴史的・政治的・経済的コンテクストとは無関係である。経済の自由化によって政治権力の分権化が保障され，経済的自由を拡張することが完全な政治的自由の前提条件であると想定する。最終的に経済のグローバル化を擁護し，国民＝国家は時代遅れの傾向があると仮定し，分析のための主要単位をミクロ経済単位に設定する傾向がある。

　それに対して新構造主義の視点は次のように要約される。すなわち異質な国民経済のばあい，調整過程は鈍いので不均衡が生じやすい。過渡期におい

ては最終均衡に及ぼすコストの影響は大きく，それはいかなるコースに沿って調整過程がおこなわれるかに依存する。分析は調整過程のダイナミクスを考える類の効率に関する研究が優勢であり，生産要素の利用率や物的資本や人的資本の形成に対する諸効果も分析の対象になっている。そして不均衡が多数べつべつに存在することを認め，その多くは構造に起因すると主張する。効率を求めはするが，実質的にはそれは準最適な世界のコンテクスト内に見出される。一連の問題群に対処するさい，政策パッケージの同時的適用を考える。各政策のタイミングと集約度については，優先順位を明確化する。解答は多岐にわたり，そのときに優勢な制度的構造に依存する。経済原則がどのように選択されるかということと権力がどのように変容するかということとは強い相関関係があり，経済的自由を過度に進めると，権力が一握りの集団に集中してしまう傾向があるとする。最後に分析の主要単位は国民＝国家であり，国民の社会的厚生の計画的な（自律的ではない）最大化に焦点が当てられる。

かくして新構造主義の視点は，新自由主義の視点ときわめて対照的であることが示された。要約すると，後者がミクロを基礎として新古典派の枠組み内で理論構築され，それをすべての経済事象に適用可能としているのに対して，前者はいずれかといえばマクロの理論に依拠して政策論を展開する傾向が強いということ，これである[14]。さらにいうなら，前者の構造を重視する視点は，歴史・政治・経済の連動関係を背景として捉えるいわば学際的色彩が濃いということにもなる。

次節では，両派の理論的系譜と背景についてさらに掘り下げることとする。

1.3 両派の思想的および理論実証的背景

両派に理論実証的基礎をもしくは思想的影響を与えたのは，筆者の理解によれば，新自由主義がリトル＝シトフスキー＝スコット（I. M. D. Little, T. Scitovsky, M. Scott），シュルツ（T. W. Schultz），ルーカス（R. E.

Lucas), ローマー (P. R. Romer), クルーガー (A. O. Krueger), およびラル (D. Lal) らである[15]。そして新構造主義がテイラー (L. Taylor), バッシャ (E. L. Bacha), スンケル (O. Sunkel) と国連ラテンアメリカ・カリブ経済委員会 (ECLAC: かつての ECLA が発展的に改組してできた組織) のスタッフらである[16]。なお近年さまざまな分野で脚光を浴びているクルーグマン (P. Krugman) をどのように位置づけるかは難しい——本人はケインジアンを自認しているようだ——が, かれは中間的立場であるといえよう。なぜならかれは不完全競争の世界をつねに念頭において議論を展開し, そのようななんらかの制約下においてどのような政策が最適であるかを問題にしているからだ。言い換えるなら, 特定の条件下においてなんらかの国家介入の必要性を訴えることを含意するからである。

　リトルやシトフスキーらによる研究は, ほんらいヘクシャー＝オリーン (E. Hecksher, B. Ohlin) からサミュエルソン (P. Samuelson) らによって代表される国際貿易論の路線——いわゆる HOS モデルとも呼ばれ, 派生的に定式化された要素価格均等化定理とストルパー (W. F. Stolper) ＝サミュエルソン定理はそれこそ所得分配の面からも自由貿易を正当化する堅固な定理である——に沿うものであって, 自由貿易を唱えただけではなくて実証面から保護主義の否定的側面を訴えた。そのことから理論と思想の潮流においてそれまで優勢だった初期構造主義を凌駕するというある意味において歴史的役割を担った研究だったといえる。端的に具体例を挙げるなら幾多の途上国において, とくにいわゆる新興工業国家群 (NICs) において過度の国家介入——国際貿易においては保護主義——が多大な非効率をもたらしたことを, コーデン (W. M. Corden) によって概念化されつつあった有効保護率などを実証することによって明らかにしたのだった。かくして関税構造の歪みが大きく見受けられたところにおいては, 良好な経済実績は得られなかったことが実証されたのである。この研究成果が契機となって新古典派の復権がなったのだった。さらにそれは, 貿易戦略に関するバラッサ (B. Balassa) による一連の研究と世界銀行の『世界開発報告　1987』へと受け継がれてゆく[17]。かれらによって明らかにされたことは, 保護主義的傾向

が強い輸入代替工業化政策を採った国よりも自由貿易の色彩が濃い輸出指向工業化政策を採った国や地域のほうが良好な経済成果を上げたという点にあった。いわば「貿易は成長のエンジンである」という古くからの命題をかれらなりに実証し，それを基準にして新興経済地域の優劣を明確にしたのだった。

　シュルツは二重構造論の原型となるモデルを構築したルイスの工業化論を批判して頭角を現わす。かれによれば，途上国経済においてはルイスの主張するような二重性はみられず，いかなる部門もホモエコノミクスを前提として考えても差し支えないという。すなわちいかなる経済主体も合理的に考えて行動するので，企業は利潤最大化を，消費者としての個人は効用の最大化を，さらに労働者はいっそう多めの賃金獲得を目的としてそれぞれ行動する。それゆえいわゆる伝統的部門を非合理的世界とみなすのは誤りであるとした。したがってシュルツの論理では，途上国はあえて国家が支援するかたちで工業化を遂行する必要はなく，むしろ農業部門のほうに力を投入すべきであるという結論にいたる。この論点は，ルイスの工業化論対シュルツの農業改革論論争として学界ではつとに知られている。さらにいうなら，シュルツは農業改革論と並行して教育投資もしくは人的資本の重要性を訴えもした[18]。それがのちのローマーとルーカスの研究につながることになる。それはさておきここでは，ルイスとシュルツとで農業部門についての認識が異なることに留意しなければならない。当初ルイスが考えた農業部門はきわめて生産性の低い自給自足部門もしくは慣習部門のことであって，資本主義のシステムが貫徹しているルイスのいう資本制部門とは異なるということだ。シュルツはプランテーション栽培を含む農業部門一般を同質のものとして捉え，経済合理的な世界として認識した。したがってかれのばあい，途上国経済は二重性ではなくて同質的経済として捉えたのだった。対照的にルイスは，プランテーション栽培や鉱山採掘部門は資本制部門にカテゴライズされるものとして捉えた。言い換えるならルイスにとって，これらの部門は近代的部門として認識されたのだった。かくしてこの点において両者に認識ギャップがあったといえるのである。偽装失業をめぐる論争も，この認識

ギャップから派生したことが，容易に想像されよう[19]。

　かくしてルイスによる本来の二重構造の認識は，かれをして構造主義者としてみなせることを含意するものであった。

　次にシュルツの研究を受け継いだローマーとルーカスの研究について，いま少し述べておこう。現在，かれらの研究は内生成長論として知られ，新古典派の経済成長論をさらに拡張したものであって，目下主流派において注目されつつある重要な教説である。すなわち新古典派においては，古典派から継承するかたちで生産要素は資本と労働として設定される傾向があり，人的要素そのものは考慮されないという欠陥があった。前述のように，当初シュルツが人的資本の重要性を主張したことに触発されて，かれらはモデルのなかに内生化することで理論展開したのである。言い換えるなら，経済成長を決定づける因子のうちもともとソロー（R. Solow）によって残余物（residual）として知見されていた技術進歩もしくは全要素生産性の意味について，正面から問うスタイルをとったのだった。ローマーは知識や技術を内生投入物として捉え，それは競合的な属性ではないことを訴え，新古典派の諸仮定すなわち競争均衡の仮定，規模に関して収穫不変の仮定，一部門モデルの仮定などを問題化した。そしてルーカスはその意味を掘り下げて，知識生産部門への要素移動がみられるとき，国際貿易や産業政策にとってどのような意味があるかについて考察することによって，それが長期的にどのような影響を及ぼすかを問題にした。

　途上国との関連でこの新しい成長理論の含意を掬いあげると，学習過程を含む人的資本のほうに大きな比重が置かれていることがわかり，それはかつてはむしろ物的資本のほうに，さらには主流派のコンテクストで開放経済が世界経済のなかへ統合されることから生まれる貿易の利益に対する認識のほうに力点が置かれていたことと，対照的である。さらにいうならかれらの成長論は，いわゆる収斂問題にもかかわってくる。というのは，諸国間で技術格差が克服されて相対的に貧しい国が成長を加速して富裕な国にキャッチアップするようになると収斂現象が生じるからだ。知識の普及が広がるにつれて，諸国間で資本が自由に移動するとなれば，そうした収斂のプロセスは

速まるであろう[20]。

　主流派の近年の動向を代表するもうひとつの流れであるクルーガーによる研究は，過度の国家介入にともなう「政府の失敗」面をとくに強調するものである。これは先のリトルらによる共同研究と通じるところが多いのだが，国家介入の非効率を理論面でさらに深めることとなるレント・シーキング説として知られるようになった。とくに途上国の貿易政策に付随して，言い換えるならひとつの国家介入たる保護政策に関与して制度上の優遇的地位を獲得するため，政策作成過程に影響力をもつ政府高官を貿易業者が自分のほうへ組み込むとなれば，社会厚生の観点からみて望ましくない事態となり，それは多大な非効率を生み出すものであると主張した。その後それは，直接的非生産的利潤追求（DUP）活動として一般化されたのだった[21]。この教説の含意は，「市場の失敗」もしくは「市場の不完全性」を是正するために「国家介入」がある程度必要であるとみなされていた——ケインズ的コンセンサス——のが，むしろ後者は前者を創り出す源泉であるという認識を前面に押し出したことだ。その結果主流派は，いよいよ「国家介入」を害悪視するようになった。それと並んでラルによる研究は，いわゆるリヴァイアサン国家を論じたものである。すなわち国家の介入に関連してさまざまな利害集団がレント（利権）の獲得に躍起になるが，そのようなレント・シーキングを圧倒するぐらいの（逆説的な意味の）政治面で強大な国家の存在にかれは注目した。不完全な世界においては計画化路線で国家が中途半端に介入するやり方よりも，民主主義の手続きを踏まなくても経済自由主義路線を果敢に推進する権威主義国家のほうが，経済実績は遥かによいという。事実，新興工業国（地域）の「国家」を顧みるとき，権威主義国家体制がいかに多いことか。当時の東アジア地域もしくはラテンアメリカ地域において，まさにそれがみられたのだった。しかしながら高度成長過程が一段落すると，多くの国や地域で権威主義体制から民主主義体制への移管がなされて現在にいたっている。このことはわれわれ開発経済学者にとって，鋭利な槍の矛先を喉元に突き当てられたような論点の指摘であって，高度経済成長の達成とリヴァイアサン国家体制との相関関係をわれわれに問いただすものである。この問

第1章 初期構造主義から新構造主義へ

いに対しては，得心のゆく解答は依然として得られていない。

さて以上のような新自由主義の理論背景と一線を画す新構造主義の系譜について，次に簡単に概観してみよう。

まずテイラーとバッシャは，初期構造主義を理論的に深めたチェネリーによる two-gap 説をさらに拡張して three-gap 説をそれぞれの視点から展開した[22]。かれらは独自のマクロ・モデルを用いて，従来からの貯蓄制約と外国為替制約とは別にバッシャは財政制約の存在を，テイラーは投資制約の存在をそれぞれ組み入れて論じた。従来は輸出ペシミズムを前提として，目標とされる経済成長率を達成するのに何が制約となっているかという問題設定で貯蓄不足と外国為替不足との2つが考えられて，外国援助を含む外国トランスファーの重要性が訴えられたが，この新教説では税収不足も重要な制約となっているという認識が前面に押し出された。そこから強制貯蓄（インフレ税）もしくはシニオレイジとインフレとの関係，公的資本形成と民間資本形成との関係――通常のクラウディング・アウト効果だけではなくてそれとは逆のクラウディング・イン効果との総合――，およびより拘束性の強い制約下でのマクロ対応としての政策的インプリケーション――オリヴェラ＝タンジ効果[23]，強制貯蓄，積極財政，可変速度[24]，輸出対応――が導出された。とくにテイラーのマクロ・モデルにおいては，マネタリスト的貨幣の流通速度が組み入れられていて，構造主義の考え方を基礎としつつも主流派との総合を試みたという意味で，かれはとくに特異な存在であるといえよう。いずれにせよテイラーもバッシャも，three-gap 説を展開することでそれまでの two-gap 説の限界を突き破り構造主義理論をいっそう深めたことは，強調してよいだろう。

スンケルと ECLAC のスタッフは，ラテンアメリカの初期構造主義学者のプレビッシュやフルタード（C. Furtado）の思想的継承者とみなしてよい。プレビッシュについてはさておき，フルタードはラテンアメリカ経済の構造を歴史的背景から説き，当時のモノカルチャー国の一次産品部門に内在する構造的性質について国際関係のコンテクストで述べたうえで，先進国にその本社をもつ多国籍企業の存在を批判的に捉えた[25]。その結果，一次産

品部門だけではなくて工業部門においても国家がいかにその経営に参画するかを考えた。いわば一種の国家介入の必要性を主張していたといえる。

それに対して ECLAC は，プレビッシュやフルタードらによって提示されていた途上国にとって一次産品の対工業製品交易条件は長期的に悪化傾向にあるという認識のうえに立ちつつ，この地域が歴史的に経験してきた内向きの（inward）輸入代替工業化を批判するとともに，この地域の内側から（within）いかに真の工業化を確立していくかについて説いている[26]。かれらの新構造主義者としての特色は，社会的階層構造が抱える歪みにつねに注意を払いながら工業化過程を考えることに求められる。それは早くからプレビッシュが洞察していた上流階層と上位中産階層による特権消費者社会に内在する衒示的消費の特質に着眼するものであり，輸入奢侈財に対する需要が大きくて国際収支の困難ばかりか十分な貯蓄が確保されずに生産的投資につながりにくいという一種の社会経済的歪みを生み出しやすい傾向についての認識である。スンケルの表現を用いるなら，下位中産階層や大衆階層の生活水準をいかにして引き上げるかに最高のプライオリティーを位置づけなければならない[27]。そのための内側からの工業化の必要性を訴えるのである。究極的には，所得分配のいっそうの均等化を狙いとする所得再分配政策を念頭に置く（財政政策としては，逆進性をともなう間接税ではなくて累進的直接税のほうに重きをおく政策の重要性を訴える）。このことはラテンアメリカ地域のばあい，世界銀行から毎年刊行される『世界開発報告』において明らかにされてきたように，ジニ係数が相対的に高いことからも窺える。ところが債務危機を機に，新自由主義的政策が優勢になって，あらゆる次元で国家介入を控えさせる市場重視型の政策や国営部門の民営化推進などが一律的におこなわれ，かえってそれが所得分配の不平等を助長する結果となったことは明らかであろう。これまでの開発プロセスにおいて，成長の果実がとくに社会の底辺層までゆきわたらず，かれらは失業状態に置かれるだけではなくてインフォーマル部門に身をやつすことになる。

さらにかれらの認識で一致していることは，ラテンアメリカが歴史的に規定された構造的な特質であって，1930 年代の世界規模の大恐慌を契機とし

て，この地域における輸出ペシミズムから試行錯誤的に工業化過程へ入っていった事情——この点ではプレビッシュと歴史観を共有する——を熟知しているとともに，まさにそのようにして始まった輸入代替工業化にともなう諸矛盾に関することがらである。これは主流派からもずいぶん批判され続けたことだけれど，かれらもそうした批判を共有してきたことも忘れてはならない。ただ異なるのは，諸政策における国家介入の重要性に対する認識である。繰り返すまでもなく主流派はそれを批判的に捉えるのに対して，かれらはその積極的介入を擁護する立場である。ただし輸入代替工業化期の国家介入は悪用された嫌い——繰り返すが，これは新古典派が多大な国家介入にともなうさまざまな次元の弊害を指摘することと調和的である——があり，国家の果たす役割を再認識する必要性を訴える。すなわちそれは市場の失敗を繕うこと，成長の利益がよくない方向に分配されるのを是正すること，および長期的開発において国家が主導的役割を果たすことであると規定し，さらに民主化を制度化してゆくうえで国家が不可避的にそれを保障しなければならないこともつけ加えている[28]。

　最後に国家の重要性を改めて問い直す立場から，東アジア的開発主義者として知られるウェイド（R. Wade）とアムスデン（A. H. Amsden）の視点を取り上げねばならない。かれらを新構造主義にカテゴライズして論じるのは問題視されるだろうが，ここではクルーガーやラルらの反国家介入論に対する国家介入擁護論としてのかれらの考え方を提示しておきたい[29]。かれらはそれぞれ新興工業経済群のうちおおむね成功したとされる台湾と韓国について，新古典派とは異なり，市場一辺倒ではなくて国家が重要な役割を果たしたことを強調した。貿易政策にせよ通貨政策にせよ成長を実現すべく国家が率先して主導的役割を果たしたうえで市場メカニズムを誘導したというのが，かれらの主張である。これら2つの国と地域はたんに比較優位の原則にしたがっただけではなくて，産業構造を首尾よく高度化——日本がまさしくそれをやってのけたというのが一般的認識である——して，それを方向づけて成功をもたらしたというのである。いわば産業政策の妙なのだ。

　これについてはテイラーとロドリック（D. Rodrik）によって韓国と台湾

の事例について手際よく整理されているので，それを記しておこう[30]。すなわち諸産業の競争優位を増進するうえで市場メカニズムのみに全幅の信頼を寄せられるものではなく，高水準の生産性向上をもたらす可能性の高い部門や需要の所得弾力性の高い部門を有望な戦略産業として位置づけてそれを奨励したというのが，実情である。そのような部門が，金融面でも技術面でもさらには経営面でも手厚い保護下に置かれた。韓国のばあい，その選別過程のフィードバックは，当該企業群の広範な活動報告を政府に対しておこなうことによってなされた。かくして経済官僚は詳細な企業情報にアクセスできたのであって，それは産業政策を有効に進めるうえで不可欠のものであった。市場ではなくて政府がその企業情報に基づいて「創造的破壊」をやってのけた。すなわち非効率な生産部門を除去して，連続的に合理化・合併・清算整理をおこなった。したがって個々の部門は一集団としては安定資源へのアクセスにおいて特権を有したのだが，かれらは明らかに厳しい規律の下に置かれていた。国家と生産者との間でなんらかの取引があったとも考えられるが，それは頂上組織が両サイドに睨みをきかすやり方で減殺された。すなわち当該産業に対して補助金や保護措置を与えることと引き換えに政府は厳しい実績基準を掲げた。実績の振るわない企業は罰せられ，拡張しすぎたときは政府主導における吸収・設備縮小などの合理化がなされ，逆に政府目標を満たしたときは報償を受けた。たとえば輸出目標を満たしたときは信用助成を受けた。いわばアメとムチの政策であり，そのような規律がレント・シーキングを防いだのだった。

　この戦略に沿って，技術獲得のため多大な努力が向けられた。教育への莫大な公共投資がなされ，外国直接投資は厳しく規制され，自国企業が技術を入手可能な部門においては外国の技術は禁止された。企業は国内で入手不可能な技術の購入・ライセンス化に沿うかたちで，技術の逆転の実現に向けて奨励された。そしてそれらはすべて官僚の指導下でおこなわれたのだった。また規模の経済の達成に，たえず力点が置かれた。それは当初政府によって創始されたかもしくは助成されてきた小規模企業を合併させるやり方であり，化学・自動車・肥料などの部門がそれであった。費用逓減下にある過当

競争で大きく揺らいだり投資や価格競争で累積過程が不安定化したりすることのないように,数多くの部門で参入規制や設備能力拡大規制が課されてきた。

　マクロ経済環境が一般的に拡張するなかで,信用割当が果敢に実施された。韓国の産業新興期には当初銀行システムは国有化されて,国家は重要な金融をすべて効果的に規制した。そして厳しい外国為替規制がそれを支えた。助成利子率をともなう政策金融や優先割当政策などによる貸付が,1960年代から70年代の銀行信用の半分以上を占めていた。

　次に台湾はどうだったか。ここではある程度自由市場的な雰囲気がみられた。その特色は投資水準を高めに維持すること,戦略的産業に投資を傾斜配分していずれ政府介入しないですむようにもっていくこと,多くの産業を国際競争にさらすというやり方だった。具体的には輸入制限や参入条件の義務付け,部品の国内調達比率の義務付け,財政投資の優遇措置,譲許的信用などによって民間企業に優遇措置と規制とが浸透していった。輸出面では綿繊維製品・プラスチック・基礎金属・造船・自動車・産業エレクトロニクスなどの部門に比較優位を予期しながら政府が誘導した。台湾のばあい,比較優位は自然に賦与されたのではなくて政府主導で積極的に獲得していったのだった。

　東アジアの成功の背景にはこうした国家介入がともなっていたというのが,アムスデンやウェイドらによる主張の共通点である。かれらの指摘から途上国一般に向けて何が引き出されうるかというと,ひとつは国家介入にともなうクルーガー的レント・シーキングを抑えるため,頂上組織間での交渉による解決法があるということだ。背後に存在するレント・シーカーを罰する権限を国家に与えるとよい。ただしそのためには,国家もしくは経済官僚は清廉潔白を旨とする謹厳実直な倫理を有する態度が要請されよう。少なくとも1960年代から70年代にかけて,日本を含む東アジア国家群は資本主義の枠組みのなかで,官僚と企業との良好な関係によって経済の計画化を有効に推し進めることができたといえる。いわば産業構造の高度化と規模の経済の実現のために,国家側で意識的にレントを創り出すことが重要であったと

もいえそうだ。

　かくして新構造主義といっても，その背景にある理論もしくは思想は多岐に渡っていることは明らかであろう。この学派を狭義に捉えるならプレビッシュの伝統を受け継いでいる ECLAC のそれと同一視できようが，広義にはテイラーやバッシャらもこれに属するとみなされ，アムスデンやウェイドらもそれに親和的であるといえる。なぜならこれまでの議論から明らかなように，かれらの共通点は「国家介入」を肯定的に捉えるからだ。少なくとも「市場」と「国家」との関係のコンテクストでは，「国家介入」の意味を従来からのたんなる「市場の失敗」を是正するというケインズ的なものから，「市場」を正しく誘導するという役割を「国家」に担わせるという意味で，東アジアの産業政策の成功経験からその存在理由を明瞭にしたことで，レント・シーキング説にみられる「国家」罪悪視を覆す可能性を東アジアの開発主義――広く捉えるなら新構造主義――は提示したといえるだろう[31]。

1.4　プレビッシュの視点とルイスの視点との総合

　初期構造主義もしくは構造学派を主導したのは，前述のプレビッシュやミュルダール，ペルー，ルイスを始めとしてヨーロッパ系の著名な学者たちであった。それぞれの風土から提示された教説をふたたび拾ってみると次のようになる。いまなお論争が続いている「一次産品の対工業製品交易条件の長期的悪化説」，「二重経済構造論」――さらにはそこから派生するかたちで展開された「農村部門から都市部門への労働移動仮説」――，「均衡成長説　対　不均衡成長説」――その前提とされた「貧困の悪循環説」――，「成長の極説」，「累積的因果律説」，「ビッグプッシュ説」などである[32]。これらの教説は，その後の学界動向の経過をみると，生き続けているものとそうでないものとに分けられる。前者には交易条件説と労働移動説および二重構造論に関連するものがあり，後者にはその他のものが入る。こうした事情は，新古典派経済学からの反論がどのようになされてきたかをみると明らかであ

る。

　「交易条件の悪化説」は，古典派経済学を引き継いだ新古典派経済学が信奉する「比較生産費説」を正面から否定することを含意していたので，新古典派サイドからの批判はすさまじいものであった。この側面については他のところですでに述べているので，ここではあえて繰り返さない[33]。ただここでいえることは，国際経済の実際面をその背景にある思想に照らし合わせてみたばあい，先進国世界においてはいくつかの部門における保護主義の存在はさておきリカードゥ流の自由貿易主義でほぼ満たされているのに対して，途上国世界においては必ずしもそうではなくて，保護主義的色彩がかなりの程度みられるということだ。とくに産業構造の多様化が遅れている国や地域においてそうである。モノカルチャー的構造から脱却できていないところはなおさらそうであろう。ただし近年の世界貿易機関（WTO）の動向をみると，自由貿易の枠組みに途上国を引き入れようとの先進国サイドの思惑があることも否めない[34]。というのも過去40年にわたってNICs化現象がアジア地域を中心に起こり，なんらかのかたちで工業化に成功——典型的にはプレビッシュが当初意図したような輸入代替工業化から輸出指向工業化への移行によって首尾よく構造転換できたことを含意するだろうが，当初の段階で輸出加工区もしくは経済特区を創設して先進国市場を当てにした生産体制を確立したところ（たとえば現在の中国）もある——したところがある程度の数で出現したことが，その背景にあるからだ。そのいずれにせよ，多国籍企業の資本力と現地労働力とを結合するという方式は共通していた。こうした現象が進行した過程について，一方において新古典派が主張するような自由貿易に近いスタンスから工業化を達成したという捉え方があるのに対して，他方において前述のように東アジア的開発主義者はこれらの国や地域が工業化に成功した背景には国家がかなり主導的な役割を果たした事情が窺えるとしている。言い換えるなら，後者においてはかなり保護主義的色彩が濃かったというにある。いうまでもなくWTOの立場は新古典派の考え方を基礎にしているとみなすことができるが，いずれかといえばアムスデンらの政治経済学者による主張がかなり説得力をもって学界に迎えられたこともひ

とつの事実である。したがって多角的通商交渉（いわゆるラウンド）において，途上国側の代表として中国・インド・ブラジルなどが交渉の舞台に登場するに至ったが，その背景にこうした思想的事情が垣間見えることをここでは強調しておきたい。

ともあれこうした一連の動きが生じた基礎を与えたのがプレビッシュ＝シンガーによる交易条件仮説だったことには，異論の余地はないであろう。なぜなら途上国の工業化の理論的背景として交易条件命題が一定の役割を果たしたといえるからだ。その帰結として国家主導型の輸入代替工業化戦略がそれであった。ここで国家の果たすべき役割自体が課題にされるようになるのに，かなりの時間を要することとなった。結果的には，初期構造主義の退潮と時を同じくして新古典派の復権がなり，後者が開発論の主流となるにいたったが，その後前述のように東アジア的開発主義者が台頭するに及んで，開発金融の主体である世界銀行の拠って立つスタンスが大きく揺らぎ始め，1990年代には国家の役割に一定の評価を与えるようになったのだった[35]。すなわち国家の行動が市場メカニズムの作用を歪めるというのではなくて，後者を首尾よく誘導するという役割を担うという意味でその存在意義が明確化するにいたったのである。それは，初期構造主義による国家主導型開発とは一線を画す国家の存在理由であった[36]。

第二次世界大戦後に構造主義が台頭するにいたった背景には，国際経済面における「市場の失敗」が顕在化したこと，そしてそこにはケインズ主義の興隆がみられたことがある。さらにさかのぼれば1930年代の大恐慌の発生があった。このようなコンテクストのなかで交易条件の悪化説が登場したのである。すなわち市場メカニズムの自由な作用に委ねたままにしておくと，工業製品と相対的な一次産品価格は次第に低下してゆくので，一次産品の生産と輸出に過度に依存した状況のとくにモノカルチャー的産業構造に彩られた国は経済成長もしくは経済発展の視点からみて次第に不利になってゆくので，そこに国家が介入してこの動きを食い止めて工業化を起こす必要があるという趣旨であった。国際経済面での国家介入の形態が保護主義であることは明らかであろう。これがプレビッシュ流の輸入代替工業化論であった。そ

うしたことを背景に工業化路線を採るようになったところがラテンアメリカを中心として，もちろんアジアも例外ではなく，多くみられたのであった。しかしそうした戦略も，当初プレビッシュ自身も予期していたように，ほどなく行き詰まりをみせるようになり頓挫するにいたった。それもそれぞれの局面において国家介入が行き過ぎたためいたるところに歪みが生じたとして，逆に新古典派サイドからの攻撃の矢面に立たされたのだった。すなわち為替レートは市場の実勢ではなくて過大評価されたこと，実効保護率がラテンアメリカにおいてとくに高かったこと，レント・シーキングが輸入代替工業化過程に付随したことなど，国家介入にともなうさまざまな側面における非効率がその糾弾の対象であった。

　構造主義の絶頂期の最終局面は，1970年代半ばであった。それは石油危機とそれに触発されたかたちの資源ナショナリズムを背景として，天然資源を有する途上国サイドが気勢を上げた新国際経済秩序（NIEO）の要求というかたちで現われた。言い換えるなら，こうした現象はいわば交易条件の逆転を狙ったものであった。もっと穏やかなものとしては，UNCTADの舞台を中心にして要求されて実現するにいたった一般特恵関税制度（GSP）がある。こうした現象を大きな視野で捉えると，石油輸出国機構（OPEC）による原油価格決定への影響力行使はいわば国際価格カルテルであり，GSPは自由な貿易ではなく途上国優遇政策であった。すなわち国際経済面における市場メカニズムの作用に対する国家ではなくて国際機関による介入——いわば国際規制——だったのである。ここにいたっては，構造主義の面目躍如たるものであった。

　しかし国家主導型の工業化過程は，ラテンアメリカ地域を中心として債務累積という鬼子を蔵していった。ラテンアメリカのばあいとくにそうなのだが，輸出ペシミズムをベースにして輸入代替工業化の深化がみられ，その過程において先進国サイドからの借金に大きく依存する体質が醸成されていった。そうした事情も，行き過ぎた国家介入の失敗として一律にみなされるようになった。さらにいうなら，プレビッシュ流の輸出ペシミズムが理論面においてtwo-gap説に深められ，その帰結は次のようなものであった[37]。外

国為替制約に苦しんでいる国は輸出と経済成長は正の相関関係にあるといえるが、貯蓄制約に苦しんでいる国はいくら輸出に力を入れてもそれは経済成長をもたらさないというものであった。その代わり、外国トランスファー——外国援助を含む外国資本の流入——はいずれの領域にあろうとも経済成長をもたらすとする。すなわち外国トランスファーと経済成長とは正の相関関係にあるという結論となる。言い換えるなら、この理論の存在が先進国から途上国への資金移転を、すなわち経済援助を正当化したため、いよいよ資本移動を後押しすることとなった。ただしこのばあい、国際金融論でいうところのマンデル＝フレミングのトリレンマで提示された国際間資本移動とはコンテクストのうえで異なることに留意しなければならない[38]。後者のばあい、投機行動を含む証券投資的色彩が強いからだ。ともあれこうした事情から多くの途上国は、とくに1980年代において累積債務に苦しむこととなったのである。このことは同時に構造主義の退潮を含意するものであった。つまり経済不振にあえぐ途上国のばあい、過度の国家介入がみられたというのがほぼ共通の認識となり、債務累積問題への対症療法としてじょじょに市場への国家介入を取り払ってゆくことが妥当とされ、そこから世界銀行とIMFによる構造調整貸付（SAL）への局面へといたったのだった。あらゆる次元において国家の非介入主義が正当化された。そこにかのワシントン・コンセンサスが登場したのだった。すなわち新自由主義経済学の根底に存する哲学がワシントン・コンセンサスに集約されたといえる。かくして1990年代は、完全に新自由主義の時代と化した。

　このように当初プレビッシュとシンガーによって提示された交易条件仮説に含まれていた諸要素が、実際の国際経済面においてさまざまなかたちで影響を与え、途上国世界の歴史過程においていろいろな現象を現出させたのだが、いまひとつの重要学説である労働移動説について触れておかなければならない[39]。周知のようにそれは、当初ルイスによってモデル化された。その評価については第6章で詳しく論じるので、ここではプレビッシュとルイスの着想について総合発展的に述べることとする。

　ルイスの二重構造論は、途上国経済は近代的部門（かれの用語法では資本

主義部門）と伝統的部門（同様にかれの用語法では非資本主義部門，もしくは自給自足部門）というそれぞれ経済構造の異なる2部門によって構成されるとする。すなわちそこで使用される生産技術は異なり，前者は限界生産力原理によって，そして後者は平均生産力原理によってそれぞれ特色づけられた。したがって前者においては，新古典派がミクロ経済学で前提としている利潤最大化を目的として生産要素を合理的に結合する経済主体として企業行動が規定されるのに対して，後者は文化人類学の分野で頻繁に登場するパトロン＝クライアント関係によって特徴づけられる共同体が存在するという視点から展開された。後者のばあい，経済学的意味づけをするなら，伝統的部門の生産性自体は低水準だが総生産を最大化することで共同体のパトロンがそれをクライアントに平等に分配する――パトロンが典型的な地主であるとき，分益小作制の下で配下の小作農から収穫の一定割合を地代として吸い上げるが，小作農の生存維持水準を保障するようなやり方であり，結果的に平等な分配につながってゆく――という原理が作用するとした。そのところがまさしく二重性を含意するものであった。かくして近代的部門には新規に形成された製造工業部門だけではなくて，プランテーションや鉱山開発部門も属することとなる。ルイスの工業化論は，近代的部門の資本家もしくは経営者層が獲得した利潤を生産的投資に振り向けていって資本蓄積をおこなうとともに，近代的部門を拡張することを通じて自給自足部門を包摂してしまう，いわば当初二重構造によって特徴づけられた経済を近代経済一辺倒にしてしまうという趣旨を含むものであった。その工業化過程において，とうぜんながら伝統的部門から近代的部門へ向かう労働移動がともなうこととなる。その労働力も，自給部門内においては限界生産力が著しく低い労働である偽装失業状態にあるとされた。この論点が前述のようにシュルツとの論争を引き起こしたことはいうまでもない。ルイスの論理では，このプロセスが首尾よく進行すれば工業化が達成されて，その途上国は農業中心型経済から工業中心型経済へ構造転換したことになる。この点も構造転換論争として知られる一大旋風を巻き起こしたのだった[40]。

　さらにルイスの工業化論に含まれる重要なエッセンスは，かれのオリジナ

ル論文のタイトルにあるように,自給部門から近代的部門へ向かう無制限労働供給の性質に見出される[41]。すなわち近代的部門の賃金水準は自給部門の生存維持レヴェルの賃金水準によって制度的(すなわち構造的)に規定されるというものであった。そこにおいて前述のように2部門で賃金水準を評価するとき,限界生産力評価と平均生産力評価との峻別がなされたのであって,それも二重構造のばあい,労働の無制限供給が続くかぎり,近代的部門の賃金は自給部門より一定程度高い水準に決まるとした。言い換えるなら,このような二重性が消滅して,すべての部門の賃金水準を労働の限界生産力によって評価できるとなれば,それはまさしく近代経済社会ということなのだ。

いわゆるルイス的世界はそれにとどまらず,先のプレビッシュ=シンガー命題によって与えられた交易条件仮説にも関係してくる。それは途上国内の2部門間労働移動をあつかうのみならず移民という国際間労働移動を視野に入れて論じるとき,重要な論点が浮上してくる[42]。ルイスの斬新な視点は,とくに19世紀にみられた温帯地域へのヨーロッパ系移民と熱帯地域へのアジア系移民とにおいて本質上の違いがあることを強調する。前者のばあい,イギリス人が中心的存在だが,その国際間移動はカナダ,アルゼンチン,オーストラリアなどで農業活動をやることもしくは農業労働者として働くことを目的として生じた。後者は中国人とインド人とが中心であったが,それは熱帯地域でのプランテーション農業や建設業での労働を主としていた。ところがこの両者において賃金格差問題が生じてくる。というのも温帯地域における農業にせよ熱帯地域における農業にせよ,それは換金作物もしくは国際商品となっている農産物を栽培生産して輸出するのだが,その賃金水準はそれぞれ移民出自の食料生産部門の賃金水準によって規定されたという。ヨーロッパ系移民のそれはイギリス国内の農業労働者の水準を基準に,そしてアジア系移民のそれは中国やインドの農業労働の水準を基準にしたものであって,そこに根本的な格差があったとする。ましてや後者のばあい,ルイスの当初のオリジナル論文において提示されたような伝統的自給部門のそれもかぶさってきてプランテーションや鉱山開発部門への無制限労働供給がみ

られる傾向があったとするのである。いずれにせよ温帯地域の換金作物生産部門の賃金水準も，熱帯地域のそれも，それぞれの地域の食料生産部門の賃金水準に構造的に規定されるものとして論じた。その結果，それが交易条件に反映されることになる。すなわちそれぞれの換金作物部門の後背地として存在する食料自給部門の生産性が向上しないかぎり，換金作物部門の賃金水準は上昇しないということであって，要素交易条件の上昇は，その国際商品部門自体の生産性向上ではなくて伝統的自給部門のそれがあって初めて実現しうることを強調したのだった[43]。

　こうした視点はとくに財の供給面に焦点をあてて論じたものであり，プレビッシュがどちらかといえば需要面での説明に力点を置いたことと対照的である。ルイス的意味においても，輸出向け一次産品部門において生産性向上がみられても一次産品の対工業製品交易条件の改善にはつながらないとしたプレビッシュの主張は裏付けられるのである。ただしプレビッシュのばあいは，貿易可能財に対する需要の所得と価格の弾力性の視点から論じていた。さらにいうなら交易条件の統計結果から，現在の段階では，1870年以前とそれ以降から1914年ぐらいまでとで一次産品の交易条件は有利化から悪化へ転じたというほぼ共通の実証が得られているが，それもルイスの主張するような移民の流れと関係していることになる。移民はいまもそうなのだが，とくに外国人労働者は各地域の賃金水準を機会費用の視点から推し量って，どこで働くのが有利であるかを熟慮したうえで国際間移動をするものと考えられる。19世紀当時のヨーロッパ系移民は，たとえば国内産業の労働者として賃金を得たほうがよいのかそれとも海外の新天地で農業労働者として働いたほうがよいのか，いずれが有利であるかという選択問題であった。モデルの構築スタイルにもよるだろうが，国内の産業を食料生産農業部門とみなすなら，その部門で支払われる賃金水準が新天地での農業部門の賃金水準を規定することになる。アジア系移民のばあいは，植民地もしくは半植民地体制におかれるなかで少しでも有利な機会を求めて移民したのだった。それゆえもともと低めだった賃金水準が基準となるので，それよりもいくらか有利という具合であったろう。ここにおいて温帯地域の農業と熱帯地域の農業と

では，賃金水準に圧倒的な格差がすでにみられたのである。こうした背景を抱えた事情が要素交易条件として国際経済取引の舞台に踊り出たというのが，ルイスの真新しい論点であった。したがってこの視角は，商品交易条件を統計の基礎にすえて論じたプレビッシュの交易条件論を理論面で補完する種類のものといえる。

　とうぜんながらこれは景気循環とも関連してくるであろう[44]。プレビッシュはいうまでもなく中心国・周辺国アプローチの枠組みで途上国の経済発展問題および交易条件問題を論じたが，その含意のひとつに，周辺国は一方的に中心国の景気循環の影響を受ける傾向にあって，政治経済的に脆弱であるという側面があった。中心国の景気が上昇局面にあるときは周辺国への旺盛な一次産品需要が見込めるけれど，景気が下降局面もしくは停滞期に及ぶと周辺国への影響は正反対に作用する。しかもその深刻さは遥かに甚大である。それは1930年代の大恐慌のとき最大であった。こうした事情も交易条件問題の一面である。これにルイスの視点を重ね合わせると，次のようになる。すなわち景気循環の上昇下降のいずれの過程においても移民の流れが大きく影響を受け，上昇局面においては労働者は国内にとどまって国内の諸産業に雇用されてそれなりの所得を稼得する。逆に下降局面になると，労働者は賃金低下もしくは失業状態に追い込まれる傾向がある。その結果，新天地への移民を意思決定する契機が与えられよう。つまり景気上昇局面には移民は減少し，景気停滞期もしくは不況期にそれは増加する傾向がある。このように考えてくると，19世紀の第4四半世紀の大不況の時期に交易条件の長期的悪化がみられた——すなわち羊毛や綿花，鉱物資源などの非食料系一次産品およびコーヒー・茶・カカオ豆などの食料系一次産品に対する需要の大きな落ち込みが典型的に表われた——ことと移民の流れは大いに関係してきそうである[45]。というのも中心国で景気が良好なとき，国内のマクロ指数は上昇傾向を示すので，それに応じて周辺国の一次産品に対する需要も増加するが，そこには一定のタイムラグが生じる。移民の流出入はそれに応ずるかたちになる。とすれば賃金動向を見ながら，もしくは新天地での利潤実現の可能性を夢見ながら，移民が大量に押し寄せる（もしくは押し出される）

ことになり，いったん価格低下が生ずるとそれに拍車がかかることになろう。こうした事情が 19 世紀後半の四半世紀における大不況の背景にあったということを，ルイスは指摘したのだった[46]。それが結果的に，一次産品の生産輸出国に大きく影響したことはいうまでもない。その帰結が，交易条件の長期的悪化というかたちで具体化したのだった。

最後に，ポラニー・ラヴィッチの次の叙述で本節を締めくくることにしよう。

「1997 年のアジア危機以降，新自由主義政策が破綻したことから，開発経済学者が当初生み出していた諸命題や開発経験を再度顧みる必要性がますます認識されるようになってきている。周辺資本主義——もしくはルイスの用語法によれば，「熱帯一次産品輸出国」——のメカニズムについてのプレビッシュとルイスの洞察力は，なんらその重要性を失っていないとわれわれはみている。かれらの仕事を駆り立てた経験はラテンアメリカとカリブ海地域のものだったけれど，かれらが見通した内容がもつ説得力は現在の南北諸関係の全般に通じるものである。」(K. Polanyi Levitt, (2005b), p.206)

1.5 新構造主義の交易条件論

プレビッシュ＝シンガーによる交易条件仮説とルイスによる二重構造／余剰労働を基礎にした工業化論の視点を土台にして，いくつかの交易条件論が新構造主義を中心にして展開された。ここではとくに学術的に高度な内容を含むものを拾って概観し，筆者なりの評価を試みることとする。

まずひとつはチチルニスキー（G. Chichilnisky）の南北貿易論である[47]。かれのモデルは，余剰労働力を抱えた途上国が輸出主導型成長政策を採ったばあい，交易条件と国内所得分配にどのような効果が表われるかについての研究であった。その前提にプレビッシュ的視点とルイス的視点が入っていることは明らかであろう。一種の南北貿易モデルであって，南北それぞれにおいて技術と要素供給の性質が異なる。途上国側は財の生産面において二重構造を有し，余剰労働が供給される。南北両国は基礎的消費財と奢侈財もしく

は投資財を生産し,労働と資本の2要素を使用する。そして南側は基礎的消費財を輸出し,北側先進国は奢侈財もしくは投資財を輸出する。こうした諸仮定で南側が輸出主導型政策を続けると,かりにそれが北側の需要増加に起因したとしても,南側からみた南北間交易条件は継続的に悪化しうるという結論にいたる。こうした交易条件の変化は南側にとって,賃金の購買力が継続的に失われることを含意するものである。さらに仮定を変えて南側の技術が同質的で余剰労働がみられないようなとき,正反対の結果が得られるとしている。すなわち輸出増加は,交易条件の改善と南北間の要素価格均等化の傾向をいっそう強めることになる。

チチルニスキーのばあい,二重構造と余剰労働を仮定するものの,それは厳密な意味ではルイスの無制限労働供給の仮定とはやや異なることに注意しなければならない。チチルニスキーは,途上国の労働者は実質賃金に反応するものとしてルイスの仮定とは異なることを強調している[48]。しかし根本的次元において,ルイス的仮定に沿っているといえる。かれのモデルから得られる帰結は,きわめて関心を引くものである。南側途上国がルイス的特徴に彩られているようなとき,すなわち余剰労働を抱えて技術の異質性という意味で二重構造的性質を途上国が帯びているとなれば,そのようなとき輸出主導型の政策を続けると,交易条件の持続的悪化と所得分配の不平等をしだいに呼び込むことになってしまう。ところが労働は過剰ではなくて二重性もみられないとしても一様に生産性が低い途上国であれば,輸出主導型をベースとした南北貿易は逆に交易条件の持続的有利化と南北間の要素価格均等化の傾向を呼び込むことになるといういわば新古典派的な帰結が得られることになるのである。後者のばあい,いうまでもなくヘクシャー=オリーンの貿易モデルから拡張的に展開されたサミュエルソンによる要素価格均等化定理を含意している[49]。とうぜんチチルニスキーにおいては,途上国がどのような特色を持っているのかによって,政策的インプリケーションは異なってくる。ルイス的な二重構造で余剰労働の経済であれば,新古典派的なリカードゥ流の比較優位に基づいた一次産品輸出を中心にすえた南北貿易は途上国にとって不利であろう。逆に途上国がルイス的ではない特色を持つならば,

新古典派的ヴィジョンがものをいうことになるのである。

　論文の最後の箇所でチチルニスキーは途上国の類型が上述2タイプに大別されるとすれば，輸出主導型で成功したとされる韓国のばあい，相対的に技術は同質であって所得分配の改善がみられたとしている[50]。さらにルイスの1970年代後期の研究で途上国において後背地の農業部門の生産性が向上することが交易条件改善の鍵であるという主張がなされた[51]が，チチルニスキーはそれとも整合すると述べている。なぜなら農業部門の生産性向上によって，生産技術の異質性が薄らいでいわゆる二重性もしだいに解消されることになるからだ。

　次に同じ1980年代の研究にサルカル（A. Sarkar）によるものがある[52]。これについて筆者はすでに他のところで検討したことがあるが，新構造主義の系統に属するので再度取り上げることにする[53]。かれのばあい，ケインズ的有効需要制約型という特色を南側の近代的部門に与えた。ここにおいてルイス的二重構造を途上国経済に想定していることになるのだが，それと並んでプレビッシュ流の南北間にみられる非対称性を前提としている。すなわち南北の2国間で貿易がおこなわれ，南側は消費財を北側は投資財をそれぞれ輸出し，使用される要素は労働と資本である（それぞれ一次同次の滑らかな生産関数によって特徴づけられる）。いわゆる2国2財2要素モデルである。分析はケインズ流に短期に限定され，各部門の資本ストックは固定され不移動である。各部門の利潤最大化の条件は実質賃金率が労働の限界価値生産力に等しいというものである。そしてアウタルキーと自由貿易との比較がおこなわれる。推論を進めてアウタルキーの状態から南北間貿易が開始されると，投資財に対する消費財の相対価格つまり交易条件（Pc/Pi）は南側において上昇し北側において低下する。その結果，消費財に対する需要は消費財の交易条件と逆相関関係になるので，自由貿易の進行とともに南側の消費は低下し，逆に北側の消費は増加する。そしてサルカルは次の式に要約して結論を引き出している。

$$n\hat{L} + \theta_c(\hat{P}_c - \hat{P}_i) = 0 \quad \cdots\cdots\cdots\cdots\cdots\cdots\cdots\cdots\cdots\cdots\cdots\cdots (1-1)$$

(1-1) 式で n は国民所得の投資財部門における労働のシェア，L はこの国の雇用水準，θ_c は国民所得における消費財のシェア，および文字の上のハット（＾）は変化率をそれぞれ示している。括弧内は交易条件である。自由貿易の進行によって，すなわち南北間貿易を推し進めるにしたがって交易条件は上昇する（$P_c > P_i$）。その結果南側の雇用水準は減少する。北側では逆に，雇用水準は増加する。かくして自由な貿易は南側の消費と雇用を低下させることになり，北側の消費と雇用を増進させることになる。ケインズ的な短期の設定においては南側にとって交易条件は上昇するが，それが持続すると雇用水準の低下をもたらすことになるので，やや輸出ペシミズム的性格を含んでいるといえよう。

こうしたアメリカ数理経済学の系統に，交易条件論自体を正面からあつかったものではないが，もしくは純粋な意味の新構造主義の系統からは外れるかもしれないが，1980 年代から 90 年代にかけて南北間の経済構造の非対称性を基礎にすえて構築されたさまざまな南北貿易モデルが考案された。それにはクルーグマン，バルダン（P. K. Bardhan），エスワラン（M. Eswaran）とコトワール（A. Kotwal）らが含まれ，いずれもケースごとに輸出ペシミズム的展開と輸出主導型成長の成功裡的展開とがバランスよく盛り込まれている[54]。これらのモデル群の重要性は，一方的に輸出ペシミズムもしくは輸出オプティミズムに偏ることなくより一般的な帰結にいたっていることだ。もちろんこうしたモデル群が数多く構築された背景のひとつに，20 世紀最後の四半世紀に著しい興隆をみた NICs もしくは NIEs 現象が存在することは論を俟たない。

1990 年代になると，プレビッシュ経済学の流れを汲む ECLAC による研究が注目を集めた[55]。そのなかで正面から交易条件論を展開したのがオカンポ（J. A. Ocampo）である[56]。かれは，第二次世界大戦後の交易条件論争がもともとのプレビッシュ仮説のうち主に 2 つの論点を中心に繰り広げられたことを述べる。ひとつは諸条件下の原料に対する需要の所得弾力性が小さいことに関連するものであって，それは歴史的理由で途上国がその生産に特化するようになったものである。いまひとつは，南北両地域で労働市場の

機能が根本的に非対称であるため生産性向上がみられてもそれぞれその効果は異なるかたちで現れるということに関連するものである。とくに後者は，先進国では輸出部門の技術進歩は賃金上昇によって保持されるのに対して，途上国ではその構造的特性のため交易条件の悪化を通じて生産性向上を輸出することを余儀なくされるという点である。この2つの論点についてオカンポは次のように述べる。すなわちプレビッシュの第一の仮説はケインジアンと新古典派の分析によって理論的に支持された一方，第二の仮説は従属学派の不等価交換に関する研究やさまざまな学派による南北モデル群によってかなり裏づけられたと[57]。さらにそれを補完する要素として南北貿易モデル群が示しているのは，途上国では輸出部門で生み出される余剰が資本蓄積の基礎的源泉になるので，交易条件のメカニズムが作用して機関車としての役割を果たす先進国に途上国の経済成長は調整されるという共通認識である。このことは，プレビッシュが当初から抱いていた中心国・周辺国の枠組みに依拠することによって考える世界観を共有するものであろう。さらにはプレビッシュとルイスの路線から導出された考え方である，輸出部門の技術進歩は途上国の交易条件を悪化させる傾向があるのに対して，途上国の国内向けの財やサーヴィス部門において生産性向上がみられるとき交易条件は改善する傾向があるという論点も，理論研究面である程度支持されているとしている。

他方においてそれまでの実証を検討した結果，オカンポはたしかに実質的原料価格は長期において悪化したとしている。それは1980年代末までの110～120年間においてと，第二次世界大戦後の時期においてである。しかしいずれの時期においても，下降傾向がみられなかった一次産品もあるとしている。工業製品輸出国としての途上国の経験は20世紀後半からのことだが，1960年代以降の実証の示すところによれば，南側の工業製品輸出の実質価格は原料の実質価格ほどではないとしても低下傾向にあるとしている。このようにみてくると，途上国の輸出価格の傾向は，輸出国の特質に関連するものであって途上国が北側へ輸出する財そのものに関連するものではないとする仮説をむやみに拒否できないとする。

さらにそれから10年後（2003年）にオカンポはパーラ（M. A. Parra）との共同研究において，20世紀全体をカヴァーするやり方で商品交易条件の実証を試みている[58]。そこでは一次産品24品目について1980年代末のグリリ（E. R. Grilli）とヤン（M. C. Yang）による研究を拡充するかたちで検討された[59]。産品ごとに分類してまとめられた年平均成長率の推計値は次のようになっている。各分類産品群別にみて1920〜30年，1980〜90年，1900〜2000年のそれは，食料系産品が−5.2，−7.8，−0.8であり，非食料系産品が1.2，5.1，0.0であり，金属系産品が5.5，0.9，−0.1である。そして1900/1904年から1996/2000年にかけての長期趨勢についてみると，食料系が年当たり−0.7（累積値−49.8），非食料系が年当たり−0.2（累積値−14.6），そして金属系が年当たり−0.1（累積値−7.1）となっている[60]。こうして得られた結論は，たしかに20世紀をとおして交易条件の有意味な悪化がみられたが，それは連続的なものではなく個々の一次産品に均等にみられたわけでもなかったことだ。とりわけ非燃料系の原料一次産品についてみると，その悪化の程度は相当なものであって，20世紀末のそれは1920年以前の水準の3分の1以下まで落ち込んでいることが知見された（1900年の一次産品の実質価格指数を100とすると，2000年のそれは30ポイント強でしかない）[61]。言い換えるなら，それは過去80年間に年率1.5パーセントの低下に等しい。明らかにこれは有意味な低下がみられたといえるであろう。さらにオカンポらは2種類のかなり構造的な変化があったことも見出している。ひとつは1920年ごろであり，いまひとつは1980年ごろである。史的分析の示すところによれば，工業国家群のばあい，第一次世界大戦の勃発が引き金となって経済拡張が鈍化する時期に入り込み，とりわけヨーロッパ諸国がそうであり，最初のグローバリゼーションの段階を特徴づけていた活発な成長過程が頓挫をきたしたのだった。かくして最初の交易条件の構造的変化は1920年と21年の厳しい戦後危機と一致している。そのとき原料の実質価格は45パーセント低下した。南北双方で過剰生産が生じたことから，その後一定期間にわたって世界経済とりわけアメリカ合衆国経済を始めとして急速な成長がみられ，交易条件は改善したが，戦前の水準に回復すること

はなかった。そして 1929 年に始まった世界的次元の大恐慌が、いまひとつの原料価格の低下傾向の引き金となった。それは 1940 年代末まで依然低い状態であった。

　第二次世界大戦後、経済成長は世界中で著しく伸びたが、一次産品価格は当初失っていた基盤を回復するまでにはいたらなかった。需要増にもかかわらず供給がそれを上回るかたちで拡大したためその回復は妨げられた。1973 年の石油危機によって一次産品価格は上昇へと急展開したが、それは世界経済の次元においては鈍化の時代の新たな始まりを意味していた。一次産品価格トレンドの実質的転換点は 1979 年に訪れた。そのときアメリカ政府は、インフレを収束させドルの価値を保護するため利子率の引き上げを決定した。それ以降 1990 年代のアメリカ経済の上昇にもかかわらず、世界経済の成長は停滞し続け、先進諸国は保護主義を制度化して農業補助金を与える政策を段階的に採っていった。一次産品の交易条件の悪化はこの時期に加速することとなり、逆転は生じなかった。こうした事情により一次産品の過剰供給と世界経済の低成長が続いており、将来それが回復するのは望み薄であると[62]。このように交易条件の長期的悪化傾向の問題は構造的な性質のものであることを、オカンポらは説得力をもって述べている。

　この比較的新しい実証結果を導出する過程においても、理論の基礎的部分はプレビッシュが提示していた南北間で非対称性問題が存在することと、南側経済がルイス型の余剰労働経済であることが想定されている。したがってその意味では、オカンポのばあい、プレビッシュ＝ルイスの路線をストレートに受け継いでいるといえるだろう。ただしそれは移民の行動を基礎にすえて論じた後半のルイスによる分析——ルイス自身は要素交易条件について論及した——ではなくて、二重構造論の基礎を与えた前半のルイスの分析であることに注意しなければならない。

　そのオカンポによる巻頭言から始まる ECLAC による組織をあげての研究（2000）にも、交易条件への論及がみられる[63]。それは 1980 年代以降のラテンアメリカが経験することになった経済事情、すなわち新自由主義の思想を背景にして実施された諸政策がいかなる帰結をもたらしたかについて、

ECLAC の立場から総合評価を試みたものである。そのなかのラテンアメリカの貿易関係の項において次のような叙述がある[64]。1980年代から90年代にかけて輸出実績は急速に伸びたが、価格の低下傾向によってそれは相殺されてしまうことがたびたびみられた。とくに 1980～85 年がそうであった。その後輸出産品によっては実績が芳しくなかったものもみられたが、輸出価格は改善した。非燃料系の一次産品価格は 1993 年末から 97 年半ばにかけてきわめて有利な状況を享受することになったが、アジアで発生した金融危機のため、一次産品全体に対する需要が停滞することとなった。この時期についてラテンアメリカ全体にとっての交易条件の推移をみると、1980年代は全般に悪化傾向にあり、90年代前半は大きな変化はみられず、94 年から 97 年にかけていくらか改善し、その後ふたたび下落し始めた。かくしてラテンアメリカの貿易状況にかぎってのことだが、交易条件は全般に低下傾向を示していることと輸出価格が不安定なことを訴えているようだ。さらにそこでは新自由主義の政策が輸入増にある程度効果を発揮したことも述べられている。すなわち安定化政策に続く富裕化効果、関税の引き下げや非関税障壁の低減、為替レートの過大評価などがそれであるとしている。

このように交易条件論は、新構造主義に属するとみなされている学者たちによってプレビッシュ＝シンガー命題に含意された理論的意味を再解釈しようとの試みから、その実証についての再検討というように継続的に研究分析がおこなわれてきた。もちろん交易条件問題はこの学派の問題意識にとどまるものではない。世界銀行や IMF のスタッフによってかなり研究され続けている論点でもある。さらにはプレビッシュと並んでこの命題の創始者でもあるシンガーによっても、継続的に研究が続けられている[65]。もちろんかれのばあい、途上国にとっての交易条件は長期的に悪化しているという信念が揺らぐことはない。ここでかれの継続的研究について詳述する余裕はないが、それもまた初期構造主義から新構造主義まで一貫性のあるひとつの成果であるといえよう。

1.6 結　び

　以上，構造主義および新構造主義による研究について現在の主流派である新古典派経済学もしくは新自由主義経済学と対照させることをとおして，その系譜と構造主義による南北間交易条件論までみてきたが，最後にそうすることで明らかになったことがらと今後の研究発展の可能性について述べておきたい。

　近年の理論動向をみてみると，構造主義にせよ新古典派にせよ学際的色彩の濃いポリティカル・エコノミーの線に収斂しつつあるようにみえる。構造主義はもともと政治を包摂する歴史文化的分析視角を有していたのでここでことさらに取り立てるまでもないが，新古典派はレント・シーキングやDUP活動を国際貿易論の分野で展開し，国家をモデルのなかに取り入れて論ずる政治経済学的手法を用いるようになる。それは「国家介入の失敗」を糾弾するための理論武装化であった。ここにいたって，「市場の失敗」を是正するための国家介入の存在理由を明確にしたケインズ的コンセンサスから，国家介入にともなう非効率問題をさらに超越するような国家害悪視に依拠しつつ生まれた市場メカニズム絶対視を標榜するワシントン・コンセンサスへの転換が生じたのだった。しかしこの転換期は同時に，市場を誘導するという意味での国家の存在意義を重視する視点が提示されるようにもなって，東アジアの成功経験が「国家の成功」と同一視される傾向を生んだ。その結果ワシントン・コンセンサス形成の一角を占めた世界銀行のスタンスに微妙な変化が表われ，「市場に友好的」という表現が使用されるようになる。さらに1997年に生じたアジアの経済危機がこうした傾向に拍車をかけ，市場メカニズムの罪の側面が，とくに金融恐竜が批判の対象——いわゆる資本の自由化がそれであり，投機的色彩の濃い間接投資がその主体であると事後的に認識されるにいたった——にされるようになり，やや市場の後退がみられた[66]。しかしそれもいまでは一段落して，世界銀行はワシントン・コンセンサスを基礎にすえた構造調整貸付（SAL）路線から「貧困削減戦略文

書」(PRSP) の路線へと重心を移行させてきている。

　教説としての構造主義すなわち初期構造主義は，プレビッシュやシンガーによる交易条件仮説だけではなくて，さまざまな要素を含んでいた。そこにはいわゆる開発論の草分け的存在である錚々たる学者たちが名を連ねていた。筆者もかれらから影響を大きく受けた学徒のひとりである。そのなかにあって，その後関連学界において一定の影響力を保ち続けている教説をとくに取り上げて，筆者なりの検討を加えたのが本章である。後半部分では，交易条件論の理論的背景——もともとプレビッシュによって提示されていた南北経済間の非対称性に関することがら，もしくは1980年代後半にシンガーによって要約されたことがら等についてはすでに他のところで検討したことがある[67]ので，それをさらに補充する意味からのもの——のみに焦点を当てて検討した。

　さてそうすることで明らかになったのは，プレビッシュとシンガーによって当初から提示されていたものとは別ルートでルイスによって提示されていた労働移動説を包摂する二重構造論の含意であった。すなわち南北貿易モデルを構築するとき前提とされる途上国経済の特徴を過剰労働経済として捉える視点であり，そこから輸出向け一次産品における生産構造が説明され，究極的に交易条件に影響が及んでくるというものである。1980年代初期の研究であるチチルニスキーによる仕事がまさにその典型であった。ルイス自身は1960年代末から70年代末にかけて著わしたいくつかの文献のなかで，この問題を改めてあつかい，そこに移民の存在を基礎にすえて要素交易条件について論じた。それを受け継ぐかたちの南北貿易モデルもしくは南北間交易条件論が1980年代以降新構造主義を中心として数多く提示されてきたが，チチルニスキーにもみられたように，もしくはその後のオカンポによる交易条件論もそうなのだが，途上国について余剰労働経済を想定するとしても，移民問題を基礎におくというルイスの斬新な発想を十分盛り込んでモデル化するまでにはいたっていないというのが実情である。この問題はこの分野の今後の大きな課題のひとつであろう。むしろその視点は労働移動を国際経済のコンテクストで論じる類の研究——たとえばハリス＝トダーロ・モデルを

国際面に拡張してモデル化しようとする試み——のほうに,ウェイトがおかれてきているように思われる。

いずれにせよ構造主義のもしくは新構造主義の交易条件論はオカンポによって述べられているように,プレビッシュが当初から主張していた需要の所得弾力性の非対称性とルイス型の余剰労働経済を背景にもつ途上国における(輸出部門の)技術進歩が南北間貿易をとおして南北間に非対称的帰結が現われる——途上国では余剰労働による賃金の上方硬直性圧力が作用し,その結果として一次産品の下方価格傾向が生じやすいのに対して,先進国では技術進歩が生産性向上をとおして,もちろん労働組合圧力も手伝って賃金上昇に結びつき,その結果その輸出向け工業製品価格の下方硬直性がみられる——ことを中心に研究が深められてきた。いうまでもなくこの研究面において主導的役割を演じてきたのが,新構造主義である。

この学派は当初から交易条件の実証に関心を持ち続けてきた。経済学関連の世界的学会誌において,この学派を含む幾多の学者による実証分析が登場してきた。従来3種類の分析結果——南側にとって交易条件の長期的悪化傾向がみられたことを肯定するもの,それを否定するもの,およびいずれとも言えないとするもの——にほぼ分かれていたのが,前世紀の第4四半世紀以降の研究群をみると肯定するものが相対的に増えてきている。というのも世界銀行のグリリとヤンおよびIMFのラインハート(C. Reinhart)とウィッカム(P. Wickham)による研究[68]など,ほんらい新構造主義からやや距離がある国際機関においてもプレビッシュ=シンガー命題を肯定するものが出現するようになったからだ。この命題を世に提示した当人であるシンガー自身も,そのような傾向が出てきたことを歓迎しているようだ[69]。命題を支持するなかにあって主流を占めるのが新構造主義であることは,論を俟たない。ここではそのなかでとくにECLACのオカンポによるものを取り上げて考察した[70]。

かれの近年の研究(2003)は先の研究(1993)を引き継ぐものであって,さらに新しい実証をおこなっている。理論的背景としては93年の論考において述べていたことがらを踏襲することで,新規に実証を試みたのだった。

そこであつかわれた一次産品はグリリとヤンによるものと同じ 24 品目であり，総合指数もグリリとヤンによって考案されたものに依拠することで独自の分析をおこなっている。オカンポらによれば，20 世紀全体を見渡したとき，交易条件は全般に悪化傾向を示しているが，それが絶えずみられたというわけでもなかった。しかし食料系と非食料系，金属系に分類して推計したら 20 世紀初頭から 20 世紀末にかけていずれもマイナスであった。さらに 1920 年ごろと 1980 年ごろと 2 度にわたって構造的変化があったことを見出してもいる。

最後にシンガーによる一連の研究はつねに交易条件問題と関連していて，かれが命題を強く信奉していることに揺るぎがないことも付け加えておきたい。

なお UNCTAD (2006) による直近の分析では，2002 年以降一次産品の交易条件は全般に改善してきているが，長期トレンドは依然として低落傾向にあることが示されている[71]。

注
1) ここでのコンテクストでは，ケインズ的とは一定の国家介入の意義を認めることを含意し，いわゆる「市場の失敗」を是正するために国家が率先して主導的役割を果たさねばならないことになる。そこに国家の存在理由が明確化されたのだが，いたるところに綻びが噴出して批判の声が喧しい「政府の失敗」を生む土壌と化してしまったことも，否めぬ事実である。開発論のコンテクストでは，幾多の国や地域が国家主導型戦略を採ってきたことに起因するとされる。したがってラテンアメリカに起源を発する構造主義は，そのカテゴリーに位置づけられる。その主唱者であるプレビッシュは早くからケインズの『一般理論』に触発されていて，かれによる着想が途上国の開発面における理論的基礎を与えたことはよく知られている [*Cf.* Bianchi, A. M. (2005), pp.30-31; 西川 (1979), 171-180 ページ参照]。そこにおいては，ケインズが当時の主流派であった古典派経済学を批判して新しい理論の構築をめざしたことと，現在いうところの先進国経済の仕組みをどのように捉えるかに主眼を置いてきた新古典派経済学を批判して途上国経済にもっとふさわしい経済学の追求をめざしたことと，相通じるところがある。国際経済における途上国の開発問題について顧みると，1960 年代半ばから 70 年代にかけて国際貿易開発会議 (UNCTAD) の創設およびそれを起点とした一次産品総合プログラムの作成，さらには一般特恵関税制度 (GSP) の始動などの一連の動きが観察された。このようなことがらも，国際経済における市場の失敗の一例としての一次産品問題——価格が乱高下するとともにその輸出収入も不安定なことから生ずる途上国開発にとってのネガティヴな側面——に対して，国際間介入がおこなわれたとして捉えることができる。かくして「国家」と「市場」との関係を問うような種類の問題は歴史とともに古いけれど，現在も依然ひとつの主要問題であり続けているのであって，新古典派が国家介入を極力嫌うのは周知の事実である。その意味においてワシントン・コンセンサスが新古典派的で

あるのは，ごく当然のこととして受けとめられる。加えるに，現在のそれは国際通貨基金（IMF）と世界銀行（IBRD）の本部がワシントンにあり，アメリカ財務省とも連携していてこれらの国際金融機関の基本スタンスが新古典派的なるがゆえにそのように呼ばれるにいたった。いつまでもこの傾向が続くものではないという趣旨を構造主義の立場から論じたものに，シンガーによる一連の論考がある。なおスティグリッツによるIMF批判もしくはワシントン・コンセンサス批判もこのコンテクストで捉えられよう。*Cf.* Singer, H. W. (1997), 293-95; Singer, (1998), ch.28: 524-33; Raffer, K. & Singer, (2001b), ch.4: 48-63.

2） *Cf.* Stiglitz, J. E. (1998a); ──── (1998b); ──── (2002); ──── (2006).
3） 新制度学派経済学の系譜と解説については絵所（1997），第4章第2節［新制度派アプローチによる開発の政治経済学］を参照のこと。同様にセンのそれについても絵所，同書，第4章第4節［潜在能力アプローチと「人間開発」］参照。なお基本的考え方を知るうえで簡潔にまとめられたオリジナルなものとしてSen, A. (1983); North, D. C. (2005) がある。世界銀行の基本スタンスがSALからPRSPへ変容を見せた事情については，石川（2006）が詳しい。石川はとくにStiglitz (1998b) の果たした重要な役割に注目している。
4） この種のものは1980年代前半に集中していて，ハーシュマンによって問題提起されセンやルイスらによって議論された。*Cf.* Hirschman, A. O. (1981); Sen, A. (1983); Lewis, W. A. (1984). その主要な論点は，開発論は主流派経済学からの借り物という立場から脱却できないまま経済学内のサブ・ディシプリンに堕してしまっており，それ固有の科学的学問として存続しうるのかどうかが問われるというものであった。こうした論点が浮上した背景のひとつに，この分野において幾多の理論やモデルが華々しく登場したものの途上国の抱える開発問題を根本的に解決するまでになかなかいたらないという事情があったであろう。こうした事情から開発論にやや翳りが見え始めたのだった。ともあれこれに関連した議論はその後も続いており，悲観論の極めつけともいうべき高山（1985）やクルーグマン［Kruggman, P. (1994)］によっても論じられ，石川（1990）や絵所（1997），Todaro, M. P., & S. C. Smith (2003) および矢野（2004）らによる論及がみられる。後者のグループはいずれも開発論の存在意義を積極的に捉えている。なおマイヤーらもひとつの重要な論点として位置づけている。*Cf.* Meier, G. M. & J. E. Rauch (2005), pp.73-78.
5） この問題を正面から扱ったものとしては，主流派ではマイヤーによるものがあり，構造主義ではスンケルによるものが代表的である。*Cf.* Meier, G. M. ed., (1995), "Thinking about development", ch.2: 67-111.; Sunkel, O. ed., (1993). その他では，ラテンアメリカ地域に限定したものとして佐野「ラテンアメリカの開発論の系譜」小池他編（1999），68-73ページがある。
6） *Cf.* Prebisch, R. (1950).
7） *Cf.* Myrdal, G. (1968).
8） *Cf.* Perroux, F. (1955). ペルーによる「成長の極」についての最初の着想は，もともと1950年頃とみなされる。*Cf.* Polenske, K. R. (1988). ペルーによるこの着想から，産業構造論において中核部分を占めるハーシュマンによる連関効果の概念が生み出されたといえる。もともとは二重構造の深化のコンテクストで「成長の極」説は論じられたが，そこにハーシュマン的含意が隠されていた。*Cf.* Hirschman, A. O. (1958).
9） *Cf.* Gerschenkron, A. (1962); Lewis, W. A. (1954).
10） 詳細は本書第6章参照。
11） *Cf.* Chenery, H. B. (1986).
12） ここの議論は主としてサールウォールに依拠している。*Cf.* Thirlwall, A. P. (2006), "The structuralist-monetarist debate in Latin America", pp.452-453. なお新古典派の立場か

らこの論争を回顧しているものにリトルによる論考があり，新構造主義の立場からはテイラーとアリダによる論考がある。*Cf.* Little, I. M. D. (1982), "Structuralism and monetarism: the Latin American debate", pp.77-85; Taylor, L. & P. Arida, (1988), pp.184-87.
13) *Cf.* French-Davis, R. (1988).
14) ハーシュマン流の分類法によれば，新自由主義のこのような特徴はモノエコノミクスの適用を要請するものであるということになろう。*Cf.* Hirschman, A. O. (1981), *op.cit.,* p.3.
15) *Cf.* Little, I. M. D., T. Scitovsky, & M. Scott (1970); Schultz, T. W. (1964); Lucas, R. E. (1988); Romer, P. M. (1986); Krueger, A. O. (1974); Lal, D. (1983).
16) *Cf.* Taylor, L. (1979); Taylor, (1991); Bacha, E. L. (1990); Sunkel, O. (1993).
17) *Cf.* Balassa, B. (1978); ── (1981a); ── (1981b). バラッサによる開発戦略研究は，輸入代替にせよ輸出指向にせよ，途上国が選択してきた貿易戦略を第一次（労働集約的工業製品）と第二次（資本集約的工業製品）とに区分して考える必要があることを，もしくは国際経済環境下において各国（地域）が採った戦略のタイミングの重要性などを明らかにした。
18) シュルツによる路線を基本的に踏襲してルイスの視点も総合したうえで，自給部門をいかにして商品作物部門へ転換していくかを考察した近年の研究にシーボイがある。*Cf.* Seavoy, R. E. (2000).
19) 偽装失業をめぐる論争については，シュルツの立論を支持する絵所の解説（前掲書，17-19ページ）が参考になる。
20) ここの叙述は簡潔にまとめられたマイヤーによる論考に依拠している。*Cf.* Meier, G. M. (2001). とくに近年注目されている企業内貿易における中間投入財の扱いに，内生成長論が適用される傾向がある。
21) *Cf.* Bhagwati, J. N., R. A. Brecher, & T. N. Srinivasan, (1984).
22) *Cf.* Bacha, E. L., *op.cit.*; Taylor, L., (1991), *op.cit.,* ch.8:159-82; ── (1994). さらには同様の基本線で展開されたロスによる貢献もある。*Cf.* Ros, J., (1994). なお two-gap 説については，チェネリーを中心とした次の研究群がある。*Cf.* Chenery, H. B. & A. M. Strout, (1966); Chenery & P. Eckstein, (1970); McKinonn, R. E., (1964). マッキノン・モデルのわかりやすい解説はバスーの文献を，それを含む three-gap 説までの包括的考察としては拙著を参照のこと。*Cf.* Basu, K. (1997), ch.5: 83-101; 宮川（1996）の第6章「2つのギャップと第3のギャップ」と第7章「もうひとつの"3つのギャップ"分析──テイラー・モデルの検討──」。
23) 税体系がインフレーションにインデックス化されなければ，税の徴収にラグが生ずるので，インフレの加速化とともに実質徴収額は低下することをいう。*Cf.* Olivera, J. H. G., (1967); Tanzi, V., (1977).
24) 通常のマネタリストの前提とは異なり，インフレの加速化とともに，貨幣の流通速度は上昇するとみなす。そのためインフレ率の上昇によって引き起こされる総需要低下の効果はいっそう弱くなる。
25) *Cf.* Furtado, C., (1969). 邦訳書，第10章「工業化過程Ⅰ．第1段階」87-93ページ参照。
26) Sunkel, O., *op.cit.*
27) *Ibid.*, p.49.
28) *Ibid.*, p.51. なお1990年代のラテンアメリカ地域が主流派の路線に沿った自由化政策をあらゆる次元でおこなってきた代償として国内の経済問題（国内貯蓄の増進，景気循環局面に対応した財政政策の実施，公的資源の動因，教育投資，雇用促進，所得格差の是正など）がないがしろにされてきたことを訴える趣旨の，いわばここで論じたような内側に重点を置く政策への転換を主張した論考としてサンチェスがある。*Cf.* Sanchez, O. (2003).

29) *Cf.* Amsden, A., (1989); —— (2001); Wade, R. (1990). これらの理論がクルーガーやラルらと対抗関係にあるという点については，テイラーも同様の捉え方である。かれによる展望論文を参照のこと。*Cf.* Taylor, L., (2004a), ch.11: 349-77. そこに描かれた系譜図がおおいに有用である。なお市場重視型に対して国家の存在をポジティヴに捉える系譜の源流のひとつにポラニーがあることも忘れるべきではない。*Cf.* Polanyi, K., (1944). ポラニーは歴史過程において市場がいかに生起して人間社会に影響を及ぼすようになったかについて考察し，過度の要素市場（とくに労働）化に対して警鐘を鳴らした。ポラニーと開発論とのかかわりを論じた論考として次が示唆に富んでいる。*Cf.* Polanyi Levitt, K. (2005a).
30) *Cf.* Taylor, *ibid.*, pp.370-72; Rodrik, D. (1995), pp.2945-47.
31) ECLAC がラテンアメリカ・カリブ海地域における新自由主義の政策に関して事後評価を提示した［Stallings, B. & W. Peres (2000)］。それについては補遺で改めて検討する。そこでは「国家」と「市場」との関係をウェイド的に捉えなおそうとする傾向が窺える。日本の経験については，これと同様のコンテクストで産業政策の意味を再評価する動きがこの国において強まりつつある。鶴田・伊藤（2001）参照。ただしアムスデンにせよウェイドにせよ厳密科学としての経済学の立場から，かれらが主張する輸入代替と輸出促進との並行的政策介入は相互に相殺しあって政策中立性になってしまうのではないかという批判が，言い換えるならラーナー（A. Lerner）の対称性定理に抵触するのではないかという指摘がなされたことも付け加えておかなければならない［*Cf.* Rodrik, D. (1995), pp.2946-47.］。
32) これらの代表的な教説はいまさら紹介するまでもないだろうが，新規に取り上げたものは次のようになる。「均衡成長論」と「貧困の悪循環」はヌルクセ（R. Nurkse），「ビッグプッシュ説」はローゼンスタイン・ロダン（P. Rosenstein Rodan）である。
33) 詳細については前掲拙著，第 2 章「南北間交易条件の新展開」を参照のこと。なおプレビッシュとシンガーによるオリジナル論文は次である。Prebisch, R., (1950), *op.cit.*; Prebisch (1959); Singer, H. W., (1950). パイオニアである両者の関係が，近年オックスフォード大学のトーイ（J. Toye）によって明らかにされた。かれによれば，交易条件論の原初的着想はシンガーによるものであり，プレビッシュはそれを拡充して国際機関の場で広めたのだった。*Cf.* Toye, J. & R. Toye, (2004).
34) 2004 年 6 月に WTO の新ラウンド（ドーハ・ラウンド）が開始されたが，従来の通商交渉と根本的に異なるのは途上国側が積極的に参加して一次産品輸出国としての立場を鮮明化しつつあることだ。とくにインドと中国とブラジルがスクラムを組んで交渉過程に乗り出していることが，日本経済新聞をはじめとして各マスコミによって報道されている。そこでの争点は，サービス貿易に関する一般協定（GATS），知的所有権の貿易関連の側面に関する協定（TRIPS）および先進国側の農業保護政策のあつかいである。なおこれに関連して，WTO の動向を途上国の民衆の視点から批判的に捉えたものにオックスファム・インターナショナルがある。*Cf.* Oxfam International (2002).
35) *Cf.* World Bank, (1993).
36) 初期構造主義の位置づけがここで問題になるのだが，それは国家主導型開発として捉えるECLAC による現代からみた評価は妥当としても，比較体制論の視点から中央計画経済国と同様のものとしてみなす石黒（2003）による捉え方は納得のゆくものではない。*Cf.* Stallings, B. & W. Peres, (2000); 石黒編（2003）の第 1 章「経済開発戦略の転換」参照。
37) 前述のように two-gap 説はチェネリーの一連の研究によって深められたが，筆者はマッキノンによるモデルを念頭においている。*Cf.* McKinonn, R. E., *op.cit.*
38) 国際金融分野においてマンデル＝フレミングのトリレンマとして知られる命題は，固定為替相場制と国際間資本移動と金融政策の自立性のすべての政策目標を一国は同時に達成する

ことはできず，多くてもせいぜい2つの政策目標にかぎられるとする説である。詳細については シュワルツによる説明を参照のこと。Cf. Schwartz, H. M., (2000), とくに邦訳第9章「国際通貨，資本移動，および国内政治」参照。

39) 新古典派経済学の代表的論客であるリトルによれば，1970年代までの世銀など国際金融機関の基本的考え方は two-gap 説と余剰労働説が支配的だったとしている。Cf. Little, I. M. D., op.cit., p.147. こうした事情の背景として，この時期の世銀のチーフ・エコノミストが構造学派のチェネリーであったことを挙げねばならない。その後1980年代になってから世銀総裁はマクナマラ（R. S. McNamara）からクローセン（A. W. Clausen）に代わり，それにともないチーフ・エコノミストも新古典派のクルーガーになり，この時期以降世銀は新古典派色が強くなっていった。

40) 偽装失業の存在問題をめぐる論争では，シュルツやセンらが否定的見解を示した。平易な解説としては，絵所，前掲書，17-19ページ参照。Cf. Schultz, T. W., op.cit.; Sen, A. (1960). 構造転換論争については，前掲拙著第3章「"二重構造論"再考——初期開発論から労働移動モデルまで——」参照。

41) Cf. Lewis, W. A. (1954), op.cit. これを契機として，期待賃金モデルとして知られるようになったハリス＝トダーロの労働移動モデルへの発展をみた。Cf. Harris, J. R. & M. P. Todaro, (1970). その後の展開については，拙著第3章とシュワルツ（2000）の訳者解説「Ⅰ．国際経済開発論の視点」参照。留意すべき点は，トダーロの論考が出た段階から，ルイスのオリジナル論文に含まれた2種類のエッセンスである経済の二重性に関連するものと労働移動に関連するもののうち，前者から後者へと開発論分野の学者たちの関心が移っていったことだ。

42) ルイスがこの視点を初めて示したのは次の著作である。Cf. Lewis, W. A., (1969). さらに景気循環論の視点から，詳細な統計を用いて研究をさらに深めている。Cf. Lewis, W. A., (1978a)。

43) ルイスのこの論点は2国3財モデルを用いて定性的に実証される。マイヤーとラウチの論考をもとに要約するなら，次のようになる。2国は換金作物（一次産品）と自給用食料を生産する途上国Sと，輸出向け工業製品と国内向け食料を生産する先進国Nであるとする。さしあたり各部門の労働生産性をそれぞれ固定して，途上国の一次産品部門は q_{cs}，自給食料部門は q_{fs}，および先進国の国内食料部門は q_{fN}，工業製品部門は q_{mN} としよう。ただし各国内で各財は交易可能なこと，労働移動は国内で可能でも国際間では不可能なこと——熱帯であろうと温帯であろうと，すでに途上国への移民はおこなわれたものとしてあつかわれている——，および食料の生産性が両国の労働の機会費用を決定すると仮定される。したがって食料生産部門から途上国の換金作物部門へ，同様に食料生産部門から先進国の工業製品部門へ労働が引き出されることが含意され，換金作物と工業製品は食料で測られることになる。その結果，要素交易条件 w_S/w_N は q_{fS}/q_{fN} によって表わされ，商品交易条件 p_c/p_m は $(q_{fS}/q_{cs})/(q_{fN}/q_{mN})$ によってそれぞれ表わされる。このことから各国は，食料の生産性を向上させることによってしか自国の要素交易条件もしくは商品交易条件を改善できないことになる。Cf. Meier, G. M. & J. E. Rauch, eds., (2005), op.cit., pp.108-110.

44) 景気循環の視点からルイスを原料循環として捉えたものに，シュワルツがある。シュワルツ（前掲訳書）第3章「経済の循環と覇権の循環」参照。なおプレビッシュの分析視角について景気循環との関連で解釈したものに，サールウォールがある。Cf. Thirlwall, A. P. (2006), pp.548-50.

45) Cf. Lewis, W. A., (1978a), op.cit., pp.181-93. ルイスは一次産品の熱帯産品として砂糖，茶，パームオイル，ココア，ゴム，米，コーヒー，綿花，皮革，タバコ，ジュートについて

注

この時期のトレンドを示した。
46) *Cf. ibid.*, ch.7, "Challenge", pp.158-93.
47) *Cf.* Chichilnisky, G., (1981), in Dutt, A. K. ed., (2002). pp.28-57.
48) *Ibid.* (latter), p.29,47.
49) *Cf.* Samuelson, P. A. (1949).
50) *Cf.* Chichilnisky, G., *op.cit.*, p.51.
51) *Cf.* Lewis, W. A., (1978b). なお同年刊行の著書 (1978a) においてより詳細に述べられている。
52) *Cf.* Sarkar, A. (1989).
53) 拙著第1章「南北貿易の視座」参照。ECLACのスプラウトによれば，ここで取り上げた研究のほかにバッシャ，ダリティー，ダット，マッキントッシュ，オカンポおよびテイラーなどがアメリカ数理経済学系の新構造主義に属する。このうちバッシャとテイラーの研究はthree-gap モデルとして 90 年代に結実した。*Cf.* Sprout, R. V. A., (1992). そのなかに紹介された研究群は次のもの。Bacha, E., (1978); Darity, W., (1987); Dutt, A., (1988); McIntosh, J. (1986); Ocampo, J. A., (1986); Taylor, L., (1981).
54) *Cf.* Krugman, P. R. (1981); Bardhan, P. K. (1982); Eswaran, M. & A. Kotwal, (1993). これらの研究については，拙著第1章において筆者なりの検討を加えている。
55) *Cf.* Sunkel, O. ed., *op.cit.*
56) *Cf.* Ocampo, J. A. (1993), in *ibid.*, ch.12: 333-57.
57) *Ibid.*, p.354. 第一の仮説を中心にすえて南北貿易モデルを構築した近年の研究にダットによるものがある。そのエッセンスをかいつまんでいえば，南北間でそれぞれの輸入財に対する需要の所得弾力性が非対称的——南側輸入の所得弾力性が大きく，北側輸入のそれはきわめて小さい——であるとき，南北貿易を推進すればするほど南北間の不均等発展が深化するというもの。それゆえ政策的インプリケーションとして，南側の輸出品目を所得弾力性が相対的に大きいものに組み替えてゆくことを訴える。*Cf.* Dutt, A. K., (2003), in Dutt, & J. Ross, eds., ch.16.: 307-335. なお経済学プロパーからやや距離を置いて論じる傾向のある政治学の分野では，むしろ従属論のほうに関心が集まり，歴史学で一大旋風を巻き起こした世界システム論の登場も手伝っていよいよ解釈の複雑さに拍車がかかった。ここでひとつ面白いことに気づく。それは，経済学プロパーのコンテクストでは構造学派と従属学派とを峻別して論じるのが通常なのだが，政治学プロパーのそれは構造学派を従属学派のなかにひっくるめて位置づけて論じる傾向があることだ。そうした事情からこのふたつに関する概念規定の混同現象が早くから存在したことが明らかであろう。筆者の立場はとうぜんながら，経済学的視座にてこれらを捉えるものである。したがって構造学派と従属学派とは厳密に峻別されねばならぬ。さらにいうなら，思想としてのマルクス主義が絡んでくることも概念上の複雑性をいっそう際立たせる。従属学派はマルクス主義ときわめて親和的であって融合しているともいえそうだ。世界システム論の視点もそれに近いといえる。それゆえ三者はそれぞれ混同されがちである。世界システム論と従属学派の認識についても同様である。一方において世界システム論は従属学派に属するものであって前者は後者の一部もしくはひとつの典型として捉えるのに対して，他方においてこのふたつは連続関係にあって後者は前者を受け継ぐものとして捉える。ここにもひとつの論争の火種があるといえよう。ともあれ構造学派から新構造学派への系譜においては交易条件問題へのこだわりが常に存在しかつ仮説への信仰が依然強いのに対して，従属学派においては「交易条件の悪化」という表現ではなくて「不等価交換」という表現を好んで使用する傾向がある。従属論を平易なかたちで紹介・解説したものにカイがあるが，かれによれば，従属学派は近代化の路線を考える二重構造論の視点

を徹底して毛嫌うのに対して，構造学派はそうでない。この点については本書の内容からも明らかであろう。*Cf.* Kay, C., (1989)［吾郷監訳, 2002］; Schwartz, H. M., *op.cit.* さらには構造学派と従属学派との関係を総合的に論じた西川（2000）第 5 章「構造学派から従属論へ——その歴史的意義——」も参照のこと。
58) *Cf.* Ocampo, J. A. & M. A. Parra, (2003).
59) ここで分析対象とされた一次産品 24 品目は，アルミニウム，バナナ，牛肉，ココア，コーヒー，銅，綿花，ジュート，ラム（子羊肉），鉛，皮革，メイズ，パーム油，米，ゴム，銀，砂糖，茶，樹木，スズ，タバコ，小麦，羊毛，亜鉛である。Grilli, E. R. & M. C. Yang, (1988) に用いられた手法に依拠してさらにそれを拡張することで得られた分析結果である。そこで使用された価格指数は 1977-79 年の世界輸出に占める一次産品のシェアによってウェイトづけされたもの（GYCPI），同じく 1977-79 年の一次産品輸出に占める途上国のシェアによってウェイトづけられたもの（GYCPI′），さらに世界輸出に占める産品別シェアに基づいてウェイトづけられたもの（GYCPI″），そして最後に同手法によるが石油を含めて修正を加えたもの（GYCPI‴）である。
60) *Cf.* Ocampo, J. A. & M. A. Parra, *op.cit.*, p.13, table 1.
61) *Cf.* Ocampo, J. A. & J. Martin, eds., (2003), p.34. この研究成果は，先のオカンポとパーラによる交易条件分析をそのなかに組み込んだラテンアメリカとカリブ海地域に関する総合研究である。
62) *Ibid.*, p.35.
63) *Cf.* Stallings, B. & W. Peres, (2000), *op.cit.*
64) *Ibid.*, pp.19-20.
65) たとえば次の研究群がある。Sarkar, P. & H. W. Singer, (1991), in Singer, N. Hatti, & R. Tandon, eds., (1998); Lutz, M. & Singer, (1994), in Singer et al., eds., *ibid.*; Sapsford, D. & Singer, (1998); Raffer, K. & Singer, (2001a)。20 世紀末からのシンガーの世界観は，グローバルな次元の雰囲気としては新自由主義が優勢な状況にあるとしても，南北間交易条件論についていえば，主流派の代表的国際機関である世銀や IMF のスタッフによる研究も交易条件の長期的悪化説にかなり歩み寄りを見せているとする。
66) ウェイドはアジアの経済危機のとき，基本的見方として，アジアの歪んだ国家資本主義——しばしばクローニー・キャピタリズムと呼ばれる——が死の苦しみを経験しつつあるという捉え方と，規制緩和下での外部からの金融攪乱——性急な金融自由化——に起因するという捉え方のふたつがあるが，後者の見方を妥当とした。すなわち前者は「国家の失敗」を言い換えたものであり，後者は「市場の失敗」を含意する。かくして究極的には，「市場」対「国家」という図式で捉えていることに変わりはない。*Cf.* Wade, R., (1998).
67) 前掲拙著，第 1 章参照。
68) *Cf.* Grilli, E & M. C. Yang, *op.cit.*; Reihart, C. & P. Wickham, (1994).
69) *Cf.* Sapsford, D. & H. W. Singer, *op.cit.*
70) なおテイラー記念論文集［Dutt, A. K. & J. Ros, eds., (2003), *op.cit.*］のなかに，新構造主義について総括した論考がみられる。*Cf.* Gibson, B., in it, ch.3.: 52-76. そこではテイラー型の新構造主義のひとつの特徴としてシミュレーション・モデルが多いことが指摘されていて，新古典派型の非現実的な諸仮定——完全競争，定常状態，完全な予見可能性など——を取り除く配慮があるとしている。
71) *Cf.* UNCTAD (2006), "Commodity prices and terms of trade", Annex 1 to ch.1: 17-28.

第1章 補遺　新構造主義による新自由主義評価

補遺-1　ワシントン・コンセンサス

これまでの議論から明らかなように，新古典派経済学と構造主義経済学は，歴史のうねりのなかでいずれが優勢であるかという立場はそれぞれ入れ替わってきた。その時代の気運の振り子が一方から他方へ移動するのである。その結果，現在は新自由主義が優勢な状況にあるといえそうだ。おおまかにそのトレンドを描いたのが表補1-1である。

表補1-1　ケインズ的コンセンサスからワシントン・コンセンサスへの移行と近年の動向

```
第二次大戦後          初期構造主義          >          新古典派
～1960年代         (市場の失敗→国家主導型)
                                            ⇓
                            ［ケインズ的コンセンサス］

1970年代～80年代……ブレトン・ウッズ体制の崩壊，石油危機の発生，債務危機の発生
                    新構造主義          <          新自由主義
                (ラテンアメリカの経済計画)      (政府の失敗→市場重視型)
                                            ⇓
1990年代                     ［ワシントン・コンセンサス］
                IMFと世界銀行主導の構造調整貸付（SAL）政策実施

1990年代末～2000年代初頭……エマージング・マーケットで経済危機の発生
                IMFと世界銀行は貧困削減戦略文書（PRSP）路線へ軌道修正
                                            ⇓
                        ［第2段階のワシントン・コンセンサス］
                            (市場と国家との協調関係)
```

（注）　不等号は各局面における思想の機運が優勢かそうでないかを示している。ラテンアメリカを例に挙げると，1960年代と70年代はケインズ的コンセンサスを背景とした輸入代替工業

化局面だったが,「失われた10年」といわれる80年代を経て90年代からワシントン・コンセンサスを背景とした新自由主義局面へと移行した。
(出所) 筆者により作成。

ここで1980年代末に新自由主義の結晶として登場するにいたったのがワシントン・コンセンサスである。いうまでもなくそれは,途上国世界において構造調整を進めるための基本線としての役割を果たしたのであって,特定地域に限定的に適用されたのではなかった。これについては,1980年代に発生したラテンアメリカの債務危機に関連してウィリアムソン(J. Williamson)によってまとめられた政策勧告群を見るのが手っ取り早い[1]。それを箇条書きにしたのが次の表補1-2である。

表補1-2　ワシントン・コンセンサスのオリジナル版

---

1. 財政規律:財政赤字はGDPの2%を超えてはならない。
2. 公共支出の優先順位:支出先の割り振りを政治の影響力の強い分野から第一次衛生管理・教育・インフラストラクチャーなどのこれまで軽視されてきた分野へ切り替えなければならない。
3. 税制改革:限界税率の引き下げを含めて,インセンティヴを明確にしなければならない。
4. 金融の自由化:利子率はなるべく市場で決定されるようにすべきであって,開発計画に沿った優遇利子率は廃止しなければならない。
5. 為替レート:レートは一本化するとともに競争的にし,非伝統的輸出を促進するようにしなければならない。
6. 貿易の自由化:輸入数量規制は3~10年の間に10%の範囲の関税に代えなければならない。
7. 外国直接投資:国内企業と同等の条件で競合できるように外国企業に対する参入障壁を撤廃しなければならない。
8. 民営化:国営企業は民間所有にしなければならない。
9. 規制緩和:政府は競争を制限する規制を廃止しなければならない。
10. 所有権:法制度化によって,多大な犠牲を払うことなく所有権を保証しなければならない。

(出所)　Williamson, J. (1990); Raffer, K. & H. G. Singer (2001b) をもとに筆者により作成。

これらの諸事項は,1990年代半ばに発生したメキシコの通貨危機を機に若干の修正が施されたものの,全般的には大きく変わっていない。ブレトン・ウッズ体制の申し子であるIMFと世界銀行は,国際的な経済事件が起きるたびにその論調を変化させてきた。ワシントン・コンセンサスが提示されたころと相前後して,前述のアムスデンやウェイドらによる東アジアの国

家介入や産業政策の重要性の主張などもあって，1993年に刊行された世銀の文献では「市場に友好的な政策」を打ち出した国が良好な成果を上げたと主張するようになった[2]。しかしその後1997年にアジアで経済危機が発生してからその経過を見計らってのち，構造調整貸付（SAL）路線から1999年に貧困削減戦略文書（PRSP）路線へと軌道修正し，21世紀に入って第2段階のワシントン・コンセンサス（後出の表補1-3参照）が提示されるにいたった。少なくともここに列挙したネオリベラリズム的市場メカニズムを徹底させるやり方が絶対的に経済成果を上げることになるのか，それとも経済的破滅をもたらすことになるのかという問いに対しては，明確な解答が寄せられない状況にあるといったほうが正確かもしれない。もとよりネオリベラリズムを支持する主流派は市場を重視する立場を変えてはいない。主流派の代表的論客であるバグワティは近年著した時論において，経済の自由化を擁護する立場を崩すことなくアジアの経済危機を改めて捉えなおし，自由化には順序が必要であることを述べ，短期資本の自由移動については慎重な姿勢をみせている[3]。また開発論の分野において包括的アプローチをつねに提示してきたマイヤー（G. M. Meier）による論及はこうだ[4]。すなわちラテンアメリカにおける政策変更の影響は教訓に富んでいると。ひとつには金融政策を慎重におこなったのでインフレは抑制された。財政規律の面をみると，GDPに占める財政赤字の平均は5パーセントから約2パーセントへ低下し，その結果公的対外債務はGDPの約50パーセントから20パーセント以下へと低下した。関税は平均的に40パーセント以上の水準だったのがおよそ10パーセントへ引き下げられた。金融の自由化政策によって直接的信用規制は撤廃され，利子率も規制緩和され，外国直接投資は奨励され，外国為替と資本勘定の規制も撤廃された（資本の自由化が実施された）。1980年代末から90年代末にかけて800社を超えていた国営もしくは公営企業が民営化された。経済改革は歴史的なものであった。しかし良好な面ばかりではない。経済成長はさほど芳しくなく，「貧困の削減」はたいしてみられず，所得分配や社会的諸条件の改善はみられなかった（鍵括弧は筆者による）。この地域の実質GDPの成長率は，90年代の10年間で年当たり3パーセン

トであり，1人当たりでみるとわずか1.5パーセントだった。この数値は先の失われた10年（80年代）と比べてもさほど高かったとはいえず，1960年代と70年代の実績（5パーセント程度）よりもかなり低い水準だった。加えて失業率は増加し，貧困は依然としてこの地域全体に広がっていて，90年代末の時点でみると，ラテンアメリカは依然として世界で最も所得と富の分配が不平等な地域のままであった。以上がマイヤーによる総合評価である。

ともあれ世界の現状はこれらの路線に沿うかたちでグローバル・エコノミーの拡張を見つつあることも，厳然たる事実である。言い換えるなら，現在のグローバル・エコノミーの拡張の根底にこのワシントン・コンセンサスの要素が否応なしに存在すること，および新構造主義はそれに拮抗するまでに依然いたっていないということなのである。そこでこの点について，もう少し吟味しておきたい。

ウィリアムソン自身，ワシントン・コンセンサスにいたる原動力として開発論プロパーの主要教説——ビッグプッシュ説，均衡・不均衡成長論，余剰労働説，two-gap説など——はなんら影響力を持たず，それらはほとんど古典派教説に源を発するとする[5]が，そのことはここまでの議論から明らかであろう。学説史上，古典派の流れを受け継いだ主流派としての新古典派の考え方がそこに数多く盛り込まれているからだ。ただし列挙された政策勧告はいずれも政策手段であって，その目的は適度の経済成長の実現・低インフレ・国際収支の均衡・所得分配の平等化であることをかれは付け加えている[6]。この点においては，これまで先進国一般において展開されてきた経済政策論一般となんら変わらないといえよう。

ワシントン・コンセンサスを前向きに評価する立場は，いうまでもなく新古典派の論客に共通のものとなっている。たとえばラルは，国家介入の根底に流れる思想をディリジスム（dirigisme）のドグマとして徹底して毛嫌いしていて，初期から近年にいたる構造主義のみならず少しでも国家介入を正当化するセカンド・ベストの理論——純然たるパレート最適が無理な構造がみられるばあい，なるべくそれに近似した方向へもってゆくためシャドウ・プライスを指定して最適介入をおこなうというもの——や，クルーグマンら

に代表される独占的競争が存在するときの貿易政策論――独占の存在によって競争が損なわれるばあい，さまざまな種類の国家介入をともなう貿易政策を理論化しようとする立場――に対しても批判的姿勢を鮮明にしている[7]。それというのも，1990年代半ばにおこなわれたミント（H. Myint）との共同研究において主要な途上国とその経済実績との関係を明らかにし，当時主流派においてしばしば用いられた術語である「市場に友好的な」政策を駆使した国や地域のほうが国家介入的色彩が濃かった国や地域よりも良好な成果を上げたと結論づけているからだ[8]。いわば1980年代半ばにおいておこなわれた世界銀行の実証研究（『世界開発報告1987』）を踏襲したような同類の1990年代版といってもよいだろう。結論がきわめて似通っていることに留意しておきたい。したがってラル自身も述べているように，かれらの研究はワシントン・コンセンサスとぴたり符合するものといえる[9]。そのことはいずれの項目をみても，市場を絶対視していることから明らかであろう。ただしラルのばあい，先にみたように市場メカニズムへの信頼と政府の失敗を徹底して排除したいという思いから圧倒的な権威主義国家を前向きに評価する立場であることも付け加えておこう。

　このようにワシントン・コンセンサスに対してラルら主流派は積極的評価をするけれども，それに対してシンガーら構造主義はかなり批判的である。それというのもシンガーらは，東アジアNIEsは必ずしもワシントン・コンセンサスに沿ったかたちで政策運営をおこなったわけではなかったことを主張しているからだ[10]。たとえば韓国の政策運営を顧みれば，構造主義のパイオニアであるプレビッシュによって提示されていた選別的保護政策の色彩がむしろ濃かったと主張している[11]。言い換えるなら，この国において一種の幼稚産業論が具体化されたという認識である。この点において，ワシントン・コンセンサスが生み出された背景に，著しい成功を見た東アジア地域において多くの次元で自由化政策が実施されたという主流派の認識があったこととはきわめて対照的である。さらにシンガーらは前世紀末に起こったアジアの経済危機以降，ワシントン・コンセンサスに盛り込まれた政策勧告が高成長の原因でもなければ危機の原因でもないと世銀が結論づけていることも

付け加えている[12]。このことは，アジア危機の発生によってネオリベラリズムの象徴であるワシントン・コンセンサスの思想面における後退の一歩がもたらされたという認識につながってこよう。それが象徴的に示されたのは，世銀副総裁を歴任したスティグリッツが，アジア危機の進行を眼の当たりにしてワシントン・コンセンサスの行き過ぎたイデオロギー化に対して警鐘を鳴らしたことである[13]。その結果かれはIMFから疎んじられるようになり，そこにいたって世銀とIMFとの協調行動に足並みの乱れが生じ始めたのだった。この側面は，シンガーが強調するように，ワシントン・コンセンサスの方向へ傾きかけていた振り子が介入重視の方へやや戻りつつあることを示しているのかもしれない。もちろんかれらは，ネオリベラリズムの方が優勢であることに変わりはないという現状認識である。ただし前述のように，1999年から貧困削減アプローチへ軌道修正することとなったが，そのプロセスにおいてスティグリッツとセンが演じた役割は大きく，途上国の経済を正確に捉えるには経済学だけに頼るのではなくて学際的アプローチが要請されることも含意するものだった。このことに関連して，本書の第3部で筆者なりのアプローチを試みる。

次に，ワシントン・コンセンサスに基づいておこなわれた（もしくはおこなわれつつある）ラテンアメリカの構造改革に関するECLACによる評価について，とくにその問題点の指摘について簡単に触れておきたい[14]。

それは先の列挙項目から明らかなように，一連の構造改革や世界銀行の「市場に友好的な」開発モデルにおいては，失業や不公正の存在といった問題に対する意識が希薄であるので，職の創出や所得分配の改善および競争力の促進などを念頭においた政策でそれらを補充する必要があるというものである[15]。いわば典型的なリヴィジョニストとしての立場なのだが，雇用問題や社会政策を第一義的に考える姿勢は，新構造主義固有の特質を失っていない。あえていうなら，ワシントン・コンセンサスにその一面を見出すとすれば，第2項目がそれに近いといえよう。というのもそれは，途上国の衛生健康面と教育問題に財政支出のプライオリティをおくものだからだ。たしかにそうすることによって生産性の向上とスムーズな要素移動の実現が含意さ

れるだろうが，正面から雇用問題に言及しているわけではない。ただしここにおいても，1990年代のラテンアメリカにおける構造改革を一面において評価していることを忘れるべきではない[16]。

次に，パラダイムとしてのワシントン・コンセンサスに挑戦もしくはそれを凌駕する可能性のあるものとして，東アジア的開発主義とラテンアメリカの新構造主義との融合を考えるゴア（C. Gore）の視点について触れておこう[17]。もっともゴアは1990年代から盛んにいわれるようになった人間開発アプローチについては，いまの優勢なパラダイムを補完する役割を担ったとし，それに対峙するものとしてはみなしていないことを付け加えておかねばならない。むろんこのアプローチが生まれる背景には，BHN（基本的人間ニーズ）の考え方とセンによって概念化された潜在能力（capability）やエンタイトルメント（entitlement）の視点が存在することも，忘れてはならない[18]。ゴアは東アジアの開発主義とラテンアメリカの新構造主義とが融合して南側のコンセンサスが形成され，それがワシントン・コンセンサスに拮抗して，いずれそれを凌駕する可能性があることを述べている。そういうかたちでの南側のコンセンサスはいまのところ実現していないが，トレンドがその方向に動こうとしているとみなすのである。この視点は，表現は異なるものの筆者がこれまで述べてきたことと親和的である。

最後に，一定のバランス感覚をもって議論するロドリックの視点を取り上げてみよう[19]。ロドリックは東アジアの韓国と台湾についてワシントン・コンセンサスの項目ごとに評価を試みた。かれによれば，韓国のばあい，忠実に実施されたのが第2項目と一定期間を除いて第5項目であり，概ね実施されたのが第1項目と第3項目，1980年代まで制限されていたのが第4項目と第6項目，制限されていたのが第9項目であり，第7項目の直接投資は厳しく規制されていたとし，第8項目の民営化については1950年代と60年代に政府が多くの公営企業を創設した（いわば国家主導型）とし，第10項目の所有権の保障については朴大統領が1961年の法令によって主導的事業家を収監してその資産を接収する脅威を与えた（いわば一種の権威主義的特色）のだった。台湾については，忠実に実施されたのが第1～第3項目，第

5項目,第10項目であり,1980年代まで制限されていたのが第4項目の金融の自由化と第6項目の貿易の自由化であり,制限されていたのが第9項目の規制緩和であり,第7項目の直接投資については政府管理下にあり,第8項目の民営化については韓国と同様に1950年代と60年代に政府が多くの企業を設立したとしている。かくしてロドリックは総合評価として,両国ともワシントン・コンセンサスはおよそ半分ぐらいが満たされていたのであって,1980年代まで実質的自由化はおこなわれなかったとしている。

さらに近年公にされた論考の中でロドリックは,1990年代のラテンアメリカにおける自由化政策について大まかな評価をくだしている[20]。かれによれば,たしかにラテンアメリカ主要国においては90年代にある程度の経済成長がみられたけれど,そうはいっても1960年代と70年代の輸入代替工業化期の成長実績よりもそれは劣っていることに留意しなければならないという[21]。

かくしてワシントン・コンセンサスをめぐっていろいろな議論がなされてきたのを受けて,その生みの親であるウィリアムソンはそれに追加して第2段階のワシントン・コンセンサスを提示するにいたった[22]。第2世代改革とも呼ばれる追加項目は次の表補1-3に示すとおりである。

表補1-3 第2段階のワシントン・コンセンサス(追加アジェンダ)

11. 企業統治
12. 汚職追放
13. 伸縮性のある労働市場
14. WTO規律の遵守
15. 国際金融法規と規約の遵守
16. 「熟慮ある」資本勘定の開放
17. 非仲介的な為替レート制度
18. 中央銀行の独立性とインフレ目標化
19. 社会的セーフティ・ネット
20. 貧困削減の目標化

(出所) Kuczynski,P. & J. Williamson (2003); Rodrik,D. (2005)をもとに筆者により作成。

多くの途上国において元のワシントン・コンセンサスの列挙項目に沿った

政策対応が弱い状態に終始するにつれて,不十分なところを埋めたのがこれらの政策アジェンダである。ふたたびロドリックの表現を借りるなら次のようにいえる[23]。貿易の自由化が十分に作用しなかったならば,それは労働市場が伸縮的でなかったからであるとし,次なる改革は労働市場の分野でなされなければならないという含みをもつ。金融市場の開放が機能しなかったとなれば,それは規制を慎重に進める姿勢が弱かったからであって,ゆえに国際金融法規と規約が必要であって金融面の改良が必要だということになる。民営化をうまくおこなえなかったとなれば,それは十分な社会的セーフティ・ネットを欠いていたからであろうということになる。いずれにせよこれらの項目は,最初から改革過程の中心部分であらねばならなかったことがらである。

ここまでの議論から明らかなように,今世紀に入ってから「貧困削減」が盛んに主張されるようになった。そこでその内容はどのようなものなのかについて次の表補1-4を参照しつつ考えてみよう。

表補1-4 貧困削減戦略文書(PRSP)に含まれる列挙事項

＜経済運営＞	＜公的部門の統治と運営＞
・貧困削減にとってのマクロ経済安定の信頼性	・予算管理
・貿易政策(関税の引き下げ,輸出促進など)	・MTEF
・通貨抑制	・地方分権化
・為替レート政策	・行政改革
・財政抑制	・汚職追放
・税制と関税の改革	＜社会的部門の改革＞
・価格統制,賃金政策など	・教育
・使用者料	・健康
・部門向け諸政策	・社会的保護,雇用の確保
＜金融部門の改革＞	・農村の暮らし向き
・金融制度	・食糧の確保
・金融仲介政策	・環境保護
・民間部門の育成	・少数民族の保護
・民営化	・性差別の撤廃
・価格の自由化	・児童や身障者への対策
・法制度の改革	・弱者対策

・借地法

(出所) Stewart, F., & M. Wang, (2006), p.310-11, tab.11.2 を基に筆者により作成。

さて表補1－4から窺えるのは，たしかにSAL路線のときと比べると，挙げられているチェック項目は経済領域だけではなくて政治・社会・法制度など多岐にわたっていて広い視野で考案されていることである。それはとくに＜公的部門の統治と運営＞と，＜社会的部門の改革＞のカテゴリーが設けられていることから明らかである。しかし＜経済運営＞と＜金融部門の改革＞のカテゴリーのなかに列挙された項目群はワシントン・コンセンサスに列挙された項目群そのものかもしくはそれを言い換えたに過ぎず，根本的にはSALの内容を踏襲しているといえそうだ。いずれにせよ現在多くの途上国がPRSPの対象になっていて，今後そのパフォーマンスが問われることになる。

次に，新構造主義のもうひとつの核であるテイラーらによる新自由主義政策評価を検討してみよう。

補遺－2　テイラー学派による評価

これまでテイラーが学界に寄与してきた仕事には，新古典派経済学が指向する「価格を適正にもってゆく」やりかたではなくて，「構造もしくは制度を適正にもってゆく」という含意が一貫して存在する。そこでさしあたりテイラー自身による構造主義経済学の認識についてみておこう[24]。かれによればそれは，近年の動向を睨みながら，貿易や資本市場の改革にはたしかに供給サイドの利益があるかもしれないが総需要の側面を見過ごしてはいけないと主張するとともに，自由化に向けてのそのような改革がもたらす分配面への悪影響について，さらには資本流入の相対価格に与える影響についても考慮しなければならないとする立場である。構造主義の輸入代替モデルは戦略の中心部分として実質賃金の上昇をともなう国内市場の拡大に依拠するものだった。十分な生産性向上が得られて労働者が失業状態に置かれることが

ないかぎり，生産拡大が実質所得の増加の可能性を創り出すので賃金抑制が問題化することはない。しかし賃金水準が引き下げられて高い消費性向をもつ労働者が職を失うとなれば話は別である。すなわちそうなると国内需要は縮小するので，自国市場向けに生産している産業部門の労働所得は削減されかねない。解雇された未熟練労働が大きな需要が見込めないインフォーマル部門に吸収されることになれば，所得格差問題が生じかねない[25]。

さて自由化路線に添って多くの資本が流入するとなれば，実質為替レート（RER）は増価することとなり，そのため貿易財生産に向けての自由化インセンティヴは減殺して実質賃金コストの大幅な削減が余儀なくされる。為替レートの増価は実質利子率の上昇へとつながり，それが生産コストに付加されて資本形成は進まなくなる。利率がさらに高くなっていっそう多くの外国資本が引き寄せられて，高利子率／高為替レート・スパイラルの循環にはまり込む。銀行システムを通じて外貨準備は潤沢となり，国内信用は拡大する。ポジティヴな面をみると，国内投資が増えて信用拡大によって総支出が刺激されうる。しかしながら信用拡張は旺盛な消費ブームを引き起こしかねず，株や不動産などの投機的な資産価格の上昇（バブル）をもたらしかねない。対外収支の増加は持続不可能で，バブルがはじけて資本流出が起こるとなれば，需要拡大は短命に終わりかねない。金融規制を慎重に進めないかぎり，このような現象が起こる公算が大きい[26]。

このような見方は，国際収支を自由化したばあい，成長や雇用・分配面にどのような効果がもたらされるかであって，一国経済の需要と供給の両面にともなうところの複合的諸力について述べたものである。所得分配や相対価格の主要なシフトは過程にとって内生的である。

テイラーは次のことだけは最小限言えるとしている。すなわち自由化についてもしくはその結果にはどのようなことが含まれるのかについては簡単な結論は得られないということであって，これまでのところ多くの国々において社会的費用のほうが社会的便益よりも大きく，こうした事態はしばらくの間続くかもしれないと[27]。

テイラーとともにラテンアメリカ地域について共同研究をおこなったフォ

ス（R. Vos）による評価も，おおいに参考になる[28]。フォスはテイラーと同様に資本の自由化については資本勘定の自由化の枠組みで考え，貿易の自由化については経常勘定の自由化の枠組みで考察している。

　資本の自由化の説明はより具体的である[29]。かれによれば，ラテンアメリカの多くの国において為替レートは反インフレ・プログラムにおける名目上のアンカーとして使用された。それは実質上の増価となり，貿易財のドル表示での変動費はレートの凍結後すぐに急上昇した。同時に利子率は押し上げられることとなり，さらにこれが実質レートの増価を呼び込むこととなり，こうした事情は投資や長期の生産性向上に対して逆インセンティヴを与えたのだった。このようにしてさらに資本流入を呼び込むこととなったのが1990年代前半であった。ところが1995年に発生したメキシコのペソ危機を機に，ラテンアメリカへの資本流入は突然停止した事態となった。そして1997年のアジアとロシアの危機以降，強制措置が採られ，名目為替レートを基礎にすえた安定化政策を維持するのは無理になった。そして95年のメキシコ，99年のブラジルとエクアドル，2002年のアルゼンチンにおいて，固定レート制から変動レート制への変更が余儀なくされた（エクアドルでは2000年に為替の完全なドル化政策を導入した）。

　こうした事情を資本の自由化との関連で要約するならこうなる。すなわち資本勘定の自由化は，外国からの集中的な資本流入と結合したとき，容易に過剰な信用拡張の引き金を引くことになりえたということであって，信用ブームは相対的に高い利子率と強い自国通貨とおおいに関連していたということだ[30]。

　貿易の自由化すなわち経常勘定の自由化については次のように説明される[31]。すなわち基本的には輸入数量規制を関税政策へ変更する類であり，それに続いて関税率をかなり狭い範囲に押し込めるやり方が採られた。若干の例外はあったが，輸出補助金も取り除かれた。これらの措置は有効需要の水準や構成に対して，さらには雇用や労働生産性の動向に対して明瞭な効果をもたらした。

　実質為替レート（RER）の増価によって，輸入価格は低下し，輸入は増

加した。そして金融の自由化による信用拡張も手伝って家計支出は増加したため，および貿易財を生産する産業側での利潤圧縮もあって貯蓄率が低下したところもみられた。かくしてメキシコやアルゼンチンの製造工業部門においては，貿易の自由化と実質為替レートの増価が結合して，労働現場の再組織化——アウトソーシングへの依存率を高めるなど——とダウンサイジングへ追い込まれた。未熟練労働が変動費の主たる構成要素であるばあい，この種の労働者はいわば失職という調整弁の役割を担わされることになる。言い換えるなら，貿易財を生産する企業が事業を継続するには生産性を向上させてコストを切り詰めざるをえなかったのである。かくして総雇用水準は簡単に低下したのだった[32]。

このような効果がみられたことで，熟練労働と未熟練労働とで格差感が広がることとなった。これはある意味では，貿易の自由化がもたらしたひとつの分配効果であるといえる。自由化によって貿易財部門において生産性向上が得られるとき，次にそれは貿易財生産において労働需要の低下をもたらし，この部門に雇用されている熟練労働者とそこから解雇されてインフォーマル部門へ行き就いた者や失業者との所得格差が広がっていったと考えることができる。

ラテンアメリカ地域において貿易の自由化を進めていった結果，このように所得格差問題が生ずるにいたった事情から，フォスは主流派が理論的基礎として位置づけるヘクシャー＝オリーン＝サミュエルソン（HOS）・モデルおよびその上に確立されたストルパー＝サミュエルソン定理にこの帰結は一致しないと主張する[33]。なぜなら HOS の 2 国 2 財 2 要素モデルは典型的な途上国において未熟練労働を豊富な生産要素であると仮定して推論を進めて，途上国は貿易の自由化から利益が得られるばかりでなくて所得分配の均等化——要素価格均等化定理——も実現するという結論が得られるからだ。しかしながら定理の諸仮定が異なることに留意しなければなるまい。加えてラテンアメリカの多くの国のばあい，いずれかといえば要素賦存として未熟練労働よりもむしろ天然資源のほうが豊富であることが考えられる。したがって単純にこれらの事実からこの定理は妥当しないとして退けるわけには

いかない。ともあれ現実の調整過程は要素と財の相対価格への反応以上の内容をともなっていて，HOS の諸仮定と異なり為替レートの変動や資本移動が要素報酬や利子率にもたらす影響などマクロ経済効果が得られた。

かれらの国別実証によれば，貿易の自由化と資本勘定の開放は製造工業と近代的サーヴィス部門で効率の利益を生み出したが，それは労働を伝統的農業やインフォーマル・サーヴィス部門へ追いやってしまうという犠牲をともなうものであった。そのような労働の再配分は所得格差をさらに拡大する主たる源泉になっている。労働力においては未熟練労働力が支配的であるにもかかわらず，経済の近代的部門の多くの部分で技能集約度が増進した。結局のところ前述のように未熟練労働はラテンアメリカの比較優位ではなくて，明らかに自由化にともなった実質為替レートや利子率などのマクロ指標の変更と資本勘定の開放とが，技術集約度の高い技術の輸入に向けて強力なインセンティヴを与えたのだった。また輸出促進よりもむしろ資本流入の殺到のほうが需要制約を克服するうえで効果を発揮した。かくして資本市場の浮動性が成長に直接影響を与えた。なぜなら景気循環の拡張局面にみられる雇用増進，実質賃金の上昇，貧困の削減へと向かう傾向は，資本流入の収縮期には逆転現象が生じるからだ。経済の需要面において大きく作用するこれらの要因が，1990 年代のラテンアメリカにおいて観察された貿易の自由化と資本勘定の自由化とによってもたらされた不均衡と貧困の帰結のなかで支配的だったようだ。金融面の浮動性とマクロ経済政策のストップ・ゴー的傾向が強かったため，成長実績と貧困の帰結が良好だったところもあればそうでなかったところもあり，全体的にはかなり失望的だった[34]。

ラテンアメリカ地域の政策変更は，保護措置の撤廃と国内価格の歪みの除去に偏りすぎていて，十分なレヴェルの社会的間接資本を提供するための垂直的技術連関の創出を促進するための積極的な政府の政策の必要は軽視された状態だった。かれらの研究によれば，技能による所得格差の拡大は人的資本投資が不十分であることのヒントになっているし，多くの国にみられた金融面の開放は，資本流入の浮動性を制限するための十分な規制措置やメカニズムを構築することに先行していた。所得分配や貧困削減への関心が大きく

なるにしたがって，現在これらの問題は第2段階の自由化アジェンダ（第2段階のワシントン・コンセンサス）として浮上してきている。アジェンダに上ることが遅きに失した観があるが，これらの問題はいまや積極的に追求する必要があり，政策勧告の中心部分であらねばならないだろう。昨今のラテンアメリカ諸国で次々と左派政権が誕生しつつある重要な背景にこのような不均衡が存在し，それに対する不満が政治の世界に現われてきていることに留意しなければならない[35]。ある程度の成長は得られたとしても，所得分配の格差現象，失業率の増加傾向など貧困が表面化した国が見受けられることが，以下に掲げる補足資料からある程度窺えるであろう。とくに左派政権が誕生した国は，表補1-6で失業率の変化が悪化した国に，および表補1-7と表補1-8の第4欄，すなわち経済成長が低下するとともに貧困も深刻化した国に，もしくは所得格差が拡大するとともに貧困化も進行した国に集中していることが窺える。

表補1-5 各国の自由化実施

国名	時期	各時期の特徴	成長率
アルゼンチン	1990-94	計画変更、第一次拡張期	8.9
	1995-96	テキーラ効果	4.6
	1996-97	第二次拡張期	6.5
ボリヴィア	1980-85	不安定期	−1.6
	1986-89	安定期	1.6
	1990-97	自由化実施後	4.2
ブラジル	1982-86	改革以前	4.4
	1987-91	自由化の実施	−0.3
	1992-94	自由化実施後の第一局面	5.4
	1994-97	自由化実施後の第二局面	3.2
チリ	1970-74	需要拡大、ハイパーインフレーション	1.0
	1976-81	自由化の実施	9.4
	1985-89	再調整期	8.4
	1990-97	自由貿易協定	9.4
コロンビア	1992-95	自由化の実施、好況期	5.2
	1995-98	景気停滞期	1.4
コスタリカ	1987-91	貿易の自由化	3.7
	1992-98	さらに開放化を推進	4.3
キューバ	1989-93	外国為替市場の開放	−8.5
	1994-98	財政調整、自国勘定の弾力的運営	4.4
ドミニカ共和国	1991-96	自由化の実施後	6.1
エクアドル	1988-91	改革前	2.6
	1992-98	安定化と自由化	2.7
エルサルヴァドル	1980-82	経常収支の自由化	−9.5
	1983-89	戦時経済	1.3
	1990-95	経常収支の自由化と金融の自由化	6.0
	1996-98	需要低下	3.0
グァテマラ	1987-92	経常収支の自由化	3.9
	1992-97	経常収支の自由化と国内金融の自由化	4.0
ジャマイカ	1980-89	自由化の実施前	1.6
	1990-92	金融の自由化	1.2
	1993-98	貿易の自由化	−0.7
メキシコ	1988-94	貿易の自由化と金融の自由化	3.9
	1994-95	ペソ危機とNAFTA	−6.2
	1996-98	危機後	5.8
パラグアイ	1988-91	貿易と為替レート改革	3.8
	1992-94	MERCOSURの結成	3.6
	1995-98	金融改革	2.0
ペルー	1986-90	ハイパーインフレーション	−1.1
	1991-98	経常収支の自由化	4.9
ウルグアイ	1986-90	MERCOSURの結成前	2.5
	1990-97	MERCOSURの結成	4.1

(注) 成長率はGDPの年成長率,RERは実質為替レート,失業率は全就業人口にもの,熟練/未熟練は未熟練労働者の稼得に対する熟練労働者のそれの比率変化,比率変化を示している。

(出所) Taylor, L (2004b), pp.182-189, tab7.1 & tab7.3を基に筆者により作成。

前後の主要なマクロ実績動向

RER	失業率	所得格差	熟練／未熟練	雇用構造 （フォーマル／インフォーマル）
増価	低下	拡大	拡大	
増価	上昇	拡大	拡大	
増価	上昇	拡大	拡大	
増価	上昇			
減価	上昇	拡大	拡大	
減価	低下	拡大	拡大	上昇
増価	低下	不変	縮小	上昇
減価	不変	不変	不変	上昇
減価	上昇	不変	拡大	低下
増価	上昇	不変	縮小	不変
増価	低下	縮小	縮小	
増価	低下	拡大	拡大	
減価	大幅低下	拡大	拡大	
増価	低下	縮小	縮小	
増価	低下	拡大	拡大	上昇
増価	上昇	拡大	拡大	低下
増価	低下		拡大	上昇
不変	低下		拡大	上昇
大幅増価	微減	拡大		大幅低下
変動	微増	縮小		大幅低下
大幅増価	低下	拡大	拡大	上昇
減価	変動	拡大	拡大	低下
大幅増価	変動	拡大	拡大	低下
増価	大幅上昇	縮小	拡大	
大幅増価	上昇	縮小	拡大	
大幅増価	低下	拡大	縮小	
増価	微増	やや拡大	縮小	
減価				低下
増価				低下
増価	低下		拡大	上昇
増価	低下		拡大	上昇
増価	上昇		拡大	上昇
大幅増価	変動	拡大	拡大	
大幅減価	大幅上昇	拡大	拡大	
増価	低下			
減価	微減	拡大	拡大	上昇
増価	不変	拡大	拡大	低下
増価	上昇	拡大	拡大	上昇
大幅増価	上昇	縮小	縮小	低下
微増	低下	ほぼ安定	拡大	上昇
減価	不変	やや縮小	拡大	不変
増価	上昇	やや拡大	拡大	やや低下

対する失業者の割合，所得格差は労働者1人当たり一次所得（賃金その他）についての
および雇用構造はインフォーマル部門の就業労働者数に対するフォーマル部門のそれの

表補1-6　都市の失業率の変化（％）：1990年と2002年との比較

国名	1990	2002	失業率の変化（増減） （1990～2000）
アルゼンチン	7.4	19.7	12.3
ボリヴィア	7.3	8.7	1.4
ブラジル	4.3	7.1	2.8
チリ	7.8	9.0	1.2
コロンビア	9.7	16.5	6.8
コスタリカ	5.4	6.8	1.4
ドミニカ共和国	8.9	6.6	−2.3
エクアドル	3.8	6.6	2.8
エルサルヴァドル	10.0	6.2	−3.8
グァテマラ	6.3	3.1	−3.2
ホンジュラス	7.8	6.1	−1.7
メキシコ	2.7	2.7	0.0
ニカラグア	7.6	12.9	5.3
パナマ	12.1	8.6	−3.5
パラグアイ	6.6	14.7	8.1
ペルー	8.3	9.4	1.1
トリニダード・トバゴ	20.1	10.4	−9.7
ウルグアイ	8.5	17.0	8.5
ヴェネズエラ	10.4	15.8	5.4

(注) チリ，ドミニカ共和国，グァテマラ，ヴェネズエラの数値は国全体の失業率である。ドミニカ共和国の1990年度の数値は正確には1991年度のもの。
(出所) Frenkel. R., & J. Ros, (2006), p.632, tab. 1, p.638, tab.2を基に筆者により作成。基礎データはECLACによる。

表補1-7　1990年代のラテンアメリカの成長と貧困

＜経済成長率が上昇し，かつ貧困度が低下した国＞
　チリ（90-00），ドミニカ共和国（95-00），アルゼンチン（90-95），メキシコ（95-00）
　ウルグアイ（90-95），コスタリカ（90-00），ニカラグア（95-00），コロンビア（90-95），
　ブラジル（90-95），グアテマラ（90-95），エクアドル（90-95），エルサルヴァドル（95-00），
　ボリビア（95-00），ホンジュラス（90-95）
＜経済成長率が上昇し，かつ貧困度が不変にとどまるか上昇した国＞

ボリビア (90-95), ウルグアイ (95-00), アルゼンチン (95-00), グアテマラ (95-00), ヴェネズエラ (90-95), ペルー (95-00), ブラジル (95-00), パラグアイ (90-95), ホンジュラス (95-00)

<経済成長が低下し，かつ貧困度が上昇した国>

メキシコ (90-95), コロンビア (95-00), ヴェネズエラ (95-00), エクアドル (95-00), パラグアイ (95-00)

(注) 1人当たりGDPの成長率が高い方から低い方へ順に配列されている。第一欄が最良で第三欄が最悪の状況を示す。多くの国においてある程度の経済成長が達成されたことがわかる。チリについては1900年代一貫して良好だった。一部の国を除くその他の国の場合，90年代前半と後半とで状況が変化したことがわかる。
(出所) ECLACのデータおよびVos (2005) を基に筆者により作成。

表補1-8　1990年代のラテンアメリカの国内所得格差と貧困

<所得格差が縮小し，かつ貧困度が低下した国>

ウルグアイ (90-96), ホンジュラス (90-96), ボリビア (96-01),

<所得格差が縮小し，かつ貧困度が上昇した国>

ヴェネズエラ (96-01)

<所得格差が不変もしくは拡大し，かつ貧困度が低下した国>

グアテマラ (90-01), ニカラグア (90-01), チリ (90-01), エルサルヴァドル (96-01), ブラジル (90-96), メキシコ (96-01), コスタリカ (90-01), コロンビア (90-96), アルゼンチン (90-96), エクアドル (90-96)

<所得格差が拡大し，かつ貧困度が上昇した国>

ブラジル (96-01), コロンビア (96-01), ホンジュラス (96-01), メキシコ (90-96), ウルグアイ (96-01), ペルー (96-01), アルゼンチン (96-01), ヴェネズエラ (90-96), ボリビア (90-96), エクアドル (96-01), パラグアイ (90-01)

(注) 所得格差はジニ係数をベースに推計され，格差が低い方から高い方へ順に配列されている。第一欄が最良で，第四欄が最悪の状況を示している。多くの国において所得格差が進行したことがわかる。
(出所) Vos (2005) を基に筆者により作成。

注

1) *Cf.* Williamson, J. (1990), reprinted in Frieden, J. et al., eds., (2000), pp.18-23.
2) *Cf.* World Bank (1993).
3) *Cf.* Bhagwati, J. (2004).
4) *Cf.* Meier, G. M. (2005), p.92.
5) *Cf.* Williamson, J., *op.cit.*, p.23.
6) *Ibid.*, p.18. なおウィリアムソン自身，自らが提示したワシントン・コンセンサスが新自由

主義思想と同一視されることに対してかなりの不満を表明しているが，一般的にはほとんどワシントン・コンセンサスに新自由主義経済学思想のエッセンスが集約されているとみなされる傾向が強い。*Cf.* Williamson, J. (2003) ［邦訳（2005 年），134-36 ページ参照］。
7)　*Cf.* Lal, D. (2000), pp.153-56. 　2000 年代後半においても，ラルは資本移動について積極的な姿勢を維持している。*Cf.* Lal, D. (2006), pp.117-20.
8)　*Cf.* Lal, D. & M. Myint (1996). この共同研究は，途上国 21 カ国（ブラジル，コロンビア，コスタリカ，エジプト，ガーナ，香港，インドネシア，ジャマイカ，マラウィ，マレーシア，マダガスカル，マルタ，モーリシャス，メキシコ，ナイジェリア，ペルー，シンガポール，スリランカ，タイ，トルコ，ウルグアイ）について 1950 年代から 80 年代までの比較分析をおこなったものである。また 90 年代末までになんらかの貿易の自由化を実施した途上国 22 カ国について実証分析を試みた Santos-Paulino, A. U. (2002) も，この路線に沿うものとして捉えられる。
9)　*Cf.* Lal, D. (2000), *op.cit.*, p.156. なお 21 世紀になって刊行された世銀の『開発報告』においても，その立場は堅持されていて，いくつかの地域で突発的な事件がみられたとはいえ，ワシントン・コンセンサスに基づいて実施された政策はおおむね途上国世界で成功裡に運営されたと述べ，とくにラテンアメリカやインドにおける成果を評価している。とくに市場優先の改革が途上国世界に広がって，インフレの抑制と成長促進がもたらされ，いずこにおいても貧困を削減する要因となったとしている。*Cf.* World Bank (2001), とくに邦訳 107-13 ページ参照。
10)　*Cf.* Raffer, D. & H. W. Singer (2001c), ch.9: 138-57.
11)　*Ibid.*, p.141. プレビッシュのオリジナル論文は次である。*Cf.* Prebisch, R. (1959). なおプレビッシュの貿易政策論が東アジア NIEs の開発戦略策定に対して及ぼした影響の重要性についての認識は，拙稿においてすでに指摘していた。宮川（1989）参照。
12)　*Cf.* Raffer, D. & H. W. Singer, (2001b), ch.4:53-54., World Bank (1999).
13)　*Cf.* Stiglitz, J. (1998a); ―― (1998b). この点については，大野氏の論考においてその経緯が詳しく述べられている。大野（2001）参照。その後もスティグリッツはさらに鋭い舌鋒で IMF を批判し続けている。*Cf.* Stiglitz, J. (2002). なお石川（2006）は，Stiglitz (1998b) が学際的アプローチの必要性を，かつ貧困削減戦略の方向づけを明らかにした決定的な資料であることを示している。Stern, N. (2002) はさらにそれを補充している。
14)　*Cf.* Stallings, B. & W. Peres (2000). この共同研究はアルゼンチン，ボリヴィア，ブラジル，チリ，コロンビア，コスタリカ，ジャマイカ，メキシコ，ペルーについて，とくに 1990 年代の新自由主義経済学に沿ったかたちの構造改革とその成果を，ECLAC のスタッフと当事国の研究スタッフが協力して進めたものである。そこにおいては，経済改革に積極的だった国と慎重だった国とに分けて分析がなされ，かなりの成果を上げたところ――とくにチリ――もあればそうでないところもあるという結論が得られている。したがってネオリベラリズムの政策を一面において評価しつつも，当初期待されたような十分な成果は得られていないことが示されているといえよう。なおこの地域の開発過程において当初優勢だった輸入代替工業化（ISI）は，国家主導型工業化と呼びなおすべきだとの主張もみられ，その後の輸出指向工業化との連続性を強調してもいる。*Cf.* Stallings, B. et al., "A policy agenda for the next decade" in *ibid.*, especially p.205. table7-1; ―― "Structural reforms and public policies", in *ibid.*, especially pp.36-39.
15)　*Cf.* Ocampo, J. A. "Foreword", ibid; Stallings, B. & W. Peres, "A new approach to analyzing reforms: macro-micro linkages", *ibid.*, especially pp.5-6.
16)　ラテンアメリカにおけるネオリベラリズムの政策を総括したものとして，わが国の研究に

西島氏の論考がある。氏はネオリベラリズム政策をおおむね評価しているが，残された課題として所得分配上の問題点についても指摘している。西島（2001）参照。さらに氏の視点は西島・細野編（2002）においていっそう包括的に集約されている。そこでは若干の ECLAC スタッフの研究参画を得て，とくにスターリングらによる ECLAC の分析に依拠しつつラテンアメリカ全域の動向とアルゼンチンとチリについて事例研究がおこなわれている。そこではインフレの収束，ある程度の経済成長の実現など成果がみられたところと，芳しい成果が得られなかったところとが総合的に分析されている。

17) *Cf.* Gore, C. (2000).
18) このふたつの術語のセンによる着想と概念規定については，次を参照されたい。*Cf.* SenA. (1983). さらに詳しい説明は，Sen (1999) にある。
19) *Cf.* Rodrik, D. (1996).
20) *Cf.* Rodrik, D. (2005)
21) *Ibid.*, p.203. かれによれば，ラテンアメリカ主要7カ国（アルゼンチン，ブラジル，チリ，コロンビア，メキシコ，ペルー，ヴェネズエラ）についてみたばあい，1人当たり GDP 成長率は 1960 年代が 2.5％程度，70 年代が 3.5％程度だったが，1990 年代には 1％程度となっている。
22) *Cf.* Kuczynski, Pedro-Pablo, & J. Williamson (2003).
23) *Cf.* Rodrik, D. (2005), *op.cit.*, p.212.
24) *Cf.* Taylor, L. (2004b), pp.167-168.
25) *Ibid.*, p.168.
26) *Ibid.*, p.168. 実質為替レートと失業との相関関係を実証した研究に Frenkel, R., & J. Ros (2006) があり，テイラーらの研究と補完的である。テイラーらはさらに 2000 年前後ぐらいまでのエマージング・マーケットと移行経済国——ブラジル，中国，ハンガリー，インド，インドネシア，マレーシア，フィリピン，ポーランド，ロシア，シンガポール，韓国，タイ，トルコ，ヴェトナム——における自由化政策がもたらした帰結について，国際比較研究をおこなっている。*Cf.* Taylor, L., ed., (2006).
27) *Ibid.*, p.168.
28) *Cf.* Vos, R. (2005), pp.117-142.
29) *Ibid.*, pp.123-125.
30) *Ibid.*, p.125.
31) *Ibid.*, pp.125-127.
32) *Ibid.*, p.126.
33) *Ibid.*, p.126.
34) *Ibid.*, p.138.
35) 報道機関によれば，アルゼンチン，ボリヴィア，ブラジル，チリ，コスタリカ，エクアドル，ニカラグア，ペルー，ヴェネズエラ，ウルグアイで左派政権が誕生した。その背景は，失業の増大や所得格差の拡大など経済的諸困難が表面化したことと，不満を抱えた民衆からみてアメリカ主導の自由化政策の押し付けに求められよう。なおこの問題について『ラテンアメリカレポート』（2006，11月）が特集を組んでいる。また世界経済全体の次元でグローバル・エコノミーの広がりと途上国経済との関係，もしくは国際間不平等との連鎖関係について *World Development* 誌にて特集を組んでおり，バスーやバルダンもそれに寄稿している。そこにおいても途上国内外の構造的側面の問題点が分析されている。*Cf.* Basu, K. (2006); Bardhan, P. (2006). わが国においてこの問題を正面からあつかった論考に山崎 (2006) がある。

第1部 ＜新構造主義経済学　対　新自由主義経済学＞の参考文献

Amsden, A. (1989), *Asia's Next Giant: South Korea and Late Industrialization*, New York: Oxford University Press.
——(2001), *The Rise of the "Rest": Challenges to the West from Late-Industrializing Economies*, New York: Oxford University Press.
Atkinson, A. B., K. Basu, J. N. Bhagwati, D. C. North, D. Rodrik, F. Stewart, J. E. Stiglitz, J. G. Williamson, (2005), *Wider Perspective on Global Development*, New York: Palgrave Macmillan.
Bacha, E. L. (1978), "An interpretation of unequal exchange from Prebisch-Singer to Emmanuel", *Journal of Development Economics*, vol.5, no.4.
Bacha, E. L. (1990), "A three-gap model of foreign transfers and the GDP growth in developing countries", *Journal of Development Economics*, 32: 279-96.
Balassa, B. (1978), "Export incentives and export performance in developing countries: a comparative analysis", *Weltwirtschaftliches Archiv*, 114: 24-64.
——(1981a), "The newly industrializing developing countries after the oil crisis", *Weltwirtschaftliches Archiv*, 117: 142-94.
——(1981b), "The process of industrial development and alternative development strategies", in Balassa, *The Newly Industrializing Countries in the World Economy*, New York: Pergamon Press.
Bardhan, P. K. (1982), "Unequal exchange in a Lewis-type world", in Gersovitz, M.et al., eds.,
——(2006), "Globalization and rural poverty", *World Development*, 34(8): 1393-404.
Basu, K. (1997), *Analytical Development Economics*, Cambridge, MA.: MIT Press.
——(2006), "Globalization, poverty, and inequality: what is the relationship? What can be done?", *World Development*, 34(8): 1361-73.
Bhagwati, J. N. ed., (1988), *International Trade: Selected Readings*, 2nd ed., Cambridge, MA.: MIT Press.
——(2004), *In Defense of Globalization*, New York: Oxford University Press ［バグワティ『グローバリゼーションを擁護する』鈴木主税他訳, 日本経済新聞社, 2005］.
Bhagwati, J. N., Brecher, R. A., & T. N. Srinivasan, (1984), "DUP activities and economic theory", *European Economic Review*, 24: 291-307, in Bhagwati, ed., (1988).
Bianchi, A. M. (2005), "The planned development of Latin America: a rhetorical analysis of three documents from the 1950", in Silvava De Paula & G. A. Dymski, eds..
Bourguignon, F., Ferreira, F. H. & Nora Lustig, eds., (2005), *The Microeconomics of Income Distribution Dynamics in East Asia and Latin America*, New York: Oxford University Press.
Chang, H. ed., (2001), *Joseph Stiglitz and World Bank the Rebel Within: Selected Speaches by Joseph Stiglitz Commentary by Ha-Joon Chang*, London: Anthen Press.
Chenery, H. B. (1986), "Growth and transformation" in Chenery et al., *Industrialization and*

Growth: A Comparative Study, New York: Oxford University Press.
Chenery, H. B. & P. Eckstein, (1970), "Development alternatives for Latin America", *Journal of Political Economy*, 78: 966-1006.
Chenery, H. B. & T. N. Srinivasan, eds., (1988), *Handbook of Development Economics*, vol.1 & 2, Amsterdam: North-Holland.
Chenery, H. B. & A. M. Strout, (1966), "Foreign assistance and economic development", *American Economic Review*, 56 (September): 679-733.
Chichilnisky, G. (1981), "Terms of trade and domestic distribution: export-led growth with abundant labour", *Journal of Development Economics*, 8(2), April: 163-192, in Dutt, A. K. ed., (2002), vol.III, ch.2: 28-57.
Coricelli, F. Massimo di Matteo, & F. Hahn, eds., (1998), *New Theories in Growth and Development*, London: Macmillan.
Cornia, G. A., ed., (2004), *Inequality, Growth, and Poverty in an Era of Liberalization and Globalization*, Oxford New York: Oxford University Press.
Darity, W. (1987), "Debt, finance, production and trade in a north-south model: surplus approach", *Cambridge Journal of Economics*, vol.11, no.3.
Dutt, A. K. (1988), "Inelastic demand for southern goods, international demonstration effects, and uneven development", *Journal of Development Economics*, vol.29, no.1.
――ed., (1994), *New Directions in Analytical Political Economy*, Aldershot: Edward Elgar.
――ed., (2002), *The Political Economy of Development*, vol.I〜vol.III, Cheltenham and Northampson, MA.: Edward Elgar.
――(2003), "Income elasticities of imports, North-South trade and uneven development", in Dutt & J. Ross, eds., ch.16: 307-335.
Dutt, A. K. & J. Ross, eds., (2003), *Development Economics and Structuralist Macro-Economics: Essays in Honor of Lance Taylor*, Cheltenham and Northampton, MA.: Edward Elgar.
Eswaran, M. & A.Kotwal, (1993), "Export-led development: primary vs. industrial exports", *Journal of Development Economics*, 41: 163-172.
French-Davis, R. (April 1988), "An outline of neo-structuralist approach", *CEPAL Review*, 34: 37-44, in Meier, G. ed., (1995), pp.110-11.
Frenkel, R., & J. Ros., (2006), "Unemployment and the real exchange rate in Latin America", *World Development*, 34(4): 631-46.
Frieden, J., Pastor Jr., M., & M. Tomz, eds., (2000), *Modern Political Economy and Latin America: Theory and Policy*, Boulder, Colorado: Westview Press.
Furtado, C. (1969), Formaqão Econômica da America Latina, Rio de Laneiro: Lia Editor S. A.［フルタード『ラテンアメリカの経済発展：植民地時代からキューバ革命まで』水野一・清水透訳, 新世界社, 1972］.
Gershenkron, A. (1962), *Economic Backwardness in Historical Perspective*, Cambridge, MA.: Harvard University Press［ガーシェンクロン『後発工業国の経済史――キャッチアップ型工業化論――』絵所秀樹他訳, ミネルヴァ書房, 所収, 2005］.
Gersovitz, M., Diaz-Alejandro, C. F., Ranis, G., & M. R. Rosenzweig, eds., (1982), *The Theory and Experience of Economic Development: Essays in Honor of Sir W. Arthur Lewis*, London: Allen & Unwin.
Gibson, B., (2003), "An essay on late structuralism", in Dutt, A. K., & J. Ros, eds., ch.3: 52-

76.
Gore, C. (2000), "The rise and fall of the Washington Consensus as a paradigm for developing countries", *World Development*, 28(5): 789-804.
Grilli, E. R. & M. C. Yang, (1988), "Primary commodity prices, manufactured goods prices, and the terms of trade of developing countries: what the long run shows", *The World Bank Economic Review*, vol.2, no.1.
Harris, J. R. & Todaro, M. P. (1970), "Migration, unemployment and development: a two-sector analysis", *American Economic Review*, March: 126-142.
Higgins, B. & D. J. Savoir, eds., (1988), *Regional Economic Development: Essays in Honour of Franssois Perroux*, Boston: Unwin Hyman.
Hirschman, A. O. (1958), *The Strategy of Economic Development*, New Haven, Conn.: Yale University Press [ハーシュマン『経済発展の戦略』小島清監修, 麻田四郎訳, 巌松堂, 1961].
——(1981), "The rise and decline of development economics", in his *Essays in Trespassing: Economics to Politics and Beyond*, Cambridge: Cambridge University Press, ch.1: 1-24.
Jomo, K. S. ed., (2005), *The Pioneers of Development Economics: Great Economists on Development*, London and New York: Zed Books.
Jomo, K. S. & B. Fine, eds., (2006), *The New Development Economics: After the Washington Consensus*, London and New York: Zed Books.
Jomo, K. S. & E. S. Reinert, eds., (2005), *The Origins of Development Economics: How Schools of Economic Thought Have Addressed Development*, London and New York: Zed Books.
Kay, C. (1989), *Latin American Theories of Development and Underdevelopment*, London and New York: Routledge[カイ『ラテンアメリカ従属論の系譜——ラテンアメリカ:開発と低開発の理論——』吾郷健二監訳, 大村書店, 2002].
Krueger, A. O. (1974), "Political economy of the rent-seeking society", *American Economic Review*, 64: 291-303.
Krugman, P. R. (1981), "Trade, accumulation, and uneven development", *Journal of Development Economics*, 8: 149-161.
——(1994), "The fall and rise of development economics", in Rodwin, L. & D. A. Schön, eds., (1994), ch.2: 39-58.
Kuczynski, Pedro-Pablo, & John Williamson, eds., (2003), *After the Washington Consensus, Restarting Growth and Reform in Latin America*, Washington, DC.: Institute for International Economics.
Lal, D. (1983), *The Poverty of 'Develoment Economics'*, London: Institute of Economic Affairs.
——(2000), *ditto*, reprinted and postscript included, London: Institute of Economic Affairs.
——(2006), *Reviving the Invisible Hand: the Case for Classical Liberalism in the Twenty-first Century*, Princeton, NJ.: Princeton University Press.
Lal, D. & H. Myint, (1996), *The Political Economy of Poverty, Equity, and Growth: A Comparative Study*, New York: Oxford University Press.
Lewis, W. A. (1954), "Economic development with unlimited supply of labour", *Manchester School of Economic and Social Studies*, 22: 139-191.

――(1969), *Aspects of Tropical Trsde, 1883-1965,* Stockholm: Almqvist and Wcksell.
――(1978a), *Growth and Fluctuations, 1870-1913,* London: Allen & Unwin.
――(1978b), *The Evolution of the International Order,* Princeton, NJ.: Princeton University Press [ルイス『国際経済秩序の進展』原田三喜雄訳, 東洋経済新報社, 1981].
――(1984), "The state of development theory", *American Economic Review,* 74 (March): 1-10.
Little, I. M. D. (1982), *Economic Development,* New York: Basic Books.
Little, I. M. D., Scitovsky, T. & M. Scott, (1970), *Industry and Trade in Some Developing Countries: A Comparative Study,* London: Oxford University Press.
Lucas, R.E. (1988), "On the mechanism of economic development", *Journal of Monetary Economics,* 22: 3-42.
Lutz, M. & H. W. Singer, (1994), "The link between increased trade openness and the terms of trade: an empirical investigation", *World Development,* vol.22, no.11, in Singer et al., eds., (1998).
McIntosh, J. (1986), "North-South trade: export-led growth with abundant labour", *Journal of Development Economics,* vol.24.no.1
McKinonn, R. E. (1964), "Foreign exchange constraints in economic development and efficient aid allocation", *Economic Journal,* 74: 388-409.
Meier, G. M. (1995), "Thinking about development" in Meier ed..
――(2001), "Introduction: ideas for development", in Meier & J. Stiglitz, eds..
――(2005), *Biography of A Subject: An Evolution of Development Economics,* New York: Oxford University Press [マイヤー『開発経済学概論』渡辺利夫・徳原悟訳, 岩波書店, 2006].
Meier, G. M. ed., (1995), *Leading Issues in Economic Development,* 6th ed., New York: Oxford University Press [マイヤー『国際経済学入門』松永宣明, 大坪滋編訳, 勁草書房, 1999].
Meier, G. H. & J. E. Rauch, eds., (2000), *ditto,* 7th ed..
――(2005), *ditto,* 8th ed..
Meier, G. M. & J. Stiglitz, eds., (2001), *Frontiers of Development Economics: The Future in Perspective,* New York: Oxford University Press [マイヤー／スティグリッツ編『開発経済学の潮流』関本勘次他訳, シュプリンガー, 2002].
Myrdal, G. (1968), *Asian Drama,* New York: Pantheon.
North, D. C. (2005), "The contribution of the new institutional economics to an understanding of the transition problem", in A. B. Atkinson et al..
Ocampo, J. A. (1986), "New development in trade theory and LDCs", *Journal of Development Economics,* vol.22, no.1.
――(1993), "Terms of trade and center-periphery relations", in Sunkel, O. ed., ch.12: 333-357.
――, ed., (2005), *Beyond Reforms: Structural Dynamics and Macroeconomic Vulnerability,* Palo Alto, CA. and Washington, DC.: Stanford University Press, And World Bank.
Ocampo, J. A. & J. Martin, eds., (2003), *Globalization and Development: A Latin American and Caribbean Perspective,* Santiago: ECLAC.
Ocampo, J. A. & M. A. Parra, (2003), "The terms of trade for commodities in the twentieth century", *CEPAL Review,* 79: 7-35.
Olivera, J. H. G. (1967), "Money, price, and fiscal lags: a note on the dynamics of infla-

tion", *Banco Nazionale del Lavoro Quarterly Review*, 20: 258-67.
Oxfam International (2002), *Rigged Rules and Double Standards: Trade, Globalisation, and the Fight against Poverty*, Oxford: Oxfam International [オックスファム・インターナショナル『貧困・公正貿易・NGO——WTO に挑む国際 NGO オックスファムの戦略——』渡辺龍也訳, 新評論, 2006].
Perroux, F. (1955), "Notes sur la notion de 'pôle de croissance'", *Économie appliquée*, 7: 307-20.
Polanyi, K. (1944), *The Great Transformation*, New York: Rinehart [ポラニー『大転換：市場社会の形成と崩壊』吉沢英成他訳, 東洋経済新報社, 1975].
Polanyi Levitt, K. (2005a), "Karl Polanyi as a development economist", in Jomo KS ed.: 165-80.
——(2005b), "Raúl Prebisch and Arthur Lewis: the two basic dualities of development economics", in Jomo KS ed.: 194-208.
Polenske, K. R. (1988), "Growth pole theory and strategy reconsidered: domination, linkages, and distribution", in Higgins, B. & D. J. Savoir, eds., ch.4: 91-111.
Prebisch, R. (1950), *The Economic Development of Latin America and its Principal Problems*, New York: United Nations.
——(1959), "Commercial policy in the underdeveloped countries", *American Economic Review*, Papers and Proceedings, 49(2): 251-73.
Raffer, K. & H. W. Singer, (2001), *The Economic North-South Divide: Six Decades of Unequal Development*, Cheltenham and Northampton, MA.: Edward Elgar.
——(2001a), "Beyond terms of trade: convergence, divergence and (un) creative destruction", *ibid.*, ch.2: 16-31.
——(2001b), "The neoliberal tide of the 'Washington Consensus'", *ibid.*, ch.4: 48-63.
——(2001c), "The Asian tigers: what do they prove?", *ibid.*, ch.9: 138-157.
Ranis, G., Vreeland, J. R., & S. Kosack, eds., (2006), *Globalization and the Nation State: the Impact of the IMF and the Worldbank*, London and New York: Routledge.
Reinhart, C. & P. Wickham, (1994), "Commodities prices: cyclical weakness or secular decline", *IMF Staff Papers*, 41(2): 175-213.
Rodrik, D. (1995), "Trade and industrial policy reform", in Behrman, J. & T. N. Srinivasan, eds., *Hand Book of Development Economics*, Vol.3B, Amsterdam: North-Holland.
——(2000), "Understanding economic policy reform", in Frieden, J. et al., eds., *op.cit.*
——(2005), "Rethinking growth strategies", in Atkinson, A. B. et al..
Rodwin, L. & D. A. Schön, eds., (1994), *Rethinking the Development Experience: Essays Provoked by the Work of Albert O. Hirschman*, Washington, DC.: Brookings Institution & Cambridge: Lincoln Institute of Land Policy.
Romer, P. M. (1986), "Increasing returns and long-run growth", *Journal of Political Economy*, 94: 1002-37.
Ros, J. (1994), "Foreign exchange and fiscal constraints on growth: a reconsideration of structuralist and macroeconomic approaches", in Dutt, A. K. ed., ch.11: 271-292.
Saad-Filho, A. (2005), "The rise and decline of Latin American structuralism and dependency theory", in Jomo, K. S. & E. S. Reinert, eds.: 128-45.
Samuelson, P. A. (1949), "International factor-price equalization once again", *Economic Journal*, June: 181-197.

第1部 ＜新構造主義経済学　対　新自由主義経済学＞の参考文献　　　73

Sanchez, O. (2003), "Globalization as development strategy in Latin America ?", *World Development*, 31(12): 1977-95.
Santos-Paulino, A. U. (2002), "The effects of trade liberalization on imports in selected developing countries", *World Development*, 30(6): 959-74.
Sapsford, D. & John-ren Chen, eds., (1998), *Development Economics and Policy*, London: Macmillan.
Sapsford, D. & H. W. Singer, (1998), "The IMF, the World Bank and commodity prices: a case of shifting sands ?", *World Development*, vol.26, no.9.
Sarkar, A. (1989), "A Keynesian model of north-south trade", *Journal of Development Economics*, 30(1): 179-188.
Sarkar, P. & H. W. Singer, (1991), "Manufactured exports of developing countries and their terms of trade since 1965", *World Development*, vol.19, no.4, in Singer et al., eds., (1998).
Schultz, T. W. (1964), *Transforming Traditional Agriculture*, New Haven, Conn.: Yale University Press.
Schwartz, H. M. (2000), *States versus Markets: the Emergence of a Global Economy*, 2nd ed., London: Macmillan ［シュワルツ『グローバル・エコノミー』Ⅰ・Ⅱ，宮川典之，太田正登，浅野義訳，文眞堂，2001／2002］.
Seavoy, R. E. (2000), *Subsistence and Economic Development*, Westport, Conn.: Praeger.
Sen, A. K. (1960), *Choice of Techniques*, Oxford: Basil Blackwell.
―― (1983), "Development: which way now ?", *Economic Journal*, 93 (372), December: 745-762.
――(1999), Development as Freedom, New York: Alfred A. Knopf.
Silvana De Paura & G. A. Dymski, eds., (2005), *Reimaging Growth towards a Renewal of Development Theory*, London and New York: Zed Books.
Singer, H. W. (1950), "The distribution of gains between investing and borrowing countries", *American Economic Review*, 40(May): 473-485.
――(1997), "Editorial: the golden age of the Keynesian consensus: the pendrum swings back", *World Development*, 25(3): 293-295.
――(1998), "Modern relevance of Keynesianism in the study of development", Sapsford, D. & John-ren Chen, eds., ch.28: 524-533.
Singer, H. W., Hatti, N., & R. Tandon, eds., (1998), *Export-led versus balanced growth in the 1990s*, New World Order Series, vol.13, New Delhi, BR Publishing.
Sprout, R. V. A. (1992), "The ideas of Prebisch", *CEPAL Review*, 46: 177-192.
Stallings, B. & W.Peres, (2000), *Growth, Employment, Equality: The Impact of the Economic Reform in Latin America and the Caribbean*, Washington, DC.: ECLAC Brookings Institution Press.
Stern, N. (2002), *A Strategy for Development*, Washington, DC: World Bank.
Stewart, F. & M. Wang, (2006), "Do PRSPs empower poor countries and disempower the World Bank, or is it the other way round ?", in Ranis, G. et al., eds., ch.11: 290-322.
Stiglitz, J. E. (1998a), "More instruments and broader goals: moving toward the 'Post-Washington Consensus'", WIDER Annual Lectures 2, UN University, in Ha-Joon Chang, ed., (2001)., ch.1:17-56.
――(1998b), "Towards a new paradigm for development: strategies, policies and pro-

cesses", The 1998 Prebisch Lecture at UNCTAD, Geneva, in Ha-joon Chang, ed., *ibid.*, ch.2: 57-93.
―(2002), *Globalization and Its Discounts*, New York and London: Norton Company [スティグリッツ『世界を不幸にしたグローバリズムの正体』鈴木主税訳, 徳間書店, 2002].
―(2006), *Making Globalization Work*, New York and London: Norton & Company [スティグリッツ『世界に格差をばら撒いたグローバリズムを正す』楡井浩一訳, 徳間書店, 2006].
Sunkel, O. ed., (1993), *Development from Within: Toward s Neostructuralist Approach for Latin America*, Boulder and London: Lynne Rienner.
Tanzi, V. (1977), "Inflation lags in collection and the real value of tax revenue", *IMF Stuff Papers*, 24: 154-167.
Taylor, L. (1979), *Macro Models for Developing Countries*, New York: McGrow-Hill.
―(1981), "South-North trade and southern growth: bleak prospects from the structuralist point of view", *Journal of International Economics*, vol.11, no.4.
―(1991), Income Distribution, Inflation and Growth, Cambridge, MA: MIT Press.
―(1994), "Gap models", *Journal of Development Economics*, 45(1): 17-34
―(1998), "Growth and development theories" in Coricelli, F. et al., eds., .chp.8: 175-224, in Taylor, (2004a), chp.11: 349-377.
―(2004a), *Reconstructing Macroeconomics: Structuralist Proposals and Critiques of the Mainstream*, Landon and Cambridge, MA.: Harvard University Press.
―(2004b), "External liberalization, economic performance, and distribution in Latin America and elsewhere", in Cornia, G.A., ed., ch.7: 166-196.
Taylor, L.ed., (2001), *External Liberalization, Economic Performance, and Social Policy*, New York: Oxford University Press.
―ed., (2006), *External Liberalization in Asia, Post-Socialist Europe, and Brazil*, Oxford New York: Oxford University Press.
Taylor, L., & P. Arida, (1988), "Lonf-run income distribution and growth", in Chenery. H. B. &T. N. Srinivasan, eds.: 161-94.
Thirlwall, A. P. (2006), *Growth and Development: with Special Reference to Developing Economies*, 8th ed., London: Macmillan.
Todaro, M. P., S. C. Smith, (2003), *Economic Development*, 8th ed., Pearson Education [トダロ／スミス『トダロとスミスの開発経済学』岡田靖夫監訳, OCDI 開発経済研究会訳, 国際協力出版会, 2004].
Toye, J. & R. Toye (2004), *The UN and Global Political Economy: Trade, Finance, and Development*, Bloomington and Indianapolis: Indiana University Press.
―(2004), "The early terms-of-trade controversy", in *ibid.*
UNCTAD, (2006), *Trade and Development Report, 2006: Global partnership and national policies for development*, Geneva: United Nations.
Vos, R. (2005), "Globalization, rising labor inequality, and poverty in Latin America", in Ocampo, J. A. ed., *op.cit.*
Wade, R. (1990), *Governing the Markets: Economic Theory and the Role of the Government in East Asian Industrialization*, Princeton, N. J.: Princeton University Press [ウェイド『東アジア資本主義の政治経済学：輸出立国と市場誘導政策』長尾伸一他編訳, 同文舘, 2000].

――(1998), "The Asian debt-and-development crisis of 1997-?: causes and consequences", *World Development*, 26(8): 1534-53.

Williamson, J. (1990), "What Washington means by policy reform", in *Latin American Adjustment: How Much Has Happened ?*, Washington, DC.: Institute for International Economics, reprinted in Frieden, J. et al., eds., *op.cit.*, ch.3: 18-23.

――(2003), "Washington consensus and beyond", Washington DC.: Institute for International Economics［ウィリアムソン「ワシントン・コンセンサスを超えて」『国際通貨制度の選択――東アジア通貨圏の可能性――』小野塚佳光編訳, 岩波書店, 所収, 2005］.

World Bank, (1993), *The East Asian Miracle: Economic Growth and Public Policy*, New York: Oxford University Press［世界銀行『東アジアの奇跡：経済成長と政府の役割』白鳥正喜監訳, 東洋経済新報社, 1994］.

World Bank, (1999), *1998 Annual Review of Development Effectiveness* (OED, Task Manager: Robert Buckley), Washington, DC.: IBRD.

World Bank, (2001), *World Development Report 2000/2001: Attacking Poverty*, Washington, DC.: IBRD［世界銀行『世界開発報告 2000/2001：貧困との闘い』, 西川潤監訳, シュプリンガー, 2002］.

赤羽裕 (1971)『低開発経済分析序説』岩波書店,［モダンクラシックス・シリーズとして 2001 年に復刻版刊行］.

アジア経済研究所 (2006)『ラテンアメリカ・レポート――特集：ラテンアメリカにおける左派の台頭――』vol.23 no.2.

石川滋 (1990)『開発経済学の基本問題』岩波書店.

――(2006)『国際開発政策研究』東洋経済新報社.

絵所秀紀 (1997)『開発の政治経済学』日本評論社.

大野健一 (2001)「アジア危機の原因と政策対応――よりよい代替案を求めて――」［渡辺利夫編, 所収］.

佐野誠 (1999)「ラテンアメリカの開発論の系譜」［小池洋一他編『図説ラテンアメリカ』日本評論社］.

高木保興 (2002)『開発経済学の新展開』有斐閣.

高山晟 (1985)「開発経済学の現状」［安場保吉・江崎光男編, 所収］.

鶴田俊正・伊藤元重 (2001)『日本産業構造論』NTT 出版.

西川潤 (1979)「南北問題――世界経済を動かすもの――」NHK 出版.

――(2000)『人間のための経済学――開発と貧困を考える――』岩波書店.

西川潤・高橋基樹・山下彰一編 (2006), シリーズ国際開発第 5 巻『国際開発とグローバリゼーション』日本評論社.

西島章次 (2001)「ネオリベラリズムの成果と課題」［渡辺利夫編, 所収］.

西島章次・細野昭雄編(2003)『ラテンアメリカにおける政策改革の研究』神戸大学経済経営研究所.

峰陽一 (1999)『現代アフリカと開発経済学――市場経済の荒波のなかで――』日本評論社.

宮川典之 (1989)「ラウル・プレビッシュの開発思想を巡って」［宮川他『国際経済開発の動向』高文堂出版社, 所収］.

――(1996)『開発論の視座――南北貿易・構造主義・開発戦略――』文眞堂.

安場保吉・江崎光男編 (1985)『経済発展論』創文社.

矢野修一 (2004)『可能性の政治経済学――ハーシュマン研究序説――』.

山崎幸治（2006）「グローバル化する世界と貧困」（西川潤・高橋基樹・山下彰一編，所収）。
渡辺利夫編（2001）『アジアの経済成長』東洋経済新報社。

第2部
幼稚産業論

第2章
幼稚産業論の原型
―─ハミルトンとリストのケース──

2.1 はじめに

　開発論はもともと，開発途上国が経済発展を達成するにはどのような開発政策もしくは貿易政策が望ましいかという論点をめぐって，理論化ないしは政策の方向付けがなされる，現在の途上国の開発問題に関するひとつの学問分野である。したがってこの問題を追究するために拠って立つ視角は，政治的な，社会的な，文化的ないわばさまざまな視点から成り立つ複合的な性質を帯びたものだ，ということができるかもしれない。言い換えるなら，この問題に解答を与えるとしたらそれは，学際的性質をもつ視角から捉えることが要請されるかもしれないのだ。むろん純粋に経済学の領域内で論理展開するのもひとつの方法であるということについては，異論の余地はない。ここでは前者の視角から問題を捉えてみようと思う。あえて言おう。政治経済学もしくは社会経済学の方法から接近すると，なにか真新しいものが見えてくるのではなかろうか，と。このように考えると，開発論において古くから存在する経済思想はどのような位置にあるのだろうか，という問いがおのずと頭をもたげてくる。かくして経済の純粋理論の分野における理論の精緻化とは別に，経済思想を基礎にすえた政治経済学もしくは社会経済学の視点から途上国の開発問題を考えてみるのも，それなりの価値があると思えるのである。

　ハミルトン（A. Hamilton）とリスト（F. List）といえば，古典的幼稚産業論の提唱者として知られる。だが，かれらの意図するところは近かったに

せよ，その置かれた状況は異なっていた。後者が19世紀中葉に後発資本主義国ドイツの経済発展のため『経済学の国民的体系』(1841) を著わし，そのなかで先発国イギリスを後発国がキャッチアップするための対象と措定して捉えたのに対して，前者においては，アメリカ建国――イギリスからの独立――の立役者のひとりとして実際に事に当たったと同時に，その後の国家の基本理念を確立した者としての評価のほうがむしろ一般的であろう。ジェイ (J. Jay)，マディソン (J. Madison) と共同執筆した憲法案の解説書『ザ・フェデラリスト』(1987-88) のほかに『公信用に関する報告書』(1790)，『造幣局設立に関する報告書』(1791)，『政府財政に関する報告書』(1795) など財務長官時代に議会に提出した一連の報告書がよく知られている。開発論の視点からとりわけ中心的位置を占めるのが，『製造工業に関する報告書』(1791) である[1]。そのなかに盛り込まれた骨子がのちに幼稚産業論のプロトタイプとして解釈されたとみてよい。しかしその思想が実際に実を結ぶことになるのは，次の世紀の保護主義運動期まで俟たねばならなかった。それは恰も，かのスミス (A. Smith) が『諸国民の富』(1776) を著わしてから，イギリスにおいて自由貿易が「制度」として確立するまでにかなりの年月を要したことと相通じるようだ。

　本章の前半部分では，ハミルトンの製造工業保護論が生み出される背景となった当時のアメリカの経済構造を筆者なりに図式化することを通して，新構造主義を基礎にすえた開発論の枠組みで，それはいかなる含意をもつのかについて検討を加えることを旨としたい。そうすることで筆者が言いたいのは，いまの途上国の経済発展のための指標として日本の発展モデルが主張される傾向がこのところ強いのを顧みるに，実際はそうではなくてむしろ独立期から工業化期にかけてのアメリカの経験こそ，その源流としての意義が大きいのではないかということである[2]。それというのも，当時のアメリカはイギリスの植民地であったという事実，および経済構造としては，国内に工業化のための萌芽的要素を内包していた北部諸邦（もしくは諸州）とイギリスに工業製品生産のための原材料もしくは一次産品――タバコとやや後には綿織物の原材料としての綿花――をプランテーション経営のもとに栽培・輸

出していた南部諸邦との併存状態がみられたこと，などが現在の開発論にとってかなり重要な意味をもつと考えられるからだ。このことをアナロジカルにいうなら，次のようになる。前者は輸入代替工業化に向けての原型であって，後者は特定の一次産品栽培に特化したモノカルチャー経済のそれとして特色づけられるということだ。経済的機能を別にするこれら両者のあいだのいわばひとつの葛藤のプロセスにおいて出現したのが，ハミルトンの古典的幼稚産業論であった。その後のアメリカにおいて，それは南北戦争という悲劇を生じせしめて，幾多の犠牲を生んでしまったのはなんとも悲しい。ここで留意しておきたいのは，のちの幼稚産業論者として特徴づけられたハミルトンがそれにおおいに関与したというのではないことだ。たまたまその悲劇を生んでゆく過程の一起点にハミルトンが存在したことの有意味性が，訴えられるのである。

　当時のアメリカにおいて，北部の新規産業部門と南部の一次産品部門とに内在する意味をいま一度考えてみると，第４章で論じるヴェーバー（M. Weber）による視角が参考になる。議論を先取りしていえば，それは近代資本主義と賤民資本主義とを開発論の文脈でいかに捉えなおすかという問題設定である。ヴェーバーが最も強調したことは，筆者の理解によれば，近代資本家と賤民資本家とではかれらが併せ持っているエートス（心的態度）が異なっていて，前者は勤勉・実直・倹約の徳性に優れており，そのようなエートスを背景にしつつ獲得した利潤を生産的な投資に振り向け続けるので，本源的資本蓄積の担い手たりうるのに対して，後者のばあい，たんなる利得動機によって利潤追求に邁進するのであって，そこから獲得された利潤の使途はけっして生産的ではなかった。むしろ非生産的であり，絢爛豪華な建造物や瀟洒な邸宅およびその地位にふさわしい内外の調度品・使用人の具備・およびいわゆる贅沢な生活様式すなわちヴェブレン（T. Veblen）によって概念化された衒示的消費様式[3]のほうにむしろ強い関心をもっていた。経済社会全体の発展，言い換えるならその社会の平均的構成員すなわちいまふうの言いかたなら国民一般の生活水準の向上につながるかどうかという視角からみたばあい，その帰結はおのずと明らかであろう。ヴェーバーの

ばあい，前者のような役割を果たしたのは中産的社会階層であり，しかも宗教面ではプロテスタンティズムの倫理への信仰がその行動様式を規定する傾向が強いとみた。それでは，後者はどのような社会的階層であるのか。それは前期的商人もしくは冒険商人もしくは投機的商人云々であった。ここまでの議論から明らかなように，筆者が言いたいのは，ヴェーバーによるそのような特色づけからハミルトンが重要な役割を果たした建国期のアメリカにおいてみられた社会的階層の存在問題を捉えることができるのではないだろうかということ，これである。すなわち北部にその萌芽的存在を見た新規の工業部門と，南部において支配的経営形態であったステイプル栽培のプランテーション型経営とが，前述のアプローチに符合するところ大なのだ。このことは，いまの途上国の多くが抱えている一次産品問題——むろんそのような経済構造から脱却して新規に工業部門を確立し，その部門の拡充をとおして一国全体の経済発展を可能にしつつある，いわゆるNIEsの存在も，このコンテクストで捉えることができる——の解決のためのひとつのヒントを与えてくれるという意味において，きわめて示唆的であろう。

　また建国期当時のアメリカ社会における奴隷制度の存在を無視することは許されまい。その存在が次の世紀に勃発した内戦の一契機を与えたのであり，結果的に北部において有力であった奴隷解放の路線——ハミルトンは建国期においてすでに奴隷解放に一貫して積極的であった——がアメリカ全体の支配的雰囲気を醸成することとなり，南部に対する北部の勝利に帰結することとなったのはあまりにも有名である。いま一度想い起こしてみよう。その奴隷を使用していたのは，いわば大土地所有制に依拠することによって豪奢な生活を享受していた大農園主であったことを。すなわちそこに，ヴェーバーが洞察したところの賤民性が垣間見えるのである。いわば一次産品部門に内在するひとつの属性として捉えることができるのではないか。そこに根づいて豪華な生活を享受していた階層の存在に眼を転ずると，圧倒的な富裕がそこにたしかに見えるのだが，反面それは圧倒的な貧困をも内包していたことも事実なのだ。貧富の格差，これである。その当時奴隷状態に置かれた者の境遇は実際，筆舌につくしがたい面があったであろう。いまで言うとこ

ろの貧富の格差問題とは，所詮次元の異なる性格のものであったことはいうまでもない。

さて議論が冗漫に流れすぎたようだ。ここで本章の前半であつかうハミルトンについて，その置かれた境遇について簡単に触れておこう。かれは1757年に西インド諸島の一隅ネイビス島に生まれ，ほとんど孤児に近い貧困のなかで少年時代をすごした（実際の生年は1755年だったという説もある）[4]。その後学資をもらってキングズカレッジ（コロンビア大学の前身）で学び，独立革命時（1775-83）はジョージ・ワシントン（G. Washington）の副官をつとめ，しだいに頭角をあらわし，結婚を機に上流社会の仲間入りを果たす。かれが最も活躍したのは1790年前後であり，財務長官時代がそうであった。そのとき幾多の報告書を議会に提出している。一連の報告書の根底に流れる思想の根源は18世紀啓蒙主義に求められるとされ[5]，開発論の視点からは，産業資本（商工業）の確立のための制度的整備・拡充の必要性を訴えたとみることができる。具体的には，独立戦争中のアメリカ債務の額面価格での新政府による引き受け――これは連邦政府の権威のほうが各邦政府よりも上位に位置するという意味をもった――，中央銀行の設立とともに製造工業の育成の必要性を訴えるものであった[6]。そして政界から身を引いてのち，1804年に決闘により一命を失った。以上がかれの波乱にとんだ一生の概略である。かれのばあい，そのもとで仕えたワシントンやジェファソン（T. Jefferson）もしくはマディソンらジェントルマン農園主とは異なり[7]，その生い立ちは貧しいものであった。そうした境遇からハミルトンは上昇していったという側面を重視すると，いま述べた独立革命の立役者たちはかれら自身が多数の奴隷を所有していたため根本的な次元で経済構造改革を遂行するための契機――砂糖きびやタバコ・綿花・藍など主要一次産品の栽培・輸出に依存した経済構造，すなわちいまで言うところのモノカルチャー的構造の原型，から脱却しようという動機づけ――を併せもっていなかったのに対して，かれはそういう枠から相対的に自由であった，ということがいえるかもしれない。その結果ジェファソンらの意識内に巣食っていた賤民性――かれらのばあいは奴隷制を基礎にした大農園主としての生活を享

受することを意味する——とは別個に，幼稚産業育成の必要性という着想が得られたとみなすことができよう。

2.2 重商主義と重農主義とのはざまで

前述のように，ハミルトンによる『製造工業に関する報告書』の内容がその後の世界に及ぼしたインパクト——保護貿易主義の最古典として評価され，のちにリストやケアリ（H. C. Carey）らによって代表される保護主義者におおいに思想上の影響を及ぼした——の側面が強調される傾向があるため，そこに盛り込まれたエッセンスこそかの幼稚産業論そのものであると一般的に捉えられている。保護主義一般についての検討はさておき，ここではこの報告書が提出されるにいたった背景およびその要点を中心に考察してみよう。

最初に注目したいことは，これが著わされたときはアメリカの独立革命から10年あまり経過しており，アメリカを取り巻く国際環境がひじょうに難しい時期であったという点である。すなわちこの国と関係していた国ぐにには保護主義的色彩を依然つよく帯びていて，言い換えるなら依然として重商主義政策を中心にすえていて，スミス的な自由貿易主義の考え方は政策にじゅうぶん反映されていない状況にあった。すなわちアメリカの貿易を取り巻く環境は，かなり大きな制約下にあった。たとえばコール（A. H. Cole）によれば，イギリス，スウェーデン，フランスでは，アメリカ産のタバコに重関税が課され，スペインとポルトガルではその輸入が禁止されていた[8]。さらにアメリカ産のパンの原材料は，イギリスにおいてはその大部分が禁止的関税下に置かれ，スペインとポルトガルはアメリカ所有のものとの直接交易を全面的に拒絶していた[9]。このことは当時のアメリカを取り巻く対外制約がかなり厳しかったことを意味し，このような諸外国の厳しい重商主義政策のなかで，アメリカは自力更生を図らねばならぬ運命を背負わされたとみてさしつかえあるまい。すなわち対外的にはペシミスティックな展望しか開かれておらず，いきおいそれは国内指向へ向かわざるをえないだろう。それまで

第2章　幼稚産業論の原型——ハミルトンとリストのケース——

確保していた工業製品の国内生産化，これである。いわば一種の輸出ペシミズムの雰囲気が充溢していたがため，それによって開発論でいうところの輸入代替工業化のための一契機が与えられていたのだった。

それでは当時の支配的な国際環境であった重商主義体制とはいったいどのようなものだったのかについて，それを徹底的に批判したスミスによる捉えかたを回顧してみよう[10]。スミスによれば，一国のとる重商主義政策は輸入制限措置と輸出奨励措置とに大別される。前者はさらに自国で生産可能な国内消費向けの外国品輸入に対する制限と，貿易差額が不利になると想定される特定の国ぐにからのすべての財の輸入に対する制限とに分けられ，具体的措置としては，重関税を課すかもしくは絶対的禁止にするかのいずれかであった[11]。そして後者の輸出奨励の方法としては，戻し税と奨励金，外国とのあいだでの有利な通商条約の締結，および植民地建設であった[12]。戻し税のばあい，国内工業製品に課税されているばあいでもそれを輸出に転ずれば払い戻しする方法と，財の輸入にさいして課税されても，それが再輸出を目的とするばあいはその税金の全部もしくは一部を変換する方法とがあった。また奨励金は，ある種の新興製造業やその他特別の優遇に値するとみなされるような産業に対して与えられた[13]。そして有利な通商条約を取り結ぶことによって，その国の財や商人は条約締結国において，さまざまな特権を獲得した。植民地建設によって，宗主国の財や商人に対して特権と独占権が与えられた。スミスはこれら六つの巧妙な手段によって，貿易差額を自国に有利にして一国の金銀の量を増加させようとするものであるとして重商主義体制を措定した[14]。このようなスミスによる重商主義の概念規定を顧みるに，それは現在の保護主義とも十分通じており，途上国の通商政策の構築に向けて一種のヒントを与えるものである。しかしスミスは，そのような重商主義体制を批判的に捉えて自由貿易体制の必要性を擁護したことはあまりにも有名である。前述のハミルトンを取り巻く国際環境のほうに眼をふたたび転ずると，アメリカの貿易に関係していた主要国は重商主義体制から脱却しきれていないといった事情が，スミスによってすでに捕捉されていた重商主義体制とみごとに符合することが明らかであろう。当時のアメリカからの

関連財の輸出が,スミスによって措定された輸入制限措置の対象とされていたことを想い起こすとよい。この側面を開発論のコンテクストで捉えなおすと,第二次世界大戦前後の国際経済環境においては,幾多の途上国にとって輸出を基礎にすえた経済成長のありかたはかなり困難であるという輸出ペシミズムの雰囲気が漂っていた。その帰結が輸入代替工業化政策の導入であった。そのような経緯から,当時の対外環境にその一契機が見出されたことを考えると,ハミルトンが幼稚産業論を提唱することになったひとつの背景とそれは相通ずるものがあるように思えてならない。

さてハミルトンの報告書の内容に関連したもうひとつの重要な背景として,重農主義思想がある。それはハミルトンがかれから多大な影響を受けたとされるスミス自身によって,重商主義に対峙する思想として位置づけられ,それをスミスはおおいに重用したことから窺い知ることができる[15]。ただしスミスは,先の重商主義批判とはその論理展開の道筋において違いが見受けられるとしても,この思想も全般的には棄却している。ともあれスミスによれば,この思想は次のように特色づけられる。すなわちそれは,都市の商工業を偏重するフランスのコルベール (J. B. Colbert) の重商主義に対する批判として生まれ,農業こそが一国の所得と富の源泉だと主張するものであって,国民を所有者階級,農業階級,商工業階級に分け,農業階級のみが新たな価値を生み出すと考え,この階級をとくに「生産的階級」と呼んだ[16]。周知のようにこの教説はケネー (F. Quesnay) によってある程度定式化されたものだが,スミスによる前述のような捉えかたはそれにおおいに依拠するものだった。それをめぐる評価については,ここであえて論ずるまでもなかろう。ハミルトンの報告書でのあつかいかたに焦点をしぼろう。そこでは予期されるように,重農主義が土地の生産性のみを重視し,商工業の存在のあつかいを軽視するものだったので,かれにとってはどうしてもそれを取り払う必要があった。

ましてや当時のアメリカ国内においては,依然として重農主義が大きな影響を及ぼし続けていた。その背景についてみると,当時の経済構造は依然として半封建主義的な土地制度と資本制とが混在している状況にあったとみる

ことができる。とくに自らが多数の奴隷を所有するとともに大農園主であるジェファソンのばあいそうだったのだが，自営農民による農業立国主義を唱えており，商工業は第二義的存在としてしかみなしていない[17]。このような事情はジェファソンのみならずワシントンもそうだったが，かれらは農園主階層に属し，旧態依然たる土地所有制度に依存した利害から脱却できない境遇に置かれていたことに求められよう。ただしここで半封建的といってもそれは，従前のヨーロッパにみられた純然たる封建制度とは異なることに留意しなければならない。プランテーション経営のばあい，少数の熟練した監視者と多数の未熟練の奴隷労働との要素結合が一般的だったので，資本制と奴隷制との結合形態として捉えるほうがいっそう正確であろう。それはさておき当時のアメリカのばあい，土地基盤の農園に依拠した経済構造だったことはまちがいない。

　このような土地からあがる収穫物におおきく依存していた経済の拠って立つシステムは，近代経済学の重鎮ヒックス（J. R. Hicks）によって収入経済（revenue economy）と呼ばれた[18]。市場経済が社会全体に十分浸透しつくしていない状態にあって，市場経済という観念自体がその社会の市民権を獲得していないような社会のばあい，最大の経済問題は，為政者が社会を統御するための経済的基盤をどこに求めるかであった。容易に想像されるように，それは土地から得られるレント（地代）であった。もともと封建主義体制というのは，封建領主が領民に対して保護を与えることと引き換えに領民は年貢を納めるという関係，すなわちパトロン＝クライアント関係に依拠していた。そのようなレントを徴収する主体が，より一般的には地主（貴族）階級であった。アメリカにおいてそれは，ヨーロッパとは性格が異なるとはいえ，ジェントルマン・プランターだったのだ。こういうふうにみてくると，重農主義と土地基盤型経済すなわち「収入経済」とは密接な関係にあることが明らかであろう。非農業階級は「非生産的階級」として捉えられがちだった。商工業は依然として未発達であるゆえ，いまでいう課税の対象となる余剰を生産しないとみなされた。ヒックスによれば，「収入経済」は市場経済に先行するものであるとともに市場経済が支配的になっても存在し続け

る[19]。すなわち権力の主体が「土地領主」から「国家」へ移行するのにともなって，徴収の対象となるのは「年貢」から「租税」へと変化する。当時のアメリカのばあい，奴隷制をその基礎にしていたとはいえ，そのような社会経済の構造的変容期にあったとみてよいだろう。もっと正確にいえば，ハミルトンが財務長官在任中のアメリカは連邦としての財政収入のおよそ90パーセントを関税収入が占めていた[20]。当時は連邦と各州とのあいだで権限をめぐっての相克関係が依然としてみられ，ハミルトンは連邦派の論客として前者による課税権の優位を主張する立場だったが，ハミルトンの思惑通りに事が進んだわけではなかった。ジェファソンやマディソンら各州の優位を主張する共和派は，とくに南部に政治経済面の基盤をもっていたため，奴隷制の存在は絶対的なものであった。このような事情もあって，ハミルトンにとって連邦の税収をいかに確保するかが最重要な課題となっていた。このようにみてくると，税関や沿岸警備隊の制度化やかなりの物議を醸すとともに反乱まで惹起したウィスキー税の徴収など次々にハミルトンが打ち出した施策の背景がわかろうというものだ。

　先にも述べたが，ハミルトンは奴隷制にどっぷり浸かったかれの政敵たちとは違ってそのような制度的桎梏から相対的に自由であった。しかし以上のことから明らかなように，かれを取り巻く経済思想的環境は，かたやアメリカの対外面においては重商主義が，かたや対内面においては重農主義がそれぞれ優勢であった。かれが影響を受けたとされるスミスは，前述のように究極的にはこのふたつの思想から独立していた。それに対してハミルトンは，この報告書によって新興産業の保護を訴えるいわば準重商主義に近い立場をとることとなった。当時のアメリカを取り巻く内外の情勢から，コールが述べるように，合理的な政策ではなくてたんに便宜上の問題が，保護措置を擁護するうえで主導的な役割を果たしたといったほうが実情に近いであろう[21]。ハミルトンは，この報告書によって理論的に裏づけるという歴史的役割を果たしたといえよう。

　かくしてハミルトンは，いっそう生産的であると信じられていた農業よりも製造工業に内在する長所について説得的に述べる必要があった。したがっ

て報告書の前半部分では,農業と製造工業のそれぞれの長所について比較検討している。重農主義が一定の影響力をもっていたことから,農業に対する配慮をきちんと施したうえで製造工業を擁護する理由を挙げている。その要点をハミルトンの報告書に盛り込まれた順序にしたがって整理して列挙すると,次のようになる[22]。

(i) 製造工業は農業にくらべて分業を促進する程度が大きい。そして一国の経済において妥当な分業ほど大きな刺激となるものはほとんどない。それゆえ,生産的な勤労(industry)の増進を確保すべきである。
(ii) 製造工業によって,機械を使用することが多くなる。かくして,生産過程において人による自然的力の手助けによって人為的力がもたらされることになる。
(iii) もともとなんらかの事業に就いていない社会的諸階層に雇用機会を与えることによって,その国の生産性は向上する。
(iv) 製造工業は外国からの移民をうながす。
(v) 製造工業によって,人それぞれ異なる才能や資質を多様化する余地が大きくなる。
(vi) 製造工業は,事業のためのさまざまな領域をいっそう広げる余裕を与える。そして事業の諸目的を倍増させることで,人心の活動は育成され刺激が与えられる。そうしたことが,一国の富を増進させる最大の便宜となる。
(vii) 製造工業を樹立することが,その国の生産物もしくは収入の増加に寄与することになる。それがなされるのは,土壌からの余剰生産物に対する新しい確実な需要を創出し確保することによってである。

まず(i)の分業についての着想は,明らかにスミスの影響であろう。『国富論』(1776)のなかでスミスがピン工場における分業の効率を力説したのは,あまりにも有名である[23]。ハミルトンは製造工業において分業が推進されることから,技能(skill)と機敏性(dexterity)とが向上し,時間の節約

も可能となり，そして機械の使用も拡張することとなり，その結果そのような職工の効用が生産的な勤労をいよいよ増進するのは明らかであると述べている[24]。

(ii)については，製造工業のなかのさまざまな職によってその付属物である機械の使用の余地が最大限に広がり，勤労の努力も最大限に活かされ，その結果工業製品一般も増加することになると述べる[25]。その事例としてイギリスの紡績工場における作業工程をあげ，とくに綿紡績機のばあい，婦女子や児童の労働によって昼夜連続的に使用できるのであって，それにこそイギリスの幾多の綿工場の進歩が起因するところ大なのであると力説する[26]。むろんここの箇所は現在からみると，婦女子や児童の工場での使用を称揚するのは非人道的ではないかとの謗りを免れないであろう。しかしここで注意しなければならないのは，カリブ海のひとつの島におけるハミルトン自身の少年時代の体験から得られた生活観ともいうべきものが隠されていることだ。恵まれない少年時代を送ったハミルトンはさまざまな労働体験をすることを通して上昇する，ということへのかれなりの確信があったに違いない。このことについてはハミルトンの長大な伝記を著わしたチャーナウ（R. Chernow）の文言を引用するのが適当であろう。すなわち「当時は農家や小さな作業場で子供が働くことは当たり前だった。ハミルトン自身も10代の初めから事務職に就き，母親も働いていた。ハミルトンとしては，貧しい人々に過酷な報いを課すつもりなどなく，むしろ人並みの給料が稼げるチャンスを与えるつもりだった。彼にとって仕事とは，人間性を高める経験でもあった。・・・・・ハミルトンは，子供や女性の労働が搾取となるとは思っていなかったのだ。」[27]

(iii)は(iv)とも関連してくるが，製造工業が確立・拡充されてくると，その成果となって実現される獲得物や享楽物をさらに増やしてくれる源泉として，勤勉な諸個人や家族に追加的雇用機会が与えられるとし，それはとくにイギリスの綿花製造工場のばあいについてあてはまるとしている[28]。すなわち製造工業のもつ人的開発面での波及効果を訴えるのだ。

(iv)についてはこうだ。製造工業を組織的に奨励すれば，すなわち工業製

品の生産過程に投入される原材料や労働力が諸外国にくらべて廉価であるなら，さらには税負担や諸制約がかなり免除されるなら，そのような優遇措置を講ずることで製造工業者を誘致するようにすれば，それは関連した商売（trade）や職業を求めて，ヨーロッパからアメリカへ大量の移民が期待されるだろう[29]。それとは逆に農業のばあい，それは期待薄であると[30]。

(v)は製造工業のもたらす多様化の便益についてである。これはいわば社会的分業の増進として解釈できよう。製造工業が拡張されるなら，人々の多様な才能もしくは能力がそれに整合的に配置され，能力の多様化をつうじて社会全体に最大の成果をもたらすことになる[31]。(vi)は(v)と関連しており，職種や生産の種類の多寡におうじて，企業精神（the spirit of enterprise）——ほんらいこれは有益で多産なものである——の旺盛さは決まり，産業構造が単純な国（たとえば農業だけから成り立つ国）よりもむしろ多様化した国（たとえば耕作者だけでなく手工業者や商人も存在する国）のほうが，そのような精神は旺盛である[32]。

最後に(vii)において主張されることは，ステイプルの余剰を海外へ輸出するのは，すなわち余剰はけ口（vent for surplus）として農産物を諸外国市場向けに供給するのは，市場の不安定性のためにさまざまな影響を受けやすいので，国内にそのはけ口を準備してやるとよいというつまり国内市場の重要性についてであった。いうまでもなくそれを準備するのが製造工業であって，この部門の多様化によって国内市場は準備され，ここに農業と工業との相互依存関係がなりたつ。すなわち農業部門では製造工業部門で生産されるさまざまな工業製品が購入され，製造工業部門では農業部門で栽培・生産された農作物を消費するとよい。こうした捉えかたからみて，ハミルトンのばあい，製造工業一辺倒ではなくて農業と工業との均衡を重視する視点が窺われる。さらには農作物の余剰はけ口を海外から国内へ代替するという視点，言い換えるならスミス的な自由貿易よりも保護主義のそれが重きをなしていることも注目される。この側面の思想的背景としては，自由貿易とその帰結上つながる重農主義とは相容れないものが見出されるのであって，やはり保護主義の色彩が濃いというべきであろう。ただしその歴史的背景として

は，前述のように対外世界が重商主義の雰囲気すなわち輸出ペシミズムで充ちていたことが推察されるのである。なお財政収入増にも製造工業の確立がつながるというのも，農業部門を財政上の基盤にすえた重農主義に対して，それを批判することにもつながるのであって，「国家」財政の源泉を農業よりも製造工業に求めようとする視点が窺えるということも付け加えておきたい。

究極的に製造工業を擁護することになるかれの議論は，ここまで述べてきたように当時経済思想面において対峙していた二大思想のうちアメリカ国内で支配的だった重農主義を批判するものであった。それは各社会的階層への分配問題について，農業部門と製造工業部門とでどのような違いがみられるかを，かれ独自の視点から捉えたことから推察できる。それは言い換えるなら，新規の社会的階層認識論ともいえる。すなわち重農主義思想においては，製造工業に雇用される労働は土地レントの等価物——これが「収入」の源泉とされる——をなんら生み出さないと主張するけれど，そのような捉えかたはいたって表層的であるという[33]。その論拠を階層論に依拠しつつ明らかにしようとするハミルトンにしたがって，以下に論じてみよう。

まず農業のばあい，農業者の資本ストックへの利潤と地主へのレントとに区分されること，および製造工業においては企業者のストックへの利潤が考えられることで，この2部門は統合しうるという[34]。むろん現在からみると，そこには両部門に雇用される労働への分配についての論及がみられず，そこの視点が欠如していることが問題であるといえるが，当時のアメリカの経済構造は土地基盤の奴隷制に依拠した農業中心型経済であったことを想い起こすとよい。ハミルトンは2部門の関係を次のように述べる。

「‥‥‥[重農主義においては]次のことが見過ごされてきたように思える。土地自体がストックもしくは資本なのであって，その所有者からその占有者（occupier）もしくは借地人に前貸しされる（貸し付けられる）ということ，およびかれが受け取るレントは土地の特定ストックの経常利益（ordinary profit）であるに過ぎず，地主——当時のアメリカにおいてはプランター——本人によって経営されるのではなくて，他人によって経営されるということ，その他人に地主は土地を貸すのであってこんどはその他人が土地をストックし改

第2章 幼稚産業論の原型――ハミルトンとリストのケース――

良するために第二義的資本を前貸しして，そしてかれは通常の利益を受け取る，ということなのである。したがって地主のレントと農業者の利益は，2種類の異なる人間に帰属する2種類の資本の経常利益にほかならず，農地の耕作において統合されるのだ。他方において，経営コストを支払ったあとに生ずる製造工業の余剰は，その製造所の経営に使用されたいくらかの資本の経常利益として返ってくる。・・・・［製造工業においては］資本の一部を具備していて経営資金の一部を貸し付ける者もあれば自分の資本を追加することで経営に従事する者もある。費用を支払ったあとに残る余剰から，利子が資金の貸付者に支払われ，手元に残った資本の一部は［農業部門の］地主に支払われるレントに正確に一致する。そしてその余剰の残余が企業者もしくは製造業者の利潤になるのであって，それは農業者のストックに対する経常利益と呼ばれるものに一致する。両者を合わせたものが，製造工業に使用された2種類の資本の経常利益なのだ。他方において［農業部門のばあい］，地主のレントと農業者の収入が農地の耕作に使われた2種類の資本の経常利益を構成するのである。」[35]

つまりここで主張されているのは，製造工業のばあいも農業部門と同じように経常利益が獲得されるということだ。当時のアメリカ経済は土地基盤の農業中心型経済，すなわち奴隷制に基づく大小の農園経営に依存した経済構造が優勢であったことからみて，いまだ細々とした状態にある製造工業部門よりも農業部門の生産性のほうが圧倒的に高いものと捉えられがちであったことを想い起こすとよい。いうまでもなくそのような捉えかたは，重農主義と親和的であった。ハミルトンの政敵だったジェファソンやマディソンらはヴァージニア州に大農園を抱えるとともに確固たる奴隷制に根深く依存しつつそれを政治基盤にもしていたが，かれらはニューヨークに代表される都市部の商工業や銀行などの新興産業のありかたに嫌悪感すら抱いていた。とうぜんながらハミルトンによる上の叙述は，そうした捉えかたを正面から否定するものである。農業部門をたんにレント――これをどれだけ生み出すかが最重要であるとして捉えるのが重農主義的な見方である――のみを生み出す部門として捉えるのではなくて，利潤的要素を併せもつものとみなし，製造工業部門において通常みられる利潤の実現が次にどのようにして投資過程に供されるかについての具体的な叙述はみられず，それはハミルトンが置かれた当時の経済思想上の限界であるといえよう。あくまでも両部門の生産性を

どのように比較したらよいかが，かれにとっての重要課題であった。経常利益の獲得の可能性にそれを求めたというのがここでの解釈であって，それゆえに製造工業は農業部門に負けぬくらい生産的であるとハミルトンは言いたかったのだ。

次にここの叙述から，ハミルトンが社会的階層をどのように認識していたかについてある程度窺い知ることができる。製造工業部門についてはその企業家もしくは経営者の存在を捉えており，他方において農業部門のばあいは，農園の所有主つまり地主と借地人すなわち農業者への区分を強調している。とくに後者の存在を重視していることが重要であろう。農園主が受け取るレントと農業者が獲得する利潤との両者を，土地耕作から得られる経常利益として捉えるのである。この側面は，重農主義思想に内在するレントに対する肯定的な生産性認識と，利潤のそれとをハミルトンが混同しているところとして解釈できよう。のちに近代化とともに市場経済が浸透してゆくにつれて，レントに内在する生産性に対する疑問が生じ，近年ではレント・シーキングの含意に代表されるように，一国の資源配分上きわめて非生産的な「利権」としての意味合いが認識されるにいたっている[36]。むろんハミルトンが生きた時代は，ましてやアダム・スミスの登場を見たにせよ，かの市場経済の拡充を是認する考えかたそのものが十分行きわたらない状況が支配的ななかで，それを直截に受け容れるには困難をともなったといえよう。その意味においてはハミルトンもそうした考えかたからまったく自由であったとはいえず，資本から得られる利潤の生産的な側面が一般的に認識されるにはリカードゥ（D. Ricardo）の登場を俟たねばならなかった[37]。

他方において，製造工業にせよ農業にせよ，労働に内在する含意についての論及はいたって希薄である。かれのばあいそれは，農業と製造工業との両部門から成り立つ国と農業部門のみから成り立つ国とでどのようにして生産性が比較されるか，という問題設定にとどまっている。つまり農工立国もしくは農業立国かという選択問題のなかで，労働の生産性を考えるのだが，次の叙述がこの問題に関連する。

第2章　幼稚産業論の原型――ハミルトンとリストのケース――

「・・・・・1人の職工と1人の農民との両者が存在するばあい，農民は自分の農地の耕作に専念する自由を与えられるだろう。・・・＜中略＞・・・同時に職工は工業製品の生産を続けて，その工業製品でもって，農民から調達した農産物と原料に対して支払う分だけでなくて自分自身の使用のための工業製品を供給するのに十分な量を生産するのである。かくしてひとつではなくてふたつの量もしくは価値が存在するのである。・・・＜中略＞・・・農民2人がいて職工は1人もいないと想定するならば，しかもそれぞれが自分の労働の一部を土地の耕作に使用し，労働の残りの部分を工業製品の製造に使用するとなれば，土地のために賦与される2人の労働の部分は，同様の仕方で使用されたばあいの1人の労働の総計によって生産されるものと同量の工業製品しか生産しないことになるだろう。それゆえに農民2人の労働の生産物は，農民と職工の労働の生産物より大きくはならないだろう。よって職工の労働は，農民の労働と同じように生産的であって社会全体の収入を増進することになる。」[38]

製造工業と農業のいずれにせよハミルトンは，労働とその平均生産性という次元でしか捉えていない。とにかくかれにとっては，農工立国論を正当化するのが高い優先順位にあった。言い換えるなら，重農主義をいかに克服するかであった。むろんここでは奴隷制の是非を論じるところまでいたるどころではなかったのである。

2.3　ハミルトンの通商政策論

前節では，ハミルトンによって提出された『製造工業に関する報告書』の背景に経済思想面における重商主義と重農主義との葛藤があったこと，当時のアメリカという国自体の置かれた状況は対外面においては前者がそして対内面においては後者がそれぞれ優勢だったこと，およびハミルトン自身は製造工業を確立する必要から前者にかなり近い立場をとろうとしていたことなどについてみた。貿易に関する現代的視点からは，むろんこうしたハミルトンの立場はスミス的な自由貿易主義というよりも保護主義のほうに近く，その枠のなかに幼稚産業を位置づけたものといってよい。いまではこれらのことは周知の事実になっている。この報告書のなかの自由貿易主義に対する反論を形成している細かな議論については，田島による詳細な解説を参照され

たい[39]。ここではそれには立ち入らないで，報告書の後半部分の重要課題についての考察を進める。

そこで本節では，製造工業を保護するためにハミルトンが用意した具体的な政策論について検討してみよう。さしあたりそれを列挙すると次のようになる[40]。

(i) 保護関税の賦課，すなわち奨励の対象となる国産品の競合財である外国製品への関税賦課。
(ii) 競合製品の輸入禁止，もしくは輸入禁止相当の関税賦課。
(iii) 工業製品の原料の輸出禁止。
(iv) 保護の対象となる産業への金銭的助成金 (pecuniary bounties) の供与。
(v) 奨励の対象となる諸個人や諸階層に対する報奨金 (premiums) の供与。
(vi) 工業製品の原料に対する免税措置。
(vii) 例外的に課税対象となっている（工業製品の）原料でも，関税の払い戻しをおこなう必要のあるケース。
(viii) 国内における新規の発明・発見を奨励し，他国で発明・発見されたもののアメリカへの導入を奨励し，とりわけ機械類についてのそれを奨励すること。
(ix) 工業製品検査のための規定を適切に講ずること。
(x) ある場所から別の場所までの送金を容易ならしめること。
(xi) 商品の輸送を容易ならしめること。

これらの通商措置をハミルトンは提案し，それぞれの措置について簡単な解説を加えている。一見して明らかなようにこの政策提案は，いまの開発論でいえば典型的な輸入代替工業化政策の考えかたである。しかし前節にみた重商主義政策にいくらか近いとはいえ，厳密にいえばかなり異なっている。それはハミルトンが認識していた段階のアメリカにおいて，保護対象となる

産業で生産される工業製品に対して外国からの競合製品があるばあい，その輸入を阻止して自国の産業を育成するとしても，それの輸出促進措置を講ずるまでのヴィジョンが提示されていない，という点においてである。重商主義のばあいはすでにみたごとく，保護の徹底と同時に輸出増強措置――税金の払い戻し政策と輸出奨励金の供与などによる方法――をともなった。ハミルトンによる上の政策提案のばあい，そこまで提案していないことに留意しなければなるまい。むろんそれは幼稚産業なればこそ軽々しく直接的に輸出可能性を論じられぬ，といった事情が優先したのかもしれない。それこそ，幼稚産業論の先駆けとして認識すべき筋合いのものなのであろう。そこに当時のアメリカを取り巻く事情が垣間見えてくる。それはさておきいまの途上国向けの輸入代替工業化政策は，先にみたごとく対外世界への一次産品輸出の悲観的展望しか得られぬ状況下で実行されたのであり，その意味においてはハミルトン案もかなりそれに近いといえるけれど，それが具体化されるまでにかなりの時間を要した。土地基盤の奴隷労働に頼っていた南部プランテーションの所有者もしくはプランターたちを同意させるには，事情が許さないほど困難であったというべきであろう。それはハミルトンを除く建国の父祖たち――つねにハミルトンの後ろ盾になってくれたワシントンをはじめとして，政敵となったジェファソンやマディソン，モンロー（J. Monroe）ら――はいずれも南部のヴァージニア州に広大な農園と奴隷を所有していたことを考えると，容易に推察できることである。ましてや後者の3人は第2代大統領となったアダムズ（J. Adams）――マサチューセッツ州に農園を所有していてハミルトンと同じ連邦派に属していたとはいえ，多くのことでハミルトンと対立することが多かった――に続いて第3代から第5代までの大統領となったのだった。かくして結果的には1820年代の保護主義運動を経て数十年後に内戦を経験することとなり，商工業経済を中心にしていた北部がステイプル（その大部分が綿花とタバコ）栽培を中心としていた南部に勝利し，実質的な国民統合が達成されるまで俟つことを余儀なくされたのである。

　現在の途上国――第二次世界大戦後の世界における低開発国のグルー

プ——のばあいは地域によってばらつきはあるものの，かのプレビッシュの政策提案に触発されて，自国の産業を育成すべく輸入代替工業化政策を採用したところが多くみられた[41]。そのような政策転換に対して最大の影響を及ぼした考えかたは，プレビッシュによって与えられたものであって，一次産品依存型経済すなわちモノカルチャー的構造に内在する一国の経済成長の視点からみたときの圧倒的な不利——プレビッシュはそれを一次産品と工業製品との国際貿易において，これらの価格比率すなわち交易条件は長期的に不利化傾向にあるというひとつの重要な命題を提示することで，明らかにしようとした[42]——に求めることができる。つまりなんらかの一次産品（ステイプル）の生産・輸出に頼りきった経済の抱える脆弱性を主張することをとおして，途上国の工業化の必要性を訴えたのである。いわば一種の輸出ペシミズムの披瀝であった。

　翻ってハミルトンのばあいはどうか。それはやはり一種の輸出ペシミズムだったのだ。アメリカ南部のプランテーションに依存しきった経済のありかたに対する疑問なのであり，アメリカの工業化の必要性をこの報告書において訴えたとみることができる。しかもそのステイプル生産は奴隷制といういまからみると非人道的な旧制度を組み入れていたのであって，アメリカ国内にあってはその農園主たるプランターの政治勢力が相対的に優勢であったなかで，工業化の必要性を，すなわち国家による保護をとおした北部の商工業のさらなる増強を図らねばならなかった。その作成過程において重商主義と重農主義がいかにかかわっているかについては，前節においてすでにみた。ハミルトンの報告書は厳密にいえば，前述のように重商主義とはやや異なり，輸出への展望をやや欠いていた。その意味においては，20世紀におけるプレビッシュの輸入代替工業化論とも異なるともいえよう。なぜなら後者においては，輸入代替産業が将来国際競争力を身につけたとき，輸出振興を図る必要があることまで見通していたからだ。当時のアメリカが置かれていた時代環境という根本的な制約があったとしても，このことは学説として確立した幼稚産業論を与えるには，ハミルトンの報告書は依然として未熟であったことを含意しよう。しかしその端緒を与えたという意味においては，

きわめて重要な文書だったといってよいだろう。

さてここで先に列挙したかれの提案事項の詳細についてみてみよう。

(i)と(ii)はひとつのセットになっていて，輸入関税を賦課することの正当性，およびそのレヴェルが輸入禁止的になるとしたらどのような条件が付されるべきかについての論及である。まず輸入関税を賦課することで国産の工業製品のほうが外国産の製品よりも廉価となるので，国産品を国内供給しやすい環境が与えられる[43]。また保護関税は重要な収入源である——このことは前節にみたように，当時のアメリカ経済はヒックスによってそう呼ばれたところの「収入経済」であったとみなせるのであって，財政収入の最重要な源泉として関税が位置づけられる——ことも忘れてはならず，それだけではなくて輸入関税はいずれも，原材料に賦課されるばあいを除き，この国の製造工業に対して恩恵を与えるものである[44]。(ii)の外国産の輸入競合製品に対する輸入禁止措置もしくは禁止的関税の賦課については，いたって慎重である。すなわち製造工業においてきちんと競争がおこなわれ妥当な条件で適切に供給されるというようなかなりの進捗状況がみられてはじめて，適用できるものとしている[45]。その結果国産品によって国内市場が独占されるとしても，それが工業諸国の支配的政策であるなら，アメリカのばあいも分配上の正義（distributive justice）の原理によって，むろん相互利益（a reciprocity of advantages）を自国民に確保せんがための務め（the duty）によって，命じられるものであると述べる[46]。つまりこうしたハミルトンの主張は，国民産業に対する競合財輸入の禁止措置もしくは輸入禁止相当の関税賦課によってもたらされる独占の弊害を暗に認めつつ——スミスの『国富論』にハミルトンは感銘を受けていたことはすでに述べた——も，他の重商主義国家群に対する対抗措置としてとうぜんこの政策も講じられて然るべしというものである。

しかしここで留意しておかねばならないのは，(i)と(ii)との論理整合性に問題点が見出されるということである。これは事後的な現代的視点からの評価なのだが，スミス的な市場での競争原理を是とするならば，禁止的関税の賦課はたしかに国内の売り手独占を招来して競争が害われる可能性がある。

したがってできるだけ競争的雰囲気へ近づけるためには，関税水準の段階的引下げを方向づける必要があろう。現在は「自由貿易の時代」であって，国際貿易制度としてGATT（関税および貿易に関する一般協定）からWTO（世界貿易機関）への組織的移行のなかで，多国間交渉（ラウンド）をとおして段階的に関税水準を引き下げることについてはおおむね合意が得られている。むろんハミルトンの時代における国際社会は重商主義が依然として優勢であったことを顧みるに，そのような保護関税の特徴づけが困難だったことは容易に想像されよう。その意味においてハミルトンが列挙した項目の個々の特徴づけは，細かなところにかなりの混同が窺えるものの，それなりに正鵠を射るものだったことについては異論の余地はあるまい。

次に(iii)の項目についてはどうか。この措置はどのようなときに必要とされるかについて，ハミルトンはさしあたり述べている。すなわち国民産業のための廉価で豊富な供給を確保するため——ただしその対象となる産品はアメリカ固有のものもしくは固有的性質をもっているものであることが要請される——に，および外国が独自の原料を使ってその国の産業がアメリカ産と競合できるようになることを警戒する（jealousy）ために，この規制が必要だとする[47]。これは(ii)と同じく外国に対しての対抗措置なのであって，その使用はなるべく控えて明白なケースにしか採るべきではないとする[48]。その理由はこうだ。この政策の即時的効果は工業原料の生産者——農業者もしくはプランター——にとって大きな需要減となり，かれらの農産物価格を損失が生じるほどの水準にまで押し下げてしまうことである。しかしながらそのような即時的効果がもたらされるとしても，国民産業の繁栄のためにそれがどうしても避けられぬなら，かれら（農園主）は当初においてそれから損失を被っても結果的にはその繁栄に依存するかたちで国内市場が着実に拡大していけば，そのことによってかれらは保障されることになる[49]。このような二面性が考えられるので，慎慮（prudence）が要請されることになる。よってこの政策は控えめでなければならないとする。このようなハミルトンの論理から，前節にみたように南部の農園主に対する配慮が推し量られる。工業原料を外国へ輸出することから相対的に大きな需要が見込まれるの

に対して，国内産業向けへそれを限定するとその市場規模が小さいゆえに需要減は短期的に避けられまい。しかし長期的には国内市場が拡大するので，国内の工業原料生産者にとっても十分引き合うことになるというのだ。こうした発想は，現在の開発論でいうところの輸入代替工業化政策にかなり近いといえる。当時のアメリカにおいては，工業原料の輸出相手国はイギリスをはじめとする西ヨーロッパの国々であった。これらの国々はいずこも，かの国においてスミスの出現を見たとはいえ，依然として重商主義体制下にあった。ましてやアメリカの独立革命によって，アメリカに対して閉鎖的になっていた。前述のようにこうした事情からハミルトンはここに挙げた政策措置を考案したのだが，ここでは国内における南部の農園主に対する配慮が施されたことが明らかであろう。開発論における輸入代替工業化政策もかなり似通った論理づけであることに，留意すべきであろう。なお国内産業が育成されて将来繁栄して大きな国内市場をもたらすことになるというのは，まさしく幼稚産業論の発想そのものであるというべきであろう。

　次に(iv)についてだが，ハミルトンはこの政策の重要性をかなりのスペースを用いて強調している[50]。これは製造工業奨励のための最も効果的な手段のひとつであり，ばあいによっては最善であるとすらいえると述べ，その論拠を列挙する[51]。ひとつは，この措置はその他の措置とくらべて積極的であるとともに直接的な奨励措置であり，すぐにも新規事業を刺激し開放するものであって，最初の段階において利潤機会は増大するとともに損失リスクは逓減すると述べる[52]。第二の利点として，輸入関税の賦課のケースと異なり，一時的な価格上昇という不都合をもたらさないとする[53]。そしてこの措置の財源として外国産の競合製品に課せられる関税と非競合製品に課せられる関税とから引き出すケースが考えられ，前者よりも後者のほうがいっそうの価格競争的雰囲気をもたらすとともに市場への総供給量も相対的に大きい[54]。第三に生産補助金のケースは，高度の保護関税のように品不足（scarcity）が生じることはない[55]。たとえば国内工業が進歩しても価格上昇を相殺しないようなケースがあるとしたらそれは，関税賦課の究極的な効果なのであって，関税賦課とそれに付随した価格上昇は，当該財の販売か

ら得られる期待利潤への介入を含意し，輸入意欲が害われることになる[56]。つまり生産補助金のばあいは，そのような品不足に見舞われることはないというのである。そして生産補助金の第四の利点として，新規の工業製品の奨励が新たな農産物の生産にもつながるという意味においてこの政策は最善かつ妥当であるというひとつの側面を挙げている[57]。つまり農業者（農園主）は同種の外国産輸入原料が入ってくることへの対抗措置として国産原材料の生産への促進措置が講じられることに関心をもっており，他方において製造工業者（産業資本家）の関心は，工業原料が豊富かつ廉価であることにある。かりに原料の国産化を優先するあまり，製造工業者にとっては良い条件で十分な供給量が確保されている状態であるにもかかわらず，外国産輸入原料に関税が賦課されると，農業者と製造工業者の両者にとっての利益は台なしになってしまう[58]。かくして両者の関心に応えるという意味においても，この生産補助金政策のほうが理に適っているというのである。ただしそのための財源を外国産の工業製品に課される関税収入に求め，そしてその収入の配分先として国内製造工業部門もしくは国内農業部門もしくは両者へというように三通り考えられるとしている[59]。つまり外国産工業製品への関税政策と国内の農工2部門への生産補助金政策という，いわばポリシー・ミックスの提案なのである。そして製造工業部門への補助金が長期に及ぶのは望ましくないが，新規事業のケースはそのかぎりではないとしている[60]。さらにハミルトンは得意の憲法論議の枠組みで，生産補助金の正当性を訴えることで (iv) 案の解説を終えている。

さて上の (iv) 案はきわめて重要な政策案であるので，そのエッセンスを整理・要約する必要がある。まず代表的な産業保護のための通商政策として関税と生産補助金が考えられるが，ハミルトンはとくに後者のほうの重要性を訴えていることに今日的意義がありそうだ。たしかに現在の主流派の貿易論では，保護関税よりも生産補助金の優位性が論証されている[61]。まさしくこの箇所がその原型としての意味をもっていると解釈しても，それはけっして誇張ではあるまい。政策ランキングの先駆けとしての意味においてである。さらにハミルトンのばあい，たんなる製造工業保護論者としての側面だ

けではなくて，農業部門の重要性についてもちゃんと配慮していることが窺える。言い換えるなら，農工部門均衡成長論者としての側面が強いことが(iv)案の提唱から見てとれるのである。それは農園主と製造工業者の両者の利害に添うような政策提案として，これが提示されていることから明らかであろう。そして最後に残るのが，生産補助金のための財源問題である。うえの説明は一見したところ混同しているように見えるが，輸入関税といっても3種類のそれがハミルトンの念頭にあることに注意しなければならない。すなわち保護の対象となる製造工業部門に対する外国産の競合財に課される輸入関税，その対象外の外国産製品に課される輸入関税，および自国の製造工業部門へ供給される輸入原料——これと自国の農業部門とが競合的である——に課される輸入関税，これである。究極的には第2類型の関税が最も財源として望ましいが，それでも不足するとなれば，第1類型の関税も考慮してよいということになる。そして第3類型の関税は極力避けるべきである，ということになろう。

　(v)の報奨金の供与は(iv)の助成金のケースと関連するけれど，社会全体の事業を刺激する手段であって，その対象となるのは各部門を越えて社会の発展に寄与する優秀な者である[62]。ハミルトンは外国の事例を提示しつつ，報告書の最後の箇所でアメリカの例として製造工業と有用な技術の促進のためのペンシルヴェニア協会のそれを紹介している[63]。いまの開発論の領域では，(iv)と(v)の結合形態を特定の産業もしくは階層へ優遇措置を提供すること——インセンティヴの供与——を意味しよう。

　(vi)の原料に対する輸入関税の免除措置は，新規産業のばあいとうぜん講じられるものであって，その産業が幼稚段階——ハミルトン自身はこの術語をここでは用いていないが，現代的解釈の視点からここではあえて用いることとする——から成熟段階に達したとき，つまりこの国にとって収入源の対象になるまで育ったとき，原料ではなくてその製品に課税するとよいと述べている[64]。ただしそれは輸入関税ではないことに留意しなければならない。またその他の免税措置の対象として，アメリカに居住しようとする外国の技術者が持ち込む調度品等に適用されている現行法の維持の必要性も付け加え

ている[64]。これは生産資源不足に悩む当時のアメリカの移民奨励措置として機能していたものである。

(viii)は(vi)と関連するものだが，工業製品の原料であっても例外的に輸入関税を課す必要のあるものがあり，そこから得られる関税収入をどのように払い戻したらよいかについての提案である。それは3つのケースが考えられるとし，ひとつはその原料自体が広範囲の消費の対象であり，生産的な収入源となるもの（たとえば糖蜜），ふたつめは製品化が単純でありその国産品との競争を制限することが望ましく，それを加工すれば別種の製品へ転化しうることから天然の原材料としての性質をもち，その成長もしくは導入を奨励するのが望ましいようなもの（たとえば染色しない段階の綿花やリンネル），そして第3グループに属するのは，原料自体がアメリカの生産物であって国内の製造業者に廉価で豊富に供給しうるほどたくさん存在するもの（たとえば麻）であるとそれぞれ措定している[66]。そのようにして徴収した関税収入の払い戻し先の例としてハミルトンは，外国から輸入した上述産品の染色・印刷業を挙げ，これらの製造業が当初の段階から十分成熟して次の段階への供給能力をもつようになったときに，こうした払い戻しの効能（utility）は終了するとしている[67]。

(viii)の奨励措置として一般的なのは，金銭的報酬制度および特権を一定期間供与する方法である[68]。前者は発明・発見のケースとその効能に応じて使用すべきであり，後者はその著者と発明家が尊敬を集めるかぎり法制化されてきていると述べる[69]。また工業国においては，かれらが発明もしくは改良した機械や道具類の輸出を厳しい罰則をもとに禁止するのが慣例となっているとし，アメリカにも同様の規制の対象となるのがすでにありやがてその対象となるものも出てこようが，それを採用するとしても互恵の原則（the principle of reciprocity）によって臨むことになろうと述べる[70]。

(ix)の工業製品の検査規定も必要なものであり，その目的は国内の消費者と輸出業者を詐欺行為から保護するためおよび国産品の品質の維持・改善のためであるとする[71]。

(x)については次のように述べる。貿易と製造工業にとって原材料や食料

の購入および製品供給への支払いをおこないやすくするのは重要なことであって，これに応えるのが銀行券の流通——ハミルトン自身がかなり尽力して設立された合衆国銀行がその重要な役割を担うとする——と内国為替手形（inland bills of exchange）の使用の一般化であると[72]。むろん貨幣経済が進行してゆくとなればこれらのことはとうぜんのことなのだが，さまざまな種類の外国通貨が使用されていた当時のアメリカにあっては，そのような金融制度の具備はきわめて画期的だったといえる。

　最後に，(xi) の商品輸送の円滑化の必要性についての論及がある。いまでいうところの経済インフラストラクチャーの整備を拡充する必要性についてである。その例としてハミルトンは道路と運河をあげている。しかしそのような社会資本を建設しようとするさい，地方の利害集団が抵抗する可能性があることを示唆し，その事例としてスミスの『国富論』から関連する箇所を引用している[73]。ハミルトンは究極的にはそのような抵抗は無意味であって，内陸交通が整備拡充されてしまうと，それに抵抗した地方の利害集団にとっても利益を生み出すことを強調している[74]。かくしてハミルトンは，経済インフラストラクチャーを整備するさい，地方行政府ではなくて連邦政府が主導権を発揮する必要があることを主張するのである。さらにそのような諸政策の効果を減殺するような租税政策は厳に慎まなければならないとし，とくに人頭税や資本や利潤に課せられる租税がそうであるとしている[75]。この部分は当時のアメリカの政治情勢を反映するものであって，各州の地方行政府が依然としてかなりの権限を保持していた事情が垣間見える。前節にみたように，ジェファソンら有力な政治家を擁する共和派はこのようなハミルトンの連邦主義的な思想に対してかなりの反感を覚えたに違いない。

　ともあれ以上の (i) から (xi) までの諸政策の対象となるための選定条件を，ハミルトンは５つ挙げている。ひとつはアメリカ自体がその原材料を供給する能力を有しているかどうか，ふたつめはその製造工業は人力から機械に代替する余地がどのくらい大きいか，第三は実施しやすいかどうか，第四はその品目の使用範囲はどのくらいか，そして第五は国防に代表されるその他の利害集団に対する貢献度はどのくらいかである[76]。これらの諸条件に適う

産業として具体的に16品目を列挙し，それぞれについて具体的提案をおこなっている。その品目とは鉄・銅・鉛・石炭・木材・皮革・穀物・亜麻と大麻・綿花・羊毛・絹・ガラス・火薬・紙・印刷書籍・製糖およびチョコレートである[77]。むろんこれらの品目には，工業製品のみならず原材料もしくはいまでいうところの中間投入財も含まれている。工業原材料への言及が目立つのは，すでにみたように有力な政治家たちがどっぷりと漬かっていた南部の農業部門に対する配慮であることはいうまでもない。それこそかのハミルトンにしても，当時のアメリカが抱えていた経済構造のもたらす制約から完全には脱却しきれぬ一面を蔵していたといわざるをえないのである。

さて次節では，幼稚産業論のもうひとつの源流ともいえるリストの議論へと移ろう。

2.4　リストの分析視角と歴史認識

幼稚産業論のコンテクストからみてリストはハミルトンの継承者といえる。ハミルトンのばあい，有能な政治家として各種政策の考案とその実践という面での活躍が目立った存在であり，幼稚産業論はかれが考案した一連の政策群のひとつでしかなく，しかもかれを取り巻く当時のアメリカの時代環境の制約下においてかれの工業化論がすぐに実施されるというわけにはいかなかった。むしろかれによって打ち出されたその他の政策案のほうが，かれが活動した時代にはいっそう現実味があった。それに比べてリストの工業化論はより現実的であったし，幼稚産業論そのものといえるかもしれない。19世紀前半のドイツの置かれた後発国という立場を前面に押し出して，戦略的産業をいかに保護して成長させ，それをドイツの全般的な経済発展にどのようにしてつなげるかという問題に対してリストなりに解答を与えたのだった。

リストの生涯を簡単に素描するとこうなる[78]。1789年に南ドイツのロイトリンゲンにおいて手工業者（なめし革業）の家庭に生まれ，ごく平凡な幼少期を送り，父の仕事を手伝ったのち，テュービンゲン郡書記となり，

テュービンゲン大学で法学を学んだ。1814年に上級書記の試験に合格し，その後官吏として昇進を果たし，早くも1817年にテュービンゲン大学教授（「国家行政学」担当）となる。しかし1819年にドイツ連邦内の貿易障壁撤廃を求める「ドイツ商人・工場主協会」結成集会に参加し，リストのとった一連の行動が大学評議会で問題化し，教授を解職されるにいたる。そして翌年にロイトリンゲン市の議員に当選するが，党派対立の激化のなかで，リスト起草の請願書をめぐり政敵から攻撃され，亡命（スイス，フランス，イギリス）を余儀なくされた。そして収監の憂き目をみたのち，事実上の国外追放であるアメリカへの長期旅行（1825～32）──その橋渡しをしたのが生前のハミルトンと親交があったラファイエット（M. J. Lafayette）であり[79]，前年に渡米していたラファイエットは当時のアメリカの要人たちにリストを引き合わせる労を厭わなかった──へ赴いた。後述するように，この滞米期が幼稚産業論を唱えることとなったリストの思想に大きな影響を及ぼしたものと考えられる。アメリカでのリストはペンシルヴェニアで農場経営を試みるが失敗し，1826年にドイツ語新聞「レディンガー・アドラー」紙の編集者となり，国内開発と保護関税を正当とする「アメリカ体制」を支持する論陣を張った。そして1827年に『アメリカ経済学概要』を出版した[80]。時を同じくして石炭層を発見して鉱区を取得する。その関係で鉄道建設会社の経営にかかわりもする。大統領選挙キャンペーンでジャクソン（A. Jackson）を支持し，その当選に貢献したことも手伝って，1830年にアメリカ市民権を取得した。その後ヨーロッパへ戻り，1834年にはライプツィヒ米国領事に任命される。そしてアメリカ時代と同様に鉄道建設運動と鉄道関係の雑誌の創刊に携わるが，結果的にはうまくいかなかった。その後パリ滞在を経て故国ドイツに戻り，ドイツ経済の統合と南ドイツの保護主義のために奔走し，1841年にかの有名な『経済学の国民的体系』を著わし，同年に名誉回復がなった。そして『農地制度論』（1842）を執筆し，翌年には「関税同盟新聞」を発刊した。一連の文筆活動ののちオーストリア・ハンガリーやイギリスへ旅行し，最期にはオーストリア領クフシュタインで自殺するというまさしく波乱万丈の生涯であった。

リストが後世に対して経済思想面で最大の影響を与えたのがいうまでもなく『国民的体系』だったが，ハミルトンのときと同様にかれが生きた時代における通商政策の形成に及ぼした影響はかなり弱いものだった。

　ともあれわれわれは幼稚産業論に主眼を置くからには，かれの主著『国民的体系』に焦点を絞って考察を進めよう。

　リストのばあい，イギリスに代表される先発資本主義国から経済発展において立ち遅れてしまったドイツ経済はいかにしてキャッチアップしたらよいかという視点で貫かれている。さらに具体的にいうなら次のようになる。すなわち先発資本主義国のばあい，その工業化の当初の段階においては重商主義体制によって新興産業部門を徹底して保護してのち世界経済で十分太刀打ちできるようになり，その後自由貿易主義の立場へと宗旨替えして，世界経済について工業部門の保護を否定するようになった。18 世紀後半におけるアダム・スミスの登場は，イギリスにとってそのような貿易体制の転換がきわめて有利なときだったのであって，かれが重商主義を徹底して批判することから自由貿易主義をとることの必要性を訴えたとしてもそれは，歴史認識における誤謬もしくはそれが欠如していることに起因しているというものである。すなわち当時としては新興の工業部門を徹底して保護したのち，その工業部門のさらなる発達をとおして一国の経済発展をめざすばあい，世界全体が自由貿易体制であるとなおさらその国にとって好都合である。販路をさらに拡張できるからだ。このような見方から後発国のドイツにおいては，工業部門の保護を正当化できるものとして捉えたのである。リストのとった立場は，大まかにいえばそのようなものであった。

　かれの考えかたを最も端的に言い表した叙述は次であろう。

「保護関税によって国民がこうむることとなる損失は，いつの場合でもただ価値にかんするものであるが，そのかわりに国民は諸力を獲得し，これを使っていつまでも，莫大な価値を生産することができるようになる。したがって価値のうえでこの失費は，国民の工業的育成の費用とみなすべきものである。」[81]

　究極的には自由貿易主義を匂わせるようなこの叙述に盛り込まれた考えかたは，その後ミル（J. S. Mill）とバステーブル（C. F. Bastable）を経て主

流派の古典派経済学に組み込まれることとなった。言い換えるなら古典派経済学の自由貿易論のなかの一環として幼稚産業論は位置づけられ，一国の経済発展のある段階で特定産業を保護するとしてもそれは一過性のものであって，最終的には自由貿易にもどるとよいとするのである。すなわち当初の段階で立ち遅れていても学習過程——ミルのいう熟練と経験（skill and experience）に相当しよう[82]——をとおして習得効果（learning effect）がしだいに発揮されるようになれば，言い換えるなら限界費用曲線がしだいに右側へシフトするようになればそのぶんだけ競争力がついたことを意味するので，保護措置を取り外して自由貿易体制へ移行するとよい，ということになる。このようなコンテクストでのさらに詳細な展開は次章に譲ることにして，ここまでを要約していえば前節にみたハミルトンや本節で論じるリストによって提示された古典的な幼稚産業論も現在では，スミス＝リカードゥ＝ミルを経た主流派の自由貿易論のなかに組み込まれてしまっているということである。

分析視角を対内的なそれへ移そう。ここでいう対内とは，地域的な意味だけではなくてなんらかの経済活動を営む人間の精神面つまり心的態度についての考察のことでもある。その意味ではかのヴェーバーがその最たる存在であろうが，ここではリストについてみよう。

前述のようにリストは北アメリカへの長期旅行（1825〜1832）をとおして，当時のアメリカにおける保護をめぐる論争に強い影響を受けた——このときハミルトンはすでにいないが，ハミルトンによって構想された「アメリカ体制」がまさに構築されつつあり，こうした土壌からケアリ父子による保護主義が産声をあげ，後の南北戦争時における北部の思想的バックボーンとなったとみなすことができよう[83]——とともに，次のような周知の歴史観をもった[84]。すなわちいずこの地域においても，経済構造は次の5つの発展段階を経るとする。

(i) 未開段階
(ii) 牧畜段階

(iii) 農業段階
(iv) 農業と製造工業段階
(v) 農業と商工業段階

　進歩するためには国々は，第 (iii) 段階から第 (iv) および第 (v) 段階へ移行しなければならない。そのためには市場諸力のみに頼ったのではおぼつかず，いずこかの国が高次の発展段階にあるなら，第 (iii) 段階にある国は幼稚産業の保護を必要とする。そしてその保護も一時的なものでなければならず，その対象は製造工業に限定されなければならない。農業を保護の対象にしてはならない。さらにリストはそのような幼稚産業を，一国の生産力──まさしくこれを経済発展とみなした──を増強するためのひとつの手段として捉えたのだった。かくしてリストは一連の経済発展段階のなかで第 (iii) 段階から第 (iv) 段階への移行過程にのみ幼稚産業がかかわることを明示したのであって，全面的に保護そのものを擁護したのではないことに留意しなければならない。その範としてイギリスの製造工業の歴史を，リストは次のように捉えた。すなわち商工業段階において羊毛工業の独占には数世紀を要し，綿工業のそれには数十年かかり，そして亜麻工業のそれは数年ですむとし，その背景には工業の発明と改良の精神があり，社会・政治的向上の精神があると[85]。つまり心的態度としては，勤勉・熟練・節約を尊ぶ精神が要請される[86]。

　一国がその歴史において貿易とどのようにかかわるのかについて，リストは次のように述べる[87]。

　　「‥‥‥先進諸国民とのまったく無制限な交易はどんな民族にとってもその発展の初期段階ではたしかに有益だったが，同時にどんな国民も，その国際交易をある程度制限することによってのみさらに高度の発達をとげて他の諸先進国民国家と並びうる点にまで到達したのだ，という事情を教える。」

　つまりリストは，全面的な重商主義と全面的な自由貿易主義を否定しているのである[88]。いまの途上国との関連でいえば，輸入代替工業化論の原型と呼んでも差し支えあるまい。またリストは，当時の熱帯地域の後進国について次のように述べている[89]。

第2章 幼稚産業論の原型──ハミルトンとリストのケース── 111

「‥‥‥熱帯の国が自分の工業力を育てようと思ったとすれば，それはその国自身にとってこのうえもなく不利な企てであろう。熱帯の国は，そういう使命を自然から与えられてはいないのであって，それよりも，温帯の工業製品を熱帯の農産物と交換しつづけることによってその物質的富と文化との点ではるかに大きく進歩するであろう。」

つまりリストは，いまの途上国に関連させて考えるならば，一次産品への特化をリカードゥ流に是認しているのであって，すべての途上国の工業化の必要性を擁護したわけではなかった。リストの脳裏においては，後発国としてのドイツの資本主義的発展の方式が第一義的重要性をもっていた。したがってキャッチアップする立場としてのドイツは，いまふうにいうなら輸入代替工業化をすべきだということになる。それも半永久的というのではなくて前述のようにある段階に達したら，言い換えるなら国際競争力が身につくようになったら，その手厚い保護措置をはずして自由貿易体制にするとよい，というものである。このことは，さしあたり対内指向の必要性を訴えたということになろうか。

リストによる国際貿易をとおしての国民経済的発展についての考えかたを一般的図式として整理して要約すると，次のようになる[90]。

すなわち発展過程の第1期は，国内農業が外国からの工業製品の輸入と国内の農産物および原料の輸出とによって発達する。続いて第2期は，国内工業が外国の工業製品の輸入と並行しつつ興隆する。第3期は，国内工業が国内市場の大部分の需要に応ずる。そして第4期は，大量の国内工業製品が輸出され，大量の外国産の原料および農産物が輸入される。

こうしたキャッチアップのプロセスは，開発論のなかではNIEsの成長を裏づけるモデルとして20世紀後半に提示されたヴァーノン（R. Vernon）のプロダクト・サイクル論に通じるところがあり，その源流として位置づけてよいかもしれない[91]。

リストはそのような発展路線に首尾よく乗るための必要条件として，内外の制度的整備化を訴えることになる。歴史に学ぶならば，イギリスはそれに成功してオランダは失敗したとみる。リストによれば，オランダ型の貿易と

経済構造の実態は次のようなものであった。すなわち海運・漁業・食肉・バター・チーズの生産に限られていて、輸送業と中継貿易を得意とし、チーズと魚（にしん）を輸出し、穀物・建築材料・燃料・衣料を輸入した[92]。そこでリストは次のように述べる[93]。

> 「オランダの実例が教えるところでは、・・・・＜中略＞・・・・私的産業は社会的状態が良好でなければ、国家なり地方なりの全体の商工業と富とを保持することができないのだということ、また個人は自分の生産能力のきわめて大きい部分を国家の政治組織や国民の勢力から受けとっているのだということである。」

中継貿易国家であったオランダ型経済構造の脆弱性については、わが国の碩学大塚久雄によって、デフォウ（D. Defoe）による捉えかたを基礎にして展開されたことがある[94]。大塚の研究をはじめとしていずれの研究においても、このようなオランダ型とイギリス型とが比較検討される傾向があるが、それはさておきふたたびリストに戻ろう。

ドイツよりもはるか以前にイギリスは、重商主義体制下でそのような保護主義を確立して、その後自由貿易体制へとみごとに体制転換し、それを成し遂げたイギリス人の心的態度は勤勉と倹約精神に満ち、家父の富が得られたとしている[95]。さらにリストは、イギリスよりも先に世界にその名を轟かせたとはいえその後衰退していったスペインとポルトガルのばあい、富くじに当たった浪費者の富だったのであり、それは浪費と奢侈に費消されてしまったとみる[96]。

とくにスペインの衰退については、近年の研究として重商主義システムを構築することができなかった国の特色を説明している両ライナート（E. S. Reinert & S. A. Reinert）による叙述がいっそう具体的かつ補完的である[97]。

> 「スペインは1550年ごろからじょじょに外国の銀行家へ債務を抱えるようになり、しだいに金融面での自立性を失っていった。スペインの農産物供給の独占的状況は、南北アメリカ大陸植民地向けのワインとオリーブオイルと同様に、イベリア半島の食物価格の高騰を引き起こし、正貨が流入するにつれて、激し

いインフレが引き起こされた。かつてヨーロッパ市場で競争力を誇っていた絹・鉄・鉄鋼などのスペイン産業は死に絶えた。この国は脱工業国となり，輸入品が溢れることとなり，そのためアメリカ植民地から流入した正貨は同じ速度でそっくりそのままこの国を離れた。そのスピードはいやがおうにも増した。ワインとオリーブオイルの独占およびそのきわめて非弾力的な供給によって保護された富裕な農業者は教会所有物や教会組織が享受していた高貴な免税権を購入して，輸入品の洪水から生き残った少数の産業者や職人へ税負担を転嫁したのだった。牧羊業者の一組織である強大なメスタ（スペイン中世の移動牧羊組合）は国王へ貸し付けることでその権力を増強し，一国家内の一国家のごとく機能した。教会に帰属する永久所有の広大な区域は耕作されないままにすえ置かれた。肉体労働は一般的に蔑視されていたが，それに巨大な聖職事務階層が加わることとなった。失業や過少雇用が膨大化し，多数の物乞いが生まれたことで，急速な衰退期のスペインについての簡単な物語は完結する。貨幣はスペインで造られたが，それは生産システムを促進することのない金融取引からであったし，すなわち金融貸付けや抵当権などの賃借契約（censos）からであったし，貸付けと引き換えに国王から賦与された特権や免税権，諸権利などの保護権（junos）からであった。」

スペインが衰退することとなった上のような事情の一要因にもなったことだが，イベリア半島のレコンキスタ（国土回復運動）の評価についても，リストは次のごとく辛辣である[98]。

「・・・・・この暗黒の事業はユダヤ人の追放にはじまってムーア人の追放におわり，このためのもっとも活動的でまたもっとも豊かな200万の住民がかれらの資本ともどもスペインから追い出された。」

つまりこの箇所でリストは，現在いうところの人的資源が，しかも勤勉と倹約の精神をそなえ活力に富む心的態度をもった生産資源が，イベリア半島から追放されたことの歴史上のネガティヴな意味を強調するのである。さらにリストはイギリスとポルトガルとのあいだでは1703年のメスュエン条約によって，およびイギリスとスペインとのあいだでは1713年のアシェント条約によって，それぞれイギリスに有利な貿易体制が確立されたとみる[99]。結果的にイギリスの輸出超過（貿易差額）となり，それにみあう金銀がイギ

リスへ流入して，それを東インドや中国との貿易に使用した[100]。イギリス国内の社会階層的動機——これはむしろヴェーバー的な見方と関連するものとして捉えられる——としては，国王は関税収入の増加を期待し，貴族は地代収入増を期待していて，これは上述のことと整合的だった[101]。

かくしてリストはイギリスの貿易体制のありかたを称賛するのだが，その基盤としての制度をしだいに整えてゆくことの重要性を訴える。図式的にこのことを表現するなら，次のようになる。すなわち市民的自由・公の制度と法律・国家行政・対外政策が体系的に整備されると，こんどは個人の勤勉・節約・発明心・企業心が醸成され，そこから市民の知能・徳性・勤労の精神が発揮され，その結果国民の福祉（富）がもたらされる[102]。つまりリストの基本的姿勢は，「国民の統一と勢力」を準備することが大事である，ということにある。これがなされなければ，国民は無知の迷信と偏見・怠惰・臆病・無気力と柔弱のなかにはまり込むとする[103]。これは第4章で論じることになるヴェーバーのいう伝統主義とも関連してこよう。

かくしてイギリスが支配することとなった当時の世界経済において，現在いうところの「市場諸力」のなすがままに委ねておくと，後発国のばあい，次のような事態に陥るという[104]。

「・・・・・世界の現状のもとでは一般的自由貿易から生まれるものが世界共和国ではなくて，支配的な工業・貿易・海軍国の至上権におさえられた後進諸国民の世界的隷属よりほかにないということには，・・・・・＜中略＞・・・・・くつがえすことのできない根拠がある。」

後発国が先発国にキャッチアップするには，生産力の増強が要請される。前述のようにこれこそリストが経済発展そのものとして認識していたものであって，ある程度重商主義の考えかたに親和的であるといえる。そのための源泉としてリストは次のものをあげる。すなわちキリスト教，一夫一婦制，奴隷制と農奴制の廃止，王位の世襲，字母書法，印刷機，郵便，貨幣，度量衡，暦，時計の発明，治安警察，自由な土地所有制度の実施，輸送手段，これである[105]。リストは現在いうところのインフラストラクチャーの重要性を訴えた。かれは工業力と農業力との違いを正確に認識しなければならない

ことを主張し、とくに工業力の重要性を訴えている[106]。農業しか存在しないようなばあい、そこにあるのは専横と隷属、迷信と無知、耕作・交易・輸送手段の欠如、貧困と政治的無力であるという[107]。

農業国と工業国との違いについて、さらに次のように敷衍している[108]。

「・・・・・未開の農業にあっては、精神の鈍重、肉体の不器用、古い観念・習慣・風習・作業方法の固守、教養・福祉・自由の欠如が行きわたっている。これに反して工・商業国では、精神的および物質的諸財の不断の増加を求めて努力する精神、競争と自由との精神が特徴を成している。」

さらに工業と地代との関係について次のように述べる[109]。

「・・・・・健全な工業力がひろく自由と文明とを生むかぎりではじめて、この工業力によって地代が怠惰と逸楽と不道徳との資金から精神的生産の資金に変わるのだということ、だからこの工業力によってたんなる消費的都市が生産的都市に改造されるのだということが、できるのである。」

ここにおいてリストは、健全な工業力によって自由と文明が創出され、非生産的だった地代が生産的となる、とみなしていることがわかる。地代をその生活資料とする地主について、未開の農業社会と農・工業社会においてその生活ぶり——すなわち心的態度といってもよい——に違いがみられるとし、前者においては賦役労働から得られる乏しい収益から馬や犬を養って、野獣を狩りたてることを楽しむ、いわばこのパターンの生活を領主権の一部とみなすようなものである——すなわち一種の衒示的消費スタイルといってもよい——のに対して、後者においては地代の増加と自由な労働からの収益によって、1年の一部を都市で暮らし、演劇や音楽、芸術や読書を楽しむ、いわば教養を身に付けるようになるものとして捉えている[110]。

かくしてリストは工業力を身に付けた国の優位性を主張し、そのための処方箋として後発国社会における特権階層以外の各階層に対して、次のような役割を担わせている[111]。まず労働者一般は交換価値を生産する。その他の階層が生産諸力を生産する。すなわち青年の教師は、将来の世代に生産の能力を与える。成人の教師は、現在の世代に道徳心や宗教心が芽生えるのを手

助けする。芸術家は，人間の精神に働きかけてそれを純化・向上させる。医者は患者の生産能力を救いあげる。裁判官は法律を護る。行政官は社会の秩序をつくりだす，などだ。すなわち工業力の増進のために，それぞれに社会経済的な役割を担わせるのだ。現在からみると，このようなリストによる処方はやや短絡的もしくは単線的すぎるという批判も免れないだろうが，実践に即した工業化方式こそがリストの面目躍如たるところなのである。それこそ，現在の途上国もしくは第二次大戦後の段階の途上国に向けての工業化図式のいわばひとつの原型である，ともいえるのである。

　リストの対内的視角について，ここに簡単に確認しておこう。リストは工業力の根本条件を，努力で得られるものと天性によって賦与されたものとに大別している[112]。かれによれば，前者のカテゴリーに属するのは国内輸送手段，技術的知識，経験のある労働者の存在，工業上の企業心であるのに対して，後者に属するのは国民性が勤勉であること，教育，道徳性，法意識，農業上の物的資本，欠陥のない国家制度，市民的自由，法的安全，領土のまとまりの良さなどだ。

　なお『経済学の国民的体系』の工業力と商業の箇所で，リストは対外的視角として，イギリスの植民地貿易が多大な利益をあげていることを述べている[113]。スペインやポルトガルは，その植民地支配において，圧政のほうに重点を置いたのに対して，イギリスは植民地商品（砂糖・コーヒー・茶・タバコ・綿花など現在いうところの一次産品）と工業製品との交換のほうに重点を置き利益をあげた。歴史においてそのプロセスに付随したのが東西両インドや南北アメリカの植民地化，および一次産品の栽培，そしてアメリカと西インドへの奴隷用の黒人移住であった。この見方は，とうぜんながら開発論において重要な位置を占める対外貿易部門の重要性，すなわち幾多の途上国がかかえる一次産品問題として，かなりの時間を要したけれど，その後争点化することになる。

　次にリストとスミスとの分析視角の違いについて確認しておこう。リストの『国民的体系』を読むかぎりにおいて，随所にスミス的世界観——自由貿易主義に徹していて，予定調和的でありコスモポリタン的な捉えかた——に

対して一貫して批判的な姿勢が窺える。スミスの考えかたはあまりにも有名である。個人の利益追求が社会全体の利益にもつながるというものであって，自由貿易主義思想もその基本線から出てくるものである。しかしリストはそうは考えない。かれのばあい，個人の利益と国民の利益と世界全体の利益は別個のものであるとみなす。すなわち個人経済は国民経済とは異なり，国民経済は世界経済（人類の経済）とも異なる。リストにとっては，個人利益の総計は必ずしも国民利益に等しいとはいえず，社会全体の利益と私的利益とは乖離しうるのである。このことを貿易問題に絡めていうなら，国家のレヴェルでみるばあい，自由貿易をつうじての人類全体のウェルフェアの最大化よりもむしろその国の生産諸力の増進のほうに関心を持っている国が多いということなのである。リストは後発国のドイツの立場からスミスのようなコスモポリタンではないこのような立論を展開したのだった。

　スミスは工業製品分野において絶対優位にあるイギリスを念頭に置きながら普遍的国際貿易論を展開し，自由貿易を擁護した。リストは，イギリスが幼稚産業を支えることを通してその産業基盤を発達させたあとで自由貿易がその利益に適合することになったと論じる。かくしてここで筆者が強調したいのは，スミスがコスモポリタンの視点から貿易政策を論じたのに対して，リストは国民経済の視点からそれを論じたということである。

　リスト研究で知られるレヴィ・ファウア（D. Levi-Fauer）によれば，リストが最も重視した生産力は3種類の資本からなる[114]。すなわち天然資源と同一視できる自然資本，機械や生産設備などの物的資本，および人的資本たる精神的資本がそれである。スミスと違ってリストは，物的資本よりも人的資本のほうがより重要とみなした。というのはすでに対内的視角としてこれまでに論じてきたが，それは経験と教育と訓練によって獲得されるものであって，富の最も重要な源泉だからだ。物的資本についての認識も，スミスとは見解を異にする。つまりリストにとっては，分業と物的資本の蓄積は経済発展の結果なのであってその原因ではない。したがって生産力をとくに人的資本を増強するには，大衆を教育・動員するための教育のシステムを発達させることが国家の重要な役割である。

次にシャファディン（M. Shafaeddin）が要領よく整理している現在の幼稚産業論とリストの着想との関係についてみておこう[115]。それは3つのことがらにまとめられる。第一に製造工業の経験に乏しい国ぐにおける工業化は，外国との競争に直面したとき事物の自然的流れに委ねたままにしておいては生じないということだ。すなわちそのような国のばあい，市場諸力では急速な工業化を起こすことはできないというにある。

　第二に新規産業の確立には大きなリスクをともなうので，生産者が工業へ参入するさい追加的なインセンティヴを与えなければならないということである。その産業が開発の初期の段階で外国との競争に晒されているならば，それは台無しになってしまう。国内産業を保護して独占状態を保障してやれば，国内市場の開拓によって費用と価格の削減がやりやすくなるであろう。そしてじょじょに国内競争を促すようにしていけば消費者の利益にかなうであろう。リストは規模の経済という術語は用いていないが，このことはそれを含意している。

　第三にリストは国全体の産業訓練と教育の重要性を強調しているが，それは現在では工業化過程における学習のもたらす動態的な外部経済の役割を含意している。たしかにリストの時代においては外部経済という術語は一般化していなかったとはいえ，保護の対象とすべき産業の選定基準として経験や知識，残余経済への関係について随所において言及している。

　ともあれこの部分は幼稚産業論の発展として，次章で詳細にとりあつかうことになろう。ここではリストによって提示された具体的な通商政策についてシャファディンにしたがってみておこう[116]。

　まずリストは工業化のための一種の政府介入措置として輸入関税と補助金の制度化を提唱している。次に工業製品の保護といっても一律的ではなくて選定すべきことを勧告している。たとえば工業化の初期には消費財一般を生産する製造工業を選定すべきことを述べていて，大規模な資本や一般的知識，高度の精巧さ，経験を，さらにはその他の産業との連関関係が期待される製造工業がその対象とされる。

　第三に保護産業がいったん発展するとなれば，他産業を保護の対象とする

ことができ，そうなればそれぞれに必要な保護の水準を引き下げることができる。ここでの他産業はどのようなものかというと，リスト本人が明示したわけではないが，のちにハーシュマンによって概念化された前方連関効果と後方連関効果をもつものとされる。保護は最初の段階から最終段階までその対象を切り替えることをともなうけれど，最後まで保護の対象外とすべきは奢侈財の産業であるとする。このことについてリストはイギリスの事例を引く。すなわち国産の亜麻・羊毛・綿花・絹・布および鉄など原材料の加工から工業化を開始して，その後水産・金属・皮革産業などへと移行することで産業構造を高度化していった事情について説明している。

第四に保護の性質についてなのだが，前述のように保護は一過性のものであらねばならないだけでなく，保護の水準は外国からの競争を排除してしまうほどの高いものであってはならず，対外競争で幼稚産業をつぶしてしまうほど低すぎてもいけない。一国の産業基盤を確固たるものにするのに長時間を要するので，保護関税は当初適当な水準で導入しておいて，リストの用語を借りるなら知的・精神的資本（人的資本）や加工技能および企業家精神が増強されるに応じて少しずつ引き下げていかねばならない。

第五に理論で保護関税を決めるわけにはいかず，保護のための一般法則はないとし，その国を取り巻く特殊な諸条件を考慮に入れなければならず，すべては状況しだいだとする。工業化のための一定数の必要条件はこうだ。すなわち生産諸力がある程度具備されていること，人口が多いこと，温帯気候区であることなどだ。

第六にリストは関税を原材料や中間財の輸入に賦課してはならないか，もしくは賦課するとしてもそれは低水準に抑えるべきだとする。さらにその国が依然として工業力を欠いているような工業化の初期段階においては，資本財への関税も賦課すべきではないとしている。もっともその国が技能面で最も優れた国にくらべて機械の製造で劣位状態でなくなるとなれば，そのかぎりではない。

最後にリストは保護にともなう独占の弊害についても認識していて，しだいに国内競争を促すように誘導していって貿易の自由化を導入すればその懸

念もなくなるとする。シャファディンは，信賞必罰的政策によるこのような方法は20世紀後半に東アジアで採られたとアムスデン（A. H. Amsden）が主張したが，それをリストはすでに論じていたと述べている[117]。

いずれにせよリストによって展開された幼稚産業論は，保護にともなう当初の費用も最終的には生産能力が増強されて価格低下がもたらされて長期的に便益が得られるという含意をもっていたことから，ミルやバステーブルら主流派によって自由貿易主義のコンテクストで引き継がれることとなった。

2.5 結　び

本章では幼稚産業論の源流とされるハミルトンとリストの根源的思想について，その原型としての含意を掬いあげることをとおしていろいろな角度から議論を展開してきた。そこで見えてきたことは次のことがらであった。

まずハミルトンのばあい，アメリカの建国期の時代設定という制約があったため，かれが議会に提出した幾多の報告書のなかで当時のアメリカにおいて実際に直截に効力を発揮することにはならなかったが，その後とくに1820年代——まさにそのときリストがこの国に長期滞在していたとき——において，保護主義運動が頭をもたげるにいたったときに日の目を見ることとなった。そういう雰囲気のなかでリストが歓迎されたのもごく自然のことであった。

ハミルトンにとっては初代財務長官として近代国家アメリカの基盤をいかに創るかが第一義的課題であり，そこに含まれたのが財政基盤の具備，中央銀行の創設と金融システムを機能させること（自らニューヨーク銀行の経営に参画した），および農業よりも製造工業を強化して国家的規模で産業政策を施すことなどだった。もとより幼稚産業論はこのうち最後の課題事項に位置づけられる。ハミルトンはワシントン将軍の副官としてイギリスからの独立戦争を指導したあとで，（もちろんワシントンという強力な後ろ盾があったとはいえ）その周囲にジェファソンやマディソンら有力な政敵たちと対峙しながら，一国の開発課題全般のグランドデザインを構想し，幾多の障害が

第2章　幼稚産業論の原型——ハミルトンとリストのケース——

かれの前途に立ちはだかることも多かったが，それをものともせず実地に移すことをやってのけたまさしくスーパーマン的存在だったのである。その意味においては，ハミルトンが果たした歴史的役割の重要性という視点からみると，幼稚産業論をかれが提唱した意義は相対的に小さなものだったといえるかもしれない。しかし開発論のコンテクストにおいては，かれの手によってまとめられた『製造工業に関する報告書』はきわめて重要であって，現在の途上国一般の経済発展問題において重要な位置を占める幼稚産業論の源流としての確固たる地位を依然として失っていないのである。

チャーナウの『ハミルトン伝』によれば，ハミルトンの父はスコットランド系の貴族出身であった。しかしハミルトンは非嫡出子としての出自がつねに気になっていたという。そのような社会的階層の背景を考慮に入れると，建国の父祖たちの多くはイギリスの大地主（貴族）の末裔のクリオールであり，フランクリン（B. Franklin）らの例外があったとはいえ，ワシントンやアダムズ，ジェファソン，マディソンらはいずれも大農園主であった。このような背景から当時の奴隷制に対するそれぞれの対応をみると，いたってわかりやすい。しかもその多くが南部のヴァージニア州だったこともよく知られている。ハミルトンの背景は，結婚を機にその縁戚関係もあったが，ニューヨークを中心とした商人と金融関係者のいわば都市型新興上流階層であった。当時のアメリカにおいて製造工業は依然としてそれ本来の力強い姿を現出させていない状態であり，ハミルトンはイギリスの事情に照らしながらそれが経済発展において重要な役割を担う可能性に期待していたといえるだろう。ハミルトンに影響を与えた経済思想は，スコットランド啓蒙主義を代表するヒューム（D. Hume），スミス，ステュアート（J. Steuart）らであった。

かたやリストはハミルトン亡き後のアメリカに政治的理由で長期滞在した。リストの渡米の水先案内役を買ってでたのが，生前のハミルトンをよく知っていたフランス人貴族ラファイエットであった。在米期間は実質的には1825-30年間であったが，そのとき若き新興国家アメリカの息吹を見たのであり，ときあたかも保護主義運動が盛んな折であった。リストはケアリらと

ともに「アメリカ体制」——国内開発と保護関税を旨とした——を支持し，そして鉄道敷設の重要性を脳裏に深く刻み込んだ。

かくしてリストの幼稚産業論の源流はアメリカ滞在中に見聞した保護主義のうねりに求められよう。当時のドイツの政治事情が複雑だったため，諸国を転々とすることが多かったが，後発国ドイツの発展問題を第一義的課題と捉えたリストは，スミス的なコスモポリタンの経済学ではなくて，一国の経済発展のためにはどのような通商政策が適当かというまさしく国民経済学を構想したのだった。その意味において，リストはスミスの自由貿易主義を徹底して批判する。後発国が先発国にキャッチアップするにはどうしても戦略的産業を保護しなければならず，そうすることによってまず生産力——それこそ一国の経済発展の原動力であるとリストはみなした——を増強してそれを確固たるものにするということがリストにとっては最重要であった。そこにリストの幼稚産業論の意義が見出せるのである。すなわちアメリカ経済を視察するなかで着想を得た一種の発展段階説——いずれの国も未開段階から農業と商工業段階にいたるとするいわば一種の単線的経済発展観——のなかで，農業段階から農業と製造工業段階への移行期においてのみ幼稚産業として措定された特定の製造工業を保護の対象とすべきであると主張した。それも段階におうじて保護の対象やその水準を変更する必要があることも付け加えている。言い換えるなら特定産業の保護の期間は一過性の性質を帯びているのであって，永久的ではない。しかも保護の期間の費用についても認識していて，競争力がついたら自由貿易に戻すべきだとも述べている。そうした事情からリストの幼稚産業論は，その後ミルやバステーブルらによって自由貿易論のコンテクストのなかに位置づけられることとなった。

リストに見える生産力増強が第一であるという考えかたは，重商主義の基本思想に近いといえるかもしれない。ライナートらによる近年の重商主義研究によれば，重商主義の本質は生産力の強化にあったこと，および稀少資源の配分による均衡を称揚する新古典派の均衡論の源流はスコラ哲学の均衡秩序の考えかたに求められ，それはゼロ・サム社会的世界観であるのに対して，重商主義は成長論の源流であって，それはポジ・サム社会的世界観であ

るという[118]。そして重商主義が重視する生産力の増進によって，企業家には利潤の増大というかたちで恩恵が得られ，労働者には雇用増というかたちで恩恵があり，かたや政府には税収増というかたちで恩恵が与えられるとしている。もともと重商主義の中心目的はこれらみっつのことを実現することにあるというのである[119]。とくにハミルトンの時代はヒックスのいうような収入経済であったことを考えると，もしくはリストの時代には後発国は生産力増強が叫ばれたことを考えると，かれらの幼稚産業論は重商主義に内在する成長重視の捉えかたと親和的であることが窺えるのである。

注
1) Cf. Hamilton, A. (1791), reprinted in Cole, A. H. ed, (1968), pp.247-320.
2) たとえば邦文献では次のものがあげられよう。大川・小浜 (1993)，小浜・渡辺 (1996) 参照。これらの文献に盛り込まれたエッセンスは，日本の経済発展過程においてまず軽工業品を中心とする輸入代替工業化からその輸出へ移行し，そして第二次輸入代替工業化からその輸出へ移行するという路線を中心にすえ，経済発展と貿易政策との関連を連続性をもって説明するというパターンである。そして，それを途上国一般へ適用できるものとして捉えている。こうした見方を開発論のコンテクストで簡潔に図式化したものとしては，村上 (1990) が示唆的である。しかし典型的な途上国のばあい，日本が経てきた経験とは異なり，一部の例外はみられるものの，一律に植民地化されたという重要な経験を共有している。つまり歴史上の前提が根本的に異なるのであって，しかもモノカルチャーとしての経済構造を歴史的に強いられた経験をもっている。そのような歴史的前提に立つかぎり，植民地経験を有さぬばかりかモノカルチャーでもなかった日本を途上国の一般モデルとして捉えるのはやはり無理である，との誇りをまぬかれないであろう。もっとも，日本が首尾よく諸政策を操作することで国民の勤勉性も手伝って経済発展を達成したことは認めなければならぬ。筆者がここで注目したいのは，歴史的前提を念頭におくなら，むしろアメリカの独立期から南北戦争期にかけての，もしくは 18 世紀後半から 19 世紀にかけてのかの地の経済構造の変容なのである。すなわちイギリスの植民地としていわばモノカルチャーとして機能していた国が，独立と内戦を経て工業化の基礎を確立していったことの有意味性である。言い換えるなら，モノカルチャー的構造におかれていたひとつの途上国が輸入代替工業化を達成してゆく過程を捉えなおすという意味において，現在の典型的な途上国にとってかなり示唆的なものを含んでいよう。筆者とは考察対象の時期および専門分野の研鑽過程が異なるけれど，やや近い視点から関連地域を検討した研究に富澤 (1991) と和田 (2000) がある。ただし富澤のばあい，社会的階層構造からの視点が中心であって，国際的コンテクストからの視点がはなはだ希薄であるという一面を若干の批判として付け加えておく。そこで本章では，そのような路線において重要な歴史的役割を果たしたハミルトンと，幼稚産業論のコンテクストでその後を引き継いで登場したリストとを中心に展開することとする。
3) Cf. Veblen, T. (1899), 訳書，70-100 ページ参照。
4) 松本編 (1980)，47 ページ。および詳細は Chernow, R. (2004) を参照のこと。
5) 松本，同書，51 ページ。父親がスコットランド系の貴族だったことがひとつの背景として考えられるが，ハミルトンに影響を与えた主な思想家はデイヴィッド・ヒューム，アダム・

スミス，ジェイムズ・ステュアートらであったとされる。チャーナウ（前掲），邦訳書上巻407 ページ，中巻 220-223 ページ参照。貨幣制度に関連した報告書においては，とくにステュアートの影響が大きかったようだ。公債ではなくて公信用（public credit）という術語を使用したことなどにそれは窺えるという。小林（1985）の「ステュアートとハミルトン」も参照のこと。

6) 松本，同書，48-49 ページ。これら一連の仕事を遂行したことの背景には，ハミルトンは新規産業を育成するための資金供給として金融機関の重要性を認識していたことが重要である。現在の開発論においても，後発国にとって金融機関をもしくは金融システムをいかに確立していくかが重要な鍵となっている。

7) 当時のアメリカにおいては，なんらかのステイプル栽培から多大な利潤を獲得したプランターは，現地においてジェントルマンと呼ばれるまで上昇してその富裕ぶりを誇りとしていた。ジェファソンの処世術について皮肉をまじえて論じたものに次がある。下山（1995），227-268 ページ参照。またチャーナウによる『ハミルトン伝』においても，それについてハミルトンと比較して随所に表されている。

8) *Cf.* Cole, A. H. (1968), p.232.

9) *Ibid.*, p.232.

10) *Cf.* Smith, A. (1789). 邦訳書，第 4 篇「経済学の諸体系について」の中の第 1 章「商業主義または重商主義の原理について」（662-700 ページ）において重商主義体制についての総論が，その後の第 2 章から第 8 章まで（701-1054 ページ）の各論がそれぞれ展開されており，スミスはこの思想を徹底的に批判した。

11) 同訳書，699 ページ。

12) 同訳書，699 ページ。

13) 同訳書，700 ページ。

14) 同訳書，700 ページ。もともと重商主義は，経済学説史における一般的捉えかたによれば，歴史的に三つの段階を踏むとされる。第一段階は重金主義（bullionism）であり，国家富強の基礎として金銀を重視し，取引差額によってその獲得・確保をおこなおうとする政策・思想である。それは 14 世紀末から 16，17 世紀のイギリスで強く主張され，かの大航海時代の基本思想となった。第二段階は初期重商主義もしくは絶対主義的重商主義と呼ばれ，ここにおいて一般的な呼び名であるマーカンティリズム（marcantilism）という術語が使用されるようになり，総合的貿易差額の黒字をめざし，絶対主義と結びついた当時の東インド会社の利害を代弁するものであった。それはかの名誉革命までの基本思想とされ，スミスがそれを批判してやまなかったトーマス・マン（Thomas Mun）(1664) の中に典型的にみられるものである。

　　第三段階（名誉革命以降）の後期重商主義もしくは議会的重商主義にいたって，この体制はかなり体系化された。その特徴は，スミスが観察したものとある程度重複するが，法律によるエンクロージャーと穀物法による農業保護と輸出奨励，国民産業および現在いうところの幼稚産業の保護，原料供給地・製品販売市場としての植民地の獲得維持，銀行・国債・租税による資金の集中と運用，貧民の労働力化のための賃金引下げや労役場での訓練，総合的貿易差額よりも個々の相手国とのひとつひとつの貿易差額の重視などであった。詳細については大河内監訳（1988）の注釈（662-63 ページ）参照。なお重商主義体制をひとつの学説として最初に体系化したものにステュアート（1767）があり，それに関する論及はみられぬもののスミスはそれをかなり意識した上で『国富論』を著わしたとされる。さらに加えるなら近年の重商主義研究は，上のような対外的側面に重点を置くものではなくて対内的側面に光を当てた捉えかた[*Cf.* Reinert, E. S. & S. A. Reinert (2005)]をするようになっている。

15) 『国富論』でそれに該当する箇所は，邦訳書第9章「重農主義について，すなわち，土地の生産物がすべての国の収入と富の唯一またはおもな源泉だと説く経済学上の主義について」(1055-1102ページ) である。
16) 同邦訳書，1060ページ。ルイ14世 (Louis XIV) 治下の財務総監コルベールの重商主義体制もイギリスのクロムウェル (O. Cromwell) のそれと類似しており，その特徴は工業製品の輸入制限と国内製造工業の振興，特権マニュファクチュアに独占的営業権の供与，輸出奨励金の供与，海軍と商船隊の充実，植民地獲得，穀物の輸出制限などであった。詳細は同邦訳書，727ページの注釈参照。
17) 松本編，前掲書，38-43ページ。ただしジェファソンのばあい，古くからの封建的土地制度を擁護するというのではないところからみると，一歩進んだ思想をもっていたとみなしてよいだろう。
18) *Cf.* Hicks, J. R. (1969). 邦訳書，47ページ参照。「収入経済」と重農主義とが親和的であることについては，同訳書49ページの脚注に説明がある。ヒックスは経済社会が近代化してゆく過程を「各種の市場経済」が段階的に浸透してゆく過程として捉える歴史観の立場をとっており，「収入経済」を非市場経済のひとつとして位置づけている。
19) 同邦訳書，47-48ページ参照。
20) *Cf.* Chernow, R. *op.cit.*. 邦訳書，中巻，189ページ参照。
21) *Cf.* Cole, A. H., *op.cit.*, p.237.
22) *Cf.* Hamilton, A., *op.cit.*, pp.256-263. コールもこの箇所について，かれ独自の解説を加えている。*Cf.* Cole, A. H., *ibid.*, pp.236-243. なおわが国における研究の中では田島 (1984) の第6章「工業政策の史的分析」(381-491ページ) があり，きわめて詳細に考察している。それを参照しつつも，ここでは筆者独自の「開発論」からの視座で論じることとする。なおアメリカ経済史の専門家による先駆的研究に，宮野 (1972) の第1節 [アメリカにおける資本の本源的蓄積過程——いわゆる「ハミルトン体制」——] があることも付け加えておく。
23) 大河内監訳，前掲書，第1篇「労働の生産力における改善の原因と，その生産物が国民のさまざまな階級のあいだに自然に分配される秩序について」の第1章「分業について」(9-23ページ) 参照。
24) *Cf.* Hamilton, A., *op.cit.*, p.257.
25) *Ibid.*, p.258.
26) *Ibid.*, p.258.
27) *Cf.* Chernow, R. (2004). 邦訳書，中巻，260-261ページ参照。
28) Hamilton, A., *op.cit.*, p.259.
29) *Ibid.*, pp.259-260.
30) *Ibid.*, p.260.
31) *Ibid.*, p.260.
32) *Ibid.*, p.261.
33) *Ibid.*, p.252.
34) *Ibid.*, p.252.
35) *Ibid.*, pp.252-253. 解釈と説明のため，筆者はあえて大括弧 [ ] を付して補足した。
36) この論点については，拙著 (1996) の第10章「レント・シーキングと途上国の政治経済学」を参照されたい。
37) *Cf.* Ricardo, D. (1819). この側面の重要性については，同様に拙著の第1章「南北貿易の視座」の脚注23) を参照されたい。
38) *Cf.* Hamilton, A., *op.cit.*, p.255.

39) 田島, 前掲書, 414-424 ページ参照。
40) *Cf.* Hamilton, A. *op.cit.,* pp.289-300.
41) プレビッシュによって著わされたもので, 開発論においてもしくは当時の国際開発面において絶大なる影響を及ぼした文献は次である。*Cf.* Prebisch, R. (1950).
42) *Ibid..* この命題をめぐる近年にいたる議論については, 拙著（前掲）の第2章「南北間交易条件論の新展開」および本書の第1章第5節「新構造主義の交易条件論」を参照のこと。
43) *Cf.* Hamilton, A., *op.cit.,* p.289.
44) *Ibid.,* p.289.
45) *Ibid.,* p.289.
46) *Ibid.,* p.289.
47) *Ibid.,* p.289.
48) *Ibid.,* p.289.
49) *Ibid.,* p.290.
50) *Ibid.,* pp.290-293.
51) *Ibid.,* pp.290-291.
52) *Ibid.,* p.290.
53) *Ibid.,* p.290.
54) *Ibid.,* p.290.
55) *Ibid.,* p.290.
56) *Ibid.,* p.291.
57) *Ibid.,* p.291.
58) *Ibid.,* p.291.
59) *Ibid.,* p.291.
60) *Ibid.,* p.292.
61) この側面についての論証については, 拙著（前掲）の第9章第4節「途上国への政策的インプリケーション」参照。
62) *Cf.* Hamilton, A., *op.cit.,* p.294.
63) *Ibid.,* p.320.
64) *Ibid.,* p.294.
65) *Ibid.,* pp.294-295.
66) *Ibid.,* p.295.
67) *Ibid.,* p.295.
68) *Ibid.,* p.296.
69) *Ibid.,* p.296.
70) *Ibid.,* p.296.
71) *Ibid.,* p.297.
72) *Ibid.,* p.297.
73) *Ibid.,* p.298. 『国富論』の中の該当箇所は次に見ることができる。大河内監訳（前掲）の第1篇第11章「土地の地代について」の第1節「つねに地代を生じる土地生産物について」の［地代は土地の豊度と位置という二つの要因によって差異を生ずる］（246-247 ページ）参照。
74) 同邦訳書, 247 ページ参照。
75) *Cf.* Hamilton, A., *op.cit.,* p.299.
76) *Ibid.,* p.300.
77) *Ibid.,* pp.300-317. これらの品目のそれぞれについていずれの政策を適用したらよいかに関

注   127

しては，田島（前掲）の第30表（432-433ページ）を参照のこと。そこで微に入り細に入り紹介されている。なおハミルトンは当時のアメリカにおいてすでにかなりの発達を遂げつつある既存の製造工業の事例として，皮革・鉄・木材・亜麻と大麻・レンガとタイルと陶器・酒類・紙類・各種の帽子と女性用のラシャ製および絹製の靴・精糖・動物性と種子性の油と石鹸および鯨と獣脂のろうそく・各種の金属製品・錫製品・車輌・タバコ類・糊とヘアパウダー・染料類・火薬をあげている（*Ibid*., pp.279-280.）。

78) ここのリストの略歴紹介については，もっぱら諸田（2003）に依拠している。
79) ラファイエットとハミルトンとの親密な関係はかれらの若い時代に築かれ，アメリカの独立戦争時代に軍人として親交があった。ラファイエットはハミルトンの軍人としての並外れた才能を高く評価していた。ハミルトンもラファイエットに親近感をもっていた。詳細はチャーナウ（2004）の上巻184-190ページ参照。
80) このなかでリストはハミルトンについて言及している（第3信「フィラデルフィア演説」「所見」）。ハミルトンのリストへの直接的影響はかれの思想の中心概念である「生産力」という術語の使用において productive forces ではなくて productive powers としている点だとされる。諸田（前掲），188ページ参照。
81) *Vgl.* List, F. (1841)［小林昇訳］，邦訳書，63ページ参照。
82) *Cf.* Mill, J. S. (1848)［戸田正雄訳］，邦訳書，210ページ参照。
83) リストと実際に親交があったのは父ケアリ（M. Carey）であり，かれはリストの滞米中の保護主義運動の中心的存在でありハミルトン崇拝者だった。その子ケアリ（H. C. Carey）のほうが，経済学者としてアメリカ経済学のなかに自由貿易よりも保護主義をかなり取り入れた論陣を張った。後者のアメリカ経済に及ぼした思想的影響については，西川（2000），10-13ページ参照。その中で西川は次のように述べている。「・・・ケアリの経済学はかくして，自由貿易，国際分業＝イギリス体制と結びついた南部＝奴隷制に対し，保護貿易，アメリカ体制を要求した北部の立場を理論化し，南北戦争の際に北部を正当化するイデオロギーを提供した。」（12ページ）と。また子ケアリとのあいだで保護主義をめぐって微妙な議論を展開したミルとの関係については，杉原（1985），87-90ページ参照。
84) リスト，邦訳書，9ページ参照。リストのこのような経済発展観はドイツ歴史学派の萌芽的な役割を果たし，そこから20世紀後半の単線的な近代化路線の典型とされるロストウ（W. W. Rostow）による経済発展段階説――伝統的社会→離陸準備段階→離陸→成熟への前進→高度大衆消費社会へと段階的に移行するという見方――を生み出す契機が得られたとみなすことができる。*Cf.* Rostow, W. W. (1960). なおこうした捉えかたに立脚した研究に藤井（1967）の第6章「幼稚産業保護論」がある。
85) リスト，邦訳書，43ページ。
86) 同書，106ページ。
87) 同書，46ページ。
88) 同書，47ページ。
89) 同書，58ページ。
90) 同書，60ページ。
91) *Cf.* Vernon, R. (1966).
92) リスト，前掲書，96ページ。
93) 同書，100-101ページ。
94) 大塚（1980）。とくにその付録「経済史からみた貿易国家の二つの類型」（178-202ページ）。デフォウについては Defoe, D. (1728) 参照。
95) リスト，前掲書，123ページ。

96) 同書，123 ページ。
97) *Cf.* Reinert, E. S. & S. A. Reinert, *op.cit.*, pp.6-7.
98) リスト，前掲書，124 ページ。
99) 同書，126-133 ページ。
100) 同書，130 ページ。
101) 同書，126 ページ。
102) 同書，171 ページ。
103) 同書，172 ページ。
104) 同書，190 ページ。
105) 同書，203 ページ。リストによって列挙されたこれらの項目のうち，とくにドイツの発展を阻んでいる制度的要因としてリストが最重視したのが土地制度の問題であった。そのような問題意識から著わされたものが List, F. (1842) である。ここでは紙幅の制約のため詳細な検討はしない。ただしわが国の学者によるいまでも入手可能な研究として住谷 (1969) の第 1 章「フリードリヒ・リストの『土地制度』論――『共同体と農民層分解』に関する思想史的研究の一試論――」があり，そこでは工業生産力を増進するための農民層分解，言い換えるなら工業生産のための重要な役割を担う社会的階層の萌芽として契機たるもの，の視点から捉えてある。
106) リスト，同書，204-205 ページ。
107) 同書，205 ページ。
108) 同書，258 ページ。
109) 同書，266 ページ。
110) 同書，268 ページ。
111) 同書，207 ページ。ここでそれぞれの階層が経済発展のための役割を担わされているが，その前提条件となるのが農民層分解であることは容易に想像されよう。
112) 同書，368-369 ページ。
113) 同書，322 ページ。
114) *Cf.* Levi-Fauer, D. (1997).
115) *Cf.* Shafaeddin, M. (2005), pp.49-50.
116) *Ibid.*, pp.50-52.
117) *Ibid.*, p.52.
118) *Cf.* Reinert, E. S. & S. A. Reinert, *op.cit.*, pp.4-6.
119) *Ibid.*, p.4.

第 3 章
幼稚産業論の発展

3.1 はじめに

　前章においてわれわれは，保護主義の系譜における幼稚産業論の形成過程について，経済学史を築いてきた代表的な思想家たちの視角を中心に論じてきた。本章では，現在主流派のなかに包摂されているそれを再検討して，開発論におけるその真の位置づけを試みる。

　さしあたり幼稚産業をどのように捉えるのかについて，やや広い視角からふりかえってみよう。

　幼稚産業論がその一種として位置づけられる保護主義の起源についてみると，かのスミスによって徹底的に批判された重商主義までさかのぼる。その具体的な政策論についてはすでに前章でみたので，ここでは市場システムに対する国家介入の一形態として捉えることとする。ここでいう市場システムとは，スミスによって代表される夜警国家論として知られるような，「国家は極力介入を慎むべし」というスタンスを含意する。一社会の経済領域においてどのくらい市場システム化が浸透しているかを測るばあい，国家介入の程度が問題となる。国内面と国際面との両方における規制の大きさがそうなのであって，ここで問題にしている国際面においては保護政策もしくは保護手段がそれに相当する。

　前述のように国際貿易の分野における国家介入の最初の形態が，重商主義であった。それはアウタルキーでもなく，現在いうところの典型的な保護主義にみられる輸入関税政策のみにとどまらず，自国の主要産業——その国が国際政治経済面で勝利を収めるために絶対的に重要であると措定した産業，

すなわち結果的にその国に莫大な外貨をもたらし，その国に圧倒的な富裕を与えてくれる最も有望な産業――をありとあらゆる手段を駆使して保護しようとするひとつのシステムであった[1]。他方において，それと前後して歴史の舞台に登場したのが重農主義であった。これらふたつの教説の葛藤をとおして生誕したのが国際貿易論におけるスミスの立場であったし，さらにそこから多大な影響を受けたとされる幼稚産業論の源流とされるハミルトンによる報告書が提出された経緯についてはすでに前章でみた。さらに後発国ドイツの立場からそれをいっそう発展させて論じたのがリストだったことはいうまでもない。かくしてこうした事情をおおまかに系統立てるなら，次のようになる。すなわち幼稚産業論が産まれるにいたった思想的背景は，圧倒的な保護主義を意味した重商主義――近年の研究をみると，その対外的側面よりもその対内的側面を重視する傾向がある[2]――と，土地基盤型経済を称揚する重農主義，これらふたつの教説を土台として自由貿易の優位を説いたスミスに求められ，そしてそこからハミルトンの報告書（1791）が，さらにはリストの『経済学の国民的体系』（1841）がそれぞれ生誕するにいたったのである。なお文献学上明示されることが少なくてその影は薄いとはいえ，重商主義経済学を初めて学問的に体系化したとされるステュアートの影響もそこかしこにみられたことも忘れるべきではない[3]。

その後幼稚産業論のコンテクストに登場してくる学者たち――ミル，バステーブルおよびケンプ（M. C. Kemp）――は，ハミルトンとリストによって定礎づけられた基本的考え方をさらに補完する役割を果たしたとみなしてよいだろう[4]。ただしここで留意しなければならないのは，かれらによる補完過程の段階で，幼稚産業論はしだいに主流派の枠の中に組み込まれるようになったことである。言い換えるなら基本思想としては自由貿易主義の立場ではあるけれど，ある程度許容される保護主義として幼稚産業論は認められること，すなわち国際競争力が身についた段階で国家による保護の手をはずして当該産業を独り立ちさせねばならないこと，などが明示されることになったのだ。むろんこうした着想は，スミスの立場がその根底に根強く流れていたことを想い起こすと，必然のこととして捉えられなくもない。

そこで厳密には，新古典派の枠内では幼稚産業としていかなる条件が満たされねばならないだろうか。現在この学派を代表するひとりとして著名なマイヤーによる解説によれば，次の諸条件が満たされる必要がある[5]。

(i) 不可逆的な技術的外部経済が創出されるが，保護の対象とされる産業がそれを一手に握ることはできない。
(ii) 保護の対象期間は限定される。
(iii) 保護によって当該産業は経済費用を低下させることが十分可能となり，その結果その他の投資に振り向けたばあい得られるであろうと想定されるものに等しい経済的収益率が稼得され，それによって当該産業の当初の超過費用は弁済されることになる。

(i)についてマイヤーは次のように述べる。幼稚産業保護が正当化されるのは，幼児が成長するまでに損失が生ずるというのではなくて，習得過程に関連してくる外部経済という事実によるのであって，社会的観点からは過少生産状態がみられるばあいであると[6]。この問題はすでに，ミルによって力説されていたことでもある[7]。(ii)については，当該産業の保護期間を幼児段階から老人になって老衰するまで保障しないという趣旨である。そして(iii)は，将来期待される便益はそれを生み出すのに必要な現在の政策費用を，現在価値で測ったばあい，相殺して余りあるものでなければならないということを含意する。この視点はすでにリストによって述べられていたことも再確認しておこう[8]。これらの諸点をめぐって，これまで内外で幾多の議論がおこなわれてきた。それもほとんど主流派内でのことであった[9]。その帰結を先取りしていうなら，なんらかの事情により自由貿易が最適でないばあい，幼稚産業を保護するための最適政策は，最善の策として歪みの源泉を除去することを狙った生産補助金政策であり，次善の策が関税政策——これは部分均衡分析の枠でみたとき，消費者余剰において死重的損失が発生する，つまり消費と生産の両サイドにおいて歪みが生ずる——であり，最後に最も回避すべき政策もしくは回避したほうが望ましいとされる政策として数量規制が

挙げられる[10]。最後の政策措置が劣位とされる主たる論拠は，関税政策のばあい関税収入が国庫に入るのに対して，割当利潤が特定の輸入業者に入るのに加えて輸入許可証が発行されるときレント・シーキングといった社会的費用が付随する可能性が高いことに求められた[11]。

　厳密な類型化をともなう分析の俎上にのせてさらに抽象化の過程を進めるなら，こうした政策ランキングはいくらかの修正を迫られようが，前段で述べたことがらは，主流派における国際貿易の純粋理論の分野では最大公約数として位置づけられるであろう[12]。

　さて次節において，幼稚産業論についての主流派におけるエッセンスをみることとしよう。ただしわれわれのここでの目的は，開発論におけるこの議論の適用可能性を検討することと，途上国の実際の開発政策として実施された輸入代替工業化政策とのかかわりを考察すること，さらに開発論のコンテクストのなかでこの議論の今後の可能性についてひとつの展望を与えることである。

3.2　主流派における幼稚産業論の公準

　開発論において幼稚産業論を正しく位置づけるには，この議論は主流派たる新古典派のなかでどのように議論されてきたかについてみておく必要があろう。この面での方向性については前節で簡単に触れておいたが，関係学界での共通認識は，ミル＝バステーブル＝ケムプの路線である。一般的にはミル＝バステーブル＝ケムプのテストと呼ばれる。

　そのエッセンスを簡単に述べるならば，次のようになる。まずミルの視点は，保護の対象たる幼稚産業として措定されるのは，当初の段階では比較劣位にあるものの一定の保護期間を経て——学習による習得期間を経て——比較優位をもつようになる産業であって，それを見出すことの重要性である。そしてバステーブルによって追加された要件は，最終的に得られる利益が保護期間に犠牲とされる損失を上回ることが必要だというにある。最後にケムプによって提示された要件は，かねてから認識されていた習得効果について

企業の内部経済化と外部経済化とを識別することをとおして,後者の外部経済化のケースにかぎって幼稚産業としての資格を有するというにある。むろんこれらの諸要件を満たす産業に対して一定期間の保護を供するが,比較優位をもつようになったら自由貿易に戻さなければならないことは明らかであろう。これらのことがらは先にみたマイヤーによって整理された諸要件と符合することにも留意しておきたい。すなわちミルのばあいは(ii)と(iii)に,バステーブルのばあいは(iii)に,さらなる追加要件としてのケンプのばあいは(i)にそれぞれ対応している。

さてハミルトンとリストによって18世紀から19世紀前半にかけて提示された幼稚産業としての認識が,古典派のミルからケンプにいたるまで,その資格として満たされるべき要件がしだいに追加されていったプロセスが簡単に顧みられたが,これらの諸要件についての問題を主流派はどのように抽象化していったのだろうか。それについて――いまでは国際貿易論を専攻する学徒にとっては常識レヴェルのものになっている――も,ここで簡単に回顧しておこう。

まずおなじみの消費者余剰と生産者余剰の概念を用いた部分均衡分析が有用である。ただしここで注意しなければならないのは,幼稚産業論はほんらい動学的な議論なのだがここで用いられる分析用具は静学の域を出ないということをあらかじめ留保しておかねばならないことである。言い換えるなら,図に表される余剰部分は想定される時間の経過にしたがって累積されるものとして捉える必要がある。そうすることによっていくらか近似できるものとして,ここでは捉えることとする。さらにいうなら,途上国の実際の経済発展問題を念頭におけば,すでに一般的に比較優位にある部門は国際商品を生産するなんらかの一次産品部門であろうし,この想定される段階で比較劣位にあるけれど一定期間の保護をとおしていずれ比較優位をもつようになる部門はなんらかの労働集約的な工業部門であることなどを,明示すべきであろう。

図3-1によって,そのような事情が説明される。ここで取りあつかっている部門は開発論のコンテクストでみて輸入代替工業部門であることは明ら

かであろう。とうぜんながらこの部門が幼稚産業であると想定されている。さらに現実味をもたせるなら，なんらかの労働集約的部門とみなしてよい。この図に示されている文字は次のごとくである。横軸に平行なPW線は自由貿易下における世界からの供給曲線であり，PP′は保護関税率を示している。したがって幼稚産業の保護によって生ずる消費者余剰の損失のうちどうしても取り戻せない部分が，ふたつの三角形ABCとREFで表される死重的損失部分である。この図は禁止的でない一般的な保護関税のケースを表しているので，四角形ACERの部分は関税収入である。台形ABPP′によって示される領域はこの保護によって生ずる生産者余剰の増加分であって，犠牲にされた消費者余剰の一部に取って代わった部分である。かくして幼稚産業（すなわち輸入代替産業）の保護によって失われる消費者余剰の損失分（台形RFPP′によって表される）のうち，生産者余剰の増加分と関税収入によって埋められない領域が死重的損失としてふたつの三角形によって示されることが確認された。ただしここでは保護関税の賦課のケースを想定しているが，とうぜん数量割当のケースも考えられる。そのようなばあいは，関税収入に相当する四角形の部分が特定の輸入業者の利潤と化すであろう。さら

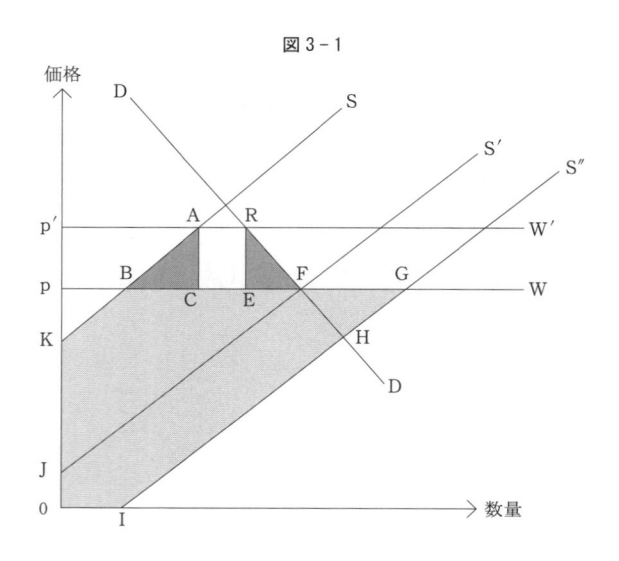

図3-1

にいうならクルーガーによって明らかにされたことだが，そのプロセスに輸入許可証が発行されるばあいはレント・シーキングがともなうことになろう[13]。なお禁止的関税のケースでは，P'W'線は需要曲線と供給曲線との交点を通ることになるので，死重的損失はそれだけ大きくなるだろう[14]。

次にこの幼稚産業が習得過程を経て成長し，ある程度の競争力をもつようになるとしたらどうなるだろうか。図3-1では，まず供給曲線がKSからJS'へシフトすることによって示されている。そのようなばあい幼稚産業は世界レヴェルの生産費構造をもつようになり，当初の段階の保護措置は撤廃される。その結果明らかに死重的損失は消滅し，消費者余剰は自由貿易ケースの大きさに戻り，生産者余剰も大きく変化する。すなわち後者のばあい保護の段階で三角形AKP'だったのが，この段階になるとそれは三角形FJPの大きさとなる。保護以前の局面の自由貿易下とくらべると，生産者余剰は小さな三角形BKPを上回る純増分は台形BKJFの領域によって示されることとなる。さらに当該産業が成熟して生産費低下がいっそう増進されるとなれば，供給曲線はさらに右方へシフトし，IS″が得られた状態を意味する。そのようなばあい，国内ベースでみるかぎり，消費者余剰と生産者余剰のいずれも増加し，両者を合計した純増分は多角形BFHIOKの領域に相当する面積によって表される。ただし図3-1は国際ベースを想定しているので，当初の段階で幼稚産業だったのが比較優位産業へと転化するものとみなせば，とうぜんながら輸入代替産業は輸出産業へと変貌することとなる。この国が小国であり世界価格に影響を及ぼせないものとすれば，PWは世界の需要曲線となる以上，当該産業が獲得する純利益は多角形BGIOKの領域に相当する面積によって示されることとなる。そのばあいとうぜん輸出量は，点Fと点Gからそれぞれ下ろされた垂線の足のあいだで測られる距離によって示されるだろう[15]。

以上のような捉えかたは，幼稚産業が首尾よく成長・成熟してゆくものという想定が前提となっている。それは，当該産業の生産費構造を表す供給曲線がKSからJS'へ，さらにIS″へシフトすることによって示されたことから明らかであろう。いわば理想的なかたちなのである。これらの変化を厳密

にみれば，ミルのテストをクリアするのは当該産業の費用構造が JS′ の局面も含めてそこから右側へシフトする段階であり，そうなるとこの部門においては当初比較劣位であったのが比較優位のレヴェルまで上昇したことを含意する。

次にバステーブルのテストをクリアするというのは，この図ではどのように示されるのだろうか。そのためには前述のように，当初の損失を事後的な利益が上回るということが要請される。図 3-1 は国際局面でみるものなのだが，先にみたように保護段階で犠牲にされる死重的損失が三角形 ABC と三角形 REF との和によって示され，保護措置を撤廃した事後的局面での生産者余剰の利益が多角形 BGIOK によって示された。ただしこれについては単純な比較は許されず，時間の経過を考慮に入れなければならない。すなわちその評価は，幼稚産業の保護期間と当該産業が比較優位にあり続ける期間とがどのような時間スパンをもつのかによって，大きく左右されるであろう。1970 年代にこの問題を追究した山本（1974）の言葉を借りるなら次のようになる。すなわちこのテストをクリアするには，保護による損失と，将来自由貿易によって得られる利益とを，適当な時間割引率によってそれぞれ現在価値に直し，後者が前者を上回るように調整することをとおして初めて評価可能となる[16]。言い換えるなら，それぞれ現在価値に評価しなおされたふたつの三角形の累積和を多角形の累積和が上回ることを含意するのである。

ではケンプのばあいはどうか。ケンプのテストのエッセンスは，前述のように幼稚産業としての資格が与えられるのは一連の習得過程をつうじて外部経済化が実現されて，結果的に社会的利益が得られるケースであった。この論点については，当該産業の長期平均費用曲線と当期の段階で国際競争力をもつとされる外国の長期平均費用曲線との比較をとおして説明される[17]。図 3-2 がそれである。縦軸は長期平均費用と価格を，横軸は時間をそれぞれ測り，当初の段階で世界的競争力をもっている産業の平均費用曲線が PW によって，自国の当該産業のそれがそれ以外の曲線群によってそれぞれ示されている。時間 T_0 の段階で PP′/T_0P の関税率が課されるものとし，時間の経過とともに習得過程を経て時間 T_1 の段階で当該産業は国際競争力をもつ

ようになり，関税は撤廃される。さらに時間の経過をみると，比較優位が確立されるのだが，外部経済が得られるのは平均費用曲線が LD' のばあいにかぎられ，LW と LD' とのあいだに価格設定されるようなばあいは習得過程が内部化されるケースである。LD' と LD" とのあいだの距離がどのくらい開いているかによって，当該産業もしくは企業が獲得する利潤の大きさが異なってくる。習得過程の内部化と外部化とはこのように識別されるのだ

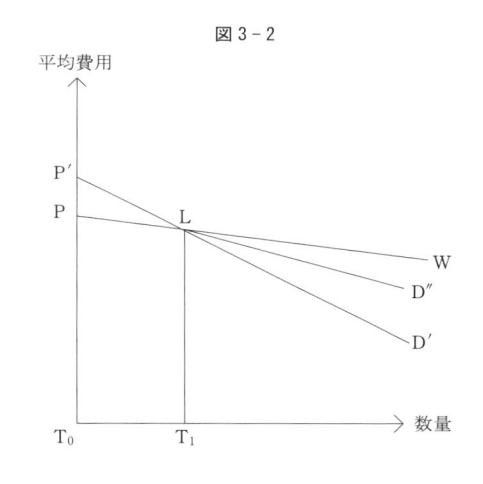

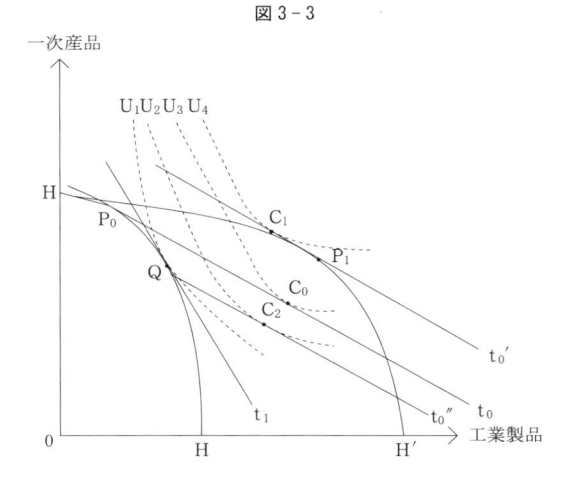

図 3-2

図 3-3

が，社会的利益が得られるのはLD′曲線に沿って価格づけされるばあいである。以上がケムプによって提示された追加条件であった。

以上は部分均衡分析を基礎にみてきたが，次に一般均衡分析の枠組みで考えてみよう[18]。

図3-3によってそれは示される。ここでは一般的な途上国経済を念頭において考えるので，当初なんらかの一次産品の生産に比較優位をもっており，工業製品については比較劣位にあるものと仮定しよう。そこで縦軸に一次産品を横軸に工業製品をそれぞれ測り，HHがこの国の当初の生産可能性ブロックであり，HH′が幼稚産業が習得過程を経て生産力増強に努めた結果としての生産可能性ブロックを示すものとしよう。慣例にならって，一次産品部門のさらなる増強は図られないものとする。当初の段階におけるこの国の生産点はP_0であり，消費点はC_0であるとしよう。そのばあい国際交易条件はt_0であり，この国の社会無差別曲線U_3と点C_0で接しており，そのときのいわゆる貿易三角形は線分P_0C_0を斜辺とする直角三角形によって示されることになろう。図3-3では，複雑性を避けるためそれは描かれていない。この国が工業部門を幼稚産業として措定し，保護関税――このばあいは禁止的関税が想定されている――が賦課されると，生産点と消費点はいずれも点Qとなる。この点は禁止的関税が賦課されたばあいの交易条件t_1との，ならびに社会無差別曲線U_1との接点でもある。明らかに幼稚産業保護の段階においては，この国の社会的ウェルフェアの水準は低下している。自由貿易下のU_3から保護貿易下のU_1への低下によってそれは示される。さて一定の時間を経て幼稚産業が成長・成熟して産業の生産力増大が実現するとなれば，言い換えるなら生産可能性ブロックがHHからHH′へ拡張したとき，保護措置は撤廃される。そうなるとこれも慣例にしたがって，交易条件は当初の自由貿易下のときと同じであるとすれば，この国の生産点はP_1へ，消費点はC_1へそれぞれ移動することとなる。そのばあい貿易三角形は線分C_1P_1を斜辺とする直角三角形によって表される。この国はすでに工業製品の生産に比較優位をもっているので，工業製品を輸出し一次産品を輸入するように変貌してしまう。さらにいうなら消費点C_1はいっそう上方の位

置の社会無差別曲線 U_4 と接するので，この国の社会的ウェルフェアはさらに高まることとなる。この側面については，最初の自由貿易ケースから，幼稚産業保護のケース，そしてその産業が比較劣位産業から比較優位産業へ変貌を遂げて保護措置が撤廃されるケースへと，この国の厚生水準を比較すれば明らかである。(U_3 から U_1 へ，そして U_4 へ移動していることを確認するとよい)。

当初の段階で幼稚産業を保護するばあい，関税ではなくて生産補助金を供与したらどうなるかについてみてみよう。そのとき交易条件は自由貿易ケースと同じなので，この国の生産点 Q から引かれた交易条件 t_0'' と社会無差別曲線 U_2 との接点 C_2 まで消費を移動することができる。すなわちこのことは，社会的ウェルフェアの観点から，幼稚産業を保護するための手段としては関税よりも生産補助金のほうが優れていることを含意する。ただしそれが実現可能かどうかは，途上国の財政事情に依存することになろう。一般的途上国のばあい，財政は逼迫しているのがふつうであり，関税収入が主たる源泉であることが多いことからみて，補助金はやや難しいといえるだろう。

さてここまでの議論で，ミルからケンプおよび近年までの幼稚産業論について，部分均衡分析と一般均衡分析による理論的捕捉をおこなった。次にこうした主流派による捉えかたをさらに包括的に整理しておこう。

それは表 3-1 に示されている。この表を作成するうえで基礎資料となったのはコーデン（W. M. Corden）によるものだが，この表にはコーデンのオリジナル資料に (1) と (6) の政策措置を付け加えてある。主流派のばあい，なんらかの保護政策を正当化するのは市場の不完全性がみられるケースにかぎられることはすでに述べた。それがなければ自由貿易が最善策であることはいうまでもないだろう。コーデンの最初のオリジナル文献に登場するのは，(2) の工業部門の労働に対して供与される補助金である[19]。予想される歪みが見当たらない以上それはとうぜんのことだろうが，途上国のばあい，実際上それを可能にするだけの財政事情が存在することは稀であろう。したがってここに挙げた (1) の資本市場をきちんと整備すること，および納税システムを確立することをまず優先しなければなるまい。

表3-1 幼稚産業保護のための政策ランキング

	政策（措置）	予想される弊害（歪み）
(1)	資本市場の整備拡充 納税システムの確立	なし
(2)	工業部門の労働に対する補助金	なし
(3)	工業生産に対する補助金	・労働集約度の過度の低下
(4a)	関税と工業製品に対する輸出 補助金のミックス	・労働集約度の過度の低下 ・消費の歪み
(4b)	輸入代替工業部門の生産に に対する補助金	・労働集約度の過度の低下 ・国内市場偏向
(5a)	関税	・労働集約度の過度の低下 ・消費の歪み ・国内市場偏向
(5b)	輸出補助金	・労働集約度の過度の低下 ・消費の歪み ・順貿易偏向
(6)	輸入数量割当	・関税ケースの3つの歪み ・レント・シーキング

(注) いずれも工業部門の労働の私的費用が社会的機会費用を超過するケースが仮定されている。下記の資料に基づいて筆者が作成した。序列の基準は、歪みの数が少ないほど上位に位置づけるものと仮定されている。

(出所) Corden, W. M. (1974), p.29.; ——; (1984), pp.91-92.; ——, (1997), pp.21-23.; Meier, G. M. (1987), pp.828-830, を基に筆者により作成。

　この側面については、コーデン自身によってもその後指摘されたところでもある[20]。またわが国を代表する開発経済学者のひとりである石川滋の近年の研究によれば、途上国の多くにおいてヴェーバーによって概念化された家産制国家がみられるという[21]。そうであればなおさら先進国による支援

を含む(1)の重要性が訴えられよう。(3)以下のランキングについては，すでに述べたように生産補助金，関税，数量規制の順に正当化される。ただし(5b)の輸出補助金は，幼稚産業の育成段階というよりもむしろ当該産業が競争力を身につけた段階において採用される可能性のあるものとして捉えたほうが自然であろう。こうしたやりかたはかつての重商主義政策のひとつであったことも，忘れてはならない。生産補助金と輸出補助金について共通していえることは，国内価格と国際価格との乖離が生じるので，それにともなうかたちで各種の歪みが生じることだ。生産補助金と関税との根本的な相違は，前者のほうに消費の歪みが生じないことである。(3)以下はいずれも労働集約度の過度の低下をもたらすが，こうした事情は資本が相対的に割安になるので必然的に生じる事態である。しかし多くの途上国では，それは雇用吸収力がいっそう弱くなることを含意する。直接的であるとともにいっそう狭義に捉えるのが，(5)の輸入代替工業部門に対する生産補助金である。むろん途上国においてはこの部門の選定のほうが，むしろ重要性をもっているかもしれない。なぜなら工業部門一般を保護の対象とするのは，その国の財政事情が許さないだろうからだ。一般的に観察されたように，この政策は国内市場への偏向をもたらすことも見過ごしてはならない。(4a)の関税と輸出補助金とのミックス型のばあい，関税にほんらい付随する国内市場への偏向を輸出補助金の順貿易偏向が相殺するために，その歪みが消滅するとみなされるのである。それゆえ歪み数は輸入代替部門への生産補助金のケースと同じ2つとなり，フォースベストの政策に位置づけられる。そのような事情から関税と輸出補助金について独立した政策としてそれぞれ捉えるとき，3つの弊害が考えられ，フィフスベストの政策にランキングされる。最後にランキングされるのが，輸入数量割当制である。これは関税のばあいに付随する弊害群に加えて，レント・シーキングが入ってくる。一般的には輸入許可証の交付が考えられるが，それを取得することが一種の利権と化して，政府当局と輸入業者とのあいだの癒着が生じやすい。したがって非生産的な生産要素の使用を招来することとなり，可能なかぎり最も回避すべき政策とされる[22]。

かくして大雑把に各保護政策に内在する弊害（歪み）と，その存在を基礎とした政策ランキングをみてきたが，さらに正確を期すならそれぞれの歪みによってどれだけのウェルフェアの損失がもたらされるのかについて厳密な評価をしなければなるまい。しかし本書では紙幅にかぎりがあるので，そこまで立ち入った議論はしない。表3-1に示されるようなそれぞれの保護政策に付随する歪み数を基礎とした捉えかたに，先に示した部分均衡分析と一般均衡分析とを加味して考える必要があることをここでは強調しておきたい。

3.3 開発論における含意

前節にみたのは，主流派においてほぼ共通に認識されている幼稚産業論の捉えかたである[23]。主流派のばあい端的に言って，自由貿易を至上命題とするので，保護主義を例外的に許容するとしてもいずれは自由貿易に復帰しなければならないことが明示されている。したがってなにをもって幼稚産業としての資格を有するかという側面のほうに，議論の矛先は収斂していかざるをえなかった。そのような事情から，いわゆるミル＝バステーブル＝ケムプのテストに集約されていったのである。そのような経緯に対して，もともとハミルトンやリストが構想し提案していた捉えかた——後発国（アメリカとドイツ）の立場から先発国（イギリス）をキャッチアップしてゆくには，製造工業をなんらかのかたちで保護育成してゆかねばならないという視点——からやや逸脱していったのではないか，との批判がすでになされたこともある[24]。こうした批判はいまの途上国の開発問題を考えるとき，依然傾聴に値しよう。ただし現在から顧みると，幾多の途上国において一種の幼稚産業論として位置づけられる輸入代替工業化が所期の目的を達成するところまでゆくのに多くの困難を抱え込んでしまい，事実上は失敗に帰してしまったところが多くみられたことに留意しなければなるまい。この問題については，注意深い議論がさらに尽くされねばならないだろう。実際にいくらかの国や地域がNIEsとして先進国経済に特定部門において拮抗するように

なったことから、それは幼稚産業が成長したからそうなったのだという見方も十分成り立つからである[25]。さらに視点を代えていうならかつてのドイツやアメリカのばあい、リストとハミルトンによって洞察されていたように、国際経済のなかで興隆するにいたった事情をみると、もともと幼稚産業論に内包されていた重要性を看過できるものではないのである。ただしわれわれは、いまの途上国の置かれた（もしくは置かれてきた）国際環境からみて、アメリカのケースがきわめて示唆的であることを強調しておきたい[26]。

さて途上国の経済発展との関連でみたばあい、幼稚産業論は前述のように輸入代替工業化論とほぼ同一視できる。NIEsの経済発展過程および先のドイツとアメリカのそれについてみるとき、それぞれがおかれた時代局面にかなりの相違がみられるとはいえ、当初の輸入代替工業化から輸出指向のそれへと開発戦略を段階的に上昇させていったことを考えるとよい。その意味においては、ほぼ同一の土壌で考えてしかるべきものなのである。とくにアメリカのばあい、当時のイギリスによって植民地化された経験を有しており、そのような状況から独立を勝ち取り、19世紀前半の保護主義運動からその後の南北戦争を経て、一次産品部門中心の経済から北部の製造工業中心の経済へと、否さらに正確を期していうなら農業と工業との均衡のとれた経済へと、国民経済の構造を変容させていったことが重要なのだ。むろんその一連のプロセスのなかで、一次産品部門を軽視することはなかった。このような事情を改めて考えてみると、かつての植民地体制のなかで一次産品部門を中心とした経済――すなわちモノカルチャー的産業構造――を強いられて、そのなりゆきについてはさておきなんらかのかたちで独立を果たした幾多の途上国のケースを考えると、アメリカの経験はきわめて示唆的であることがわかる。ここでの問題は、開発論における幼稚産業論のあつかいについて考えるとき、パイオニアとしての役割を果たしたハミルトンとリストの後発国としての視点にかんがみて、もっと普遍性をもたせて検討するほうが建設的かもしれないというにある。その意味では、言ってみれば17世紀から18世紀にかけてのイギリス自体が後発国だった。その当時は繊維産業にかぎってみたばあい、いまのインドのほうが先進国であった[27]。つまりインドの植民

地化の過程でイギリスは，現地既存の繊維産業の技術を模倣吸収してわがも
のとし，産業革命のプロセスに大いに役立てたという視点が，すなわちこの
工業部門においてイギリス自身が輸入代替工業化を達成したということが重
要である。むろんその達成過程をバックアップしたのは，かつての重商主義
体制であった。つまり輸入代替工業化の過程には保護主義が付随するのはと
うぜんのことであって，それを最初から否定してかかるのは歴史を軽視した
捉えかたに堕しているとみなさざるをえまい。もっともここで留意すべき
は，前述のように歴史的前提として植民地としての経験を有するかどうかで
ある。いまの先進国のばあい，アメリカがそれを経験したのに対して，イギ
リスや日本はむしろ他国を植民地化していった国なのであって，その過程か
ら多大な権益を獲得していったことを忘れてはならない。そのような事情の
違いがそれぞれの国や地域に垣間見えるとしても，これまでに形成されてき
た幼稚産業論じたい，国ぐにの置かれた国際環境の相違をほぼ度外視してい
ることも忘れるべきではない。さらにいうならこれまで主張されてきた輸入
代替工業化論も同様に，そのような国際的枠組みをかなり軽視していたこと
に気づくべきであろう。むろんそこで論じられてきたのが，モノカルチャー
からの脱却の手段としての工業化であったことは周知の事実である。ここで
強調しておきたいことは，モノカルチャーが旧宗主国によって強要されるか
たちで形成されたという事実，言い換えるなら当事国や地域の内発的動機に
よってではなくていわば外発的動機によって形成されるにいたったというこ
とを，きちんと認識しておく必要性なのである。そこにはとうぜんながら次
章で論じるヴェーバー的なエートスの問題が関係してこざるをえない。モノ
カルチャー的意識構造が途上国に根強く残り続けるのであれば，その国の経
済構造を根本的な次元で転換してゆくことは至難の業であろう[28]。植民地
としての経験を有さない国がその昔，農業が優勢な経済構造を有していて，
そうした状況から商工業中心の経済構造へ首尾よく転換できたとしても，そ
れはそこにおける土着の農業から新規の産業構造への転換であって，それを
強要されて形成されたのではなかった。幾多の途上国の農業のばあい，そう
した事情は根本的にいまの先進国とは異なっていよう。繰り返すが，そのよ

うな事情を歴史的に併せもっていた現在の先進国はアメリカであった。そうしたなかで登場したのが幼稚産業論を初めて提唱したかのハミルトンだったことを，想い起こすべきであろう。ドイツのリストのばあい，当時の先発国であったイギリスをいかにしてキャッチアップするかがさしあたり第一義的課題だったことも，ついでに再確認しておきたい。

　開発論において幼稚産業論の果たす役割はなんなのかを解明するにあたり，途上国一般の実際の開発経験から得られた開発戦略を回顧するなら，最もそれに近似したものが見出される。一般的には前述の輸入代替工業化戦略のなかにカテゴライズされるだろうが，ハーシュマンによって提示された一連の連関効果の着想がそれである[29]。かれはそれを，前方連関効果と後方連関効果とに峻別して捉えた（図3-4参照）[30]。ここで留意しておくべきことは，主流派の一連の議論のなかにみられた幼稚産業の外部性の存在問題が連関効果の着想と整合的であるということだ。それは次のように要約できる。

図3-4　連関効果の概念図

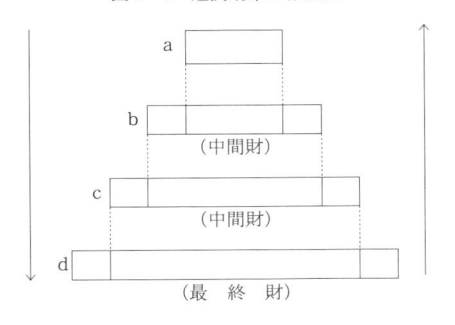

図3-5　多面的な連関効果

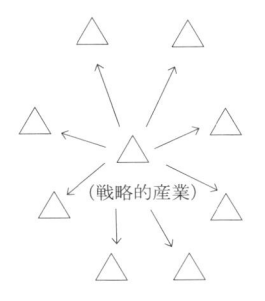

　もともとハーシュマンのばあい，かつてヌルクセ（R. Nurkse）とのあいだで展開された，均衡成長かそれとも不均衡成長かのいずれが途上国の開発において有効であるかという類の論点に対する解答として，後者を擁護する論理過程においてこの着想を得たことが想い起こされる。農工間の均衡成長よりも特定の工業部門の不均衡成長を提唱したのだが，典型的にはなんらかの財の生産部門の強化を意味した。ある意味においては，第二次世界大戦後

に日本で採用された傾斜生産方式がそれに近いであろう。それは当時の基幹産業とみなされた石炭産業と鉄鋼業に対して特別に傾斜的に資源配分する仕方であって、当時の日本の産業復興過程において重要な役割を果たしたことはたしかである。というのは、重点的に当該産業に資源配分することをとおしてその他の部門へ縦横無尽に連関効果が作用して、諸産業の発展からこの国全体の高度経済成長がもたらされたとみなせるからだ。言い換えるなら、当該産業は生産財もしくは資本財部門であり迂回生産の実を上げたという解釈が十分成り立つであろう。ひるがえって途上国のばあいはどうか。歴史的諸前提や資源の制約などの諸条件下で、そのような産業部門を探すのは至難の業であろう。それでも構想上はこの着想は有意義なのであって、図3-4を用いて解説するなら次のようになる。なんらかの生産部門をとくに戦略的に措定して、かぎりある資源を集中的に傾斜配分するものと想定しよう。図3-4に描かれているものは、消費財にせよ資本財にせよある財の生産過程である。aからb、c、dへの一連の連関波及過程（左側の縦の矢印で示される流れ）が前方連関効果であり、その逆のdからc、b、aへの連関波及過程（右側の縦の矢印で示される流れ）が後方連関効果である。これはすでにハーシュマンによる解説でおなじみの概念なのだが、たとえばかりに自動車産業の最終段階(d)を戦略的に傾斜生産部門として措定するなら、多くの途上国のばあいそうするには先進国に本社をもつ多国籍企業の技術と資本に相当程度依存することになるだろうが、最終財のd段階から、この製品の中間投入財として使用される鉄やガラス・ゴムなどの産業部門が首尾よくいけば新規に形成され、そこに新たな雇用増進も可能となろう。そのような素材産業は、この図ではa、b、cのいずこかに位置することになろう。したがってそのような仕方は後方連関効果を連想させる。それとは逆に、なんらかの中間財――たとえば鉄鋼やなんらかのエネルギー資源――を戦略産業と措定するとしたら（a、b、cのいずれか）、それを使用してさらに加工度を高めるような産業が形成される可能性がある。いうまでもなくそれは前方連関効果のケースである。実質的には原材料や中間財として投入される程度によって、前方連関と後方連関との双方が概念上は考えられる。いずれにせよ

このふたつの効果は外部性をもつということが,幼稚産業との関係において重要なのである。すなわち先に列挙した幼稚産業であるための必要条件(i)の項目に該当すると考えられ,もしくは純粋理論上,ケンプによって提示された価格づけの局面における外部性を投影したそれを具体化するものとして捉えられるのである。ハーシュマンの連関効果のばあい,プライシングでの外部性の具体化という次元よりもむしろ,当該産業が核となってその他の産業を新規に創出もしくは拡充することをとおして十分外部性を発揮するという意味において,外部性の具現化が構想されたものとみなすことができる。すなわち前方連関効果にせよ後方連関効果にせよ,その他の諸部門にポジティヴな影響を与え,ひいては経済全体の水準を押し上げることになる。そのような連関効果の波及過程をイメージしたのが図3-5である。原材料を加工して最終完成財へいたる一連の過程をひとつの三角形として示し,さまざまな消費財と資本財の生産過程をそれぞれ同様に三角形で表し,それぞれの財が投入・産出関係によって結びつけられることになる。この過程において中核となる産業を戦略的産業とするなら,すなわちここでのコンテクストではそれが幼稚産業となるのだが,そこから別途にさまざまな生産過程が形成されることが含意される。そのような中核的産業は途上国それぞれの置かれた状況によって規定されるだろうが,説明するうえで煩雑さを回避できるという点においては半導体に代表される情報関連産業を例示することが有用である。というのは電子素材としての半導体は,いろいろな耐久消費財の生産過程に取り入れられ,縦横無尽の波及効果をもつからだ。なお近年の幼稚産業の例示をみても,これに関連するものが顕著である[31]。この問題を別角度からみると,経済発展の核としてはシュムペーター的な創造的破壊としての意味を併せもつかもしれない。いずれにせよそのような中核となる戦略産業を,その国独自の方法で選定することが重要である。

　次に当該部門にどのような仕方で傾斜的資源配分をおこなうかについては,政策ランキングに挙げられた生産補助金が最も実現性が高いであろう。すなわち当該部門に対して,なんらかの優遇措置——一般的にはインセンティヴ体系——を講ずるとよい。具体的には直接的な補助金交付のほかに,

税金の払い戻しや優遇利子によるファイナンスが考えられよう。さらにいうなら先進国並みにある程度資本市場が存在するならば，当該部門の資本調達もいくらか容易であるかもしれない。当該産業が当面のところその国において最も有望な産業として一般的にみなされるならば，とうぜん自己資本の調達は容易であろう。しかし多くの途上国では，そのような市場は十分整備されていないであろう。それゆえ先のランキングにおいて中長期的に資本市場の整備拡充が必要なことが明示されたのであり，理論的には家産制国家論や情報の非対称性問題が存在することがその根拠とされる[32]。このようにみてくると，ここで論じたようにある程度財源の確保が可能なら生産補助金のほうが実現性は高いであろう。

　幼稚産業論とハーシュマンの連関効果との関連についてここまでみてきたが，ハーシュマンのばあい，ふつう貿易論の枠組みで論じられるようにいずれ当該産業が成長して比較優位産業と化し国際競争力を発揮するようになるという趣旨のことは述べていない。したがってかれにおいては，国内指向の域を出なかったことが再確認されよう。幼稚産業論のばあい，一時的保護体制から自由貿易への復帰を前提としている。したがってこれまで述べてきたように，途上国経済の現実をみるとき，輸入代替工業化と輸出指向工業化との連続性を，この幼稚産業論の枠組みで捉えることが可能なのである。その核となるのが，ハーシュマンによって着想を得た連関効果を有する産業部門の選定であって，そうすることで途上国経済における幼稚産業論のもつ意味が明らかになろう。ただしそこにはランキング表にみたように，初期の輸入代替工業部門を連関効果をかなり及ぼせる部門と措定してみたばあい，労働集約度が損なわれる危険性がある。この側面に十分注意しなければならないのは明らかであろう。典型的な途上国のばあい，いずれかといえば人口圧力が高い。したがって圧倒的な労働力を十分使いこなせるような産業の選定が望ましい。だとするなら，そのような産業は一般的には労働集約的な繊維産業もしくは軽工業ではないだろうか。現在の先進国が産業革命を経験するなかで近代化の過程を達成したその中核産業は，まず繊維を中心とした軽工業であったことはよく知られている。1960年代からのNICs，その後NIEsと

その呼び名を換えたが，そのような一群の国や地域がかなりの経済実績を上げることができたのは，そのような種類の産業の確立にとくに力点を置いたからである。むろんそのピーク局面においては輸出指向工業化という戦略が推進されたと一般的にみなされたが，そこまでいたるプロセスを丹念にみると輸入代替工業化の過程を着実に踏んでいたことが確証されている。言い換えるなら，当該産業を幼稚産業として位置づけていたことが窺えるのだ。

なお現在中国やヴェトナムなどのアジアの国ぐにが多国籍企業の資本の協力のもとで労働集約的産業を強化して先進国への輸出をとおして経済成長を達成しつつあり，その意味において脚光を浴びている。しかしそのケースにおいては，先進国市場での大量販売による規模の経済の実現もしくは収穫逓増パターン——これこそハーシュマンの連関効果を言い換えたものとして捉えられる——を念頭におく輸出主導型成長である。その一連の過程をとおして，国内にじょじょに中産的社会階層の割合が増加して国内市場が膨らんでくる。それゆえこの新しい事象においては，外需から内需へとその戦略の方向が先のケースとは逆になっていることに留意しなければなるまい。経済特区を設けてさまざまな優遇措置——一種の生産補助金とみなしてよいだろう——を供与して多国籍企業の手を借りたかたちの戦略的産業の選定・強化という，しかも早い段階での輸出指向工業化の採用という側面をみると，従来の幼稚産業論の枠を超えた新しい方式として別途に類型化したほうがよいかもしれない。

しかしここで注意を要するのは，潜在的にかなりの連関効果を有するとされる産業部門に生産補助金を中心とした保護政策を施すことになるのだが，その過程において過度の国家介入が生じる可能性があることだ。この問題は，いわゆる輸入代替工業化の失敗に関連して議論されることが多かった。とくにラテンアメリカ地域において顕著だった輸入代替工業化の深化に付随する問題として，批判されることが頻繁にみられた。すなわち過度の国家介入がみられるところでは，なんらかの輸入代替部門を公営もしくは国営企業とし，手厚い保護措置が供与される。そこにはかつてバラッサらによって手厳しく批判されたように，健全な競争原理は作用せず，非効率が蔓延してし

まいがちである[33]。将来国際競争力をもつだろうとみなされる幼稚産業に保護が与えられて，しかもそれが予想に反して長引くとなれば，そのような体質から脱却するのは容易ではない。そのような事態に陥ったのがラテンアメリカだったとされる。ひるがえって東アジア NIEs のばあい，1960 年代に労働集約的工業部門が比較優位をもつ局面にいたってから，その輸入代替部門を輸出指向部門へ転換し，当時の国際環境も自由貿易の気風がかなり吹くなかでそうしたのだが，これらの国や地域は輸出ドライヴをかけてかなり良好な経済実績をあげることができた。このように輸入代替部門から輸出指向部門へ転換したという事実から，後にウェイドやアムスデンらによるその過程にはかなり国家介入的側面が強かったという認識が学界で広く受け入れられたとはいえ，本質的には幼稚産業論がほんらい有していた一時的保護主義の段階から自由貿易への復帰という段階を順序よく踏んだものとして捉えることができるのである。

　われわれがここで言いたいのは，これまで開発論のなかで論じられてきた開発戦略としての輸入代替工業化から輸出指向工業化への転換は，ハミルトン以降の幼稚産業論の枠組みで捕捉可能であること，およびそれを実際に具体化したのは過去においては後発国として出発した現在のいくつかの先進国と東アジア NIEs に依然としてかぎられること，さらには幼稚産業が比較優位を有するようになって国際競争の場に置かれた段階においても依然として国家介入がかなりみられるということ，最後に中国の興隆については別角度の見方が必要であることなどである。

　いまひとつの論点として，多国籍企業問題について触れておきたい。この問題は従来の幼稚産業論においては，その時代背景のこともあってほとんど論じられることはなかった。しかし現在の途上国の開発問題を考えるとき，避けては通れない論点となっている。実際途上国は，なんらかのかたちで多国籍企業を呼び込んで開発過程に組み入れることが多い。本章でのコンテクストでは，輸入代替部門たる幼稚産業にその技術を導入・習得することが要請されよう。つまり途上国自身の幼稚産業と多国籍企業とのリンク問題である。もともと開発局面における多国籍企業のポジティヴな役割については，

かつてヴァーノンのプロダクト・サイクル論において主張されていた[34]。むろんその多国籍企業が途上国の開発問題にとってむしろネガティヴな役割を演じるという趣旨の批判をかぶせるかつての従属学派の主張を完全に無視すべきではないが，そこには途上国の国家部門は毅然たる意思をもって進出してくる多国籍企業と交渉しなければなるまい。ここに新たな国家の役割の必要性があるように思われる[35]。

そのような状況下における国家は，対内面で最もそれにふさわしい特定部門を幼稚産業と指定し慎重に保護措置を講じ，保護期間があまり長引かないように十分注意し，それも過度にならないように配慮し，さらには対外勢力としての多国籍企業とのあいだで交渉にのぞみ，生産技術のみならず経営管理面の知識も併せて幼稚産業に習得させて生産性向上に努めさせねばならない。国家が幼稚産業とのかかわりあいかたを誤れば，もはや取り返しのきかないことにもなりかねないか，もしくは保護期間が予想以上に長引いてしまって輸入代替部門は実質的に幼稚産業たりえなくなるといった事態に陥ることが関の山であろう。そのようなことになれば，当該産業と国家との関係が既得権益と化し，両部門のあいだに癒着関係が生じてしまい，人事面の結びつきやその産業周辺への利益供与や誘導などが日常的に平然とおこなわれ，社会全体にとってむしろ相当大きな損失を与えてしまうような弊害を招来しないともかぎらない。そのような社会的損失はレント・シーキング問題として語られることが多いが，途上国の現実をみると，そうした罠にはまり込んだところがいかに多いかが窺える。この問題は，実質的な幼稚産業の創出にたどりつかない国に限定的な種類のものではなくて，ともあれ幼稚産業を育成できたと言い張る東アジア NIEs やすでに脱工業化の局面に入っていると認識している先進国においても頻繁に見受けられる事象である[36]。

3.4　輸入代替局面から輸出指向局面へ

途上国における幼稚産業を考えるさい，一部の例外があるとはいえなんらかの輸入代替産業がそれに該当することについてはすでにみた。その産業が

習得過程を経て輸出可能になったとき，どのような政策を講ずるのがふさわしいのだろうか。この問いに答えるのが本節の主要課題である。

　輸入代替産業——典型的かつ歴史的にみてなんらかの繊維産業であるケースが多いようだ——が成長して，輸出指向産業へ転換されるとき，当該産業はむろん比較優位を獲得したことになる。言い換えるなら，一国がその産業において国際競争力を身に付けた段階もしくは局面がそれに相当しよう。厳密に言えば，かのミル＝バステーブルのテストをクリアすることを含意する。

　コーデンにしたがってさらに具体的にこの問題を再確認しておこう[37]。たとえば該当する輸入代替産業は繊維産業であると仮定して，繊維製品の国内価格が世界価格とくらべて同じ水準で生産できるようになる段階がミルのテストの局面であり，その価格水準よりも低い価格で国内生産できるようになる段階がバステーブルのテストの局面である。そのような段階になってはじめてその国の繊維産業は比較優位にあるといえる。そのようになれば，当初の輸入代替工業化の局面——この期間が長くなる可能性があるが——にかかったコストが，すなわち国家がなんらかの支援をすることで生産過程の技術習得にかかったコストが，じょじょに補償される機運が生ずるのである。しかしそのためには，コストの合計額を輸出増進によって得られる収益の合計額が上回らなければならない。この一連の過程において国家はどのような役割を果たすべきかが，次に問われなければならない。

　20世紀末に金融危機に見舞われたアジアの新興工業国がそれまでにたどった軌跡についてみると，以上のようなプロセスにおいて第一次輸入代替から第一次輸出指向局面への転換がなされたとみることができる。そのような開発戦略の転換過程において国家はどのようにかかわったのだろうか。むろん戦略産業——このばあいは繊維産業に代表される——を保護するために，国家が手厚い育成策を講じたのであった。ここで問題になるのは，幼稚産業段階における習得期間において，学習効果が十分得られて規模の経済の実現まで行き着けるかどうかであろう。実際NIEsと呼ばれる国や地域のうち金融危機にいたるまでその意味において成功裡に事を運んだのがアジア地

第3章　幼稚産業論の発展

域だったとみるのが通説であろう。さらにいえば輸出指向工業化への転換によって，とくにアメリカの大きな市場を相手に輸出実績を伸ばす過程において収穫逓増と規模の経済が実現したのだった。このことはカルドア（N. Kaldor）によって定式化されたフェルドルン効果をもたらしたともいえる[38]。すなわち大きな市場を相手にすることで大量生産が可能となり，その結果生産性向上がなり，規模の経済が実現し，生産費の低下も得られるというような好循環が，とくに東アジア地域において達成されたのだった。一般的には，習得過程への投資はその効果が現われるまでに要する懐妊期間は長いとされる。開発戦略の輸入代替から輸出指向への成功裡の転換によって，すなわち幼稚産業の保護育成を首尾よくおこない，それを比較優位産業にまで育て上げる局面までたどりつくにいたるプロセスにおいて，保護の方法が変化したことに注意しなければならない。

3.2節で検討したが，ここでは途上国の現実にいっそう近づけて，幼稚産業論のエッセンスを輸入代替局面から輸出指向局面への転換を連続的にあつかう説明のほうに比重を移すこととしよう。

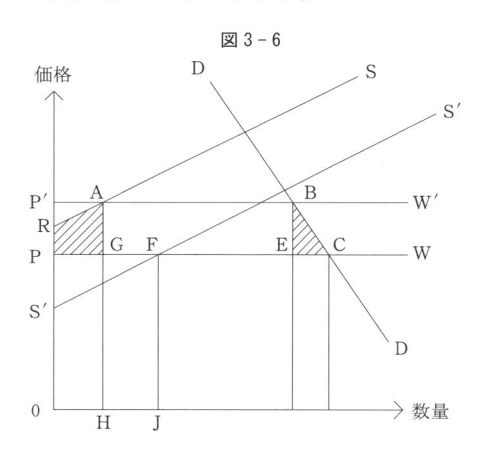

図 3-6

図3-6がそれであり，この国の当初の供給曲線はRSである。まったく国内生産がおこなわれていないばあいを想定して，当初のこの国のたとえば繊維産業が世界の価格水準と比較して圧倒的に非効率な段階にあることが示

されている。生産が皆無のときのコストが RO の水準にあり、世界価格 OP よりも上位に位置づけられている。この国が繊維産業を輸入代替することを意思決定したとしよう。そのとき途上国一般にしばしばみられる仕方であり、それも財政上の理由が大きいと思われるが PP′ の輸入関税を賦課したとしよう。そのばあい OH の国内生産がもたらされる。輸入費用を上回る超過費用は四角形 ARPG の面積によって示される。いうまでもなくこの関税によって、消費コスト BEC ももたらされる。このふたつの領域——図では斜線部によって示されている——が、幼稚産業の習得過程への投資コストを表している。この投資は、首尾よく事が運んだばあい、供給曲線——すなわちこの国の繊維産業の限界費用曲線——をやがて S′S′ へシフトさせるものと考えられる。

　この新規の供給曲線を所与とすれば、最適産出量は OJ となる。そこでは当該産業の限界費用は輸入コスト OP の水準に等しい。ほんらいの幼稚産業論によって含意されるように将来自由貿易が支配的となれば、習得過程への投資から得られる利益はやや広い三角形 PFS′ によって示され、これはすべて国内生産者のものとなる。価格がさらに低下するばあい（その分生産は縮小する）や価格が上昇して生産が拡大するばあいは、生産者余剰は縮小するだろう。

　将来の価格は輸入価格に等しくなければならず、したがってそのようにして将来の利益は最大となるという捉えかたは、バステーブルの要件——習得過程への投資を補償できるためには、将来のコストは輸入価格よりも十分下位の水準にくるべきだというもの——に照らしたばあい、やや整合的でないようにみえるが、ここでの論拠は次のことがらに求められる。すなわち限界費用が輸入代替費用に等しいあいだは、平均費用は実際それよりも下位の水準にあるということこれである[39]。

　以上の説明は、典型的な途上国経済において、習得過程が比較的容易であるような軽工業部門（とくに繊維産業）を輸入代替してゆく過程についてである。当初の輸入代替部門を保護する局面での輸入代替効果は OH で示され、幼稚産業が実際に成長して国際競争力を有するまでになったとき、その

第 3 章 幼稚産業論の発展

輸入代替効果は OJ へ拡大することが示されている。ただし一連のプロセスにおいて，ほんらいの幼稚産業論が意図するように，当該産業が国際競合的産業に育成されたときに保護関税は撤廃されることが要請される。もし当初の関税水準が維持されたとしたら，輸入代替効果は絶大なのだが，それは消費者にとって多大な犠牲をともなうことを正しく認識しなければならない。

次に輸入代替過程がひととおり終了して輸出指向過程へ入るケースを検討してみよう[40]。それは実際に 1960 年代の韓国や台湾において経験されたものである。このような開発戦略の連続性は，むろんこれまで論じてきた幼稚産業論と整合的である。言い換えるならそのような段階にある当該部門は，世界市場において比較優位を獲得するようになった局面にあるといえる。ただしこれまでの仮定にならって，典型的な途上国における幼稚産業なるがゆえに，われわれの念頭におく国は小国である。

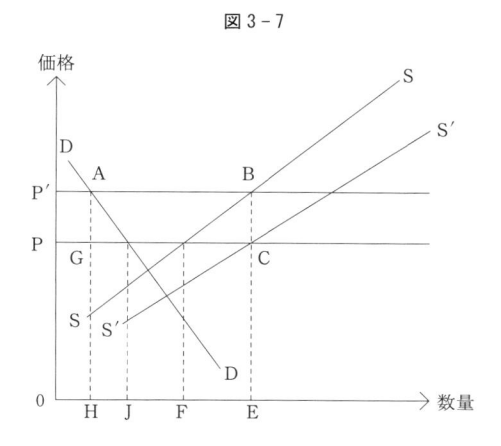

図 3-7

図 3-7 によってそれは説明される。この図で仮定されるのは次のことがらである。すなわち当該部門——これまでのごとく繊維産業を想定するとよい——が比較優位の局面にきたことから，国内需要曲線と国内供給曲線との均衡点は，世界市場価格水準（OP）よりも下位にある。そしてかつての韓国や台湾においてみられたように，国家は輸出補助金政策を施すものとしよう。それは当該産業に一定のパーセンテージで補助金を供与する方法が考え

られ，図においては国内供給曲線 SS がその勾配を変えるかたちでシフトして描かれた曲線 S′S′ によって示されている。国内価格と世界価格とを乖離させないとき，国内価格は OP 水準に設定されるので，補助金が供与されなくても繊維製品の国内供給量は OJ によって示され，同製品の対外輸出量は JF によって示される。補助金供与のときは S′S′ に沿って関連箇所が移動するので，対外輸出量は JE へと増加する。そしてさらなる国家介入がおこなわれるばあい，つまり国内価格を世界価格よりも引き上げる——国内価格が OP から OP′ の水準へ引き上げられるものとして描かれている——とき，対外輸出量はどうなるだろうか。むろん HE へとさらに増加するだろう（このことは国内価格が OP′ に，国際価格が OP にそれぞれ設定されることから明らかであろう）。いうまでもなく国内供給量は逆に OH へ減少する。そのさい得られる輸出収入は四角形 GHEC の領域によって示される。国内価格と世界価格との乖離がみられないケースと比較して，当該産業の利益（生産者余剰）は，輸出が HJ 量増えた分におうじて増加することは明らかであろう。いうまでもなくそのような当該産業保護措置の犠牲になるのは，国内の消費者である。それは消費者余剰が大きく縮小することによって示される。したがって一国が特定産業のみを優遇することに執心しないで国民経済の発展それ自体を優先するならば，事後的に消費者に対してきちんと補償するシステムを講じなければなるまい。とうぜんその方法は，保護の対象たる産業になんらかのかたちで課税することであろう。たとえば先の例では，国内供給量 OH について内外価格差分 PP′ を徴収するならば，四角形 AP′PG の領域が国庫に入ることとなる。しかしそのばあいもどうしても補償できない死重的損失が生じてしまうだろう。それは消費サイドの歪みとして示されよう。したがって事後的な補償システムが整備されないことが予想されるならば，ここで検討した輸出補助金のケースでは，内外価格差を設けないほうがよいかもしれない。ともあれここで論じている輸出補助金の具体的な政策措置として考えられるのは，当該産業への直接的生産補助金もしくは優遇利子率での輸出信用の供与，もしくは当該産業へのなんらかの免税措置などであろう。

第3章 幼稚産業論の発展

　以上の議論はほんらいの幼稚産業論からやや逸脱したものであることに留意されたい。もともとの幼稚産業論によれば，当該産業が（リスト的意味において生産力を十分身に付けて）比較優位産業に転化した段階において保護措置を完全に撤廃しなければならない。したがって先のバステーブルの局面に到達したとき，国家は保護措置を除去すべきなのである。しかしながらここでは，特別な理由によって保護が温存されるものの，その方法が変容するケースについて検討した。歴史上はかつての重商主義政策の現代版といえるかもしれない。特殊な環境におかれた途上国のばあい，大きな国内市場は望めなくてむしろアメリカや日本などの先進国市場のほうが規模の経済の実現に直結しやすいことから輸出収入を伸ばして外貨を獲得し，特定産業のみを肥大化させるのではなくてそれを国民経済一般にひろく再分配するシステムを具備できるとなれば，むしろそれが望ましいかもしれない。ただしそのためには，それを遂行するための課税システムの存在の保障が，もしくは当該国は小国であってその政策によって対外世界に大きな影響を及ぼさない——ある意味ではミニ重商主義といってもそれは近隣窮乏化政策となるゆえ——という保障が，それぞれ要請されるであろう。近年，市場経済と国家との関係がもしくは国家の役割が問われるなかで，本節でみたような幼稚産業論もしくはその類似的な議論は，一定の意義を有するものと確信できるのである[41]。

　なお新古典派の論客として古くから知られるマイヤーによれば，比較優位に関する捉えかたが1990年前後のクルーグマンや経営学者のポーター（M. E. Porter）らの登場によって，従来のリカードゥやヘクシャー＝オリーン型のそれを天然資源集約的財もしくは未熟練労働集約的財であるばあいは「自然的」比較優位として，さらに熟練労働集約的財もしくは資本集約的財，そして知識集約的財であるばあいは「獲得された」比較優位としてそれぞれ指定されるようになった[42]。かくして主流派のコンテクストでは，比較優位を獲得するようになるまでが幼稚産業論が適合するところということになるだろう。

　最後に幼稚産業論と為替レート政策との関係について触れておこう。新ケ

インジアンのサールウォール（A. P. Thirlwall）は，途上国にとって最適為替レート政策は二重為替レートもしくは複数為替レートが必要であって，すべての財に対して単一レートを適用するのは適切ではないとしている[43]。典型的な途上国のばあい，二重為替レート制のもとで固定相場の公定レートを輸出向け一次産品と（国内価格を低く抑えるために）必要な輸入財に適用し，減価的含みをもつ変動レートを需要の価格弾力性の高い輸出向け工業製品——比較優位を獲得した幼稚産業で生産された財——と奢侈財など不必要な輸入財に適用するとよい。とくに後者においては，変動レートの減価の程度が大きければ大きいほどそれだけ工業製品の輸出実績は増加するだろうし不必要な輸入を抑えることができる。このような複数為替レート政策は，前述の輸出補助金政策をさらに補強するものといえよう[44]。

3.5 結　び

本章では幼稚産業論について，主流派におけるその位置づけと途上国の現状に照らしてのその意義を中心にみてきた。幼稚産業論はハミルトンやリストの時代から現在にいたるまで，開発論のコンテクストでつねに議論されてきた依然重要な位置を占めるテーマである。

開発論における主要なテーマとして開発戦略論があり，一般的にそれは輸入代替工業化論と輸出指向工業化論とに区分して考察されがちであるけれど，幼稚産業論をそれにあてはめてみると，そのふたつの戦略は連続的な傾向をもつことが明らかとなる。すなわち貿易政策を実施する政府の姿勢が連続的に変容することを意味するのである。ほんらいの幼稚産業論においては，当該産業が比較優位を獲得した段階で，言い換えるなら世界価格水準よりも安価に生産できるようなコスト構造が具備される段階にいたるいわゆるバステーブルのテストをクリアする局面において，国家は保護措置を撤廃しなければならない。しかしながら幾多の途上国の現状ではほとんどそれは困難であろう。したがってなんらかのかたちの国家介入が，輸出指向局面にいたってもおこなわれることが多い。その主たる要因として考えられるのは，

かつてヒックスによって洞察されたように収入経済としての特徴をもつ国が多いことだ。さらに 1990 年前後からウェイドやアムスデンら政治経済学者による一連の研究によって示されたように，規模の経済の実現をいっそう確実なものにするため，輸出補助金政策などによって国家が肩入れすることで多大な輸出収入を確保するという方法が東アジアの国ぐにおいてみられたのだった。

　重商主義の昔から現在の先進国の幼稚産業史を顧みるなら，保護の対象となった産業から保護措置を撤廃することにおいていかに困難がともなうかがわかる。経済学の主流派は，資源の浪費を招来してしまうような事態をレント・シーキングとして概念化している。それはひとり途上国のみならず先進国においてもひろくみられる現象である。途上国にあっては事態はいっそう深刻かもしれない。しかし規範概念としてこれを捉えるなら，段階を踏んで保護措置を除去する方向で努力すべきであろう。

　典型的な途上国すなわち植民地時代にモノカルチャーを強要された国や地域のばあい，輸入代替工業部門が幼稚産業としての資格を有するものとみなされよう。むろんそれはかつてプレビッシュによって示されていたように，将来輸出指向工業部門として世界市場で生き残る公算が高いという確証が得られる部門についていうのである。その意味においては，その後の展開から地域差が明確になってきている。すなわちラテンアメリカにおいては幼稚産業論に意図されたような国際競争力が工業部門に獲得されたとはいいがたく，むしろそれはアジア地域において達成されつつあるということだ。このことについては数多くの研究成果が公になっているので，ここではこれ以上とくに述べない。ただし幼稚産業論のコンテクストでみるとき，現在世界の注目を集めている中国の経済発展問題との関連では，大きな市場が見込めて規模の経済の実現がなされやすい先進国——とくにアメリカ——向けに当初から輸出指向工業化を達成して，その後段階を踏んで国内市場へ供給するというパターンが構築されつつある。中国のこのような戦略はほんらいの幼稚産業論で意図される順序とはまったく逆であり，さらに言うならいまでは世界的共通項になっている観がある経済特区を設けてさまざまな優遇措置を施

すことによって，多国籍企業を誘致して自国の良質で安価な労働力を提供するという方法が，言い換えるなら国際経済を舞台にした合理的な資本と労働との要素結合を図って多大な輸出収入を確保するという仕方が真新しい生産システムとして評価されるようになってきている。従来の幼稚産業論の枠組みにはみられなかったこのような生産システムが，一種のベスト・プラクティスと化しているようにもみえる。これは中産的社会階層の存在問題など次章であつかうヴェーバーによる着想とも関連するので，ここではこれ以上述べないこととする。

注
1) いくらかの批判がなされたとはいえ，包括的かつ具体的にこのシステムについて叙述したのはやはりスミスであった。Cf. Smith, A. (1789). とくに邦訳書の第4篇第1章「商業主義または重商主義の原理について」を参照されたい。
2) Cf. Reinert, E. S. & S. A. Reinert (2005); Schwartz, H. M. (2000).
3) 小林 (1985)，59-84 ページ参照。
4) Mill, J. S. (1848), Bastable, C. F. (1923), Kemp, M. C. (1960) がそれである。
5) Cf. Meier, G. M. (1987), pp.828-830.
6) Ibid., p.829.
7) Cf. Mill, J. S., op.cit.. 邦訳書第5巻，210-211 ページ。
8) Vgl. List,F. (1841), 邦訳書 63 ページ。
9) 日本における論争のひとつに，貿易の純粋理論の枠組み内で論ずる山本と開発論のコンテクストで論じる村上とのあいだで展開されたものがある。山本 (1974)，第3章「幼稚産業保護論について」(37-54 ページ)，および村上 (1971)，第5章「幼稚産業保護論の再検討」(99-121 ページ) 参照。
10) 政策ランキングに関する包括的な解説については，拙著 (1996) 第9章「ストルパー＝サミュエルソン定理と途上国の貿易政策」(243-260 ページ) を参照されたい。
11) Cf. Krueger, A. O. (1974).
12) 詳細な類別化に基づく分析については，コーデンによるものがある。Cf. Corden, W. M. (1984), pp.63-130; ―― (1997), pp.7-32.
13) Cf. Krueger, A. O., op.cit..
14) この禁止的関税ケースについては，山本による解説が最も説得的である。山本，前掲書，37-54 ページ参照。
15) この説明は幼稚産業が成熟して比較優位産業と化したばあいについてであり，そのときの輸出収入は FG とふたつの垂線の足で囲まれた四角形の面積からその生産にかかった費用を差し引いた領域によって表されることとなる。
16) 山本，前掲書，47 ページ参照。
17) この箇所の解説もほぼ山本 (1974) に依拠している。
18) この図はエルアグラによって示されたものにほぼ依拠している。Cf. El-Agraa, A. M. (1984). 邦訳書，第2章「保護：全般的な背景」(8-45 ページ) のなかで幼稚産業を論じるさいに示された 31 ページの図を参照されたい。

19) Cf. Corden, W. M. (1974), p.29.
20) Cf. Corden, W. M. (1984), op.cit., pp.91-92.
21) 石川 (2006), 第1章「国際開発政策論の構築に向けて」のとくに 21-41 ページ参照。
22) Cf. Krueger, A. O. (1974), op.cit.,── (1984), in Jones, R. W. et al. eds., ch.11: 519-569. およびこの側面についての解説については, 拙著（前掲）の第 10 章「レント・シーキングと途上国の政治経済学」(261-293 ページ) 参照のこと。
23) 開発経済学の教科書のひとつである次の文献においても, 同様の捉えかたである。Cf. Ghatak, S. (1995), ch.10 "Industrialization, protection and trade policy", pp.320-360.
24) 村上, 前掲, 111-113 ページ参照。
25) 開発論のなかでは, 輸入代替工業化と輸出指向工業化との関係をどのように捉えるかが重要な論点のひとつである。とくに後者に内在する重要性については, 議論の余地が十分見出される。かつてよく引き合いに出されたような後者を輸出代替として捉え, 輸入代替過程を経ることなく最初から先進国へ輸出する目的で輸出加工区を創設して輸出ドライヴをかける仕方がとくに重要視される傾向がみられたが, 韓国や台湾の事例から, それは輸入代替期を経験してからのものだったことがほぼ確認されている。そこでの問題は, どのような財をその対象としたのかという内容に還元されてこよう。この問題については, 拙著（前掲）の第 8 章「途上国の開発戦略問題──ラテン・アメリカの経験を中心に──」(213-242 ページ) においてすでに検討した。なお近年の中国の輸出主導型成長路線による興隆は, これに新たな問題を提示している。
26) 本書の前章においてその含意は敷衍してある。
27) たとえば川勝 (1991) 参照。
28) 開発論のコンテクストでこの側面をとくに強調したものに, フィンドレーによる貢献がある。Cf. Findlay, R. (1988), in Ranis, G. et al. eds., ch.4: 78-95, ── (1993), ch.27: 420-448.
29) 一般的にはハーシュマンの戦略論として知られる。基本文献は Hirschman, A. O. (1958), ── (1968) である。ここでも論じるように, いまなおハーシュマンの着想は重要視されていて「規模の経済」もしくは「規模に関して収穫逓増」のコンテクストで再評価されつつある。それについては Krugman, P. (1994), Taylor, L. (1994) を参照のこと。同様にリストの幼稚産業論の枠組みで, その重要性に注目しているものに Shafaeddin (2005) がある。なお日本ではハーシュマン思想を包括的にあつかっている矢野 (2004) を挙げねばならない。
30) このふたつの連関効果は, サールウォールによって産業連関表を用いて次のように概念化されている。i 番目の部門の前方連関 (Lf_i) は総需要に対する産業間需要の比率として測られ, (3-1) 式によって与えられる。そして j 番目の部門の後方連関 (Lb_j) は総生産価値に対する購入された中間投入財の比率として測られ, (3-2) 式によって与えられる。

$$Lf_i = \sum_j X_{ij}/X_i \quad \cdots\cdots\cdots\cdots\cdots\cdots\cdots\cdots\cdots\cdots\cdots\cdots\cdots\cdots\cdots (3-1)$$
$$Lb_j = \sum_i X_{ij}/X_j = \sum_i a_{ij} \quad \cdots\cdots\cdots\cdots\cdots\cdots\cdots\cdots\cdots\cdots (3-2)$$

上式で X_i は産業 i に対する産業間需要 ($\sum X_{ij}$) と最終需要 (Y_i) との合計である。諸産業は前方連関と後方連関にしたがって, もしくはその合計にしたがってランキング可能である。いずれの効果も一産業部門が他産業部門に対して与えうる刺激の尺度となる。Cf. Thirlwall, A. P. (2006), p.397.
31) たとえばスリニヴァサンらによるインドのコンピュータ産業の事例研究がある。Cf. Das, S. & K. Srinivasan, (1997).

32) 家産制国家についてはヴェーバーの路線に沿った社会経済学的アプローチの必要性が石川によって指摘され，情報の非対称性問題については新制度学派を代表するスティグリッツによる一連の研究によってかなり解明されている。後者についてわかりやすく敷衍したものとしては絵所（1997）の第4章第2節「新制度派アプローチによる開発の政治経済学」（162-179ページ）参照。石川，前掲書，21-33ページ参照。*Cf.* Stiglitz, J. E. & A. Weiss (1981); Stiglitz, J E. (1986);―― (1988);―― (1993);―― (1998); Hoff, K. & J. E. Stiglitz, (1993).
33) このような趣旨の批判が，1970年代から80年代にかけて盛んにおこなわれた。*Cf.* Little, I. M. D., T. Scitovsky, & M. Scott. (1970); Balassa, B. (1982); Krueger, A. O. (1983).
34) *Cf.* Vernon, R. (1966).
35) このところ開発過程における国家の果たすべき役割について世界銀行も強調するようになってきたが，それは対内的な態度の意味においてであり，対外的に交渉するという趣旨ではない。*Cf.* World Bank. (1993);――. (1997); ―― (2002); ―― (2004). これらはいずれも『世界開発報告』だが，その副題は順に「経済成長と政府の役割」（1993），「開発における国家の役割」（1997），「市場制度の構築」（2002），「投資環境の改善」（2004）となっていて，それぞれ途上国の国家が有機的に機能すべきことを謳っている。『世界開発報告2005』では，優先課題として世銀が位置づけている「貧困削減」と「所有権の保障」に向けて，投資環境を整備することをとおして国家はいかに取り組むべきかが強調されている。
36) このことは，この頃新聞の三面記事を賑わす日本や韓国もしくは中国の中央と地方の政府高官，政治家および関連業者による贈収賄事件が後を絶たないことから明らかであろう。この側面はヴェーバー的な家産制国家論もしくはクローニー・キャピタリズムとも大いに関係してこよう。
37) *Cf.* Corden, W. M. (1997), *op.cit.*, ch.8. "The infant industry argument", pp.139-161.
38) 1940年代にオランダの学者フェルドルン（P. J. Verdoorn）によって東ヨーロッパの国々について最初に知見された法則であり，その後カルドアによって包括的に定式化された。製造工業部門において産出高成長と生産性向上とは強い正の相関関係にあるというもの。カルドアは「規模の経済性が生産性成長におよぼす効果は製造業のみならず工業部門全体としても顕著である，と結論できる」と主張している。*Cf.* Kaldor, N. (1978), 邦訳書，第4章の付録B「フェルドーン法則」，186ページ参照。
39) *Cf.* Corden, W. M. (1997), *op.cit.*, pp.152-153.
40) ここの説明は，とくにグリーナウェイによって与えられた着想に依拠している。*Cf.* Greenaway, D. (1983), chp.7. "the economic effects of non-tariff interventions", pp. 131-151.
41) 国家の役割に関する世界銀行のスタンスについては本章脚注35）を参照のこと。
42) *Cf.* Meier, G. M. (2005), pp.106-108.
43) *Cf.* Thirlwall, A. P., *op.cit.*, p.588.
44) むろん幼稚産業が国際競争力を獲得して十分な輸出収入が得られ，国内に中産的社会階層がかなりの割合を占めるようになりそれなりの国内市場が見込めるとなれば，為替レート政策を含む通商政策を自由化のほうへ転換すべきことが射程に入っていなければならない。

第2部 ＜幼稚産業論＞の参考文献

Balassa, B. (1982), *Development Strategies in Semi-Industrial Economies*, Baltimore: Johns Hopkins University Press.

Bastable, C. F. (1923), *The Commerce of Nations*, 9th edn. (original 1891), London: Methuen.

Chan, Ha-Joon, ed., (2001), *Joseph Stiglitz and the World Bank, the Rebel Within*, London: Anrhem Press.

Chenery, H. & T. N. Srinivasan, eds., (1988), *Handbook of Development Economics*, Vo.1, Amsterdam: North-Holland.

Chernow, R. (2004), *Alexander Hamilton*, New York: Melanie Jacson ［チャーナウ『アレグザンダー・ハミルトン伝──アメリカを近代国家につくり上げた天才政治家──』（上・中・下巻）井上廣美訳, 日経BP社, 2005］.

Corden, W. M. (1974), *Trade Policy and Economic Welfare*, Oxford: Clarendon Press.

──(1984), "Normative theory of international trade" Jones, R. N. et al., eds., ch.2: 63-130.

──(1997), *Trade Policy and Economic Welfare*, 2nd ed., Oxford: Clarendon Press.

Cole, A.H.ed. (1968), *Industrial and Commercial Correspondence of Alexander Hamilton Anticipating His Report on Manufactures*, New York: Augustus M. Kelley Publishers.

Cole, A. H. (1968), "The background of Hamilton's Report on manufactures", in Cole, A. H. ed., pp.231-243.

Das, S. & K. Srinivasan, (1997), "Duration of firms in an infant industry: the case of Indian computer hardware", *Journal of Development Economics*, 53(1): 157-167.

Defoe, D. (1728), *A Plan of the English Commerce, being a Compleat Prospect of the Trade of this Nation, as well as Home Trade as the Foreign*, London ［デフォウ『イギリス経済の構図』山下幸夫・天川潤次郎訳, 東京大学出版会, 1975］.

El-Agraa, A. M. (1984), *Trade Theory and Policy*, London: Macmillan ［エルアグラ『ECの貿易政策──国際貿易の理論と政策──』岡山隆監訳, 岩田伸人・宮川典之訳, 文眞堂, 1992］.

Findlay, R. (1988), "Trade, development, and the state", Ranis, G.et al., eds., ch.4: 78-95.

──(1993), "The new political economy: its explanatory power for LDCs", in *Trade, Development and Political Economy: Selected Essays of Ronald Findlay*, New York: Edward Elger, ch.27: 420-448 (original 1990).

Ghatak, S. (1995), *Introduction to Development Economics*, 3rd ed., London & New York: Routledge.

Greenaway, D. (1983), *International Trade Policy: From Tariffs to New Protectionism*, London: Macmillan.

Hamilton, A. (1791), *Report on the Subject of Manufactures*, reprinted in Cole, A. H. ed., pp.247-320.

Hicks, J. R. (1969), *A Theory of Economic History*, Oxford: Oxford University Press ［ヒックス『経済史の理論』新保博・渡辺文夫訳, 講談社学術文庫, 1995］.

Hirschman, A. O. (1958), *The Strategy of Economic Development*, New Heaven: Yale

University Press [ハーシュマン『経済発展の戦略』麻田四郎訳, 巌松堂, 1961年].
――(1968), "The political economy of import-substituting industrialization in Latin America", *Quarterly Journal of Economics*, 82: 2-32.
Hoff, K., Braverman, A., & J. E. Stiglitz, eds., (1993), *The Economics of Rural Organization: Theory, Practice, and Policy*, New York: Oxford University Press.
Hoff, K. & J. E. Stiglitz, (1993), "Imperfect information and rural credit markets: puzzles and policy perspectives ", Hoff, K. et al., eds., ch.2: 33-52.
Jomo, K. S. & E. S. Reinert, eds., (2005), *The Origins of Development Economics: How Schools of Economic Thought Have Addressed Development*, London and New York: Zed Books.
Jones, R. N. & P. B. Kenen, eds., (1984), *Handbook of International Economics*, Vol.1, Amsterdam: North-Holland.
Kaldor, N. (1978), *Further Essays on Economic Theory* (Collected Economic Essays, Vol.5), London: Gerald Duckworth & Co. [カルドア『経済成長と分配理論――理論経済学続論――』笹原昭五・高木邦彦訳, 日本経済評論社, 1989].
Kemp, M. C. (1960), "Mill-Bastable infant industry dogma", *Journal of Political Economy*, 68 (February): 65-67.
Krueger, A.O. (1974), "The political economy of the rent-seeking society", *American Economic Review*, 64(3): 291-303.
――(1983), *Alternative Trade Strategies and Employment, Vol.3: Synthesis and Conclusions*, Chicago: Chicago University Press.
――(1984), "Trade policies in developing countries", Jones, R. W. et al., eds., ch.11:519-569.
Krugman, P. (1994), "The fall and rise of development economics", Rodwin, L. et al., eds., ch.2: 39-58.
Levi-Faur, D. (1997), "Friedrich List and the political economy of the nation-state", *Review of International Political Economy*, 4(1): 154-178.
List, F. (1827), *Outline of American Political Economy*, Philadelphia: Samuel Parker [リスト『アメリカ経済学綱要』正木一夫訳, 未来社, 1966].
――(1841), *Das nationale System der politischen Ökomomie*, Stuttgart und Tübingen [リスト『経済学の国民的体系』小林昇訳, 岩波書店, 1970].
――(1842), *Die Ackerverfassung, die Zwergwirtschaft und die Auswanderung* [リスト『農地制度・零細経営および国外移住』小林昇訳, 日本評論社, 1949].
Little, I. M. D., Scitovsky, T. & M. Scott, (1970), *Industry and Trade in some Developing Countries*, London: Oxford University Press.
Meier, G. M. (1987), "infant industry", Eatwell, J. et al. eds., *The New Palgrave: a Dictionary of Economics*, London: Macmillan, pp.828-830.
――(2005), *Biography of A Subject: An Evolution of Development Economics*, Oxford: Oxford University Press [マイヤー『開発経済学概論』渡辺利夫・徳原悟訳, 岩波書店, 2006].
Mill, J. S. (1848), *Principles of Political Economy with Some of their Applications to Social Philosophy* [ミル『経済学原理』戸田正雄訳, 春秋社, 1939].
Mun, T. (1664), *England's Treasure by Forrain Trade, or The Balance of our Forrain Trade is The Rule of our Treasure* [トーマス・マン『外国貿易によるイギリスの財宝』張漢裕也訳, 岩波書店, 1942].

Prebisch, R. (1950), *The Economic Development of Latin America and its Principal Problems*, New York: United Nations.
Ranis, G. & T. P. Schultz, eds., (1988), *The State of Development Economics: Progress and Perspectives*, Oxford: Blackwell.
Reinert, E. S. & S. A. Reinert (2005), "Mercantilism and economic development: Schumpeterian dynamics, institution-building and international Benchmarking" in Jomo, K. S. & E. S. Reinert, eds., pp.1-23.
Ricardo, D. (1819), *On the Principles of Political Economy, and Taxation*, 2nd ed., London (original 1817) [リカードゥ『経済学および課税の原理』羽鳥卓也・吉澤芳樹訳, 岩波文庫, 1987].
Rodwin, L. & Schön, D. A. eds., (1994), *Rethinking the Development Experience: Essays Provoked by the Work of Albert O. Hirschman*, Washington, D.C.: Brookings Institution.
Rostow, W. W. (1960), *The Stages of Economic Growth: A Non-Communist Manifesto*, Cambridge: Cambridge University Press [ロストウ『経済成長の諸段階』木村健康・久保まち子・村上泰亮訳, ダイヤモンド社, 1961].
Shafaeddin, M. (2005), "Friedrich List and the infant industry argument", in Jomo, K. S. ed., *The Pioneers of Development Economics: Great Economists on Development*, London and New York: Zed Books, pp.42-61.
──(2005), *Trade Policy at the Crossroads: the Recent Experience of Developing Countries*, Basingstoke, Hampshire and New York: Palgrave.
──(2005), "Infant industry argument and import substitution", in Shafaeddin, ch.6: 137-54.
Schwartz, H. M. (2000), *States versus Markets: The Emergence of a Global Economy*, 2nd ed., New York: Macmillan [シュワルツ『グローバル・エコノミー I・II──形成と発展──』宮川典之・太田正登・浅野義訳, 文眞堂, 2001-2002].
Smith, A. (1789), *An Inquiry into the Nature and Causes of the Wealth of Nations*, in 3 vol., 5th ed., London (original 1776) [スミス『国富論』大河内一男監訳, 中央公論社, 1988].
Steuart, J. (1767), *An Inquiry into the Principles of Political Oeconomy* [ステュアート『経済の原理』中野正編訳 (第1編～第2編), 岩波書店, 1967-80；小林昇編訳 (第3編～第5編), 名古屋大学出版会, 1993].
Stiglitz, J. E. (1986), "The new development economics", *World Development*, 14: 257-265.
──(1988), "Economic organization, information, and development", Chenery, H. & T. N. Srinivasan, eds., ch.5: 93-160.
──(1993), "Peer monitoring and credit markets", Hoff, K. et al., eds., ch.4: 70-86.
──(1998), "Toward a new paradigm for development: strategies, policies, and processes", The 1998 Prebisch Lecture at UNCTAD, Geneva, Oct.19, Ha-Joon Chang, ed., (2001), ch.2: 57-93.
Stiglitz, J. E. & A. Weiss, (1981), "Credit rationing in markets with imperfect information", *American Economic Review*, 71(3): 393-410.
Taylor, L. (1994), "Hirschman's strategy at thirty-five", Rodwin, L. et al., eds., ch.3: 59-66.
Thirlwall, A. P. (2006), *Growth & Development: With Special Refference to Developing Economies*, 8th ed., London: Macmillan.
Veblen, T. (1899), *The Theory of Leisure Class: An Economic Study in the Evolution of Institutions*, New York [ヴェブレン『有閑階級の理論』小原敬士訳, 岩波文庫, 1961].

Vernon, R. (1966), "International investment and international trade in the product cycle", *Quarterly Journal of Economics*, 80(2):190-207.
World Bank, (1993), *The East Asian Miracle: Economic Growth and Public Policy——A World Bank Policy Research Report*, Oxford: Oxford University Press［世界銀行『東アジアの奇跡——経済成長と政府の役割——』白鳥正喜監訳，海外経済協力基金開発問題研究会訳，東洋経済新報社，1994］.
——(1997), *World Development Report 1997*, Oxford: Oxford University Press［世界銀行『世界開発報告1997』海外経済協力基金開発問題研究会訳，東洋経済新報社，1997］.
——(2002), *World Development Report 2001/2002*, Washington, D.C.: World Bank［世界銀行『世界開発報告2002』西川潤監訳，薮中久美子訳，シュプリンガー，2003］.
——(2004), *World Development Report 2005*, Washington, D.C.: World Bank［世界銀行『世界開発報告2005』田村勝省訳，シュプリンガー，2005］.

石川滋（2006）『国際開発政策研究』東洋経済新報社。
絵所秀紀（1997）『開発の政治経済学』日本評論社。
大川一司・小浜裕久（1993）『経済発展論——日本の経験と発展途上国——』東洋経済新報社,。
大塚久雄（1980）『国民経済』岩波書店。
川勝平太（1991）『日本文明と近代西洋——「鎖国」再考——』日本放送出版協会。
小浜裕久・渡辺真知子（1996）『戦後日本経済の50年——途上国から先進国へ——』日本評論社。
小林昇（1985）「原始蓄積のなかの保護主義」杉山忠平編，59-84ページ。
下山晃（1995）「奴隷の日常と奴隷主支配体制」池本幸三・布留川正博・下山晃『近代世界と奴隷制——大西洋システムの中で——』人文書院。
杉原四郎（1985）「自由貿易・保護主義・殖民——自由貿易帝国主義の胚胎——」杉山忠平編，85-106ページ。
杉山忠平編（1985）『自由貿易と保護主義』法政大学出版局。
鈴木圭介編（1972）『アメリカ経済史』東京大学出版会。
住谷一彦（1969）『リストとヴェーバー』未来社。
田島恵児（1984）『ハミルトン体制研究序説——建国初期アメリカ合衆国の経済史——』勁草書房。
冨澤修身（1991）『アメリカ南部の工業化——南部綿業の展開(1865-1930年)を基軸として——』創風社。
西川潤（2000）『人間のための経済学——開発と貧困を考える——』岩波書店。
藤井茂（1967）『貿易政策』千倉書房。
松本重治編（1980）『フランクリン　ジェファソン　マディソン　ハミルトン　ジェイ　トクヴィル』中央公論社，世界の名著40。
宮川典之（1996）『開発論の視座——南北貿易・構造主義・開発戦略——』文眞堂。
宮野啓二（1972）［アメリカにおける資本の本源的蓄積過程——いわゆる「ハミルトン体制」——］鈴木圭介編，第2章「アメリカ資本主義の成立と展開」所収，115-138ページ。
村上敦（1971）『開発経済学』ダイヤモンド社。
——(1990)「経済協力政策の新展開」『世界経済評論』第34巻第5号。
諸田實（2003）『フリードリッヒ・リストと彼の時代——国民経済学の成立——』有斐閣。
山本繁綽（1974）『貿易政策の理論』東洋経済新報社。
矢野修一（2004）『可能性の政治経済学——ハーシュマン研究序説——』法政大学出版局。
和田光弘（2000）『紫煙と帝国——アメリカ南部タバコ植民地の社会と経済——』名古屋大学出版会。

第3部
学際的アプローチ

第4章
ヴェーバーと開発論

4.1 はじめに

　マックス・ヴェーバーといえば，いうまでもなく社会学の泰斗としてあまりにも有名である。かれが考案した着想はいたって豊かであり，さまざまな学問領域に大きな影響を及ぼしてきた。その意味においては，学際的アプローチの代表格といってもよい。本章では，ヴェーバーの豊かな着想が開発論とどのような関係をもっているのか，もしくは新しい開発論をかりに構築しようとするときにそれがどのくらい有用であるのかについて考察を進めることを主たる目的とする。

　もちろんヴェーバーをこのようなかたちであつかうことは，わが国に多く存在してきた（もしくは存在する）ヴェーバー研究者たちから，学問的に軽薄ではないかとの謗りを受けるかもしれない。なぜならその存在は社会学においても歴史学においても，もしくは政治学においても思想面での影響があまりにも大きいからである。経済学においては経済史の分野で重要な業績を残しているが，経済学全般においては語られることがさして多くない。とくに近代経済学においては，経済主体の存在をホモエコノミクスとしての前提が絶対的なものになっていて，かれによって考案されたエートス（心的態度）論が入り込む余地がもはや見出されないからだ。むしろ同じドイツの歴史学派の流れを汲むフリードリッヒ・リストのほうが，第2章で検討したように幼稚産業論の源流として重要な存在であることから，こちらのほうが大いに関係しているといえるかもしれない。むろん大きく捉える経済学の一分野としての開発論のばあい，経済主体をホモエコノミクスとして捉える新古

典派経済学的なタイプとは異なり，構造主義経済学的なもしくは近年のスティグリッツやセンなどの新制度派経済学として大きくカテゴライズされる類のものに通じるいっそう包括的な捉えかたが，学際色を含むかたちでヴェーバー経済学は可能である。言い換えるなら社会経済学，政治経済学，もしくは歴史経済学などと呼ばれる類の学際的アプローチとしてヴェーバーの着想を組み入れて論じることの重要性がここに訴えられるのである。

　予備的考察として，開発論のこれまでについて簡単にふりかえってみよう。イギリスの古典派経済学では，アダム・スミスによる農村部と都市部との経済関係についての捉えかた――開発論では，二重経済構造論のアプローチの源流として捉えられる[1]――がその先駆けであった[2]。むろんスミスと同時代人であるデイヴィッド・ヒュームの存在も，忘れるべきではない[3]。ともあれ 18 世紀を生きたこの両巨星までさかのぼることによって，開発論の源流が見出されたことはすでに明らかなのである。重商主義思想を学問的に初めて体系化したとされるジェームズ・ステュアートが，ハミルトンやリストの幼稚産業論にどのようなかかわりをもったかについては，直接的というよりも間接的であったというほうが正確であろう[4]。それはさておき，その後経済学の体系化が進むにつれて限界概念が主流派によって定式化され，いわゆる二重構造論が開発論において優勢な地位を占めるにいたった。その体系化の流れについては，筆者はすでに検討している[5]。そこでは現在の途上国において農村部から都市部への，言い換えるなら伝統的自給自足部門から近代的部門への，大規模な労働移動がみられるのであって，こうした現象の捉えかたにおいて，開発論では生産要素の平均生産力と限界生産力という概念が用いられた[6]。しかしそこから導き出された論点として，インフォーマル部門の存在の重要性と国際面のコンテクストのそれとが看過されがちであったことを筆者は強調した。とくに後者においては，古くから南北間貿易において形成された一次産品と工業製品との交易関係を歴史的にみるという姿勢がきわめて重要な意味をもった。この問題が，開発論のなかでひとつの学派として重要な位置を占める構造学派の存在をいっそう際立たせることにもなった。

多国籍企業の存在をどのように捉えるのかという問題が次の論点となる。すなわち途上国の経済発展の目的のためにそれを肯定的に受け入れるのか，それとも排他的にあつかうのかという問題である。あえて類型化するならば，前者の立場をとるのが構造主義経済学であって，後者の立場をとるのが従属学派である。後者がしだいに先鋭化し，デリンク論まで主張するようになったことはよく知られている。ところが実際の途上国のほうでは，それなりの工業化を達成した NICs もしくは NIEs と呼ばれる国や地域が出現し，いまでは東アジアと東南アジア地域一帯が注目されている。このような NICs（NIEs）の興隆は，開発論における学派相互の葛藤を呼び起こさずにはおかなかった。従属学派の退潮およびそれとは逆に新古典派経済学の復権がそうであった。その背景のひとつに国際経済論の分野において，NIEs 化に成功した国や地域においてのほうがその他の途上国に比べて市場メカニズムを導入した度合いが大きかったという評価がなされたことがひとつの事実としてある。しかし 1990 年前後から新古典派の現代ヴァージョンである新自由主義経済学の結晶ともいうべきワシントン・コンセンサスに対して，ウェイドやアムスデンらの積極的国家介入派もしくは東アジア経済学派の登場もあって，途上国の経済発展において「国家」はどのようなかかわりをもつべきかという問題が議論されるようになった[7]。つまりこの問題は，途上国の経済発展に絡んで国家はどのくらい主導的役割を果たしうるのかという問題に還元されてくる。市場一辺倒で経済発展問題は解決できるものではない，という認識がひろがっていった。こうした捉えかたは第 1 章にみたように，構造主義と軌を一にするものである。

そして新自由主義がいろいろな角度から批判されたことと相並んで，不完全情報問題を継続的に研究したスティグリッツおよび潜在能力や権原アプローチなどで知られるセンらによって代表される新制度学派の影響が大きくなり，とくに世界銀行の拠って立つスタンスにおいて途上国の持続的成長路線から貧困削減路線のほうへの転換が前世紀末に見られたのだった[8]。かれらの認識は，途上国の発展問題を経済学の視点からのみ捉えるのではなくてもっと包括的な広い視野で捉える必要性に重点を置くものであって，そこに

は人間開発や社会開発の視点が含められる[9]。むろんそのような進行過程において，ILO（国際労働機関）を起点に提示されたBHN（基本的人間ニーズ）戦略に代表される改良主義がみられたことも忘れるべきではない。センの開発思想はそれに依拠して構築され，UNDP（国連開発計画）による人間開発指数の概念化につながったとみなせるからだ[10]。

ともあれ世界最大の国際援助機関として存在する世界銀行に対するその中心的な開発戦略面での思想的影響を考えると，構造主義――ECLAドクトリンを基礎にした工業化への支援，およびtwo-gap説と労働移動説に依拠した援助体制――から新古典派――その思想が政策勧告として簡潔に集約されたのがワシントン・コンセンサスであり，それは新自由主義経済学とも称せられSAL（構造調整貸付け）に具体化されてグローバル・エコノミーの広がりという現象を生んだ――へ，さらには改良主義（BHN戦略）を経たうえでの新制度学派――PRSP（貧困削減戦略文書）を基礎にすえた援助方式へのシフト――へと移行してきた，というのが現在の共通の見方のようだ[11]。むろん国家の積極的な役割を強調する東アジア経済学派と新構造主義も，国家の存在理由という意味において一定の影響を与え続けていることを忘れるべきではない。

さてこのようにみてくると，開発論の展開において古きも新しきも古典的な経済思想の影響をなんらかのかたちで受けているといえる。そのいずれもその起源を訪ねると，かのスミスにたどり着くように思われる。市場と国家の問題，競争型か独占型かの問題，自由貿易か保護貿易かの問題，完全雇用か不完全雇用かの問題，完全情報か不完全情報かの問題など枚挙に暇がない。ただここで問題となるのは，経済発展過程を段階的に上ってきた現在の先進国サイドからの視点のみから途上国の開発問題を論じるのは根本的な誤謬に陥ることになるということだ。世界銀行においても近年の新しい流れとして途上国の歴史構造的で制度的な問題のほうに焦点が移りつつある事情にかんがみて[12]，途上国の抱える構造的諸問題を学際的アプローチから正確に認識しようという意味から，ヴェーバーのアイディアと開発論との関係について考察してみよう。

4.2 ヴェーバーの分析視角

ヴェーバーが社会科学分野において残した学問上の業績は膨大であり、底知れぬほど巨大なものである。まさしく学際的分野の巨星と呼ぶにふさわしいだろう。かれの意図したところは、現代経済学の領域に直截に入り込む類のものではなくて、むしろ科学的方法論に根ざすもの——たとえば学者たるものは価値自由（Wertfreiheit）の精神、すなわち感情に囚われない自由な精神で研究対象に取り組むべし[13]、という考えかたがその典型であろう——であったことをさしあたり確認しておくべきだろう。

これは学問としての客観性を追求する態度としてきわめて重要なことなので、ヴェーバー自身による叙述をここに拾っておこう[14]。

「研究者であり叙述者である人は、経験的事実の確定（かれによって研究された経験的人間たちの、——かれによって確定された——『評価的な』ふるまいをふくめて）と、かれが実践的に評価する態度決定、すなわち、この事実（研究の客体とされた——経験的人間たちがするかもしれない——『評価』もふくめて）を喜ばしいかまたは喜ばしくないかとして判定する態度決定——この意味において『評価する』態度決定——とを、そこ［経験的事実の確定と態度決定と］においてはじっさい［たがいに］異質の問題がとりあつかわれているため、無条件に区別するべきである、という要求が問題になっているにすぎない。」（強調部分の二重かぎ括弧はヴェーバー自身による。）

この引用部分は、その当時「価値自由」論争が展開されるなか、この術語を「没価値」と同一視してしまうような狭義の捉えかたが支配的な雰囲気になったことから、その論争に対してヴェーバー自身が応答した、という文脈で解釈されなければならない。すなわちヴェーバーは、学者は自らの価値判断をなるべく鮮明にすることによってそれを自覚し自己制御する必要があることを、つまりその「意識」のなかにいかなる価値理念を前提としているのかという考えをつねに入れておくべきことを自ら確認したものとして捉えられよう[15]。

ところで開発論の分野でこのようなヴェーバー的な着想によって途上国の発展問題を考えた学者に, 初期構造主義の代表的人物ミュルダール (G. Myrdal) がある。かれは比較的初期の著作のなかで, 先進国の経済構造を前提にして形成された主流派の経済学を異質的構造をもつ途上国経済にそのまま適用しようとするのは根本的な誤謬である, という趣旨の批判を展開した。すなわち開発経済学者の学問態度もしくは意識内に存在する価値前提 (value premise) を明らかにしたら, 主流派経済学の支柱たる市場メカニズムや自由貿易主義の信仰に支配されてしまっているばあいが多く見受けられる, ということだった[16]。それが経済発展をめざす実際の途上国の立場からの視角から論じていることになるかといえばけっしてそうではない, という批判である。ミュルダールに代表されるこのような批判的精神は, 初期構造主義に共通にみられたひとつの特徴であった。

さて経済の純粋理論の研究分野においては, 前述のようにヴェーバーの入り込む余地はさして大きくないけれど (ただし方法論としてはその存在はきわめて大きい), 学際的分野としての開発論においては, かれの学風の及ぼした影響には測り知れないものがある。本書でそのすべてを語りつくすのは不可能に近いこと, および筆者にとってそれは荷が重すぎるように思われることなどから, ここではとくにかれ固有のターミノロジーとタイポロジーに焦点を絞って, 現在の開発論との接点から追究することに集中しよう。

これもいわば方法論の領域に属するだろうが, ヴェーバーの脳裏にはつねにマルクス (K. Marx) の存在が大きく覆いかぶさっていたに違いない。歴史認識についての史的唯物論的な見方に対する拮抗意識, これである。言い換えるなら, エートス (Ethos) という語に集約されよう。すなわち人間存在の内面意識のありかたそのものが歴史を規定する可能性に関する, ヴェーバー独自の表現図式である。とうぜんそこには, 唯物史観的な下部構造 (経済諸事情) が歴史を規定するという価値前提に対するアンチテーゼとしての意味が込められている。上部構造は下部構造に依存するというマルクス的な見方とは相容れない前提に立脚することになるので, ヴェーバーによる一連の著作は, このことをいかに証明するかということをひとつの大目的として

位置づけることを認識しつつ公にされていった,とみて差し支えあるまい。かくしてヴェーバーは,人間存在の内的意識構造がいかに歴史を形成するにいたったのかということについて膨大な研究をまとめあげていった。そして時あたかも北西ヨーロッパとアメリカにおいて近代化がポジティヴに具体化しつつある,その最中でもあった。とうぜんヴェーバーは西洋近代化を肯定的に捉え,その内面的な動機づけそのものを問題とした。すなわちエートスのいわば(狭く捉えるなら)経済倫理の変容過程について,およびそれがいかにして北西ヨーロッパの近代化を実現させるにいたったかについての説明であった[17]。生活態度および心的態度において勤勉に努めようとする社会的階層が,宗派においてはプロテスタンティズムを信仰する人びとであることに,ヴェーバーは注目したのだった。そのなかでとくにカルヴィニズムの存在がクローズアップされた。ヴェーバーは言う[18]。

「‥‥‥宗教改革の伝播の時代にカルヴィニズムは(他のプロテスタント的信仰のばあいと同様に),どの国においてもある特定の一階級と結合するようなことはなかった。けれども,フランスのユグノーの教会では最初から改宗者の間に修道士と産業人(商人や手工業者)が,迫害の時代にさえ,とくに数多く見出されたという事実は,まさしく特徴的な,ある意味で『類型的』なことがらなのだ。」(強調箇所としての二重かぎ括弧はヴェーバーによる。)

さらにこの宗派の特徴について,次のように述べる[19]。

「‥‥‥当時この信仰のもっとも特徴的な教義とされ,また一般に,今日でもそう考えられているのが恩恵による選びの教説(予定説)である。」

ここに,カルヴィニズムに内在する世俗内禁欲としての萌芽をみてとれよう。すなわち中世修道院の世俗外禁欲から宗教改革をとおして,プロテスタンティズムの世俗内禁欲へと宗教倫理が大きく変容していったのだが,そのプロセスのなかでもっとも重要な役割を担ったのがカルヴィニズムだったとみるのである。言い換えるならカルヴァン(J. Calvin)のばあい,合理的禁欲を修道院による原理から世俗そのものの原理に転換させることに成功した[20]。その宗教改革が拡充するうえで組織的な推進役を果たしたのが数多

くのゼクテ (Sekte) だった。このように社会的組織づくりがこの宗派のばあい卓越していたことに加えて，それが拡充していった内的原動力となったのは，前述の予定説であることに異論の余地はあるまい。ヴェーバーはその核心部分ともいえる1647年の「ウェストミンスター信仰告白」(Westminster confession) を引用して，次のような解説を加えている[21]。

> 「‥‥‥現世にとって定められたことは，神の自己栄化に役立つということ――しかもただそれだけ――であり，選ばれたキリスト者が生存しているのは，それぞれの持ち場にあって神の誡めを実行し，それによって現世において神の栄光を増すためであり――しかも，ただそのためだけなのだ．ところで，神がキリスト者に欲し給うのは彼らの社会的な仕事である．それは，神は人間生活の社会的構成が彼の誡めに適い，その目的に合致するように編制されていることを欲し給うからなのだ．カルヴァン派信徒が現世においておこなう社会的な労働は，ひたすら『神の栄光を増すため』のものだ．だから，現世で人々全体の生活のために役立とうとする職業労働もまたこのような性格をもつことになる．」（強調箇所の二重かぎ括弧はヴェーバーによる．）

ここにおいて，日常的に労働に励むことが神によって天賦された召命 (Beruf) なのであって，ひたすら勤労に励むことが神から選ばれる（救済される）ことにもなる，ということが窺える．さらにヴェーバーは述べる[22]。

> 「‥‥‥カルヴァン派は，‥‥‥市民的・資本主義的な企業家の厳格，実直，行動的な心情に一層多くの親和性をもっていたように思われる．」

かくしてカルヴィニズムの他のさまざまな宗派――洗礼派 (Taufertum)，バプティスト派，メノナイト派，クェイカー派，敬虔派，メソジスト派など――についても歴史的発達過程を跡づけてから，ヴェーバーは次のように述べている[23]。

> 「‥‥‥このような，来世を目指しつつ世俗の内部で行なわれる生活態度の合理化，これこそが禁欲的プロテスタンティズムの天職観念が作り出したものだったのだ．」

さてこのような世俗内禁欲を日常化させたプロテスタンティズムの倫理が，近代資本主義とどのようにかかわってくるのだろうか，という問いに解

答を与えることがヴェーバーにとって次の課題となる。資本主義というばあい，一般的に各経済主体が営利目的で行動することを是認するものであって，けっしてそれを否定しない。ところがヴェーバーやわが国におけるその敷衍者である大塚久雄によれば，当時のプロテスタンティズム各派は，富を所有することに対してきわめて否定的だった。ふたたびヴェーバーから引用しよう[24]。

> 「・・・・・道徳的に真に排斥すべきであるのは，とりわけその所有のうえに休息することで，富の享楽によって怠惰や肉の欲，なかんずく『聖潔な』生活への努力から離れるような結果がもたらされることなのだ。財産がいかがわしいものだというのは，それがこうした休息の危険を伴うからにすぎない。」（強調箇所の二重かぎ括弧はヴェーバーによる。）

礼拝のための時間以外はただ天職としての勤労に励むべし（それが神に祝福される唯一の道である，すなわち救済されることになる）とし，時間の浪費（これは神が許すことのない罪であるとみなされる）は極力避けねばならず，その悪しきものを助長するのが富なのだ，ということになる。そして次にそのような天職として捉えられた勤労の従事する職業が，神によってよろこばれる程度におうじて序列化される。その規準としてあげられたものは，第一に道徳的規準，第二に生産する財の社会全体に対する重要度という規準，そして第三に「収益性」の規準であった[25]。これらの規準に適う職業はすべて神によって意図されたものだ，ということになる。そこでヴェーバーは17世紀の代表的ピュウリタンだったバクスター（R. Baxter）の箴言から，神のために労働した結果として富裕になることを正当化した文言を引き出している[26]。ここにおいて本来プロテスタンティズムの倫理規範によって嫌悪されていた富が，神の意図を経由して，結果的に獲得されたとすれば，それは，これも神の意図にしたがって，是認の対象となったことを含意することとなる。すなわち，ここに価値の大きな転換が見出されたことを意味する。

その総括として，ヴェーバーは次のように述べている[27]。

「・・・・・プロテスタンティズムの世俗内的禁欲は，所有物の無頓着な享楽に全力をあげて反対し，消費を，とりわけ奢侈的な消費を圧殺した。その反面，この禁欲は心理的効果として財の獲得を伝統主義的倫理の障害から解き放った。利潤の追求を合法化したばかりでなく，それを（上述したような意味で）まさしく神の意志に添うものと考えて，そうした伝統主義の桎梏を破砕してしまったのだ。」

ここにいたって，近代資本主義の主要な担い手である企業者と労働者の心的態度が，すなわち営利と労働をそれぞれ天職として捉えて神の意志にしたがおうとする態度が，鮮明に描き出されたことになる。そのような態度が，古くからの迷信や呪術などに縛られた伝統主義が支配する社会から，経済社会を資本主義的発展へ向けて解き放ったとみるのだ。つまりこうした信仰のもとに人びとが動きだすと，言い換えるなら目的合理的にひとたび動きだすと，企業者の営利活動意欲と労働者の勤労意欲がいよいよ増進されて，さらには倹約の精神も尊重され，資本蓄積のプロセスが進みだすことになる。実際現代経済学においても，もしくは開発論においても，人びとの倹約指向が貯蓄活動として具体化し，それが企業者の投資活動に転用されると説く。その循環過程が成長路線を描くならば，それを経済成長と呼び，多元的に経済社会を成長させるならば，それを経済発展とわれわれは呼んでいる。これこそヴェーバーのいうエートスを，すなわち経済倫理を，ポジティヴに解釈したばあいのエッセンスである。

むろんいま述べたように，このことは途上国の開発問題に対して重要な意味を投げかける。そこに居住する人びとの意識構造のありかた，これである。その心的態度として怠惰・浪費・無為を恥じて勤労と倹約に励むならば，生産的投資につながって資本蓄積も増進するだろう。このような見方は第2章にみたリストによる叙述とも符合する。かれがその心的態度として勤勉・熟練・節約の必要性を主張していたことを想い起こすとよい。ここにわれわれは，リストとヴェーバーの視角の接合をみるのである。しかもその視角が前者においては内外の視点から考察されたことを，そして後者においては心情的意識構造の問題に特化して考察されたことを，さらにはそのいずれ

も開発論に大いに関連してくることをわれわれは改めて再確認したことになる。

かくしてヴェーバーは，西ヨーロッパとアメリカ合衆国で近代資本主義が芽生えて発展してきたことの意識的背景に，プロテスタンティズムの倫理があったことを重視したのだった。そのような心的態度が社会全体に充満しそれが歴史そのものを動かす重要な因子となれば，それこそヴェーバーの言うエートスであり，それが近代資本主義を生成することに直接的影響を及ぼしたということになる。それに加えてヴェーバーが強調したのは，そのような資本主義と賤民資本主義（Pariakapitalismus）との2種類の資本主義を厳密に峻別する必要性であった。それというのも，このふたつの資本主義を推進する役割を担う主体の心的態度が根本的に異質であるからだ。この側面についてヴェーバーは次のように述べている[28]。

「‥‥‥中世および近代におけるユダヤ教の経済倫理も，ピュウリタニズムに対比するとき，資本主義的エートスの発展における両者の位置づけに決定的な意味をもつ諸特徴についてみると，両者は遠くかけ離れたものだった。ユダヤ教は政治あるいは投機を指向する『冒険商人』的資本主義の側に立つものであって，そのエートスは，一言にしていえば，賤民（パーリア）的資本主義のそれだったのに対して，ピュウリタニズムの担うエートスは，合理的・市民的な経営と，労働の合理的組織のそれだった。」（強調部分はヴェーバーによる。）

プロテスタンティズムの倫理を基礎にすえて，それが企業者と労働者をして経済目的合理的に行動させる内的原動力として作用したことから，近代資本主義は内的に動機づけられたとしたのに対して，賤民資本主義のばあい，このようにその内的意識構造はまったく別物だったというのである。後者についてさらに次のように言う[29]。

「イギリスのピュウリタンたちにとっては，当時のユダヤ人はまさしく彼らの嫌悪してやまぬ，あの戦争・軍需請負・国家独占・泡沫会社投機や，また君主の土木・金融企画を指向するような資本主義を代表する者たちだった。」

この賤民資本主義というタームは次のようにも言い換えられた。「掠奪資

本主義」(Raubkapitalismus), 「政治寄生的資本主義」(der politisch verankehrte Kapitalismus), 「植民資本主義」(der koloniale Kapitalismus), 「国家政商的資本主義」(der Staatslieferanten-Kapitalismus), 「租税請負資本主義」(Steuerpächter-Kapitalismus), 「関税請負資本主義」(Zollpächter-Kapitalismus), 「国家独占資本主義」(Staatsmonopol-Kapitalismus), 「戦争資本主義」(Krieges-Kapitalismus), 「商人的投機的資本主義」(der händelisch spekurative Kapitalismus), 「高利貸資本主義」(der wucherische Kapitalismus), 「非合理的資本主義」(der nichtrationale Kapitalismus), 「冒険商人的資本主義」(Abenteuerkapitalismus) などである[30]。このうちのいくつかは先の引用箇所に登場してくるけれど, パーリアとしての含意はいずれも同じであって, 近代資本主義とは根本的に異なるという。ここでの論点はいくつものターミノロジーから明らかなように, 賤民資本主義のばあい, プロテスタンティズム的な宗教倫理によって裏づけられない単なる利得動機にしたがって商売をおこなうような活動を含意していることである[31]。それに対して近代資本主義のばあい, すでにみたように企業もしくは資本家が営利(利潤獲得)活動をおこなうとしてもその心的態度は, 勤勉と実直と倹約であった。第2章であつかったリストのばあい, このふたつの資本主義を区別しなかった——レコンキスタに論及した箇所で, スペインとポルトガルのその後の衰退はユダヤ教徒とイスラム教徒の追放が大きな要因だったと論じたことを想い起こすとよい——ことがヴェーバーと異なっている。

　ヴェーバーは, 中世ドイツの法王庁に寄生する——鉱山の所有権や独占権などの利権を獲得するとともに高利貸しを営む——しかたで巨富を得たヤコブ・フッガー(Jakob Fugger)と, プロテスタンティズムが充溢していたころのアメリカにおけるかのベンジャミン・フランクリン(Benjamin Franklin)との両者の言葉に, この2種類の資本主義のエートスを代表させている[32]。さらにそれを敷衍して説明したのが, 大塚久雄であった[33]。

　そこにおける論点は, ここまでみてきたことから明らかなように, 近代資本主義の発展過程において, 「営利心」と「強力な生産力」とはいかに結合して

きたかという問題である。この問題をさらに掘り下げるならば，次のように言い換えられる。すなわち賤民資本主義の担い手であった前期的商人層（前期的資本家）と，近代資本主義の担い手である近代産業資本家とは，歴史上連続性があるのかそれとも不連続なのかという問題設定である。ヴェーバーも大塚も，前期的資本家と近代的産業資本家とは「断絶」しているとみなしたことは容易に想像がつく。とくに大塚のばあい，イギリスにおいて中産的生産者層が前期的商人層に勝利したと捉えている[34]。この問題はいわばヴェーバー＝大塚テーゼといってもよいだろう。大塚にいたっては，ヴェーバーによって提示された賤民資本主義と近代資本主義との明確な峻別の必要性を，前者が優勢な時代から後者が支配してゆく時代までのイギリス経済を題材に，研究上いっそう深めるとともに具体化したという意味において見事であった。

　さてヴェーバーの分析視角に関連して，社会階層の問題に触れておかねばならない。この問題は前段における資本主義のタイポロジーにも大いに関係してくるのだが，それぞれの資本主義の担い手たちはどのような社会階層に属していたか，という問いがまず発せられる。ヴェーバーによれば，近代資本主義のばあい，それは「向上しようと努力しつつあった産業的中産者身分」ということになる[35]。言い換えるなら社会的中産者層，もしくは中産的社会階層のことである。この術語はすでに本書においてもかなり登場していることとおもう。前期的資本家たちが優位に立っていた，すなわち近代資本主義の担い手たちはその支配下に置かれていた時代にあって，前述のようなエートスを背景にしてしだいに頭角を現してくるのである。近代資本主義の発展過程のなかで，それは産業資本家と賃金労働者とに分化していったことは容易に想像されるところだろう。イギリス経済史におけるそれはヨーマンリー（独立自営農民層）の分解だったと史家によってみなされたことは，周知の事実である[36]。この階層の心的態度は，大塚久雄による表現を借りるなら，不羈独立の精神に富んでおり勇敢・闊達・質朴・廉直の徳性に充ちていた[37]。この階層の生活態度に関する敷衍としては，人間タイポロジーとしてのロビンソン・クルーソウ的「経済人」についての大塚によってなさ

れた説明があまりにも有名である[38]。さらには論理的飛躍であるという叱責を免れないかもしれないけれど，あえて言おう。アダム・スミス的な「近代経済人」のタイポロジーと関連しうるということ，これである[39]。それというのも，スミスによる人間類型は「共感」に裏づけられた倫理を内包しているホモエコノミクス——いわば確立された経済人——であるという意味において，ヴェーバーによって呼ばれた中産者身分とも大いに関係してくるからだ。

　次にリストがすでに察知していてヴェーバーがそれをさらに明確化した論点として，エルベ川の以東と以西において異なる発展過程をたどったというイッシューをあげねばならない。この問題は，住谷一彦によって敷衍された論点でもある[40]。そして史家のあいだでは再版農奴制の広がりとして知られる問題である。すなわち中世後期から近世初頭にかけてエルベ川を境にした東と西のヨーロッパの経済発展過程において，東側は封建主義が復権してきたのに対して西側では近代資本主義の色彩がいっそう濃くなっていったという側面についてである。そのような歴史的に異なる発展過程をたどることになった構造的背景として，東側ではグーツヘルシャフト（Gutsherrschaft）が根強く存続して封建領主＝ユンカー（Junker）の勢力がその他の階層を圧倒する傾向がつづき，穀物輸出に大幅に特化するパターンが形成されたことが指摘される。いまふうの言い方をするなら，一次産品への特化がなされたことを意味していた。他方西側では，中産的社会層がしだいに形成されていて，前期的商人層の変種である問屋制前貸し層との並存状態からしだいにその立場が逆転して，すなわち産業資本家階層のほうが優位になってゆき，工業先進地域へと変貌していった。その結果，工業製品（農機具や機械）を生産して東側へ輸出するというパターンが形成された。ここにおいて重要なのが土地所有と経営との関係，言い換えるなら地代と利潤とは未分離なのかそれとも分離なのかという論点である。ヴェーバーによれば，エルベ川から東側においてはそれは未分離であって，土地所有者としてのユンカーが自ら農業経営に従事するという形態であった[41]。言い換えるなら東側では，農業資本主義の進展過程において土地所有と経営とは一致していた

のだ。つまり経営者たる地主は，世襲財産制のもとに，所有している土地に半ば隷農的に農民を縛りつけた。それも歴史上は三十年戦争（1618～1648年）を契機として，そのような傾向がいっそう強くなったとしている[42]。住谷一彦による敷衍にしたがえば，そのような世襲財産所有者は農業的経営者になろうとは考えず，かれらの関心はかれらの身分にふさわしい地代を獲得することが主であって，その心的態度は身分指向（貴族化指向）なのであった[43]。したがってそのエートスは，利潤動機と結びついた農業経営ではけっしてなかったのだ。そのような体制が堅固になればなるほど，中産的社会層が分解して近代資本主義を発展させる余地はいよいよ狭くなっていかざるをえないであろう。それとは逆に土地所有と経営とが不一致ならば，すなわち地代と利潤とが分離しているなら，事情はまったく異なってくる。この傾向がはっきりと顕在化したのは，これまでの議論から明らかなようにイギリスにおいてだった。その核心部分がヨーマンリーの分解過程に求められたことはすでにみた。ただしエルベ川から西側のドイツにおいては，三十年戦争を機にいわば独立自営農民が出現して農産物の市場化が地域内で進み，荘園領主は地代を貨幣形態で獲得でき，かれら自ら実際に農業経営に従事する――自ら農民を労働力として雇用して農業資本家としての役割も兼ねる――ことはなかったため，自営農民の分解に向けての余地が見出された[44]。かくしてエルベ川を境にした東西のヨーロッパにおいて，社会構造的な違いから経済発展の過程にも相違がみられたことをヴェーバーは洞察したのであって，東側のそのような構造上の特性が全体的な広がりをみせるようであれば近代資本主義の萌芽たる中産的社会層が健全なかたちで現出することまでも阻害してしまいかねないという危惧が，かれの脳裏をかすめていたに違いない。

　最後に挙げなければならないのは，かの有名な支配（Herrschaft）の類型学である。ヴェーバーは正統的支配の純粋類型として，(1) 合法的支配（legale Herrschaft），(2) 伝統的支配（traditionale Herrschaft），(3) カリスマ的支配（charismatische Herrschaft）があるとした[45]。これらについて次のような簡潔な説明がヴェーバー自身によって与えられた[46]。すなわ

ち(1)は制定された諸秩序の合法性と，これらの秩序によって支配の行使の任務を与えられた者の命令権の合法性とに対する，信仰に基づいたもの。(2)は昔から妥当してきた伝統の神聖性と，これらの伝統によって権威を与えられた者の正当性とに対する，日常的信仰に基づいたもの。(3)はある人とかれによって啓示されあるいは作られた諸秩序との神聖性，もしくは英雄的力，もしくは模範性に対する非日常的な帰依に基づいたもの。実際の社会に実践されているのはこれらのミックス型であろう。途上国の現状を見れば，(2)と(3)とが大いに関係してくるであろう。それとは対照的に先進国の諸制度のばあい，(1)の類型に属することは明らかであろう。合法的支配の最も純粋な類型としてヴェーバーは，官僚制的行政スタッフによる支配をあげている。これに関連してくるのが合理的で正確な計算可能性であり，それは近代資本主義の属性とされる。

途上国の諸制度のばあい，とくに(2)が重要である。これはさらに3つの類型に細分化される。すなわち長老制（Gerontkratie），家父長制（Patriarchalismus），および家産制（Patrimonialismus）これである[47]。長老制と家父長制とは支配者（Herr）の個人的な行政スタッフが欠如しているばあいであって，ヴェーバー自身によって次のように説明される[48]。

> 「長老制とは，――団体内部でそもそも支配が行使されているとして――，（始源的には文字どおり年齢の点での）最長老が，神聖な伝統の最良の精通者として，支配を行使している状態をいう。長老制は，しばしば，基本的には経済的で家族的ではないような団体について，存在している。家父長制とは，多くは基本的に経済的で家族的な（家）団体の内部で，（通常は）明確な相続規則によって定められる個々人が，支配を行使している状態をいう。」

すなわちこれら2類型が家産制と決定的に異なるのは，繰り返すが，支配者の個人的な――まさしく文字どおり「家産制的な」――行政スタッフが完全に欠如しているということ，これである[49]。かくして支配者の個人的行政スタッフ（これには軍部幹部も含まれる）が形成されるとなれば，それこそ家産制が確立するという。そのようなばあい，支配者の周囲の行政スタッフはもはや臣民である。そして支配者の権力が最高度に達すると，スルタン

制（Surutanismus）へと向かう[50]。家産制のこの最高度の形態は，支配者の恣意と恩寵の範囲が大きく広がっていて，合理性が入り込む余地がない。その意味において合法的支配の類型とはまったくの対極に位置する。またヴェーバーはそれとは別に家産制的支配の一形態として身分制的（ständisch）支配もあげている。それは，ヴェーバーによれば，一定の支配者権力やそれに照応する経済的チャンスが行政スタッフによって占有されているケースである[51]。すなわちこの種の支配類型においては，支配者の権力とその経済的権利（たとえば領地収入や租税収入などの裁量権）とを占有された私的な経済的権利と同じようにあつかうのである。そのような家産制的支配は，支配者とその行政スタッフによってあらゆることが恣意的に決定されるとともに，ほんらいは公的であるべきものが私的に流用され，貨幣の使用もかれらの消費もしくは浪費指向的となりがちであって，それが生産的使用に供されることは少ない[52]。言い換えるなら，そのような支配形態が堅固で根強いとなれば，いよいよ市場の発達は遅れて近代資本主義の成立までいたらない。

(3)のカリスマ的支配は，開発論のコンテクストではきわめて刺激的で魅惑に富んでいる。この概念に該当する人物をイメージしやすいという側面があるからだ。ともあれこれは非日常的属性を有することから，他の類型とは厳然と区別される。ヴェーバー自身による叙述を拾ってみよう[53]。

> 「『カリスマ』とは，非日常的なものとみなされた（元来は，預言者にあっても，医術師にあっても，法の賢者にあっても，軍事英雄にあっても，呪術的条件にもとづくものとみなされた），ある人物の資質をいう。この資質の故に，彼は，超自然的または超人間的または少なくとも特殊非日常的な，誰でもがもちうるとはいえないような力や性質を恵まれていると評価され，あるいは神から遣わされたものとして，あるいは模範的として，またそれ故に『指導者』として評価されることになる。‥‥‥＜中略＞‥‥‥その資質がカリスマ的被支配者，すなわち『帰依者』によって，事実上どのように評価されるか，ということだけが問題なのである。」（強調箇所はヴェーバー自身による。）

すなわちカリスマ的人物とは，日常生活にはふつうお眼にかかれない尋常

でない超人的資質に恵まれている者として述べられ，かれ（もしくは彼女）の信奉者や追随者はその指導者の指令にしたがうのは自明のことだとみなすようなものである。ヴェーバー研究者のひとりであるスェードベルク（R. Swedberg）の言葉を借りるなら，このような人物としては予言者，戦争の英雄，偉大な指導者などが含まれ，そのいずれも事態をあるがままにしておかずになにかをなすべきであるという強力なヴィジョンをもっている[54]。かくしてそれが変化を求めるようであれば，革命的勢力につながってくる。近代資本主義や官僚制などは外側から人びとを適応させるような強力な装置だが，カリスマのばあい，内側（内面）から個人に影響を及ぼす[55]。

かくして非日常的属性を具現化するのがカリスマ的支配なのだが，ヴェーバーはさらにそれの日常化についても力説する[56]。すなわちそれはカリスマ的指導者の後継者を見出すことと，日常生活の経済的諸力を調整する必要に関係してくる。とくに後者が重要であり，支配者権力と営利機会が行政スタッフに占有されるとなれば，その採用の仕方しだいでその後伝統的支配にも合法的支配にも容易に変容しうるとしている。なおヴェーバーは，封建制度はカリスマ的支配と伝統的支配の混合型とみなしている。さらにヴェーバーは微に入り細に入り支配の類型学を展開しているが，ここでは紙数に限りがあるのでこれ以上述べない。

さてここまでヴェーバーが提示したさまざまな分析視角についてみてきたが，むろんこれですべてを語りつくせたとはとても言えない。おのずとそれは限られてくることは予想されたことである。ただここで再確認しておきたいことは，それぞれのターミノロジーとタイポロジーとが重層的に絡み合っていることだ。それを解きほぐすことについては，かつての碩学たちによって敷衍されているものも多い。ここではとくに，開発論との関係について考察を進めることとする。次節において，開発論を前面に押し出すことによってさらに掘り下げて考える。

4.3 開発論における意義

前節ではヴェーバーの分析視角について，そのエッセンスの解釈を中心に展開した。ヴェーバーの経済社会の捉えかたと開発論とはかなり密接な関係にあることはすでに述べてきたが，本節ではその批判も含めて現代的視点から論じることとする。

ところで途上国においてなんらかの一次産品の生産と輸出への特化から輸入代替工業化への転換の段階は，一般的に第一次輸入代替工業化局面と呼ばれる。それは，比較的簡単な非耐久消費財もしくは労働集約的な軽工業品を国内生産できる体制を確立するという意味においてだった。言い換えるなら，内向きの工業化であった。ところがその後問題となったのは，その輸入代替工業化が長引いてしまい，第二次輸入代替工業化の局面まで深く入り込んでしまったことだ。とくにその局面がネガティヴに作用したのがラテンアメリカ地域であった。つまり保護貿易体制が堅固なるがゆえに，それを取り去ることに対するさまざまなレヴェルの抵抗があったことに加えて，先進国に対する拮抗意識も同様に作用したとみることもできる[57]。この側面については，幼稚産業を過度に保護することについてのリストの懸念が，およびプレビッシュの初期の論考にみられる似通った危惧がはからずも具体化したものとして捉えられる[58]。さらにはそれがすべてではないとしてもそのような拮抗意識の問題こそヴェーバー的エートスそのものであり，戦略選定面においてこの地域で輸入代替工業化の深化へ向かうべく歴史を規定した内的意識のなせる業であった，という解釈も十分成り立つのだ[59]。

ここでヴェーバー的エートスの問題について，開発論との関連でもう少し敷衍しておこう。途上国一般の開発局面においてこれが最も重要な役割を果たしたのは，プレビッシュの国際舞台への登場であった。途上国と先進国との国際関係を，つまり南北問題を，一次産品対工業製品という代表的国際商品に代置させ交易条件という分析装置を用いて一次産品の生産輸出への特化の不利を説いて，それを途上国世界全体の共通意識として統合したのだっ

た。明らかにそれが途上国サイドから南北問題を語るときの当時共通の意識構造だったのであって、ヴェーバーのいうエートスが具体的に現出したものであった。つまり歴史そのものを南側よりへぐいっと引き寄せたのだ。とうぜんながらそれには、プレビッシュをはじめとして当時の初期構造主義のパイオニアたちが途上国世界において熱狂的に迎えられたという事情がともなう。ヴェーバーの支配の類型学にしたがえば、ひとつのカリスマ的支配の典型的事例であった。つまりプレビッシュのばあい、途上国世界の共通意識を生成発展させたという意味で途上国の経済倫理たるエートスを具体化したことに加えてカリスマ的存在にもなって、国連貿易開発会議（UNCTAD）をとおして当時の国際政治経済の一大勢力を形成することに成功した。それがピークに到達したのが1970年代の資源ナショナリズムであり、さらには新国際経済秩序（NIEO）の要求であった。

　この一連のプロセスにおいて、エートスの具体化という意味で、当時の構造主義の学者たちの果たした役割は大きい。交易条件命題のばあいはシンガー（H. W. Singer）の影響力も大きかったし、ミュルダールによるとくに南アジア地域の構造的性質についての研究も、開発論において地平を拓いた研究として高い評価を受けたことを想い起こすとよい[60]。さらにはフランスにおいてはペルー（F. Perroux）の存在も大きかった[61]。そのいずれも近代西洋で形成されてきた主流派の経済学では、言い換えるなら古典派のスミス＝リカードゥ＝ミルから国際貿易論の分野ではヘクシャー＝オリーン＝サミュエルソンにいたる一連の市場経済派および自由貿易主義の理論では途上国の現状を説明できないとし、それとは別のおよびマルクス派とも別の、途上国経済をいっそう正確に説明する理論の必要性を訴えた。そこにおいて共通に窺える視角は、主流派の分析対象であった現在の先進国経済の発展過程にみえる経済構造と、歴史的に一次産品を生産輸出することを運命づけられるかたちで発展もしくは後退してきた途上国の経済構造とは質的に異なっているので、同じコンテクストで論じることは許されないというものであった。このことについては前節でミュルダールによって提示された価値前提問題としてすでにあつかったけれど、これは構造主義に共通に見受けられ

た認識である。このことがヴェーバーの価値自由論と関連してくることはすでにみた。それこそ構造主義に内包された大前提なのである。それに対して主流派の新古典派経済学は，先進国経済についても途上国経済についてもハーシュマンによってそうみなされたモノエコノミクスを適用しようとする[62]。それが価値前提の視点からの両者の根本的違いである。

　ここで途上国世界にみられる社会経済構造について考えてみよう。複雑で異質な文化構造をもつ先住民が多数居住する社会のなかに，植民地主義の旗印のもとに，当時の列強が武力を用いて侵略し，政治経済的に植民地を形成していった。その一連の過程のなかで，幾多の植民地は特定の一次産品の生産を，すなわち鉱産物の採掘やプランテーション経営のもとに特定農産物の栽培を，その支配国によって強要されたのである。それがいわゆるモノカルチャーの始まりだったことは，周知の事実である。現在の途上国が独立を果たしたとき，そのようにすでに歴史的に形成されていた経済構造から出発することを余儀なくされたことに想いを馳せよう。その出発点そのものが，構造的に異なる近代的部門と伝統的部門との併存状態からだったのである。たしかに近代的部門においては，それなりの資本主義制度が，言い換えるならある程度の市場メカニズムが機能していたことは事実である。しかし鉱山経営にせよプランテーション経営にせよ，それを担ったかつての資本家たちについてみたとき，われわれはおもしろいことに気づく。ヴェーバーによって呼ばれたところの賤民資本家そのものだったのだ。前節にみたように，かれらの動機はたんなる利得動機によって経営に従事した者たちであった。植民地経営にぶらさがりながらそれに参画してその利益に与る，という性質のものであった。ヴェーバーによれば，かれらはけっして勤勉・実直・倹約の徳性を具有した近代資本主義の担い手ではなかった。途上国の近代的部門のなかにそのようなパーリア的要素が残滓として根強く存在するとなればそれは，ヴェーバー的視角からみて，けっして国民経済の発展へつながるようなものではない。いまでは先進国から多国籍企業のかたちで進出するパターンが多くみられるけれど，それも一次産品の生産に関係している度合いが大きければ大きいほど，そのようなパーリア的色彩がそれだけ濃く現われてくる

傾向があるだろう[63]。それとは逆に途上国に産業資本が，言い換えるなら輸入代替工業部門が十分確立するようになるならば，それこそ経済発展の主要な担い手になりうるものとして捉えられる。ヴェーバー的見方からは，それが近代資本主義の担い手だからだ。しかしこの側面についていま少し考えてみると，それがヴェーバーのいうようなプロテスタンティズム的な倫理に裏づけられているかといえば，けっしてそうではないかもしくはなかった事例が多いことに気づく。ラテンアメリカのケースを見よ。輸入代替工業部門がしだいに根づいてゆく過程において，それが深化していった——第一次輸入代替局面から第二次輸入代替局面へと輸入代替過程を深めていった——けれど，そのなかで国営企業が重要な位置を占め，そこに従事してきたのはけっして勤勉・倹約の特性を具えた者だったとはいえそうにないからだ。このことはヴェーバー的視角——ただしここでは近代資本主義の正当性についてだが——で途上国の経済問題をみることにはおのずと限界があることを教えてくれる。初期構造主義の学者たちのばあい，主流派の経済学に対する批判として途上国のための経済学を樹立する必要性を訴えることに主眼が置かれたのであって，かれらの視野のなかにヴェーバーの存在が映じていたかどうかは定かでない。少なくともプレビッシュにおいては，ヴェーバー的発想はみられなかったことは事実である。しかし両者ともオーストリア学派の影響を受けていることは，示唆的であるかもしれない[64]。われわれはここにおいてヴェーバー的着想の重要性を，それですべてを語りつくせるわけではないけれど，再認識しておくべきであろう。

　さて次にすでに第2章であつかったドイツが生んだもうひとりの巨星であるリストの分析視角とヴェーバーのそれとを比較してみよう。そうすることによって真新しい論点が浮上してくるからだ。すでにみたようにリストのばあい，一国の経済発展過程を単線的なプロセスを経るものとして捉えた。その過程において後発国のばあい，スミス的な自由貿易ではなくて新規の工業部門（幼稚産業）を国家の手で保護して支える保護貿易主義の必要性を訴えた。当時の先発国イギリスもかつて重商主義体制下でそのようなプロセスを経て国際競争力をつけてから自由貿易体制へ転換したことを，その主要な論

拠とした。ヴェーバーとの関連では，前者のほうがすなわち国民経済の発展観のほうが意義をもつようだ。ここでは十分な議論をつくせないが，もとより土地制度改革論のほうがいっそう密接であろう。それはさておき発展観については，リストが単線的だったのに対して，ヴェーバーは資本主義の発展過程について2種類の資本主義に区別することを前面に出して議論した。このことは，リストがドイツ歴史学派の魁的存在として史家によって位置づけられることと，ヴェーバーは歴史学派を批判する——とくに資本主義を連続的過程として捉えた歴史学派に対して，ヴェーバーはそれを断絶したものとして捉えた——ことから独自の総合的な分析視角を明らかにしていったことと関係している。つまり両者はかなり異なっていることがわかる。しかしかれらの内的視角についてみると，リストのばあい成功した工業国においては勤勉・熟練・倹約といった心的態度で満たされているとしたのに対して，ヴェーバーは，そのような心情は近代資本主義を主導した産業的中産者階層に多くみられるとし，そこにプロテスタンティズムの果たした役割を強調した。したがってこのことから，リストによって与えられた心的態度についての視角を，ヴェーバーはさらに掘り下げてエートスと社会的階層の存在とを総合的に結びつけて捉えることでいっそう深めることができた，ということがわかるのである。そのような心的態度の帰結として，近代資本主義のもとで生産的投資へとつながってゆくことは明らかであろう。

またリストは各国民経済の発展過程との関連箇所において，15世紀末のレコンキスタについて触れていることについてはすでにみた[65]。そこではユダヤ人とムーア人の追放はその後のスペインの経済発展を阻害するひとつの要因になったとして捉えられた。このようにリストは活力に富む心的態度を具有した経済資源としてこれらの民族を捉えたのだが，ヴェーバーにあってはそうではなくて，かれらをパーリアとして捉えた[66]。その帰結は前述のとおりである。

ヴェーバーによる近代資本主義と賤民資本主義との識別問題について，途上国の開発問題との関連でいま少し述べておきたい。それは，プロテスタンティズムの倫理の有無についてはさておき，その心的態度として勤勉・実

直・倹約に要約される特性を具えた前者タイプの資本主義の実践から結果として利潤・賃金が得られるものとして捉えたばあい，それが生産的投資に振り向けられて一国の持続的経済成長が実現する，という見方についてである。その視角からみると，いまの途上国はどのようにみえるだろうか。アジアNIEsの成長過程について語られるとき，高成長が実現してきた背景にそのようなポジティヴな態度があったとする捉えかたが一般的であろう。輸入代替工業化から輸出指向工業化へのタイミングのよい切り替えがあったことに加えて，国家と市場との要領のよいミックスが盛り込まれたことなどが，指摘されるのが常であった。その経済倫理は，言い換えるならその背景にみられたエートスは何だったろうか。たしかに西洋の近代化の過程についてヴェーバーが洞察したごとく，近代資本主義のひとつの形態だったといえそうだが，その内的心情はプロテスタンティズムの倫理ではなかったのだ。東アジア特有の儒教的要素がかなりの程度作用して余りあったのではないか[67]。正確を期していうなら，特定の宗教のみに帰依しないいわばミックス型が説得力をもって作用したと言ったほうがいっそう事実に近いであろう。たとえばわが国の経済発展過程をみよ。そこにはプロテスタンティズムの倫理とは別個の，しかしそれに似て非なるもの——二宮尊徳の精神もしくはその生活態度——がかなり強力に訴えたではないか。ここにおいて一般的にいえることは，勤勉・熟練・実直・倹約などの心的態度に支えられて近代資本主義は実現しうる，ということこれである。さてそこにたんなる利得動機に裏づけられた資本主義——賤民資本主義——が入り込む余地はないだろうか。商売上の才覚のみに頼って一攫千金を狙うようなタイポロジーは，現在の途上国世界に垣間見えてくる。現在の地域経済についてみると，市場経済移行期段階のロシアや東ヨーロッパやラテンアメリカ世界などがその類型ではなかろうか。否それだけではない。先進国においては1980年代後半から90年代初頭までみられた日本のバブル経済，1990年代のアメリカにおいてみられたIT（情報技術）バブル，さらには1997年から98年に発生したアジア経済危機など，その本質は投機的資本主義のなせる業であった。それをヴェーバーは賤民資本主義と呼んだことを想い起こそう。ヴェーバー的視

角からは，パーリア的雰囲気が優勢なとき，持続的な経済成長が実現する見通しはかなり悲観的であるといってよい。とくにそのような途上国やエマージング・マーケットのばあい，高利貸しやそれに近い投機的色彩の濃い銀行業，不動産業，貿易業などが主流であって，前述のような心的態度に裏づけられた民族系産業資本を十分具備しているとはとてもいい難いからだ。しかし現在のアジア地域についてみたばあい，パーリア的心情がみられないこともないが，民族系産業資本も育ってきていることから，近代資本主義にいくらか近いといえるかもしれない。

　しかしヴェーバー的な識別の重要性は，国民経済の発展段階によってやや薄れる可能性も考えられる。たしかに封建体制から資本主義を創出してゆく過程において，さしあたり資本蓄積が必要とされる。そのようなとき，ヴェーバーのいうような近代資本主義を担うエートスをもった社会階層の出現が要請されよう。しかし資本蓄積を確実に実現してゆくためには，金融機関の役割が重要である。それも当初は国家の手によって投資活動を支援する金融機関を創設する必要があろう。このことは開発論において共通に認識されていることだ[68]。なおこの分野においては，歴史的に原始的資本蓄積の大きいほうが工業製品の国際競争力において圧倒するというクルーグマンによる研究が，重要な論争の火種を提供したことが想い起こされる[69]。クルーグマンによれば，原始的蓄積を説明するのに奴隷貿易かもしくはプロテスタンティズムの倫理かのいずれを好むかは嗜好の問題だということになる[70]。このことは，原始的蓄積についてはパーリア力作型も十分ありうるということを含意している。そのような見方に立つなら，資本の原始的蓄積段階において絶対的に近代資本主義でなければならぬという理由はないのである。さらに発展段階が進んだばあいどうなるだろうか。たとえば現在の日本のようにロストウによってそう呼ばれたところの高度大衆消費社会が実現してしまったばあい，人びとの意識構造はどのようなものであろうか。そして現在のアメリカにおいてはどうだろうか。後者のばあい，かつての古きよき時代にプロテスタンティズムの倫理に裏づけられた近代資本主義がみられたとしても，いまでは産業の空洞化とともにパーリア的エートスが満ち溢れ

ているではないか。いまの日本においても然りである。そのような状況からさらなる経済発展につながることはないという確証は、どこにもないのである。しかしそのことから直ちに、ヴェーバー的着想が無に帰するということにはならない。かれの分析視角はむしろ開発問題を考えるときのひとつの重要な指針を提供したということについては、異論の余地はないであろう。

　開発論に対してきわめて重要な示唆を与えてくれるもうひとつのヴェーバー的視角を、次に取り上げてみよう。それは、前節においても若干論じたエルベ川テーゼに求められる。すなわちエルベ川を隔てた両側のヨーロッパにおいて、歴史的発展過程がまったく異なって進行したという認識と、そのような帰結を生んだ背景には社会構造的問題が存在したからだという捉えかたである。中世後期から近世初期にかけて穀物輸出に特化した東側においては封建主義が復権してきた——史家のあいだではこのような歴史的できごとを再版農奴制と呼んでいる——のに対して、工業先進地域となった西側では貴族階級の影響力が低下していった。とくに東側で経済的後進性が表面化することになった根源的な論拠を、社会的階層の変容過程に求めたことが画期的であった。開発論の分野では、フィンドレー（R. Findlay）によって、この側面の重要性が主張された[71]。おおよそ想像されるように、それは途上国がなにか特定の一次産品の生産と輸出に特化している典型的ケースについてなのだが、自由貿易が推進されればされるほど途上国社会の構造は半封建化してしまいかねず、結果的に後進性から脱却できない状態がつづくかもしれない、という懸念である。これまでの開発論における一次産品問題は、プレビッシュ＝シンガー命題を中心に議論されるのが常だったが、前述のような社会階層のありかたにまで構造問題を還元して論じようとする着想はきわめて画期的であるといってよい。分析視角を途上国の土地所有制度のありかたにまで拡張すると、前節にみたエルベ川以東のグーツヘルシャフト的構造が装いを新たにして浮上してくる可能性がある。すなわち一次産品の生産と輸出に付随した制度的ありかたをめぐる問題、これである。鉱山やプランテーション経営のばあい、その所有と経営はどのような形態になっているのかについて、新規に問い直すべきであろう。かりに所有と経営が旧態依然と

して一致しているとなれば，グーツヘルシャフトに近い社会体制が歴史的に形成されており，所得分配も圧倒的に不均等であり，そのような体制はよほどのことがないかぎり堅固にして揺るがない，すなわち「貧富の格差」が半永久的に社会問題として残りつづけるかもしれないのである。それとは逆にエルベ川以西にみられたように，地代と利潤とが明瞭に分化しているかもしくは分化してゆくとなれば，資本蓄積過程がいっそう進むようになるかもしれない。ヴェーバーの視角に立って言い換えるなら，前者のような構造が根強く残るとなればそれは，呪術や迷信に典型的にあらわれる伝統主義の桎梏から脱却するのは容易でないかもしれないのである。ましてや実際の途上国においては富裕階級による資本逃避が多く見受けられるのであって，そこにはこの問題に加えて，経済のグローバル化が激しい勢いで現出してきたもしくはその傾向が進みつつあるという事情が事態をいっそう複雑にする。その意味においては，プレビッシュが提示した問題が依然として重要性を保持していよう。言い換えるなら，この側面におけるヴェーバーの視角は国や地域内の意識構造と社会構造についてであって，国際的な捉えかたはあまり大きくなかったといえる。いまの途上国の一次産品生産に関連した事情をみると，所有と経営が一致しているか分離しているかという問題だけではなくて，そこに対外勢力の要素が，すなわち多国籍企業がかかわっていることがむしろ重要なのかもしれない。

　かくしてヴェーバーの分析視角には，さらにはかれの思想を敷衍しただけではなくてそれを拡張もした大塚久雄によって提示されたテーゼには，対外的視角が少なからず欠如していたことが窺える[72]。このことはひとつの重要な批判として成り立ちえよう。たとえば社会的階層の分化から産業的中間層が創出——典型的なところでは，イギリスの産業革命を実現するうえで主導的役割を担ったのはヨーマンリーだったとされるのだが——され，その階層が独特のエートスのもとに近代資本主義を生成発展させた，という捉えかたに対する批判である。その時代に対外的視角をあてて考えると，イギリスと現地との関係において植民地主義のもとにインドを支配したイギリスは現地に生成していた綿業技術を模写——いまふうの言いかたをするなら輸入代

替——して，綿工業を確立してゆき，工場のなかに物的資本と労働とを合理的に結合する生産システム——いまふうの言いかたをするならベスト・プラクティス・マニュファクチュアリング（最善実践型の製造工業）——を駆使しての当時にあっては圧倒的な対外競争力をわがものにしえたことが挙げられる[73]。それはイギリス経済史の問題であろうが，今日の途上国の一次産品問題を考えるうえで重要な示唆を与えるものなので，あえて取り上げておく。すなわち当時のイギリスは重商主義体制のもとで，とくに綿工業を確立してからその原料としての綿花をひろく世界に求めた。そのためには自由貿易のほうが好都合であった。綿製品の販路拡張とその原料確保という目的と整合することになる。そのための綿花プランテーションの形成，これである。当初それをインドに求めたが，アメリカ大陸における栽培の比重がしだいに高くなっていった。南北アメリカではかつて銀を産出するための鉱山採掘が主流であったけれど，この段階において鉱山採掘と並んで綿花栽培がしだいに盛んになっていった。インドではその代わりにインド茶プランテーションが形成されるようになり，それとともに今度は西インド諸島で砂糖プランテーションが形成されるにいたった[74]。この一連の連関過程については，川勝平太がかなりの説得力をもって主張しているところでもある[75]。つまりそのような過程を経てイギリスの 19 世紀における飛躍的な発展がなったのであって，大塚久雄によって展開された対内的要因よりもそのような対外的要因のほうが優勢であったという趣旨の議論である。開発論の視角からは，そのような歴史過程のなかにいまの途上国が一次産品の生産と輸出に特化してゆくことを余儀なくされた事情が説明され，先進国から輸出される工業製品との貿易が日常化していった経緯として捉えられる。

　かくして一次産品と工業製品という術語にはさまざまな属性が含意されることに，われわれは改めて気づくのである。なおこれまでの議論から明らかなように，ヴェーバーと大塚の議論はいささかも損なわれるものではないということも，ここに再確認しておきたい。

　最後に，前節においても若干ふれたがヴェーバーの分析視角のなかの支配の類型学と開発論との関係についてさらに検討してみよう。

とくに構造主義経済学を基準に考えると、途上国の経済構造は二重経済構造として捉えられる。近代的部門と伝統的部門これである。容易に想像されるように、ヴェーバーの支配類型のうち前者に対応するのが合理的もしくは合法的支配であり、後者に対応するのがカリスマ的支配もしくは伝統的支配である。カリスマ的支配は支配者たる人物への帰依を中心とするものなので、伝統的支配について掘り下げたほうがいっそう説得的かもしれない。というのは近年伝統的支配のカテゴリーのなかの家産制的支配が多くの途上国において、すなわち伝統的部門の重要なひとつの特色として指摘されるようになったからだ[76]。途上国の経済社会はさまざまな表情をもっているが、そこにみえるのは家産制政治もしくは家産制国家とも呼ぶべき性格のもの、もしくはヴェーバーが規定したそれのさまざまなヴァリエーションとして異なる表現で呼ばれるパトロン＝クライアント関係などが支配的であるという共通認識である。言い換えるなら途上国の支配者にとって、「公的な」性格であるはずの国家収入やその財産が私有財産（すなわち「家産」）であるかのごとく意識されるだけでなく、支配権自体も家産制化される傾向が強い。こうした認識は世界銀行においてもこのところ共有されるようになってきた[77]。

途上国の支配者の意識構造がこのように家産制的なものによって支配されているようであれば、圧倒的な経済格差社会を積極的に是正して所得再分配政策を進めようという支配者側の意識も後退する傾向があろう。支配者の周囲を自分の一族郎党で固めてしまい、優秀な人材を積極的に登用しようとはしないネポティズムがはびこるような状況が色濃く現われやすい。それをクローニー・キャピタリズムと呼ぶ向きもあるかもしれない。

この側面は、20世紀末に発生したアジア経済危機に関連して議論された問題に還元されてくる。いまからすると、経済のグローバル化の一環として資本移動の自由化が短期資本の移動（間接投資）を内包する仕方で盛んにおこなわれたことがエマージング・マーケットで経済の混乱をきたしたとする見方が支配的だが、他方においてアジア特有のクローニー・キャピタリズムのなせる業だと主張する向きもあった[78]。この点をヴェーバーの分析視角

に関連させて論じるなら，前者である外国間接投資の本質は投機的色彩を多分にもっている賤民資本主義の現代ヴァージョンである——それとは別に外国直接投資のばあい，生産的投資につながるのであれば，合理的な近代資本主義の現代ヴァージョンとして捉えられる——のに対して，後者は家産制国家の前近代的性質が強いために市場経済が十分機能しないという事情がみられたというものである。かくしていずれが説得力をもつにせよ，ヴェーバー的視角からこのような現象を捉えられるのである。

エルベ川以東の歴史過程についてふたたび論じるなら，この地域では封建主義の復権がみられたとされるが，ヴェーバー研究者のスウェードベルクによれば，封建主義はカリスマ的支配と伝統的支配の混成物であり，それが経済発展に対してどのように関係してくるかについてみたとき，封建主義のエートスはあらゆる種類の資本主義に対して背を向けるものであって，経済に対して根深い保守的効果をもたらすものである[79]。それはとくに合理的資本主義が興隆する可能性が，すなわちミクロの経済主体が合理的計算に基づいて価格シグナルに反応する——すなわち各種のインセンティヴに合理的に反応する——ようになる制度的基盤が形成される見込みが失われてゆくことを含意している。

4.4 結　び

以上，ヴェーバーと大塚久雄に関連した議論および支配の類型学を，開発論とどのようにかかわっているかを中心に考察してきた。ヴェーバーのばあいはいわゆる『プロ倫』を基礎にしてその重層的な視角を，大塚においてはヴェーバー的着想を拡張した部分をそれぞれ跡づけながら，開発論における意義の視点から筆者なりの議論を試みた。これですべてを語りつくせたわけではないけれど，いくつかの論点が浮き彫りになったのではないかと思う。ヴェーバーのばあいは，これまでのところ開発論とは違った領域で取り上げられることが多いかもしくは多かった。しかし本章をとおして政治経済学の領域に還元して考えるならば，開発論とかなり関係してくることが窺えるの

ではないだろうか。否そればかりではない。幼稚産業論の源流であるリストとヴェーバーの関係についても，開発論という媒介物をとおして，その親和性が少しなりとも明らかになる。たとえば近代工業の属性たる心的態度，すなわち勤勉・熟練・倹約などについての捉えかたが共通であった。それも歴史過程が隠されていて，資本の原始的蓄積段階における議論ということになろう。両者とも迷信や呪術に縛られた伝統主義を排斥して，近代主義を唱えていることも共通している。それも資本主義の発展において後発国であったドイツが共通の土壌であった。その意味においては，いまの途上国が先進国をキャッチアップするにはどうしたらよいかという問題意識と大いに関連してこよう。しかしヴェーバーにあっては，資本主義には2種類あるという認識が重要性を帯びてくる。かれの視角からは，資本の原始的蓄積のためには賤民資本主義はふさわしくないということになる。これまでの議論から明らかなように，むろんこのことには異論が提示されうる。いずれが妥当するかは，いま世界各地においてグローバル・エコノミーが進行中である——さまざまなかたちで市場メカニズムが導入されつつあり，「さまざまな次元の自由化」「規制緩和」「公的部門の民営化」の流れに具体化されつつある——ことから，それぞれの地域における事態の推移を見守るしかない。これはいわば大掛かりな社会的実験であって，ヴェーバーのターミノロジーでいうところの近代合理的資本主義のエートスのほうが優勢なのか，もしくはパーリア力作型なのか，その実態は両者があい乱れているようにみえる。否前世紀末のエマージング・マーケットの経済危機においては，賤民資本主義の様相が具体化したものとして捉えられよう。

　伝統主義と近代主義との識別は，開発論においては，近代的部門と伝統的部門とが併存しているという認識——二重経済構造の存在——に関連してこよう。ロストウのような徹底した近代主義者においては，近代的価値観と伝統的価値観とがその背景にあるとし，前者のほうが後者よりも倫理上優位にあるという前提で議論する。このことは欧米至上主義ともつながり，その他の文化すべてを否定することにもなりかねない。いわゆる「コロンブス (C. Columbus)」問題がその典型例であろう。先住民独自の文化の重要性

が否定されてしまうことにもなるからだ。ヴェーバーが拡大的に解釈されると，このような危険性も同時に併せもっているのである。ともあれヴェーバーにとっては，旧態依然たる土地制度に縛られた封建遺制からいかにしたら脱却できるかが重要であった。そのような歴史的コンテクストのなかで，かれは近代主義を唱えたのだった。そこにかのエルベ川テーゼが提示されたのである。

　翻って途上国の近代的部門についてみると，ヴェーバー＝大塚の議論にみられるような内発的生誕ではなくて，当時の列強から無理強いされて生成した外発的な性格が強い。この側面が，かれらの議論に対する最も強力な批判であろう。もともと一次産品部門がそうであった。コロンブス（C. Columbus）のアメリカ大陸への到達を機に，ヨーロッパ人勢力が植民地を獲得してゆくプロセスにおいてそれは形成された。前述のようにその一連の事業に携わったのは，ヴェーバー的ジャーゴンにしたがうならパーリア軍団であった。鉱山経営にしろ，プランテーション経営にしろ，それらを支えたのは奴隷貿易であった。これが一次産品部門，すなわち現在いうところの近代的部門の先駆的形態だった。そして独立後，途上国自体が新規に工業部門を創設してゆくことにもなり，いまの近代的部門のカテゴリーにこれらふたつの部門は属している。したがって一次産品対工業製品というばあい，途上国内部にあっては近代的部門内のことがらなのである。しかし対外勢力との関係でみると，工業製品は先進国から輸入され一次産品は途上国から輸出されるというパターンが歴史的に形成されていたのであって，途上国からの工業製品輸出はごく新しい現象なのである。むろん穀物を中心とした一次産品が先進国から輸出されるという現象もみられるが，これを途上国の一次産品と同じ視角からみることは許されない。なぜなら先進国のばあい，工業化はとうの昔にすでに達成されていて，農業経営も近代的なものであって，旧態依然たる土地制度はもはや機能していないからだ。ところが途上国の一次産品部門のケースは，かなり様相が違っている。かつてのヨーロッパやアメリカのそれとは別種ではあるが，そこには旧態依然たる大土地所有制度が残存している可能性があるのに加えて，昔ながらの封建領主＝貴族階級に近い消

費様式——衒示的消費と呼ばれるもの——がみられるのであって，さらにいうならこの部門には対外勢力が，いまでは多国籍企業の形態でその経営に関与していることが多いのである．地代と利潤との分離が成立していても，とくに独占型の多国籍企業が利潤を占有するとなれば，途上国には十分均霑しないという事態にもなりかねない．したがってそのことが事態をいっそう複雑にする．かくして途上国の一次産品部門においては，さまざまな属性が垣間見えるのである．すでに明らかになったと思うが，このような対外的視角がヴェーバー＝大塚には欠けていたといわざるをえないであろう．

しかし途上国の伝統的部門に眼を転じると，ヴェーバーの洞察力がふたたび輝きを放つ．この部門の顕著な特色のひとつに家産制的支配としての性質が，言い換えるならパトロン＝クライアント関係が各種のヴァリエーションの形態でみえるからだ．ヴェーバー流にエルベ川以東と以西とで歴史的発展経路が異なったとする見方——以西では合法的（合理的）支配が優勢となる近代資本主義が発達したのに対して，以東ではカリスマ的支配と家産制的支配との混合型である封建制が復権した（史家は再版農奴制と呼ぶ）と捉えた——がその端緒を与えたが，現在の世界銀行においても，途上国の伝統的部門の家産制的性質をすなわちパトロン＝クライアント関係について捉えなおそうという新たな動きが窺える——『世界開発報告2006』の副題は「公平性と開発」（邦訳では「経済開発と成長における公平性の役割」となっている）であり，各途上国地域にみえる所得格差の歴史的背景を探究しようとの姿勢が窺え，構造主義的な視角がある程度採り入れられているようにもみえる——からだ．というのもこれまでここでのコンテクストからいうと，これまでの開発論が一次産品部門を含む近代的部門のほうに焦点が偏っていたとの反省がある．伝統的部門に家産制的支配の性質がみえ，否近代的部門ですら支配的社会階層にそのような残滓が見え隠れするとなれば，とくにラテンアメリカにおいてそうなのだが，高いジニ係数によって示されるように所得分配が不均等であるだけでなく，それを是正しようとする積極的な所得再分配政策に為政者が熱意を示さないという事情はまさしくそれを物語っているのかもしれない．

注

1) このことに関する詳細は,宮川(1996)の第3章「『二重構造論』再考——初期開発論から労働移動モデルまで——」第2節「二重構造モデルの原型」を参照のこと。
2) 開発論のパイオニアのひとりであるルイスによる論考がその典型である。*Cf.* Lewis, W. A. (1988), pp.27-37.
3) *Ibid.*, pp.29-30.
4) 小林(1985),59-84ページ参照。
5) 宮川,前掲,第3章を参照のこと。
6) それを定礎づけたのがルイスだったことはよく知られている。
7) 世界銀行が「国家」の役割の重要性を再認識するようになったことは明らかである。それは,1990年代半ばころからの一連の『世界開発報告』において明示されるようになったことから窺える。
8) このことについては,石川(2006)において具体的に述べられている。とくに新制度学派の影響としてスティグリッツとセンの存在が大きいことについては,同書第4章「貧困削減か成長促進か——国際的な援助政策の見通しと途上国——」を参照のこと。
9) この点について重要な意味をもったのがスティグリッツのUNCTADでのプレビッシュ記念講義であった。石川はこれを世銀のスタンスの転換を示す最も重要なものであったことを強調している。*Cf.* Stiglitz, J. (1998), pp.57-93; 石川,前掲,155ページ参照。
10) 経済指標だけでなく社会開発の側面,とくに医療サーヴィスと教育サーヴィスの充実度についても指数化していて,人間開発指数はより包括的である。具体的な計測法についてはトダーロ(2003)の邦訳書70-77ページに詳しい。
11) 石川,前掲,第1章「国際開発政策論の構築に向けて」参照。
12) 世界銀行『世界開発報告2006』は平等化と開発問題の関係をあつかっていて,そこでは学際的アプローチを用いて途上国に内在する歴史構造的な側面に光を当てようとする試みがなされている。ここで筆者が強調したいのは,その重要な源流のひとつにヴェーバーによる分析視角があるということである。
13) 安藤(1965a),11-12ページ参照。
14) *Vgl.*, Weber, M. (1913),邦訳書,42-43ページ参照。
15) ヴェーバーは自らの立論が近代主義の立場であることを明確にしていた。
16) *Cf.* Myrdal, G. (1957).新しいところでは石川(前掲)が自身の立論の拠って立つ「価値前提」を鮮明にしている。同書,18ページ参照。
17) *Vgl.* Weber, M. (1920).
18) 同邦訳書,19ページ参照。
19) 同書,105ページ参照。
20) 安藤(1965b),79ページ参照。
21) Weber, M. (1920),邦訳書,120-121ページ参照。
22) 同書,185ページ参照。
23) 同書,210ページ参照。
24) 同書,215ページ参照。
25) 同書,227ページ参照。
26) 同書,227-228ページ参照。なおわが国におけるバクスター研究としては今関(1989)がある。
27) Weber, M. (1920),邦訳書,251ページ参照。
28) 同書,235ページ参照。

29) 同書, 239 ページ参照.
30) 内田 (1965), 308-310 ページ参照.
31) ここで賤民（パーリア）の含意をたしかめておこう. 内田芳明によれば, パーリア民族を識別するばあい, 重要な規準は次の3点に求められる. すなわち① ひとつの部族か氏族かもしくは他の職業集団が, 他の民族や部族やカーストなどの社会において「寄留」し, 法的には客人法の権利しか享受できない関係で, しかも集団ぐるみ区別される存在（かぎ括弧は内田による）, ② 自己の土地財産をもたず, 土地定住性（すなわち領土）をもたないこと, ③ 対等の結婚および共同の食事からの遮断, これである（内田論文, 304 ページ参照）. これらの規準に照らしてここに列挙した賤民資本主義の担い手たちのことを考えるばあい, それぞれの関連時代において時の権力者から疎んじられながらも利得動機のもとに経済力によって勢力を伸ばしていった者たちが連想される. 遠く離れた植民地において一旗あげようとか, 東インド会社や西インド会社をとおして勢力拡大もしくは奴隷貿易に付随して商売を営み, 経済的利得を確保するといった類など, 想像するに難くない. 現在におけるそれは, 典型的にはバブル現象をともなう投機活動による莫大な金儲けがイメージされよう.
32) Weber, M. (1920), 邦訳書, 30-34 ページ参照.
33) 大塚 (1948), 参照.
34) 同書, 105-116 ページ参照. 大塚によれば, 中産的生産者層と前期的商人層との対立は, ピュウリタン革命 (1648) から名誉革命 (1688) にいたる政治紛争のうちに前者の勝利に帰した（同書116ページ）. このようにふたつの資本主義を峻別することの重要性を訴えたのは, ヴェーバーにあっては, かの「人類の歴史とともに古い」営利欲と同じコンテクストで近代資本主義も捉えたブレンターノ (L. Brentano) に対する批判だったことがみて取れる.
35) Weber, M. (1920), 邦訳書, 51 ページ参照.
36) 近年, 大塚史学の真骨頂ともいえるこの説を揺るがしかねない新説が, すなわちイギリス経済の近代化において主導的役割を果たしたのは新興の産業資本ではなくてジェントルマン階層の営む金融・サーヴィス業であったとする説が登場するにいたった. この問題については次節において若干触れたいとおもう. Cf. Cain, P. J. & A. G. Hopkins (1980); —— (1986); —— (1987).
37) 大塚 (1996), 91 ページ参照.
38) 大塚 (1966), 同 (1977), 参照.
39) スミスにおける「経済人」については, 古くは大河内一男によってまとめられた研究 (1969, 原本は1943) によって,「利己心」と「利他心」とが統一的に捉えられた. その後梅津順一によってこの側面が強調された. 梅津 (1989) の第4章「ピュウリタニズムの『倫理』とアダム・スミスの『近代的経済人』」を参照のこと.
40) 住谷 (1965), 同 (1969) 参照. この問題に関するリストの視角については後者の「フリードリヒ・リストの植民地論——ドイツ資本主義史の理論——」(158-195 ページ) が参考になる. なおヴェーバーによる原著は次である. Weber, M. (1904); —— (1924). 後者のばあい, 邦訳書第1章の第6節B「荘園制度の資本主義的発展・グーツヴィルトシャフト」の4［ドイツの西部と東部, 世襲的領地附属農の関係］(207-214 ページ), および同C［荘園制度の資本主義的発展・荘園制度の崩壊］の5［ドイツの南部および西部］(224-225 ページ) と6［東部ドイツ, オーストリア］(226-229 ページ) がこの問題に関連した箇所である.
41) Weber, M. (1924), 邦訳書, 207-214 ページ参照.
42) 同書, 208 ページ参照.
43) 住谷 (1969), 339 ページ参照.
44) Weber, M. (1924), 邦訳書, 208-209 ページおよび 225 ページ参照. なお住谷 (1965) に

おいて的確に整理されたエルベ川以東と以西の社会構造に関する識別表（210ページ）——第1表：帝制ドイツ（1871-1918）似而非ボナパルティズムの社会構成——が，歴史的観点から，いかなる勢力関係にあったかを知るうえできわめて示唆的である。ただしそこでは，前出のヴェーバー＝大塚テーゼを前面に押し出すという視角から展開されている。

45) Weber, M. (1956), 邦訳書［世良訳］参照。
46) 同書, 10ページ参照。
47) 同書, 44-58ページ参照。
48) 同書, 45ページ参照。
49) 同書, 45ページ参照。
50) 同書, 46ページ参照。
51) 同書, 56ページ参照。
52) 途上国の制度的側面として石川（2006, 前掲）もこのような性質を重視している。とくに同書, 22-24ページ参照。
53) Weber,M. (1956), 前掲邦訳書, 70ページ参照。
54) *Cf*. Swedberg, R. (1998), p.64.
55) *Ibid.*, p.64.
56) Weber, M. (1956), 前掲邦訳書, 80-104ページ参照。
57) この点については，宮川（1996）の第8章「途上国の開発戦略問題——ラテンア・アメリカの経験を中心に——」を参照のこと。
58) *Cf*. Prebisch. R. (1950).
59) 筆者はこの側面における意識上の影響をECLAドクトリンと呼んで，学会で強調したことがある。それについては宮川（1986）参照。この着想が得られたのは，ベアの論文による。なお意識面での影響力が大きかったことを認めた新古典派の学者にリトルがある。*Cf*. Bear, W. (1962); Little, I. M. D. (1982), ch.9: 125-158.
60) *Cf*. Myrdal, G., *op.cit.*; —— (1968).
61) *Cf*. Perroux, F. (1955); —— (1988). 開発論のコンテクストでの日本におけるペルー経済学の解説については，西川（1976）の第10章「支配の理論」のなかの第2節［ペルーの発展概念］を参照のこと。
62) Hirschman, A. O. (1981) は，「独立の学」としての「開発論」は新古典派とは異なる固有の学として存在感を保持してきたがそれもピークが過ぎて退潮気味であるとみなした。その意味での開発論は構造上もしくは制度上多面的な途上国に適合する経済学を追究するものと規定した。Stiglitz, J. (1998), *op.cit.* においても，途上国の経済構造を二重構造が支配的であるとみなしている。すなわちこのことの含意は，途上国の社会構造についての認識の出発点がどこからなのかという問題であって，それを価値前提として捉えるのである。ヴェーバー的近代主義のばあい，開発論のコンテクストにおいては近代的システムが機能していない伝統的部門に内在する構造的制度的な性質をより正確に認識し，それに適合する社会科学の方法を適用しながら，局面を見極めつつ，近代的システムを広げてゆく過程を考える。なぜならヴェーバー的意味において，近代資本主義を動かす機動力は，経済成果の視点からも，そこに存するからである。
63) Schwartz, H. M. (2000) の第10章「多国籍企業」では，現在の多国籍企業の行動パターンに関する学界の認識を3つに類型化した。①エネルギー資源や鉱物資源を含む一次産品部門に関連したレント——採油権や採掘権もしくはプランテーションの経営権などに代表される利権——追求型の多国籍企業，②寡占市場を基盤にグローバルな次元で拡大するプロダクト・サイクル論型の多国籍企業，③新制度学派の基礎概念である取引費用の面から国外生産

化を強めてゆく多国籍企業というように。ここではとくに①に関係してこよう。
64) プレビッシュの経歴については西川 (1979), 171-174 ページに詳しい。新しいところではビアンキの論考がある。*Cf.* Bianchi, A. M. (2005), especially pp.30-31. ヴェーバーについてはスウェードベルクによって与えられている。*Cf.* Swedberg, R., *op.cit.*, pp.180-188.
65) List, F. (1841), 邦訳書, 124 ページ参照。
66) もともとヴェーバーの関心は，近代的組織の生成と発展と宗教倫理のありかたとの関係を問うことにあった。そこで非ヨーロッパ世界におけるそれの探究へと，かれの研究の矛先は向かうこととなった。それはあくまでもエートスを中心にすえた意識内的視角であった。
67) 儒教の果たしたポジティヴな側面を前面に出して論じるタイプの研究者はとくに韓国系の学者に顕著にみられる。金 (1986) と陶 (1990) を参照のこと。
68) この側面のモデル化については，宮川 (1996), 前掲, 第 5 章「開放型二重構造」を参照されたい。
69) *Cf.* Krugman, P. (1981). さらに久保 (1994) も参照のこと。
70) *Ibid.*, p.100.
71) *Cf.* Findlay, R. (1988); ―― (1991).
72) 大塚史学の伝統を受け継いだ研究に赤羽 (1971) がある。そのなかでいわゆるサハラ以南アフリカ地域においては，都市部へ移動して労働に励む人びとの存在が目立つけれど，その意識構造をつぶさに観察してみると，ホモエコノミクス的動機によるというよりもむしろ本人の出身母体である共同体のほうに傾いているという分析がなされた。これは人びとの帰属意識の問題を前面に出すヴェーバー的方法を踏襲した研究として知られている。
73) この側面をとくに強調したものに，川勝 (1995) のなかの川勝と角山栄との対談「東西文明システムと物産集合――一国資本主義論から文明論へ――」がある。
74) これに関する説明としてはウィリアムズの研究が最も説得的である。*Cf.* Williams, E. (1970).
75) 川勝 (1995), 前掲, 参照。なお綿工業が主導的役割を果たしたことを説明した先駆的研究として小松 (1952) があり，そこには対外的視角の重要性が垣間見える。
76) 石川, 前掲, は随所においてこの点を強調している。
77) 途上国の発展を阻害している構造的問題がこのような社会経済制度にあるという認識が，世銀の開発報告に投影されるようになった。世界銀行『世界開発報告 2006』参照。
78) *Cf.* Wade, R. (1998). ウェイドはアジアの経済危機評価にさいし，基本的見方としてアジアの歪んだクローニー・キャピタリズムが死の苦しみを経験しつつあるという捉えかたと規制緩和下での外部からの金融撹乱（性急な金融自由化）に起因するという捉えかたのふたつがあるが，後者の見方を妥当とした。
79) *Cf.* Swedberg, R., *op.cit.*, p.69.

第 5 章
フォン・チューネンと開発論
―― チューネンからルイスへの視座 ――

5.1 はじめに

　フォン・チューネン (J. H. von Thünen) といえば,いまでは地理学の分野で有名であって,経済学の分野ではほとんど忘れ去られようとしているやにみえる。前者のばあい,なんらかの産業の立地にともない同心圏 (rings) 状にとくに農業のばあいがそうであるが,生産分布するものとして捉えられ,それをめぐっての実証がなされる傾向があるようだ[1]。しかしながらかれの立地論は輸送費や地代,要素集約度を中心に展開されていて,経済学の視点が随所に見受けられるのである。そこで本章では,チューネンの基本概念について経済学的アプローチをとおして再検討し,開発論に向けてのインプリケーションを探求することとする。とくにこの分野ではすでに古典となっているルイス (A. Lewis) の二重構造論[2]との関係もしくは接合が,クローズアップされるだろう。
　開発論におけるインプリケーションとは,筆者がこれまでに明らかにしてきた典型的な途上国――歴史的に運命づけられたモノカルチャー的産業構造によってさしあたり特徴づけられ,なんらかのかたちで工業化もしくは近代化を模索しつつあるもしくはそれを達成しつつある国や地域――に内在する経済構造との関係についてである[3]。具体的にいうなら,従来からの慣習がそうなのだが途上国経済をたんに近代的部門と伝統的部門とに区別して捉える方法ではなくて,モノカルチャーの本質たる輸出向け一次産品部門をどのように位置づけたらよいか,およびそれとは異なる意味をもつ自給農業部門

第5章 フォン・チューネンと開発論——チューネンからルイスへの視座—— 207

についてはどうか,さらには輸入代替工業化にせよ輸出指向工業化にせよその中核部門たる工業部門とはどのようなものなのかなど,従来よりもいっそう正確に捉える必要性について強調してきたこと,さらにその問題との関係においてルイスとチューネンとを総合することが,歴史的構造を含む途上国の開発に対していっそう正確な認識を与えるであろうということなのだ。かくしてこれまでの筆者の捉えかたは途上国経済を2部門ではなくて3部門に区分すべきであって,各部門の属性はかなり異なるものであることを,とりわけ第3の部門である自給農業部門については従来の研究では満足のゆく認識が与えられなかったもしくは等閑視されてきたことを指摘し,それらをこれまでの研究成果に則っていかに吟味するかの提示であった。

　予備的考察として以上のことがらを簡単に回顧しておこう。輸入代替工業化と輸出指向工業化との連続性の問題は第2章と第3章にみたように幼稚産業論の枠組みで捉えられるのであって,かつてのハミルトン (A. Hamilton) やリスト (F. List), ミル (J. S. Mill) らによって定礎づけられた時代は政治経済学 (Political Economy) の枠組みで捉えられていたのに対して,20世紀後半のケンプ (M. C. Kemp) やコーデン (W. M. Corden) になると純粋経済学の分野に還元されて精緻な分析がなされるようになり,近年では情報産業に代表される収穫逓増型産業をとくにとりあげることで幼稚産業論を展開するようになっている。ただし筆者の立論のスタンスは,途上国の幼稚産業を論じるにはかつてそうだったように政治経済学の視点が要請されるであろうということだ。開発論の分野ではハーシュマン (A. O. Hirschman) の視点が参考になる。かれのばあい,前方と後方の連関効果の存在を強調することによって途上国の工業化もしくは産業構造の高度化の可能性について説明することが中心課題だったが,とくにラテンアメリカに内在する構造については,政治経済学の視点が必要なことを訴える趣旨の論調が数多くみられた[4]。主流派のなかに位置づけられるフィンドレー (R. Findlay) も,新古典派の枠組みにおいて政治経済学的方法を応用しようとの試みを見せるようになった[5]。ともあれ現在では開発論の分野の多くの学者が,パイオニアたちが構築してきた体系の根底によこたわっていた開

発問題に対する熱狂的関心と学際的な思考鍛錬を再認識し、その方向で模索する段階に立ちいたっているようにみえる。筆者は偶然幼稚産業論のコンテクストでこの問題を追究してきた。それは工業部門の発展可能性の問題に還元されてくるものでありすでに本書の第2章と第3章においてあつかったので、ここではチューネンとルイスに照らしつつ一次産品部門と自給農業部門の捉えかたについて簡単に述べておこう。

　一次産品問題は、この分野において当初からひとつの主要なテーマであり続けている。それはパイオニアのプレビッシュ（R. Prebisch）とシンガー（H. W. Singer）によって別々に著わされた論文を契機として、交易条件論としていまなお議論が続いている[6]。そこにおいて議論の対象とされたのは、モノカルチャー的産業構造から依然として脱却していない途上国の交易条件は長期的に悪化傾向にあるのかどうかという類のものだけではなくて、一次産品の生産に関連したさまざまな属性についてであった。それはシンガーによって手際よく要約された[7]が、筆者はさらに一歩踏み込んでひとつの属性を強調した。それは前章においてみたが、ヴェーバー（M. Weber）によって資本主義世界が見事に峻別されて提示された賤民資本主義の概念ときわめて親和的であるということだった。ヴェーバーによれば、それは近代資本主義と区別されるのであって、資本主義的発展の主たる担い手のエートスがまったく異なるというものであった。途上国の一次産品部門が歴史的に形成された背景にこれとまさしく符合するような属性が数多くみられたことは明らかであろう。当初の段階においてこの部門の生産システムは、先住民から黒人奴隷、さらにはさまざまな人種の年季契約奉公人をその主たる労働力として活用した。そこにはかの悪名高き奴隷貿易や奴隷商人、金銀に代表される財宝掠奪目的によって動機づけられて海を渡った荒くれ男どもの存在が、さらにはその後国際商品作物を大規模なプランテーションで生産栽培することになった事情が、そして現在では国際分散投機の対象とされる傾向が強いことなど、時と場所を変えて幾多の途上国世界の一次産品部門にみえ隠れするのである。そこに共通にみえるのは、ひとつには労働の変容過程――奴隷労働から年季契約労働、やがて自由労働へとその主体が変容した――で

あり，いまひとつには大土地所有制の深化とそれに付随して深く根ざした半封建的な身分制度であり，さらにいえば多国籍企業のかかわりや国際間接投資——とくに投機目的による一次産品の売買をとおしての国際金融取引——などだ。身分制に関しては，オストエルベ問題——エルベ川以東の歴史構造問題——としてあつかわれた領域と関係してこよう。つまりこうした見方に立てば，プレビッシュらによって主張された輸出ペシミズムとかなり親近性をもってくることが窺えよう。

こうした構造主義ほんらいのもしくは歴史を重視する立場の捉えかたに対して，主流派の一次産品部門に対する見方は，かのリカードゥ（D. Ricardo）による比較優位の原理に典型的に示される。そこでは典型的な途上国のばあい，特定の一次産品の生産に比較優位を有するので，その部門を増強して経済発展に供するとよいというものであって，いわば輸出オプティミズムが主張される。このような捉えかたは，リカードゥ的発展指向といってもよいだろう。開発論のコンテクストでこれに沿って展開されたものとしては，ステイプル・セオリーがよく知られる[8]。しかしこのような主張は，途上国世界においてはすこぶる不評である。なぜならかつての植民地的支配を擁護することにつながってくるからだ。事実，植民地支配を正当化する理論としてこの理論はかつて重用された[9]。したがって学説上，この理論もしくはこの考えかたはリカードゥ型戦略と呼んだほうがより正確であろう。とうぜんのごとく幾多の途上国はモノカルチャーを嫌って，なんらかのかたちの工業化をめざした。一次産品部門自体，かつての植民地主義の下で政治的に強要されて形成されたからだ。ともあれこの理論に関する詳細な検討は紙数が許さないのでここではおこなわない。

さていまひとつの部門である自給農業部門はどのようなものなのか。いわゆるルイスの二重構造論の枠組みでは，それは過剰な労働を抱えて近代的部門へ無制限に労働供給する部門として特徴づけられた。さらにそこでは農村共同体原理が作用していて近代的部門とは本質上異なっており，具体的には後者が限界生産力で評価されるのに対してここは平均生産力で評価され，総産出高の最大化が目的であると定義される[10]。ルイスはこの部門の労働は

過剰であり，近代的部門とのあいだに賃金格差が存在するので，前者から後者へ向かう圧倒的な数の労働移動がみられるとした。ここで注意しなければならないのは，この部門はどのようにして形成されるにいたったのかという問題である。この論点に対して意義深い示唆を与えるのが，チューネンによる着想である。結論を先取りして言えば，国際政治経済史がとくに北西ヨーロッパ世界の発展過程が，途上国の輸出向け一次産品部門だけではなくてこの自給農業部門も形成されることにつながった，ということこれである。言い換えるなら典型的な途上国にみられる二重構造そのものが形成されるにいたった背景に，大航海時代以降，北西ヨーロッパ世界のグローバルな拡張過程があったという事実である。再度強調しておきたいのは，これまで一次産品部門の形成過程の背景のみが重視されがちだったけれど，それは一種の偏向であって自給農業部門も含めて考えなければならないという問題提起なのである。チューネンによる視点が，この問題を解きほぐしてくれるのである。

5.2 チューネンの分析視角

フォン・チューネンは主著『孤立国』の冒頭箇所で次のように述べている[11]。

「1つの大都市が豊沃な平野の中央にあると考える。平野には舟運をやるべき川も運河もない。平野は全く同一の土壌よりなり，至るところ耕作に適している。都市から最も遠く離れたところで平野は未耕の荒地に終わり，もってこの国は他の世界と全く分離する。

平野にはこの1大都市以外には，さらに都市はないから，工芸品はすべてこの都市が国内に供給せねばならず，また都市はそれを取り巻く平野からのみ食料品を供せられうる。

金属と食塩に対する需要を全国的に満たす鉱山と食塩坑とが中央都市の近傍にあると考える。」

このような種類の孤立国を想定したうえでチューネンは，工業製品を生産

する都市部とその周縁の農業地帯との交易を考え，とくに農業生産諸形態の決定過程についてさらに次のように述べる[12]。

「都市の近傍においては価格に比して重量が大きく，または，かさばって都市への運送費が膨大なために，遠方からはとうてい輸送できない生産物が栽培されねばならないことは一般的に明らかである。また腐敗しやすいもの，新鮮なうちに消費せねばならないものも同じである。しかるに都市から遠くなるに伴い，土地は漸次に価格に比して運送費を要することの少ない作物の生産を示す。
　この理由から，都市の周囲に，ある作物を主要生産物とするところの同心圏がかなり明瞭に描かれる。
　栽培する作物が異なるにつれ，農業の全形態が変わるから，われわれは各圏において種々なる農業組織を見るであろう。」

かくしてチューネンは，都市部に最も隣接した同心圏である第1圏を自由式農業，次の近傍地帯である第2圏を林業，さらに第3圏を輪栽式農業，第4圏を穀草式農業，第5圏を三圃式農業，第6圏を畜産地帯と措定した[13]。

チューネンにしたがってこれらの同心圏を具体的に見てみよう。第1圏では生鮮ミルクと野菜，その他の価値の高い作物（バレイショ，キャベツ，カブ，青刈クローバなど）が栽培され，ひじょうに多くの労働量が使用され，土地は休閑状態でもなければ輪作地でもない。そして牛舎で育成された乳牛から得られる堆肥と都市部から輸送された堆肥が肥沃度を回復するのに使用される。その堆肥は比較的簡単に入手できるので輪作を必要とせず，市場のシグナルによって栽培作物の種類が決定される。そこでは大規模な資本投下もなされる。収容された家畜に飼料が与えられ，その家畜の世話および搾乳がなされ，作物の栽培の準備と収穫がたえずおこなわれるため労働需要も大きい[14]。

第2圏では，都市の食料需要ではなく薪，建築材，用材，木炭などに対する需要を満たすべく林業が立地される[15]。なぜそうなるかというと，想定された輸送技術水準——陸路での輸送であり水路輸送の発達を顧慮しない——のもとで，輸送費は都市部から距離比例的に増加するので遠隔地では無理とみなすからだ。この森林栽培圏ではそれぞれの用途別に薪として使用

されるものは内側に，建築材・木炭などは外側に立地される。

　第3圏は輪栽式農業である。すなわちジャガイモなどの根菜類の混合物と少量の穀物を年数回の輪作方式で栽培する。この輪作システムの特徴は，土地を休閑地として無駄にすることはなく，家畜に飼料作物を与え，肥沃度を回復するのに家畜から得られる堆肥を使用する。ここでは第1圏と同じように，家畜に食料をやって土壌を整えるのに大量の労働を必要とする。それにともないかなりの資本も使用されることになる[16]。

　第4圏は穀草式農業である。それは根菜作物と穀物との均等な混合栽培であって，3毛作方式をとる。この輪作のばあい，農地の一部は穀物栽培向けであり，残りの一部は放牧地——放牧によってある程度肥沃度を回復させる——であり，さらに残りの部分は休閑地——完全に肥沃度を回復させる——として使用される[17]。

　第5圏は三圃式農業であり，ほとんど穀物のみが生産される。このシステムのばあい，土地の一部は半永久的に牧草地のままに置かれ，残りの土地は2種類の穀物畑と休閑地とに分けられ，収穫期以外はほとんど労働を必要としない[18]。

　第6圏は畜産地帯である。というのも放牧には大量の土地が使用されるので，地代費用がきわめて低く土地が安価に入手できることが条件になるからだ。放牧のばあい，さして労働を必要とせず土地面積当たりの資本量も少なくて済む。ここではバターやチーズなどの生産もおこなわれる[19]。

　この種の同心圏が形成されるのは，農地が都市から離れているほど市場への輸送費がかかるからであり，市場からの距離——すなわち輸送費——は都市に近づくにつれて減少するので，都市に近い地主ほど農地に対してそれだけ高い地代を課すことができるという事情による。むろんチューネンのばあい，農場経営者の視点から捉えていて，地代と利潤とが峻別されることがないことに留意しておきたい。なんらかの穀物を栽培するとき重要性をもつのは，直接的にかかる生産費と輸送費と地代である。そこで土地の肥沃度と知識は一律であると仮定すれば，穀物の直接生産費は同じである。都市の穀物価格は，穀物は必需品なるゆえに，最も外側の農地から運び込まれる穀物の

生産費と輸送費との和に等しい。都市部の需要増によって穀物生産はしだいに遠くへ押しやられ，輸送費の上昇が引き起こされる。それにともなって穀物価格は上昇する。都市から一定距離のところで生産される穀物の費用は，都市近傍で生産される穀物よりも高くなる。こうした事情は図5-1に示されている[20]。

図5-1において，横軸に平行に中間の位置に引かれているのが固定的な直接生産費である。中心都市から離れるにつれて都市への輸送費は距離比例的に増加するので，直接生産費に輸送費を加えた総費用曲線は右へゆくにしたがって上昇する。点Fはこの作物が栽培される最も外側の境界域に対応した総費用の高さである。チューネンによれば，この点に整合するように都市部の価格は設定されるので，この点を越えると実質的に損失が生じる。それゆえに点Fを越えると，もはやこの作物は栽培されない。かくしてわれわれは，都市中心地から点Fに対応する境界域までの地代動向を知ることができる。図の影部分によって示されるように，都市から離れるにつれて地代は減少する。言い換えるなら地代は都市からの距離の減少関数である。そして点Fのところでゼロになる。

図5-1によって地代と都市からの距離との関係が示されたが，次にそれを手がかりとして同心圏の導出過程が図5-2に示されている[21]。横軸から

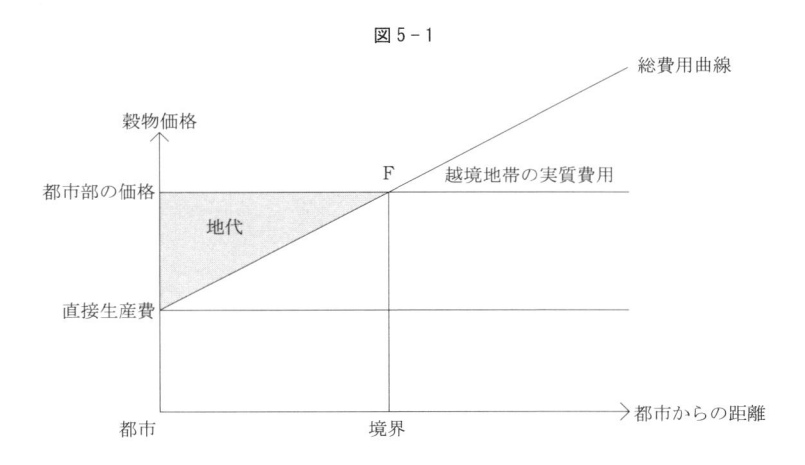

図5-1

図5-2

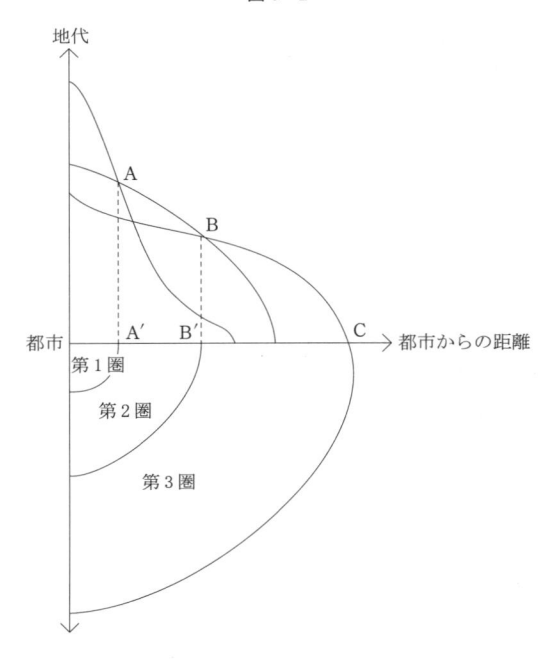

上に描かれているのは3種類の作物——チューネンにしたがうなら，付加価値の高い野菜類から樹木，ライ麦を順に想定するとよい——に対応した地代曲線である。最上位に示される地代曲線は都市近傍で栽培されるなんらかの野菜類に関連するものであり，中位に描かれているのは樹木に対応するもの，そして下位に示されているのはなんらかの穀物に対応するものとしよう。いずれの曲線も都市からの距離の減少関数である。最上位の曲線と中位の曲線との交点A，中位の曲線と下位の曲線との交点をB，および下位の曲線と横軸との交点をCとそれぞれするならば，合理的地主兼農業者は，より多くの地代を獲得できる地帯に適合する作物を栽培するように努めるだろう。すなわち点Aから横軸に下ろした垂線の足をA′，点Bからの垂線の足をB′とそれぞれするならば，都市からA′までの範囲に第1の作物（野菜類）を，A′からB′までの範囲に第2の作物（樹木）を，そしてB′からC

第5章 フォン・チューネンと開発論——チューネンからルイスへの視座—— 215

までの範囲に第3の作物（ライ麦）をそれぞれ栽培するのが合理的であろう。かくして第1の作物の栽培地帯は都市から A′ までの距離を半径とする円内であり，第2の作物のそれは都市から B′ までの距離を半径とする円から最初の円を省いた範囲であり，同様にして第3の作物は都市から C までの距離を半径とする円から第2の円を省いた範囲の地帯で栽培されることになろう。それぞれ第1圏，第2圏，第3圏を形成する。これらの同心圏の導出は，横軸から下側に示されている。同様の手順にしたがって第4圏から第6圏まで導出できるだろう。以上が『孤立国』のなかでチューネンによって提示された農業立地論のエッセンスである。

　ところで前述のようにチューネンのばあい，農業立地のみを論じたわけではなくて，そのコンテクストには都市部の工業部門の存在が隠されていることに留意しておく必要がある。都市部で生産される工業製品と第1圏から第6圏までの農業地帯で生産されるそれぞれの農作物とは，都市部の市場で交換されることが前提となっている。開発論との関係においてこの側面を見過ごしてはならない。すなわちこのことは都市部の市場規模の拡大は同心圏のさらなる拡大もしくは拡張をともなうことを含意するのであって，これが国際経済の領域において生じたばあいどうなるかについて検討すべきであろう。それについては次節に譲ることとし，ここではもう少しチューネンの功績について現代経済学における開発論という視点から包括的に考察することとする。

　それは図5-3に示される[22]。チューネンによるオリジナル研究に則したこれまでの展開と異なるところは，1生産要素としての労働 L が農場に追加的に投入されたときの各変数の対応関係が示されることだ。ここに描かれた第1象限から第4象限までに描かれた曲線群はそれぞれ対応していて，第1象限は農業経営者（地主）と農業労働者とのあいだの所得分配――影部分の三角形は地代を，その下の矩形は賃金をそれぞれ表している――を，第2象限は農業経営者が各生産者価格 p に応じて（その生産者価格で測られる）労働の物的限界生産力 $Q'(L)$（$=MPP_L$）が所与の賃金率 $\bar{w}$ に等しくなるように自らの生産方法を選択する――開発論でいうところの近代的部門一般に

図 5-3

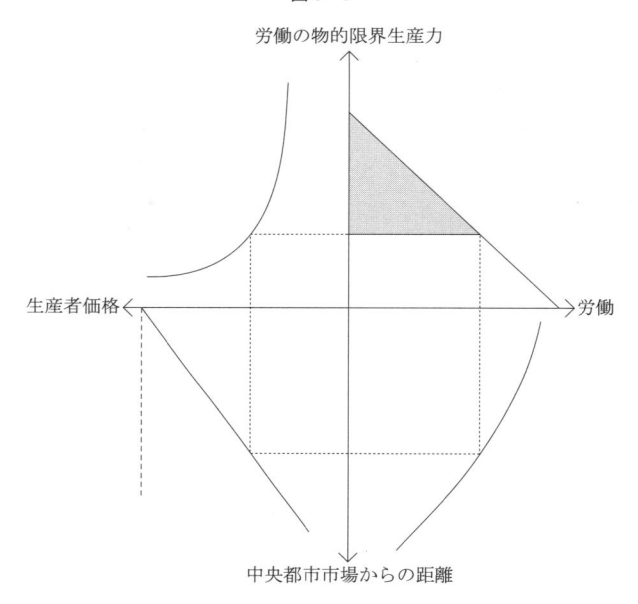

労働の物的限界生産力 / 生産者価格 / 労働 / 中央都市市場からの距離

おいて選択されると想定される生産方法——こと（すなわち労働市場）を，第3象限は中央都市市場からの距離 d が遠くなるにつれて生産者価格は低下することを，および第4象限は中央都市からの距離が遠くなるにつれて労働集約度が低下することをそれぞれ表している。これらの事情を一般式に表すと次のようになる[23]。

$$Q = Q(L) \quad \cdots\cdots (5-1)$$
$$\bar{w} = pQ'(L) \quad \cdots\cdots (5-2)$$
$$p = p_u - td \quad \cdots\cdots (5-3)$$

（5-1）式は単位面積当たり産出高 Q が単位面積当たり労働 L に依存することを示している。（5-3）式の p_u は中央都市の所与の市場価格（図では第3象限の横軸から垂直に下ろされた破線によって示されている）であり，中央都市から d キロメートル離れたところから都市まで輸送するのに単位重

量当たり td のコストがかかるものとして，p_u からこれを差し引くことによって生産者価格 p が導出されている。ここでの説明はチューネンによって提示されたオリジナルな説明を現代ヴァージョンに言い換えたものであり，各情報が包括的に盛り込まれていることに留意されたい。たとえば当初のチューネンによる説明にあったように，都市の近傍であればあるほど多くの労働量が投入されるという事情は第4象限の労働集約度曲線によって示されることから窺えよう。また双曲線が描かれている第2象限は，前述のように開発論でいうところの近代的部門における労働市場の原則である (5-2) 式を図示したものである。さらには中央都市に近いところでの立地ほど労働集約的な生産方法を使用する傾向があることから，とうぜんながら労働の物的限界生産力は逓減する（第1象限）。その結果，限界生産力曲線から下側の領域に示される総生産は影で示される地代部分とその下の賃金部分とに分けられることになろう。かくしてチューネンによって地代と資源配分さらに立地の理論が提示された。

5.3 開発論へのインプリケーション

ここまでの議論から明らかなように，チューネンのばあい，現代経済学を構成するいくつかの要素の原型を創り出しただけでなく，開発論に対してもかなり有意義な貢献をなしたといえる。前者においては，限界生産力の概念，地代と輸送費および要素集約度を基礎に一種の空間的立地論と所得分配論を提示した。これらはいずれも開発問題とも大いに関係するのである。ここではそのことを踏まえて，簡単にその含意を述べることとする。

まずチューネンの貢献のひとつは，農場経営者の視点から，それぞれの条件下でどのような農業が最も合理的な生産方式であるかについて明らかにしたことである。かれ独自の「孤立国」的前提のうえに立って，それぞれの生産対象作物の栽培地帯が同心圏として現われるというのがその帰結であった。そこに合理性を具備した農場経営者の存在がクローズアップされる。とうぜんそれはホモエコノミクスなのだが，所与の諸条件下で最大の利潤（地代）

を実現するという目的のもとにそれぞれの農業圏が立地したことについてはすでにみた。ただし各農業圏が立地してゆく過程が根本的な前提としているのは、中央の都市部の市場（同心円の中心部に位置する）において工業部門が形成されていて、そこで生産された工業製品が各農業圏で生産された農作物と交換されるということにあった。このことは開発論のコンテクストでは、工業部門と農業部門との交易関係として意味づけられる。言い換えるなら工業部門と一次産品部門との相互依存関係として捉えられる。これが国内のみの事情であれば工業と農業との国内交易として、さらに国際経済面においてこの立地過程を置き換えるなら、中心地域（center）の工業部門と周辺地域（periphery）の一次産品部門との国際交易としてそれぞれ捉えなおすことができる。従来の国際貿易論においては、生産要素は国際間で不移動であることが仮定されるが、チューネン的視点で考えるとき、要素移動──国際間労働移動もしくは移民、および外国投資など──が射程に入ってくるので、拡張的貿易モデルや経済統合論への応用可能性が考えられる。事実、そのような視座で議論を進めるギエルシュ（H. Giersch）によれば、チューネン的アプローチは要素移動に焦点を当てるので、現在のグローバリゼーションに適合するという[24]。貿易と要素移動とは代替関係にあるとみて、伝統的なヘクシャー＝オリーン＝サミュエルソン（HOS）世界では貿易のほうに光を当てるが、チューネン的世界では要素移動のほうが原動力として優先順位が高い。人的資本の移動は地域の成長パターンに影響を及ぼし、資本移動は自律的なものとして捉えられ、それは利潤期待の差（すなわち資本の限界効率）によって誘導される[25]。かくしてグローバル・エコノミーにおける生産立地を主導するのは要素移動であり、そこからかれによってそう呼ばれたチューネン財──途上国からの競争圧力に対応するかたちで小さな品質改良がなされるような財──が生産されて国際貿易に供されるようになる[26]。たとえば現在の中国において経済特区を生産基盤にチューネン財（繊維製品や玩具などの軽工業品）の大量輸出がおこなわれているが、そのような事象を説明するのにこうしたチューネン的アプローチは一定の説得力を持ちうるだろう。チューネン本人はそこまで射程に入れて論じたわけでは

ないけれど,その契機を与えたという側面についてはそれなりの評価を与えるべきであろう。

　この空間的立地過程が歴史のなかで作用したとみるならばどうなるだろうか。しかも国際経済面を曳きずりながらそのような過程が突き進んだとみなすならばどうであろうか。この問題を正面からあつかった研究にシュワルツ (H. M. Schwartz) によるものがある[27]。いうまでもなくイギリスが世界で最初の産業革命を成就することになったさまざまな事情については,これまでに夥しい研究が提示されてきた[28]。しかしそれらは西洋史もしくは西洋経済史の領域で継続的にあつかわれてきたのであって,開発論の分野での研究は従属論の延長に位置づけられるウォーラーステイン (I. Wallerstein) による研究に関連したものにおのずと収斂してこよう[29]。しかしチューネンの同心圏の着想は,ウォーラーステインの歴史観と類似するところがあるとはいえ,根本的には明らかに異なっている。たしかにウォーラーステインはヨーロッパにおける農業の発展過程について検討した——中世から16世紀にかけては三圃式農法が支配的であり,17〜18世紀には穀草式農法となり,それら農業に従事した労働は多様な諸形態をとっていたことなどについてシステマティックに説明した——けれど,チューネン的な農業と工業とのダイナミックな展開の説明とは明らかに異なるものである[30]。チューネンの着想は,先に述べた諸前提のもとで同心円状に農業立地が進行するとともに,それぞれの作物の栽培圏において使用される生産方法も異なっている——第1圏から第6圏にわたって自由式,輪栽式,三圃式,さらに畜産へというように対象作物の種類の変容に付随するかたちで農業の栽培方式も変容するものとして捉え,加えて外側になればなるほど労働集約度は低くなる——ものとみなすが,そこにはウォーラーステインのような歴史観は存在しない。むしろシュムペーター (J. Schumpeter) のごとくオプティスティックであって,生産と経営の両面における技術革新が強調される。現在からみると新古典派的な限界概念の原型が随所にみられるのである。それはすでにみたように,合理的な農業経営者は労働の限界生産力と賃金率とが均衡するように雇用決定する——労働市場の均衡条件を表した (5-2) 式にそ

れは示される——とともに，それに労働集約度の変化が対応していて，それにしたがって労働側の賃金稼得分と地主兼農業経営者の地代（利潤）稼得分との分配関係が決定される（図5-3の第1象限をみよ）。この点がウォーラーステインの視点とチューネンのそれとの根本的な違いなのである。言い換えるなら，歴史指向と技術指向との違いであろう。

　論点をもとに戻そう。いまチューネンには歴史観は存在しないと述べたが，この側面はいうまでもなく新古典派経済学の特質の一面でもあり，その意味においてチューネンと新古典派とは親和的であるといえよう。ウォーラーステイン学派もしくはマルクス学派と新古典派の根本的な違いもそこにあるといえるのである。さてチューネンに欠如していた歴史的視点をかれ固有の同心圏の発想にかぶせてみると，実におもしろいことが知見される。この点はシュワルツに詳しいが，イギリスにおいて現出した産業革命はいろいろな余波を周辺の国や地域に及ぼしたことについては異論の余地はないだろう。イギリスが産業化の先発国として世界の工場としての役割を担ったことは周知のことであり，そのときの中心国イギリスと残余世界との関係において，チューネン的同心圏がグローバルな次元で拡張していったとみることができるのである[31]。イギリス以外の北西ヨーロッパの国々やアメリカは同心圏のなかの一周辺地域としての地位にあった——大陸ヨーロッパにせよアメリカにせよ食料系か工業原料かのなんらかの農作物をイギリスへ輸出すると同時にイギリスからは工業製品を輸入するといった貿易パターンが形成され，周辺地域においてはそのような一次産品の生産栽培を経済的基盤とした社会階層が政治的実権を握ることが多く，とくにアメリカでは南部の大農園主が支配階層となった——が，やがて後発国の立場からそれぞれの地域に適合した通商政策を駆使することによって，すなわちハミルトンやリストの出現に象徴的に示される幼稚産業を保護することによって工業化を達成したのだった。こうした事象は，チューネン的な同心圏の中心である中央都市市場がイギリスだけではなくてその他の北西ヨーロッパの国々もしくはアメリカにおいて時の進行とともに出現したことを意味するのであって，さらに残余世界に同心圏が拡張していったとみることができるのである。ここにいたっ

第5章 フォン・チューネンと開発論——チューネンからルイスへの視座—— 221

て，さまざまな次元で議論されることになる中心・周辺論の一契機を見てとれるのである。いまふうに言い換えるなら，先進国（中心地域）が工業製品を生産輸出するとともに途上国（周辺地域）は一次産品を生産輸出するというようにお定まりの貿易パターンが形成されることになる。むろんその形成過程にはいろいろな人間ドラマがともなってこよう。とくに労働の形態が時の進行とともに変容したことはよく知られている。

　ここでもういちどチューネンの分析視角を確認しておこう。農場経営者としての視点がそれであるが，かれは合理的な経営——最大利潤の追求という目的にしたがって生産要素を合理的に組み合わせる方式——を心がけるものとして捉えられた。すなわちこの側面の行き着くところが，労働の物的限界生産力と賃金率とが均衡するように農業経営者は生産要素——このばあいはとくに労働と土地——を結合させるということなのだ。このことは，開発論のコンテクストでは労働の限界生産力評価として言い換えることができる。すなわちこれこそ，開発論でいうところの近代的部門のひとつのエッセンスなのである。筆者はこの問題について強調したことがあるが，過去から現在にいたるまで途上国世界にひろくみられた植民地時代さらにはその後の脱植民地時代において，鉱産物や農牧産品など一次産品に代表される鉱山やプランテーション経営においては，とうぜん合理的な経営がなされたとみるべきである。現在の経済学では，こうした事情は限界生産力で評価できる部門として捕捉される。しかるにこれまで幾多の研究——アメリカやヨーロッパにおける主流派および日本においてもそうなのだが——は，この部門で生産もしくは栽培される貿易財を「伝統的」国際商品とみなしがちであって，近代的部門としての工業部門と対比して捉えることが慣例であった。筆者の視点は，そうすることはヨーロッパを中心とした歴史観——たとえばコロンブスがアメリカ大陸を「発見した」といった類——のひとつであって一種のバイアスであるというにある。そのような国際商品——歴史上モノカルチャーと同一視できるその国を代表する一次産品——を「伝統的」と呼ぶのは，それこそ近代的経済社会の実現をみたヨーロッパからの視点であり，途上国の現地住民にとってのアイデンティティとは相容れぬ要素を多分にもっている。歴

史過程のなかでそのように「なった」のではなくて，そのように「された」とみるほうが自然であろう。すなわち前者のような見方は途上国住民の内発性を軽視したものだといっても過言ではあるまい。

うえに述べた問題点に付随してくるのが，「真の」伝統的部門たる自給部門の存在をどのように捉えたらよいかという問題である。この部門についての最初の論及はルイスによってなされた[32]。周知のようにルイスのばあい，典型的な途上国経済を二重経済構造として捉えた。そこでは自給部門に余剰労働が存在し，それが「資本制」部門での就業を求めて無制限に移動するものと措定された。ここで留意しておくべきは，ルイスはけっして「近代的」部門という術語を用いていないことである。のちに主流派の学者たちはそれを「近代的」部門と言い換えたことから，現在ではそのターミノロジーが普遍化している。こうした捉えかたの背景に，伝統的部門と対照させることをとおして近代化もしくは工業化の過程を論じることが隠れていた。ところがすでに指摘したように，鉱山からの採掘業や国際商品となるなんらかの一次産品を生産する部門をどこに位置づけたらよいかという問題が生じてくる。ルイスのばあい，後述するようにこれらの部門も資本制に属するものとみなした[33]。そこでそれらを限界生産力で評価される部門とみなすならば，まさしく近代的部門にカテゴライズされることになるだろう。言い換えるならば，輸出向け一次産品部門においてはチューネン的な合理的な経営がなされていて，農牧産品加工の実現可能性の視点からみて工業部門と密接な関係にあるとみることができよう。ともあれルイスによれば，自給部門から資本制部門への圧倒的な労働移動がみられるものとして二重構造が捉えられ，両者の生産方式は限界生産力評価と平均生産力評価との違いをもって峻別された。

さてチューネンによって提示された農業部門は労働の限界生産力によって評価される，ということを想い起こそう。それは，ルイスによって措定された資本制部門と整合するものとして捉えられる。それを開発論では近代的部門と呼ぶのが慣例であることについてはすでに述べた。ここに経済合理的な経営が営まれる農業部門をもって，ルイスとチューネンとの接点が見出され

るのである。もうひとつの重要な点は，労働移動の方向性において両者に違いがみられることである。チューネンのばあいは，中央都市市場を中心とした同心圏の拡大過程として農業部門が存在し，都市に近ければ近いほどその農業圏の労働集約度は高くなる。言い換えるならチューネンの同心圏においては，労働を外側から引き寄せる役割を果たしている。それに対してルイスのばあい，労働は自給部門から無制限に押し出されて資本制部門に入ってくるとされる。チューネンの同心圏を資本制部門と同一視すれば，ルイスのいう自給部門は同心圏のさらに外側のいわばフロンティア領域ということになる。チューネンの農業部門は中央都市からの距離がどのくらいであるかによるところの労働のプル装置であるのに対して，ルイスの伝統的自給部門は労働のプッシュ装置としての役割を果たす。チューネンの農業部門における労働のプル装置は，拡大した同心圏の外側であればあるほど威力は弱くなる。ルイスの自給部門のばあい，労働が有り余っているという前提のうえに立っていて，とくに途上国のなかで人口爆発がみられるような国や地域においてそれは典型的であろう。しかし農村部に偽装失業が存在することについては，十分な実証が得られていないことに注意しなければならない[34]。とはいえその後のハリス＝トダーロ（J. R. Harris-M. P. Todaro）によって提示された期待賃金モデルや，その後の開発論における労働移動モデルの発展過程に照らして考えるなら，多くの途上国で農村部から近代的都市部への大量の労働移動が見受けられることはたしかである[35]。ただしこのような一連の2部門モデルにおいては，輸出向け一次産品部門の存在は軽視されるのが常である。チューネンの同心圏で考えるばあい，プランテーションや鉱山開発部門は相対的に外側の農業圏に位置するだろう。実際に多くの人口を抱えたアジアやアフリカ，ラテンアメリカの国や地域では，歴史的にモノカルチャー的産業構造を運命づけられて依然としてプランテーションが重要な役割を果たし続けているところが多いといった事情に想いを馳せるとき，それらのモデル群が前提としていることの妥当性に対しては疑問が投げかけられるに違いない。自給部門と工業部門との存在だけでなく，輸出向け一次産品部門をいかにモデルのなかに組み入れるかが重要な課題となってくるはずで

ある。われわれが再確認したいことは，都市部を中心に立地している工業部門と輸出向け一次産品部門とのいずれもルイスがそう呼んだところの資本制部門であること，およびそのいずれにおいても限界生産力で評価されるだろうこと，さらにはひとり自給部門のみが平均生産力で評価される——言ってみれば総産出高の最大化を目的として生産は営まれ，その共同体固有のルールにしたがって各成員にその成果は分配されるだろう——ことである。このような識別はルイスによってなされたのはいうまでもない。そこで自給部門と資本制部門との2部門を想定して描かれた図5-4を用いてその含意を簡単に顧みよう[36)]。

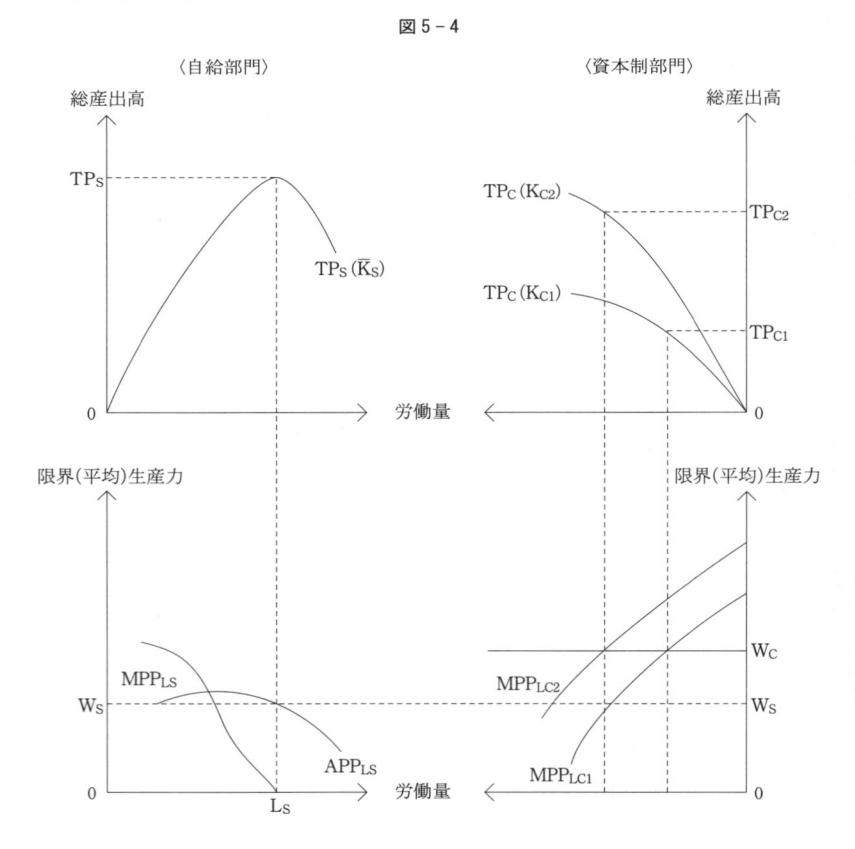

図5-4

〈自給部門〉 総産出高 TP_S $TP_S(\bar{K}_S)$ 労働量

〈資本制部門〉 総産出高 $TP_C(K_{C2})$ TP_{C2} $TP_C(K_{C1})$ TP_{C1} 労働量

限界(平均)生産力 MPP_{LS} W_S APP_{LS} L_S 労働量

限界(平均)生産力 W_C MPP_{LC2} W_S MPP_{LC1} 労働量

図全体の左側半分は自給部門の事情を，および右側半分は資本制部門のそれをそれぞれ表している。図の上側半分は各部門の労働量と総産出高との関係を，および下側半分は各部門の労働量と労働の物的限界（または平均）生産力——すなわち実質賃金を表している——との関係をそれぞれ示している。言い換えるなら上半分がトータルの概念であって，下半分がマージナル（もしくはアヴェレージ）の概念であり，それぞれ対応関係にある。ただし右端から資本制部門の労働量が，および左端から自給部門のそれがそれぞれ測られる。一般的に知られているのは右下半分の資本制部門の限界概念図——ルイス自身がオリジナル論文のなかで明示したもの——であるが，ここでは全体の対応関係を中心に描いてある。これに関連する方程式群は次に示すとおりである。

$$TP_c = Q\ (L_c,\ \bar{K}_c,\ \bar{t}_c) \quad \cdots\cdots (5-4)$$
$$TP_s = Q\ (L_s,\ \bar{K}_s,\ \bar{t}_s) \quad \cdots\cdots (5-5)$$
$$W_c = MPP_{LC} = \partial TP_c / \partial L_c \quad \cdots\cdots (5-6)$$
$$W_s = APP_{LS} = TP_s / L_s \quad \cdots\cdots (5-7)$$

(5-4)式は資本制部門における総産出高 TP_c が，資本 K_c と技術 t_c は一定として雇用労働量 L_c の関数であることを示している。なお物的限界生産力は逓減する（$MPP_{LC} < 0$）ことに留意しておこう。(5-5)式は自給部門の総産出高 TP_s が，同様の条件下で自給部門労働 L_s の関数であることを示している。(5-6)式と(5-7)式は，資本制部門の実質賃金は雇用労働の物的限界生産力と均衡するところに決定されることを，および自給部門のそれは労働の物的平均生産力 APP_{LS} によって決定される——総産出高 TP_s が最大となるところに対応する物的平均生産力の大きさであって，ルイスの仮定にしたがってこれに対応する物的限界生産力はゼロである（「偽装失業」が存在すると想定される）——ことをそれぞれ示している[37]。ただし各図の縦軸の尺度は同じでも横軸のばあいは自給部門における労働量のほうが圧倒的に多く，左右の図で絶対的尺度がまったく異なることに留意しよう。ここで

重要なことは，ふたつの部門において実質賃金がまったく異なることである（$W_c > W_s$）。つまりこの賃金格差があるかぎり自給部門から無制限に労働が供給される，とルイスは考えた。この賃金格差が存在するかぎり二重構造は解消されない。自給部門に合理的な生産方法——資本制と整合的な生産栽培方法が，すなわち利潤動機の生産システムが導入されて，限界生産力にしたがって実質賃金が決定されるようになり，事後的な所得の分配方法は共同体的なそれではなくて利潤領域と賃金領域とに区分されるような方式が導入される——がゆきわたってしまうと，それも解消されるであろう。それは資本制部門が理想的なかたちで拡大してゆくことをつうじて実現すると想定された。図のなかでは，その過程は資本制部門における総産出高曲線と労働の物的限界生産力とが上方にシフトすることによって示されている。そのさい企業者（資本家）は獲得した利潤を再投資して資本形成をおこない，資本蓄積が継続的に進行する（K_{C1}からK_{C2}へ，さらに高次元の資本へと進化する）と仮定されている。このプロセスをめぐる論議については関連学界で多数の研究がなされていて，筆者もすでに検討したことがあるので，ここではこれ以上立ち入らない[38]。補完的考察については次章に譲ることにして，ここでは先のチューネンの着想との関係についてさらに考察を進めることとする。

　ここまでの議論から明らかなように，チューネンは近代的な農業経営を基礎にすえた立地論を展開したことが重要である。労働の限界生産力と賃金との均衡関係にせよ，地代もしくは利潤と賃金との分配問題にせよ，ルイスの資本制部門と整合的なのである。しかしルイスによって提示された自給部門の存在——賃金は労働の物的平均生産力で評価されて分配は共同体方式であって，経済合理的な生産はなされないものとして特徴づけられる——が，いっそうクローズアップされてくる。むろんチューネンには現在の途上国の農村や山地にみられるこうした部門の存在についてはまったく脳裡に浮かばなかっただろうし，前述のごとくもともと指向するところが違っていた。しかし開発論のコンテクストでこの問題を捉えなおすと工業だけでなく農業についても近代合理的な生産方法が取り入れられるということになれば，そ

れはチューネン的世界として認識できるのだ。ルイスのいう資本制部門が,
その実態は工業であれ農業であれ,自給部門から多くの労働を引き寄せるとなれば,チューネン的同心圏が形成された(もしくはされつつある)とみなせるのである。いわゆるプル装置としての資本制部門である。ところがルイス的世界においては自給部門に余剰労働が存在し,そこから圧倒的な労働移出がみられるとしたのだった。すなわちプッシュ装置としての自給部門の存在である。

しかしここで余剰労働が存在する自給部門とは,労働の平均生産力評価問題とは別に,いかなるものなのかについてもう少し考えてみたい。ここでは歴史的視点を取り入れて再考察してみよう。そのような部門はもともと途上国一般に存在したのだろうか。いまでは人口爆発問題云々に関連してくるとみなされるだろうが,結論を先取りしていうなら,歴史的にみるとそうではなかったのだ。つまり当時の西ヨーロッパ列強によるさまざまな地域における植民地化の過程のなかで,すなわち鉱山開発やステイプル栽培としてひろくおこなわれたプランテーションの創設によって,多くの労働がグローバルな次元で求められたのだが,それには強制がともなったこともあって,事前にその関連地域から逃げ出した者が多くみられたのだった[39]。そのような事態が植民地化の過程のなかでひんぱんに見受けられたとなれば,すなわち「その他」の農村部へ大量の人口流出がみられたとなれば,それが自給部門の形成ともつながってくる。この認識はきわめて重要である。というのは既存の開発論もしくは経済史の分野では,西洋列強によるその他地域の一連の植民地化の過程で形成された鉱山採掘業やプランテーションなどの存在のみが,いまの途上国経済が経済発展を達成するうえでポジティヴに作用するかもしくはネガティヴに影響するかいずれかの視点で位置づけられる傾向があった——前者の代表的な見方はステイプル説であり,後者の典型的考えかたは交易条件問題に還元して捉えられた輸出ペシミズム説である——けれど,輸出向け一次産品部門の形成に付随するかたちで自給部門が形成されたという認識は,幾多の途上国経済の典型的特徴とされる二重構造自体が歴史のうえで内発的にではなくて外発的に形成されたという認識とつながってく

るからだ。もちろん土着の自給自足部門だったところに同心圏のフロンティア領域を越えてやってきた人々の存在を、ここでは重視しているのである。

このように途上国の経済構造に関する認識問題は、ルイスのオリジナル論文が学界に及ぼした影響によって生じたさまざまな誤解に対して自らリプライするまでに及んだ[40]。このことについて筆者はすでに指摘したが、かれのいう資本制部門をどのように捉えるかという問題について、たんにそれを製造工業部門と同一視する見方がまったくの誤りであることをルイスは力説したのだった[41]。とうぜんながらかれのいう資本制部門はいっそう広い概念であって、製造工業部門だけでなくて輸出向け一次産品部門も含めて考えなければならず、オリジナル論文においてもこのことは明記してあることに注意すべきである。正確な認識を失することから生じた誤解の代表的なものとして、農業部門を伝統的部門として捉えてしまう設定のしかたがある。その農業部門自体が自給農業部門と輸出向け一次産品部門とに分けられるのであって、そのような捉えかたは当初のルイスの真意を誤導することとなり、根本的な誤謬に陥ってしまいかねない。したがっていわゆる製造工業部門はルイスのいう資本制部門の一部なのだという認識が大切なのである。かれは資本制部門を、古典派の意味において資本家が労働を雇用して利潤獲得のために産出高を転売するような部門であると再定義している[42]。言い換えるなら、資本制部門の資本家もしくは企業者は価格インセンティヴに合理的に反応して生産要素を結合しなんらかの生産活動をおこなうが、その目的は最大利潤の実現にある。すなわちここでは限界生産力評価が妥当性をもつということなのだ。その意味において、この部門においては近代的システムが十分作用しているといえる。明らかに工業部門と輸出向け一次産品部門、さらには都市部のさまざまなサーヴィス部門もそのなかにカテゴライズされることになろう。そのような認識のうえに立って初めて、ルイス的な二重構造を論じるべきなのである。

このようにみてくると、ルイスの自給部門をどう捉えたらよいかという認識問題も提示されてくる。というのもルイスによれば、都市部のとくにサーヴィス業に従事している自営業者――現在の開発論ではインフォーマル部門

として定義されるようになっている——の存在が，自給部門から資本制部門への労働移動を表しているひとつの証拠であるとみなされ，その雇用方式に資本制がみられないならばこれも自給部門になるからだ[43]。しかしこのような種類の労働の存在は，いまでは前述のようにインフォーマル部門として認識されていて，それなりの研究の深化がみられたことは事実である。その意味において，この側面ではルイスは一種の曖昧性を併せもっていたといえよう。

　最後に本節の議論を要約しておこう。チューネンは農業立地論と各階層への所得分配について近代経済学の技術的基礎を与える貢献をなしたが，それは開発論の分野では近代的部門を限界概念の視点から捉える限界生産力評価とつながってくるのであって，ルイスが提示した資本制部門の特徴と整合するものである。20世紀半ばに開発論のコンテクストでルイスによって受け継がれた——もっともルイス自身にはそのような意図はなかっただろうが——チューネンの着想は，途上国の自給部門の存在をいっそう際立たせることとなった。かくしてルイスによって提示された二重構造論を構成するふたつの部門に関する認識問題は，いまなお重要な論点となる諸要素を含んでいるのである。なお世界銀行の『世界開発報告 2006』においても途上国の自給部門の存在に焦点を当てていて，ルイスのいう資本制部門もしくは近代的部門との接合をどのように図ったらよいかについて研究が深められつつあることを付け加えておく。

5.4　結　び

　チューネンによる合理的な農業経営者のビヘイヴィアの説明から同心圏の導出過程およびその含意について，開発論の視点から論じてきた。とくにこの分野におけるルイスの画期的なオリジナル論文に提示された二重構造モデルとの関係が注目された。むしろ後者のインプリケーションの説明のほうにやや比重を置いた観がないでもないが，本章で筆者が力説したのは，開発論においてルイスは一定の地位を占めるにいたったけれど，それ以前のチュー

ネンによる着想がルイス・モデルと大いに関係があることを正しく認識する必要性があることについてである。ルイス・モデルの根幹をなす資本制部門と自給部門とはどのように形成されたかという問いに対して，歴史的視点から答えることとは別に，農業経営者の経済合理的な行動の視点から答えを引き出すこともそれなりの説得力があるということだ。

チューネンの同心圏のいくつかが途上国の輸出向け一次産品部門を構成するとみなすならば，いっそうわかりやすい。ここで留意すべきは，当初チューネンが意図したところの「孤立国」的状況をさらに国際経済面に適用して考えるとき，早い段階で近代工業化を達成したところ――北西ヨーロッパ――に形成された相対的に大きな都市市場を中心とする同心圏が，歴史の進行とともにあたかも水面の波紋のごとく形成されてゆき，そこに途上国の世界の一次産品部門も内包されたとみることも十分できるのだ。

ただしその形成過程には，大航海時代以降，数多く誕生した当時の国際事業会社から近年の多国籍企業にいたるまで国家のかかわりの多寡の問題も含めて，歴史的視点もしくは政治経済史的な視点も要請されよう。その意味において，途上国の一次産品部門の形成過程をみるうえで総合的な視点が必要であることはいうまでもない。

チューネンのばあい5.2節にみたように，現代経済学における限界分析の基礎を与えたことも同様に重要である。チューネンの同心圏を構成する各農業圏においてはいずれも限界生産力で評価された。そしてそこでは限界概念に依拠した所得分配も含意された。この手法はルイスの資本制部門と整合するものである。それゆえチューネンによって与えられた同心圏のなかにルイスの資本制部門は位置するのであって，さらにそこは別の次元で自給部門が存在すると考えられた。ルイスはこのふたつの部門を峻別したとき，限界生産力と平均生産力とのいずれかで評価されることが規準であることを示した。資本制部門における生産者もしくは企業者は最大利潤の獲得を目的とする利潤動機によって行動するといったホモエコノミクスの存在が前提となる――チューネン的世界の農業圏および中心都市の工業部門の存在とも整合する――が，自給部門のばあい共同体的生産分配方式であって，資本制的な

利潤と賃金との厳密な区別のない世界である。そこでは産出高を最大化することが最重要であり，言い換えるなら労働の物的限界生産力はゼロとなり，共同体の成員に対しては労働の物的平均生産力でもって均等に分配される。しかしその生産性は圧倒的に低く，自給（subsistence）とは生存水準であることを含意した。したがってふたつの部門に賃金格差が存在することが，二重構造論と部門間労働移動説の重要な基礎となった。

かくしてチューネンの着想を，開発論においてひとつの中心的位置を占めるルイスの二重構造論の視点から捉えなおすとき，その意味するところは深遠である。かれの同心圏の中心都市は国際開発論のコンテクストでは，現在の先進国の大規模な市場であると同時に原初的な意味での工業製品の生産地帯である一方，同心圏の農業地帯は途上国の輸出向け一次産品部門——国際換金作物を資本制のもとに生産栽培するプランテーションがその典型——である，と言い換えることができる。したがってこの視点は，プレビッシュに代表されるラテンアメリカ構造学派やウォーラーステイン学派ともかなり違った色合いを有するものであるといえるだろう。

なおチューネン的アプローチにおける要素移動の含意を国際経済学に適用しようとする動きもあり，近年のグローバル・エコノミーの拡大をその視点から説明しようというのである。従来からのHOS理論をさらに発展させる可能性としてチューネンを再評価するものだが，学界でそれが広く受け容れられて市民権を獲得するまでには依然としていたっていないようだ。

注
1) 地理学の分野におけるチューネンのあつかいかたについては，かつて筆者の同僚であった故田中智彦教授にご教示いただいた。とくに Economic Geography 誌において，チューネンの同心圏を特定地域に当てはめて実証しようとの試みが多いようだ。
2) *Cf.* Lewis, W. A. (1954).
3) 宮川（1996）の第1章「南北貿易の視座」参照。
4) *Cf.* Hirschman, A. O. (1971); —— (1977); —— (1981); —— (1984).
5) *Cf.* Findlay, R. (1988); —— (1991).
6) ふたりのオリジナル論文は Prebisch, R. (1950) と Singer, H. W. (1950) であり，かれらが提示した命題に関する近年までの議論については，宮川（1996）の第2章「南北間交易条件論の新展開」および本書第1章第5節「新構造主義の交易条件論」をみよ。
7) *Cf.* Singer, H. W. (1987).

8) *Cf.* Hoselitz, B. F. (1955); North, D. C. (1955); Bertram, C. W. (1963). このステイプル説から立論を展開する日本人学者に渡辺 (1978) がある。同書の第1章「輸出と国民経済形成」をみよ。
9) この点については，Schwartz, H. M. (2000) において指摘されている。シュワルツ，邦訳書，97ページをみよ。
10) この問題については，前掲宮川 (1996) の第1章「南北貿易の視座」において考察した。本書の次章においてさらに検討を加える。
11) *Vgl.* von Thünen, J. H. (1826), 邦訳書，9ページ参照。
12) 同訳書，9-10ページ参照。
13) 同書のなかでそれぞれの農業圏が具体的に説明されている。チューネンが設けた諸仮定には，土地・労働・財のための資本制市場，生産組織の資本制的諸形態，土地の肥沃度の一律性，および農業経営者にとって均質な情報と輸送へのアクセス可能性などが含まれる。チューネンの同心圏的アプローチを用いて，地理学者ピートは1831年から1909年までにわたってイギリスの周囲に農業地帯の同心圏が拡大した事情を説明している。そこでは第1圏に野菜と果実，第2圏にバター・チーズ・鶏卵・家畜，第3圏に飼料穀物・亜麻・亜麻仁，第4圏に小麦・小麦粉，そして第5圏に食肉と獣脂・羊毛と獣皮がそれぞれ分布したと措定した。*Cf.* Peet, J. R. (1969).
14) 同訳書，10-12ページ参照。
15) 同訳書，131-148ページ参照。
16) 同訳書，165-167ページ参照。
17) 同訳書，167-168ページ参照。なおここの補充説明としてはシュワルツに依拠している。*Cf.* Schwartz, H. M. *op.cit.*, p.53. [邦訳書，82ページ参照。]
18) 同訳書，168ページ参照。*Cf.* Schwartz, *ibid.*, p.54. [シュワルツ，邦訳書，82ページ参照。]
19) 同訳書，172-184ページ参照。*Cf.* Schwartz, *ibid.*, p.54. [シュワルツ，邦訳書，82ページ参照。]
20) この図はシュワルツによって考案された。*Cf.* Schwartz, *ibid.*, p.52, figure. 2. 1
21) この図はニーハンスによるものを基に筆者が作成したものである。*Cf.* Niehans, J. (1987), p.638, figure 2.
22) これもニーハンスに依拠している。ただし開発論の立場からそれぞれの重要度に照らして筆者は各象限を変えて作成した。*Cf. ibid.*, p.637, figure 1.
23) 実質賃金 $W=w/p$ は労働の物的限界生産力 $MMP_L=Q'(L)$ に等しいことが (5-2) 式によって含意されている。このことはルイスと総合する意味で重要である。
24) *Cf.* Giersch, H. (2001), p.209.
25) *Ibid.*, p.209.
26) *Ibid.*, p.207.
27) *Cf.* Schwartz, H. M., *op.cit.*, ch.5, pp.102-122. [邦訳書，第5章「農産物輸出国と労働力の確保」161-193ページ参照。]
28) この大問題についてはこれまでさまざまな領域であつかわれてきたが，開発論に関連する西洋経済史の分野では M. ヴェーバーのエートス論に触発されて独自の体系を築いた大塚久雄による視点を踏襲する説とそれを批判するジェントルマン牽引説との間で論争がいまなお続いている。
29) ウォーラーステインによる文献は数多くあるが，とくにかれの思想のエッセンスを掬い取るのに有用なのは次の文献であろう。*Cf.* Wallerstein, I. (1974); —— (1995).

30) ウォーラーステイン説のなかで広く知られるものとして，従属学派の中枢・周辺説をさらに拡張するかたちで提示した中核・半周辺・周辺仮説があげられよう。かれによれば，15世紀以降，中核地域は自由労働を基礎として形成された西ヨーロッパ，半周辺地域はもともと中核に位置していたが分益小作制を基礎とする周辺的構造をもつようになった南フランスや北イタリア，および周辺地域は奴隷労働と換金作物栽培のための強制労働を基礎とする東ヨーロッパとスペイン領新世界であるとそれぞれ示される。かれの思想のばあい，階級史観と労働の変容過程が根底にあるのでマルクス学派ときわめて親和的である。
31) こうした視点は，前出のシュワルツによって与えられている。*Cf.* Schwartz, H. M., *op.cit.*, ch.5.
32) *Cf.* Lewis, W. A. *op.cit.*.
33) *Ibid.*, p.147.
34) ルイス仮説に対する反証の代表的なものとして，Schultz, T. W. (1964) があげられる。
35) *Cf.* Harris, J. R. & M. P. Todaro, (1970); Corden, W. M. & R. Findlay, (1975). 労働移動モデルがどのように進展していったかについては，宮川 (1996) の第3章「"二重構造論"再考——初期開発論から労働移動モデルまで——」参照。
36) ルイス・モデルの解説は多くの文献においてみられるが，トダーロによるものが最も理解しやすいので，ここではそれに基づいて描くこととした。ただし各文字の使用は誤解や混乱を避けるためなるべくルイスのオリジナル論文に添うものにした。*Cf.* Todaro, M. P. & S. C. Smith, (2003), 邦訳書，141ページの図4.1参照。但し，トダーロらは余剰労働を明示した図を使用している。
37) 偽装失業の存在をめぐる論争はルイスとシュルツとのあいだで展開されたが，この争点の重要性については代表的新構造主義者であるテイラーも注目していて，これまでのラテンアメリカ地域における新自由主義の経済実績を評価するためにそれを組み入れたモデルを新規に考案している。*Cf.* Taylor, L. (2004a), ch.11, pp.349-377.;—— (2004b), ch.7, pp.166-196.
38) 宮川 (1996) 前掲，の第3章参照。
39) シュワルツによれば，とくに南アジア地域においてそれがみられた。*Cf.* Schwartz, H. M., *op.cit.*, pp.119-122. [邦訳書，187-192ページ参照。]
40) *Cf.* Lewis, W. A. (1972).
41) *Ibid.*, pp.76-77.
42) *Ibid.* p.76.
43) *Ibid.*, p.76. ここで強調しなければならないのは資本制部門と非資本制部門とのあいだで区別する見方であって，都市部において前者に雇用されないで自営業の形態にある（すなわちインフォーマル部門）けれど前者への就業を希望している労働者の存在が浮かび上がってくる。この点からも，自給部門をたんに農業部門と同一視してしまうのは一種の誤りであろう。

第 6 章
ルイス問題再考

6.1 はじめに

　前章において，チューネンが同心圏の形状での生産分布を考案し，グローバル・エコノミーが形成されるプロセスにおいてルイスの自給部門から資本制部門へ向かう無制限労働供給の存在——後述することになるが，ルイスはこのような労働移動の源泉を国内の自給的農業部門および現在そう呼ばれるところのインフォーマル部門，そして外国から流れ込む移民の存在をイメージしていたので，チューネンと直接関連するのは正確にいえば最後のカテゴリーに属する[1]——が，さらに資本制部門において賃金が労働の限界生産力によって評価される事情が明確化され，その限界生産性評価の源流がチューネンにあることなどが明らかにされた。そこで本章では，ルイス的な世界についてさらに補完的考察を進める。とくに二重経済構造論における伝統的部門——ルイスはこれを自給部門もしくは非資本制部門と呼んだ——と，交易条件問題とに絞って考えてみたい。
　筆者がこれまでに明らかにしてきた研究対象は主として近代的部門もしくは資本制部門についてであって，そこでは開発論における幼稚産業論のコンテクストで，とくに輸入代替工業化から輸出指向工業化の実現へ向けて通商政策をとおして当該国のウェルフェアをいかに上昇させるかに焦点が当てられた。とくに第2章と第3章は幼稚産業論について，それを定礎づけたハミルトンとリストの思想からその理論的抽象化の過程まであつかった。そして第4章と第5章は，それこそまさしく学際的領域に深く入り込むことをとおして，近代的部門を構築するうえで内発的な意味——エートスという術語に

それは集約される——において思想的基礎を与えた近代主義の父であるヴェーバーのかかわりかたと，その近代的部門に経済理論的な意味をすでに定礎づけていたチューネンのユニークな着想について検討した。その意味において第2章から第5章まで，その根底に横たわっているのは近代主義の申し子であるところの近代的部門なのである。

　たしかに開発論でいうところの近代的部門（幼稚産業）に関する認識は，研究水準の高度化と精緻化の面において相当程度深められたといえるが，その他の部門群については必ずしもそうとはいえずかなり曖昧な捉えかたに終始しているようにみえる。というのも一方において典型的な途上国に見受けられるモノカルチャーが現出させてきた輸出向け一次産品部門が早くから認識されてきたのに対して，他方において伝統的部門とされるのは農業部門一般であったという事実が指摘できるからだ。すなわちなんらかの商品作物（国際商品）を外国に輸出することをとおして外貨を獲得し，そうすることで利潤を実現し，究極的にはそれが資本蓄積の契機となりうるが，生産システムとしては合理的な生産要素の結合がインプット空間においてなされるものとみなせるのである。言い換えるならこの部門において，いわゆる資本制部門が合理的なかたちで歴史過程のなかで組み入れられてきた事情が見え隠れするのである。このように輸出向け一次産品部門が存在するのに対して，とくに農業のばあいそうなのだが，自給部門の存在がクローズアップされてくる。この部門は一般的に平原もしくは平野に立地しているというよりも，むしろ山地もしくは山岳地帯に存在するといったほうが正確かもしれない[2]。その生産システムは経済合理的なシステムのもとに営まれるというよりも，むしろ共同体的なシステムで営まれているといったほうが妥当しよう。つまり合理的な要素結合に基づいて生産がおこなわれるのではなくて家父長的なパトロン＝クライアント関係が支配する領域とみなすことができよう。ヴェーバー的表現では「支配の類型学」に登場してくるひとつのカテゴリーである。ルイスの二重構造論では，共同体構成員への家父長による平等な分配がおこなわれる部門として認識される。そこでは近代的部門にみられる極大利潤獲得動機とは無縁の別個のシステムが作用している，と認識でき

るのである。かくして伝統的農業部門と簡単にいってもそれは，以上のふたつの部門を内包している大まかな捉えかたがおこなわれる恐れがあることに注意しなければならない。そこでそのような認識の曖昧性をここではとくに問題にしようとおもう。逆の角度からみると，輸出向け一次産品部門には近代的システムが入り込んでいることが考えられるので，この部門は近代的部門もしくは準近代的部門として認識されるべきものである。筆者の立場は後者にあると述べておこう[3]。この点については筆者の捉えかたとしてこれまで明らかにしてきたので，これ以上強調するのは控えたい。この議論を要約するなら次のようになる。すなわち輸出向け一次産品部門の存在はこれまで伝統的部門にカテゴライズされる傾向があったが，ルイスにしたがえば近代的部門もしくは資本制部門であるということである。それを識別する区分線は，いわゆるホモエコノミクスの概念に求められよう。この側面についてはまた改めて議論してみたい。

　少なくとも農業自給部門の存在は，伝統的部門にカテゴライズされることは明らかである。この部門についてルイスは純粋に経済学的アプローチを試みた[4]。ルイスのオリジナル論文のもつ重要性は，その当時まで自給部門についてはむしろ経済学と異なる分野——とくに社会学もしくは文化人類学——であつかわれてきたのだが，かれの画期的論文において経済学の枠組みで科学的に考察されたことにある。そのなかでこの部門の特徴は，賃金が労働の平均生産力で評価されるので総産出高の最大化という目的をもつというにあった。いうまでもなく経済学の純粋理論では，それは限界生産力による評価が一般的慣行となっている。ルイスの分析視角は通常のこの種の評価を資本制部門に適用するにとどめて，この部門のみが利潤最大化を目的として行動する部門として捉えることだった。したがってルイス・モデルでは，資本制部門すなわち近代的部門の拡大をとおしてじょじょに自給部門をもしくは非資本制部門を包摂してゆく過程が，途上国の近代化もしくは工業化として措定された。言い換えるなら近代化がかなり進展した段階になると，国民経済は近代的な経済原理すなわち企業経営者の立場からは，利潤最大化という目的にしたがって行動する経済主体によって満たされているものとして捉

えられることになる。このような状態になるともうすでに経済学一般によって適用されているホモエコノミクスという前提が全経済にゆきわたることとなり，いわゆる市場経済国について想定されるところの諸前提が妥当してこよう。かくしてこの問題を考えるさい，現在の先進国に代表される市場経済国を前提にして途上国経済を捉えるというのはそもそも問題点を含むものだ，ということに留意しなければならない。

　このようにみてくると，かつての構造主義経済学の主張にかなり近接してくることに気づく[5]。ここで確認しておきたいことは，多くの途上国経済の開発問題を考えるばあい，そのすべてを市場経済的な国民経済が形成されているという前提で捉えるのは誤謬であるということである。言い換えるなら，そのようなかたちで捉えるのにいたっていないところがかなり多くみられるということだ。近年の事例をもちだすなら，1980年代以降，新自由主義経済学がグローバルな次元で猛威をふるって幾多の途上国経済を席巻し，数多くの矛盾をもたらしてしまった。極めつけは20世紀末のアジアの経済危機であろう。そうした事情は，すべてにおいて市場経済が機能するはずであると踏んでかかったIMFと世銀による構造調整政策の要請に対応できかねる国や地域が多くみられたことから明らかであろう。それまでに市場経済的要素を多く取り入れてきた国もしくはかなりの経済実績を上げてきた国はそれなりの対応をみせられるものの，そのような実績を有さない国においては同様に対応できないという事実を認識することが肝要である。

　ふたたびルイスが提示した論点についてみると，一次産品部門のあつかいがそうなのだが，ルイス自身もその点について触れていて，かれのオリジナル論文が提示されてから多くの誤解もしくは誤謬がみられたという指摘がある[6]。もとよりルイス自身もいまでいうところのインフォーマル部門についての識別が不十分だったことは否めないけれど，一次産品部門の正確な位置づけをすでに問題化していたことは注目に値する。資本制部門として特徴づけられるということを，かなり力説しているのである。この点については交易条件問題とも絡んでいて，いくら強調してもし過ぎることにはならないであろう。かくしてこの部門は，開発モデルを構築する学者によってその捉え

かたが多様であることを認識しなければならない。いわば近代的部門と伝統的部門とのグレーゾーンなのであって，ルイスのいうように資本制という生産システムを基礎にすえるなら前者のカテゴリーに入ることは明らかである。

6.2 ルイスの二重構造論の本質

　前述のように，二重経済構造論の基底に位置するルイスによる経済構造の捉えかたは，資本制部門と自給部門との併存状態についての認識のしかたにあった。このふたつの部門に適用される経済学の概念は異なるというのが，ルイスの基本的な考えかたであった。主流派はそれに対してターミノロジーのうえで近代的部門と伝統的部門——もしくは工業部門と農業部門——の術語をあて，そこに適用される分析用具はいずれも限界生産力の概念であった。ルイスにおいては，資本制部門のばあいはそれが妥当するとしても自給部門についてはそうではなく平均生産力の概念を当てなければならないとした。そこに後者は共同体としての特質を有することが含意されたのだった。かくしてルイスは途上国の工業化を，資本制部門が自給部門を構造的にもしくは制度的にじょじょに包摂してゆく過程として捉え，完全に二重性が消滅してしまい資本制の諸原則が国民経済を網羅してしまうようになる分岐点を転換点と呼んだ。つまりその意味するところは，国民経済になんらかのかたちで歴史的契機によって植えつけられた資本制部門を内発的もしくは外発的動機に依拠しつつ拡張してゆき，国全体がこの部門によって特徴づけられるようになる一局面に到達することである。もとよりこのプロセスには，自給部門から資本制部門へ向けて労働の無制限供給という事情も含意されていた。それも自給部門における生存（subsistence）レヴェルの賃金によって制度的に規定されるかたちでふたつの部門間に実質賃金の格差が存在するというのが，労働移動の主要な動機とされた。したがってルイスのオリジナル論文には，少なくとも開発論の分野でそれぞれの研究の発展をみた二重構造論と労働移動説の源流としてのエッセンスが見出されるのである。後者にお

いては，ハリス（J. R. Harris）とトダーロ（M. P. Todaro）によって定式化された期待賃金説が理論的拡張として提示され，この路線の研究はその後もさらに深められる傾向にある[7]。

それはさておき，ここではルイスがオリジナル論文のなかで提示したふたつの部門の特質をいまいちど回顧してみよう。そこにおける部門群の識別のしかたは，前述のように用語法のうえでは資本制部門と自給部門（非資本制部門）とに，分析用具では限界生産力と平均生産力とにそれぞれ分けて適用することであったことを想い起こそう。言い換えるなら限界生産力で評価されるところではいわゆる利潤最大化原理が適用できるのに対して，平均生産力で評価されるところでは総産出高最大化原理が妥当するというにある。前者においてはつまり資本制部門のばあいがそうなのだが，標準的な経済学の教科書で教えられるように企業経営者は獲得した利潤をさらに投資して経営基盤を強化するように行動するであろう。もとより分配面をみると，企業者への利潤と労働者への賃金とに分配されて，前者が投資に転用することを運命づけられ，それに応じるかたちで後者の雇用が増加するというプロセスが進行するものと想定される。それに対して自給部門のほうでは，生産面も分配面も資本制とは性格が異なるとされる。すなわち自給部門を構成するなんらかの共同体の長が，成員全体にいわばパトロン＝クライアント関係にしたがって平等な分配をおこなうものと想定される。それゆえに総産出高を最大化することがこの部門の生産面での目的となる。なおルイスのばあい，この部門は過剰な人口を抱えていてしかもそこに使用される技術は昔ながらのものであるので，その産出高水準はそこに属する労働者数と比してきわめて低いものとなる。ふたつの部門のこのような異質性をここでは強調しておかねばならない。

こうした事情を図示したのが，図6-1である。この図は，途上国の自給部門の生産システムを経済学の分析用具を用いて示したものである。ルイス自身がこの図を用いて説明したのではないけれど，ルイスのいう自給部門の性質を経済学の純粋理論のレヴェルで表現しなおしたものが図6-1なのである（この図は第5章の図5-4とも整合的であることに注意されたい）。上

方の図は労働量の投入と総産出高との関係を，下方の図は同様に労働量の投入と労働の限界生産力および平均生産力との関係をそれぞれ表している。ここで注意しなければならないのは，この部門の労働量は圧倒的な数に上るということであって，ルイスのいう偽装失業の存在が内包されていることである。幾多の途上国の山地もしくは山岳地帯にみられる事情が，とくに余剰労働を抱えるという意味においてこの図に組み込まれているのである。上方の図は前述のように総産出高曲線であるが，原点から引かれた数本の半直線群の勾配によって該当する総産出高に対応する平均生産力が測られるのに対して，限界生産力はこの曲線上の接線の勾配によって測られる。上方の図に対応するかたちで描かれたのが下方の限界概念を表示した図である。そこでは縦軸に限界生産力と平均生産力とが測られていて，平均生産力曲線の最大値

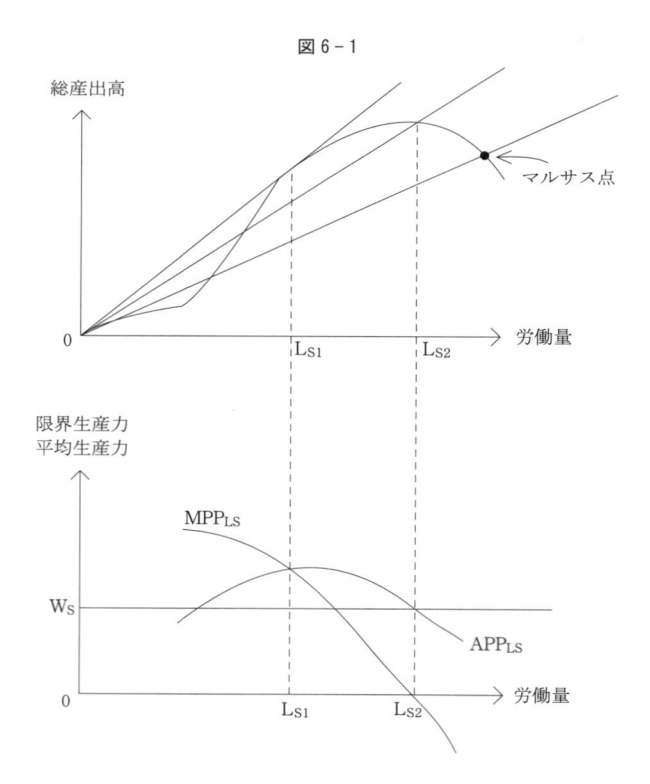

図6-1

のところでこの曲線と限界生産力曲線とが交わっている[8]。

　総産出高が最大のところに対応して，この部門の実質賃金の水準が決まる。すなわちそれは，下方の図において物的限界生産力がゼロのところ，つまりそれに対応するところの物的平均生産力の大きさがそれである。図中ではAPP$_{LS}$とW$_S$との均衡によってそれは示されている。自給部門においてそれに対応する労働量は，上方も下方もL$_{S2}$である。つまりここにおけるポイントは，ルイスの基本線に沿って純粋経済学の分析用具を用いるなら，自給部門においては総産出高最大化の原理が作用するシステムであると想定すると，この部門の実質賃金は物的平均生産力によって評価されるということこれである。なおルイスによって提示された偽装失業をこの図中に見出すなら，偽装失業はその限界生産力がゼロもしくは著しく低い水準の労働の存在であると定義されるとすれば，L$_{S2}$から右側の労働ということになろう。ここで問題となるのは，自給部門における分配をどのように捉えたらよいかという論点である。

　ここまでの展開から明らかなように，最大の総産出高が実現されるところまで生産されるならば，その産出高がこの部門のすべての労働者に均等に分配されることになる。下方の図では，OW$_S$とOL$_{S2}$を両辺とする矩形の領域がその総産出高に相当する。この部分が均等に分配されるといってもそれは，OL$_{S2}$に相当する労働者がその対象であるばあいはとくに問題にならない。しかしながらこの点から右側の労働者の存在が偽装失業者であるとすれば，かれらに対する分配をどのようにあつかったらよいかという問題が浮上してくる。なんらかのかたちで分配されるものと解釈されるのが妥当であろう。一般的には，総産出高が自給部門の偽装失業者を含む全労働者に平等に分配されるものと解釈されよう[9]。かりに分析用具として限界生産力を用いるなら，下方の図の物的生産力曲線と両軸とで囲まれた領域が総産出高となるので，その部分が偽装失業者にも均等に分配されるであろう。しかしかりにそうであるならば，さらに次の問題が頭をもたげてくる。それはこの部門では実質賃金が平均生産力で評価されるということから，図中ではOW$_S$の水準とされるけれど，この水準がすべての成員にゆきわたるのではないこと

に留意しなければならない。L_{s2} 点を超える偽装失業者の数が多ければ多いほど，1人当たりの分配水準はそれだけ小さくなるであろう。

　次にもうひとつの論点として，上方の図に記されているマルサス（T. R. Malthus）点に関連した問題をあげなければならない。この点の解釈はこうである。すなわちこの点に達する前の生産レヴェルではどうにかしてこの部門の労働者の生命を維持できるが，この点を超えるとそういうわけにいかなくなって生存不可能という事態が生ずるとされる。つまりこの点から右側では，人口が増加するのは無理であることを意味する。むろん図のうえでは便宜上図中に収まるような位置にそれは示されているが，実際のマルサス点は遥かに右側に寄っていると解釈したほうが正しいであろう。そこで問題となるのは，このような点が存在するとなれば，いわゆるパトロン＝クライアント関係による全成員への平等な分配がおこなわれることを前提とするかぎり，そのこと自体解決困難な矛盾をはらんでいる状態にあるということだ。というのは図 6-1 中の下方の図でいえば，とうぜん限界生産力がゼロのもしくはそれ以下の偽装失業者群を抱えるところにこの点は位置するとみなされるので，その臨界点を越えた偽装失業者を分配面において平等にあつかうことはほんらい無理になってしまうからである。この点が存在しなければそのような問題は生じないが，そうではなくていずこかに存在するとするなら，ひとつの未解決問題となってくるだろう。

　自給部門についてのここまでの考察はほとんど経済学に沿ったものである。しかしこの部門に内在する属性は学際的アプローチをもってあつかえる種類のものである。それは第 4 章であつかったところのヴェーバーによる支配の類型学にいうところの伝統的支配に属するであろう。ルイスの基本線は，前述のごとくいたって良心的なパトロン＝クライアント関係に沿うもの——共同体原理にしたがって共同体の長が総産出高を構成員全体に対して平等に分配しようと心がけるものと擬定している——である。しかし途上国の自給部門をこのように一般化するのは，現実を直視しようとする姿勢としてある程度評価できるだろうが，依然として不十分であるとの謗りを免れないであろう。第 4 章で検討したヴェーバーのタイポロジーによれば，長老制

と家父長制，そして家産制とに類型化される。先にも若干述べたがルイスは1970年代初期のプレビッシュ記念論文集のなかで，資本制部門と自給（非資本制）部門との認識問題について触れていて，そこでは後者のばあい前者への圧倒的な労働供給がなされる労働貯水池としての認識が色濃く出ていて，その労働の源泉は伝統的な農業だけでなくて現在いわれるところのインフォーマル部門に属する者や女性の労働参加，移入民の存在，さらには人口の自然増も念頭に置いている[10]。このように自給部門を捉えることで，プランテーションや鉱山採掘部門が資本制部門にカテゴライズされることが明らかにもなる。そこで使用された労働がどのような種類のものであったかを想像するとよい。ルイスは19世紀のアメリカ合衆国，ブラジル，マレー半島，オーストラリアなどの事例を挙げている[11]。かくしてルイスにおいては，自給部門に内在する制度的ないしは構造的性質についてのヴェーバー流の説明はほとんどみられない。ルイスの制度および構造に関する認識は，かれが経済発展問題を初めて包括的に論じた著書（1955）において登場する[12]が，ヴェーバーへの論及はきわめて限定的であって，身分制社会から契約社会への変遷過程に関連した歴史認識のコンテクストでヴェーバーの歴史社会学に言及している程度である[13]。したがってここで筆者が論点にしている自給部門の認識問題は，ルイスの二重構造論とヴェーバーの支配の類型学とを総合しようとするひとつの試みである。

　議論を元にもどそう。ルイス流の自給部門についてその主要なものとして伝統的自給農業部門を念頭に置いて考えるとき，共同体原理が作用するとみなすのだが，それはヴェーバー流に解釈すると伝統的支配のなかの長老制もしくは家父長制に近い特色があるといえそうだ（第4章参照）。しかしこのところクローニー・キャピタリズムのコンテクストでもうひとつの類型である家産制社会としての認識が注目されつつある[14]ことに鑑みてあらためてこの問題を考えると，ルイスのヴィジョンはかなりオプティミスティックだったことも窺える。すなわち長老制や家父長制などの伝統的支配のばあいは，ルイス流の均等的分配がある程度妥当性をもつかもしれないが，家産制的支配が優勢な社会のばあい，支配家族もしくはその一族郎党が総生産のか

なりの部分を占有し，残りの部分をその社会の成員に分配するとなれば，1人当たりの分配分は限りなくマルサス点に対応するところに近づくものと考えられる。このような見方はルイス・モデルにヴェーバー社会学を重ね合わせて初めて可能となる。あくまでひとつの学際的アプローチのひとつにすぎないことを断っておく。かくして自給部門をより正確に認識する問題は，この分野でこれから深められなければならないひとつの研究課題であるといえよう。

ともあれルイスの路線で二重構造論の体系化をさらに進めよう。図6-2はこれまでみてきた自給部門と資本制部門との関係を表したものである[15]。図6-2の左側は先に示した図6-1の下側と同じであることに，したがって図6-1と図6-2とは対応関係にあることに，さらにはこの図は第5章の図5-4の下側部分と同じであることに留意されたい。ここでは限界概念による図を用いて2部門間の関係を説明することになる。ある意味ではお馴染みの図なのだが，いくつかの意味で2部門の間にギャップがあると解釈できる。ひとつはルイスが早くから指摘していたように，資本制部門の実質賃金のほうが自給部門のそれよりもおよそ30パーセント高いことだ。図ではW_SよりもW_Kのほうがいくらか上位に位置することで示されている。それに加えて両部門での賃金決定メカニズムが異なることも組み入れられていて，これまでの議論から明らかなように資本制部門では労働の限界生産力によってそれは決定される（$MPP_{LK} = W_K$）のに対して，自給部門では労働の平均生産力によって決定される（$APP_{LS} = W_S$）。というのも制度（構造）のうえで両部門は異なるからだ。すなわち資本制部門においては近代的な経済合理性がある程度貫徹していて，いわゆるホモエコノミクスの世界であるのに対して，自給部門はそれとは別の共同体的システムが機能している——たとえば前述のように家父長制的なパトロン＝クライアント関係がむしろ支配的である——世界であるということなのだ。このことが両部門において実質賃金の評価のしかたの違いとして明示されるということであった。むろん資本制部門においては，とくに工業部門がそうであろうが，先進国において通常みられるように，最低賃金法が制定されているケースが多いであろう。も

ちろん典型的な途上国に見受けられるような輸出向け一次産品部門もそれに含められるとすれば，この法制度化が資本制部門すべてにゆきわたっているということは必ずしもいえないであろう。

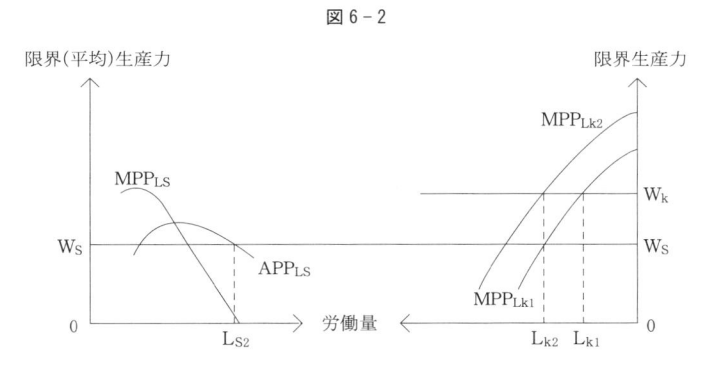

図6-2

いずれにせよここまでの議論から両部門における賃金ギャップの含意が明らかにされたが，そこにいたるもうひとつの根拠に偽装失業問題があったことを想い起こそう。ルイスのいう無制限労働供給が自給部門から資本制部門へ向かってみられるとされたが，この図では自給部門の労働の限界生産力がゼロのところから右側で，かつ資本制部門に雇用されない領域に位置づけられる。このような偽装失業者の存在がルイス・モデルでは前提になるのだが，このことも関連学界の争点となってきたし，いまなお十分な解明がなされたとはいえないように筆者には思える[16]。ここでこの問題についても検討しておこう。

ルイスによって提起された偽装失業問題に対して正面から批判を試みたのは，かのシュルツ（T. W. Schultz）であった[17]。開発論の分野ではこのふたりによる論争は周知のことだが，依然として重要性を失わないものなのでここで再び回顧してみよう。シュルツの批判は，いくつかの途上国の実証に基づいてなされた。めぼしい箇所を拾い上げると次のごとくである。たとえばペルーにおいて道路建設がおこなわれて，そのさい近隣の農村から農業労働力が吸収されたが，それによってその農村部において農業生産が減少した

こと；ブラジルでも市街地の建設に農村から労働力が吸収されたが，ここでも農業生産は低下したこと；他方インドでは，1918年から1919年にかけて流行したインフルエンザでおよそ2000万人の死者を出したが，それによって農業生産は激減した事実があることなどだ[18]。明らかにこれらの事情はいずれも，ルイスの農業労働の限界生産力ゼロという仮説を真っ向から否定するものである。実際これに同調した議論がわが国でもおこなわれている[19]。

またルイスだけでなく構造主義にほんらい内在する，途上国には非合理的人間すなわち価格インセンティヴに反応しない主体が存在するという仮説に対しても，シュルツは批判することを忘れなかった。たとえばタイでは1956年から1961年にかけてトウモロコシの生産高が7倍になったが，それは日本による買い付け価格が高かったことに起因したこと；北スーダンでも豆の価格に農民は反応を示したこと；さらにメキシコの農民は綿花・小麦・トウモロコシの生産において，ガーナではココアの生産においてそれぞれ価格反応がみられたことなどが挙げられた[20]。

かくしてシュルツのばあい，途上国の農業一般において経済合理性が見受けられるので，言い換えるなら主流派の経済学の諸前提がこの分野においても妥当するので，ルイスが唱えたような工業化の路線に努力を傾けるよりもむしろ農業改革のほうに力点をおくべきだというにあった。したがってシュルツの立論は，偽装失業の存在の否定と農業重視という点においてルイスを真っ向から批判しただけにとどまらず，構造主義ともまったく正反対のすなわち主流派そのものの視点を代表するものとなった。その意味において開発論におけるシュルツの正確な位置づけを再確認しておく必要があろう[21]。

まず農業部門の偽装失業の存在問題については，セン（A. K. Sen）によって理論面での考察がなされたことは周知の事実である[22]。かれは労働（時間）と労働者とを峻別すべきであることを主張し，総産出高が最大のところに対応した労働（時間）をめぐって農業労働者の勤勉の度合いが労働者数の多寡におうじて異なってくることの意味を論じた。かれが提示した図（ここでは示さない）は多くの文献に紹介されているが，労働者が多すぎて十分熱心に働かない傾向があることから正常な労働時間から外れた者が存在

することを図中に示している。そのような労働者の存在を限界生産力ゼロと特徴づけることの危険性を訴えたのだった。しかしながらそこでの要点は，農村部の産出高にさほど影響がでることなく農村部の労働力のかなりの部分を農村部から取り除けると述べていることに求められる[23]。ともあれ農村部の労働者の合理的行動と偽装失業とはなんら矛盾しないことを主張したのだった。

　以上の代表的な批判者の説から明らかなことはこうである。シュルツは偽装失業の存在と非合理的な経済主体の存在のいずれも否定したのに対して，センは偽装失業の正確な捕捉方法という意味で批判したが，まるまる偽装失業を否定したのではないということに留意すべきであろう。もとより経済合理性の問題についてはまったく肯定的であった。

　さてここでこの論点について筆者の捉えかたを付言しておこう。それはこれまでの議論から明らかなように，ルイスが提示した偽装失業の存在仮説は理論実証面でかなりの曖昧性を含むものであるけれど，自給部門から資本制部門へ向かう大量の労働移動を説明するうえで依然として重要性を失わないことである。この問題は正確な概念規定をする余地が残っているとしても，それをすべて退けてよい筋合いのものではないだろう。たとえば新構造主義経済学のテイラー学派においても，ラテンアメリカの都市部と農村部との間における雇用問題をあつかうとき偽装失業の存在を前提に議論している[24]。次に経済合理性の問題が存在するが，シュルツによる批判をそのまま受け容れるのは留保しなければならない。というのはルイスによってなされた資本制部門と自給部門との峻別がここでモノをいうからだ。言い換えるなら，農業部門といってもここでいう資本制と自給（非資本制）のふたつの部門にそれはまたがっていることに注意すべきなのである。輸出向け一次産品部門については，それが農業部門であっても自給部門ではなくて資本制部門であることは明らかであろう[25]。つまり資本制部門においてはかつてルイスが提示したように，最大利潤を獲得するという動機をもとに利潤実現がなされて，こんどはそれを投資するというプロセスが作動するのであって，そのこと自体，経済合理性の存在を意味することになるからだ。したがってシュル

ツによる第二の批判は,自給部門の根源的な意味における特徴づけについては未解決状態に置かれているとしても,一次産品部門と自給部門とを混同してはならないという意味において,逆批判が十分成り立つのである。

　ルイスのいう非資本制部門のうち根幹部分を占める自給的農業部門の特徴づけについて,1970年代にモラル・エコノミー論争がスコット (J. C. Scott) とポプキン (S. L. Popkin) との間で繰り広げられたことはよく知られている[26]。ただしこの論争は政治学,歴史学,社会学など広範囲にわたる学際領域でのものであり,経済学プロパーのコンテクストではあまりあつかわないのが常であった。ここにいうモラルとは,いわゆるパトロン＝クライアント関係——パトロンはクライアントを保護し,クライアントの物質的なニーズを供給することが期待されていて,それに対してクライアントは労働と忠誠とでお返しをするというようなひとつの原則——を基礎とした互酬性 (reciprocity) と生存維持権 (right to subsistence) という農民生活のモラル原理のことである[27]。この論争は東南アジア地域の自給的農業部門の農民の行動パターンをめぐるものであり,スコットは危険回避的もしくは安定指向的エートス——すなわちヴェーバー的意味を含む歴史を規定する重要概念であるところのエートスそのもの——が支配的であって[28],しかもパトロン(たとえば地主)によってクライアント(このばあいは農民)に課される地代が,もしくはそれに重なるかたちで国家によって農民に課される租税がかれらのぎりぎりの生存維持水準(ひとつのモラル原理)を脅かすようであれば,そこに叛乱もしくは農民一揆の契機が与えられうると主張した。スコットがそのような農民のエートスを基底にすえて議論したのに対して,ポプキンはこの地域の農民は市場経済が浸透する以前と以後のいずれにおいても合理的農民の存在を基底において反論を試みた。言い換えるなら後者のばあい,この地域の農民も先進国の農民も同様に合理的に考え合理的に行動するホモエコノミクスなので,同様のあつかいが可能だとするのである。これはあたかも二重構造論派のルイスに対して,ホモエコノミクスを前提としてモノエコノミクス——この術語はハーシュマンによってこう呼ばれた新古典派経済学的方法を意味する——の途上国への適用を主張したシュル

ツとの論争を彷彿させるような種類のものであった。スコットの議論によれば，前述のように自給的農民は安定指向で危険回避的エートスをもっているので，プランテーション栽培に代表される市場経済が具体化した商品作物を避ける傾向があり，不安定性を内包するところの市場経済を受け容れる姿勢は消極的となり，それゆえこの地域では市場経済の浸透が進行しない事情が説明される。この点においては，自給部門から資本制部門——すなわち市場経済——へ労働が向かうとするルイスの無制限労働供給モデルとは異なっているようにみえる。しかしパトロン＝クライアント関係が悪い方向に作用して，モラル原理を破壊してしまうほどの過酷な取立てがおこなわれたとしたらどうであろうか。農民たちが一揆に訴えないばあい，逃亡の選択肢が残されていよう。それが不承不承ながらも資本制部門への無制限労働供給という様相を呈するかもしれない。このように考えてくると，ルイスのヴィジョンと少しも矛盾しないのである。かくしてこの論争が資本制部門との絡みで自給部門をどのように捉えるかという問題に対してひとつの重要なヒントを与えてくれるものであることは，間違いない。

6.3 交易条件問題

　前節までの議論で，ルイスが二重構造論を展開し，そこでは資本制部門と自給部門との明確な区別がなされたこと，およびそれによって二重構造論の議論が盛んにおこなわれるようになったけれど，それは誤解が解消されぬまま連続的になされたことなどが明らかにされた。とくに主流派の議論のなかでは近代的部門と伝統的部門とのあいだに存在するいくつかの次元における格差の問題がクローズアップされ，それを工業部門と農業部門とに置き換えて論じる傾向がみられた。しかし前述のごとく，農業部門といってもそれは輸出向け一次産品部門と自給的農業部門とのふたつを含むのであって，農業部門一般が伝統的もしくは土着的技術を使って生産活動を営んでいるというように簡単に特徴づけるわけにいかないのだ。世銀をはじめとしてしだいに分析の矛先が自給部門に向けられつつあることについてはすでに述べたが，

いくつかの論争が繰り広げられたとしても，それは十分論議されたとは依然としていえぬ状況が続いているといわねばなるまい。

　工業部門に代表される近代的部門についての経済分析は，幼稚産業論をはじめとして輸入代替工業化論や輸出指向工業化論，およびそれに関連したさまざまな通商貿易政策の諸効果など，かなりの程度深められてきた。事実その方向での工業化政策が採られてきた（もしくは採られている）事例は数多くみられる。もっともそこには，自由貿易の立場を貫くのかもしくは保護主義の色彩を強めるのかについて，すなわち市場経済により近いスタンスなのかもしくはそうではないのかなど古くから絶えずおこなわれてきた議論の入る余地が見出される[29]。言い換えるならこの分野での議論はいくらでも応用範囲が広く見出せるのである。

　それはさておきルイスが投げかけた問題のうち，輸出向け一次産品部門に関連したルイス自身の視点をここでは取り上げてみよう。

　そもそもこの部門にまつわる属性はさまざまな角度から議論されていて，少しも真新しい問題ではない。プレビッシュに代表されるラテンアメリカ構造主義の初期の議論がモノカルチャー国の構造的問題から交易条件の長期的悪化仮説を導出したことは，あまりにも有名である。それこそ一次産品部門の代表的な属性というにふさわしいものであろう。しかし他方において，カナダやオーストラリアなどの現在では先進国に数え上げられている国の初期の開発段階において一次産品の輸出がポジティヴな役割を果たしたことを主張するステイプル説も登場したこともあり，この問題は一筋縄ではいかぬ難しい性質を有している。一方において一次産品の対外輸出に対する悲観的見方であり，他方においてそれを楽観的に捉える見方である。しかし後者のステイプル説は，前述のようにかつての植民地主義を擁護する立論であって，その意味において途上国世界ではすこぶる不評である。ただし主流派の新古典派経済学において依然支配的立場にある比較優位の原理とそれは整合的であって，そのコンテクストで生きながらえているといえる。他方において，輸出向け一次産品問題すなわち途上国からみた交易条件の長期的悪化説はいまなお論争の真っ只中にあるのであって，当時プレビッシュと並び称せられ

たシンガー（H. W. Singer）は従来からの輸出ペシミズムを主張し続けている[30]。かれのコンテクストでは，途上国世界が新興工業国化してゆくなかで新規に形成された貿易構造も，すなわち工業製品の先進国向け輸出を戦略の中心にすえる貿易のありかたにおいても，南北貿易は工業製品どうしのそれと変容した領域がしだいに拡大しつつあるとしても，南側にとって交易条件は依然として不利な状況にあるとする議論が登場するに及んだ[31]。

この交易条件命題をめぐる議論の動向についてはすでに第1章でみたので，ここではルイスがこの問題にどのようにかかわってきたのかについて振り返ってみよう。かれはいくつかの研究のなかでこの論点に言及している[32]。交易条件問題の実証面に関するものと，この問題を考えるときの視角に関するものとに分けられる。もとよりかれのコンテクストでは，自給部門から資本制部門へ向けての無制限労働供給がみられるとしてのことなのだが。

一次産品の生産国からみた交易条件問題についてルイスは，プレビッシュやシンガーがかれらのオリジナル論文を提示したときと前後して公にしている。まず1949年のモノグラフのなかでルイスは，1811年から1937年までのイギリスの貿易統計をもとに交易条件のトレンドを図示したが，それがそのまま一次産品と工業製品との貿易関係を示すものでないことを留保しつつ，第一次的近似値として有用であることを述べてから結論づけた[33]。すなわち19世紀初頭から1883年まで交易条件は有利化し，それ以降不利に転じたと。そのように不利化した理由として，ルイスは移民，資本投下，輸送技術の改良などから新興の国々で開発が推進されたことが決定的役割を果たした事情を挙げている[34]。さらに1952年の論文は，プレビッシュ＝シンガーによって提示された命題に対して，プレビッシュと同じイギリスの統計資料を用いてルイスなりに検証したものである。かれはそのなかでプレビッシュの交易条件の長期的悪化説はかなり誇張されたものであることを明らかにしたが，その後もっと詳細にそれまでの交易条件論を統計学的に整理しなおしたスプレイオス（J. Spraos）によって，ルイスのトレンド成長率は－0.46パーセントであることが示された[35]。なおルイスはその後1954年のかの画期的な論文を公にして以降，前述のように自給部門から資本制部門へ

の大量の労働移動がみられることを前提にして，交易条件の悪化命題をやや支持するほうにそのスタンスが変化するにいたった[36]。

さてここまでの議論から明らかなように，ルイスの交易条件問題に対する関心は国際移民もしくは主流派の用語法では要素移動，さらには国内では自給部門からの人口移動が大きなウェイトを占めることがわかる。そうした事情を踏まえてルイスは，交易条件問題を考えるさい，途上国ほんらいの一次産品である熱帯産品の価格動向をいかにして抽出したらよいかに注目し，当時一般におこなわれていた交易条件論を批判したと同時に，要素交易条件の動向を観察することの重要性を訴えたのだった[37]。さらにいえばこれまで明らかにしたように輸出向け一次産品部門はかれの用語法では資本制部門であって，この部門が当該国内外の要素移動のターゲットとして位置づけられることを看過してはなるまい。そのような属性を有する一次産品部門を考慮に入れたうえで，ルイスは一次産品の交易条件問題を考察したのであった。その点から主流派にもしくはルイスを批判する学者に一般的にみられるような，単なる工業化をかれが主張したというのは明らかに誤りであると，断ぜざるをえない。かくして交易条件問題を考えるとき，ルイスのばあい，より総合的な見方が要請されるのである。

かれが要素交易条件について言及するとき，前述のように移民の存在を重視していることが窺える。それはとくに19世紀の事情がそうだったとされるが，温帯地域の一次産品部門と熱帯地域のそれとを区別して考え，前者の入植地——カナダ，アルゼンチン，チリ，オーストラリア，ニュージーランド——にはヨーロッパ系移民が多数みられたのに対して，後者のばあい，すなわち第三世界におけるそれにはインドや中国系の移民が多くみられたという[38]。かくしてルイスによれば，この2種類の移民をいかに使用できるかによって温帯農産物と熱帯農産物の交易条件がそれぞれ決まり，その結果温帯地域の一次産品の価格は市場諸力によってヨーロッパ系移民を引き寄せるような水準に決まり，熱帯地域の一次産品価格は市場諸力によって年季契約のインド人が生計を維持できるような水準に決まったので，一次産品といっても温帯と熱帯とでその価格と構造は根本的に異なったのだ[39]。

こうしたルイスの認識は，一次産品に関連した分野においてきわめて重要である。一次産品の対工業製品交易条件という尺度をそのまま使用することは留保する必要があることを提示したのであって，言い換えるなら温帯と熱帯とに一次産品の地域性を峻別して捉えなおさないかぎり真の交易条件の意味が伝わらないことを示したのであった。このことを度外視して交易条件問題を論じることはきわめて危険であることが，示唆されたのである。かれの視点を取り入れて改めてこれまでの議論を振り返ってみると，かのステイプル説が完全に否定されることが明らかであろう。この説はオーストラリアやカナダでは一次産品部門を中心にすえて輸出主導の経済成長が実現したことを強調し，モノカルチャー国においてもそれが実現可能なことを訴え，一次産品の比重が高い国が工業化することの不必要性を主張する。しかしここまでの議論から明らかなように，ステイプル説のいう一次産品部門が立地しているのは温帯地域にかぎられていた。したがってルイスのいうように，ふたつの地域を区分してみたばあい，熱帯地域においてステイプル説は妥当しない可能性が高いことがわかる。熱帯地域の要素交易条件が悪化していることが実証されるならばなおさらそのことがいえるであろう。

　かくして熱帯地域の一次産品価格を規定したアジア系移民の流れは，ルイスの1954年の論文に提示された無制限労働供給仮説と無縁ではない。たとえばルイスは，熱帯地域の茶やゴムなどの一次産品部門のばあい，周辺の農民が自給部門の生存維持水準の生産から商品作物のほうへ移動するようになった事情，およびそのプランテーションで働くために移動するインド人や中国人による無制限労働供給の事情などが見受けられたと述べている[40]。このような事象がみられた背景について先のスコットの議論と総合してみると，自給部門における農民への地代や租税の取立てが厳しく生存維持権のモラル原理が冒されたため，農民たちは叛乱や一揆よりも逃亡のほうを選択し，その結果としてプランテーションなどの市場経済部門への大量流出がみられたという解釈も十分可能であろう。

　最後になるが，先のステイプル説と関係する温帯入植地のばあい事情は大いに異なったのであって，そこでは有利な要素交易条件によって国際貿易は

高い1人当たり所得をもたらし，こんどはそれが工業製品に対する旺盛な需要となって輸入代替のための機会を与え，加速度的に近代化が促進される契機がもたらされたのだった[41]。このケースにおいては，ヨーロッパ系の移民——アイルランド系はむしろその動機はアジア系に近いかもしれない——が主要な担い手なのだが，その移民動機は北西ヨーロッパの賃金水準と比して新天地のほうが有利であるというアジア系移民とは根本的に異なるホモエコノミクス的なエートスであった[42]。そのような事情がオーストラリアやニュージーランド，カナダにおいてみられたのであって，それこそ経済成長の好循環が得られたところであった。かくして，ヨーロッパ系移民の落ち着き先である温帯入植地とアジア系移民の落ち着き先である熱帯地域のプランテーションとでは，その最初の段階から農業労働者の賃金水準は異なっていた事情が窺えるのである。

このようにみてくると，ルイスが提示した要素交易条件の問題も，前節で論じた自給部門と資本制部門との正確な識別のしかたと大いに関連してくるのであって，途上国の輸出向け一次産品部門は前述のように資本制部門であること，およびそこは熱帯地域に立地した一次産品部門であることなどを正確に認識しなければならないことが鍵となってくるのである。

6.4 結 び

以上，ルイスがかつて提示していた諸問題のなかで二重経済構造についての認識問題と交易条件に関する重要な着想について筆者なりに整理して検討を加えてきた。ここまでの展開から明らかなように，これらの問題の鍵を握っているのは典型的な途上国にみられる輸出向け一次産品部門をどこに位置づけるかという論点である。ルイス・モデルの出現以降，幾多の二重構造モデルが用いられて理論の発展がみられたが，ただ単に近代的部門と伝統的部門とに分ける論じかたは誤解を生みやすく，一次産品の輸出すなわち国際商品となっている貿易財を輸出する部門は伝統的な農業部門として認識されてしまう傾向がみられた。用語法のうえでも，伝統的輸出産品といえばこの

部門で産出されて輸出に回される国際商品のことを意味することが多い。このことひとつ採ってみても誤謬に陥りやすいことは容易に想像がつこう。それゆえ十分注意を要する問題であるといえる。

いうまでもなくこの部門はルイスが幾多の論考のなかで繰り返し述べたごとく，資本制部門に属するのであって，伝統的自給部門とは明確に峻別される。そこに作動している経済システムが異なるからだ。とくに後者を認識するさい従来経済学とは異質の学問の研究対象とされる傾向があったが，ルイスはそれを二重構造論の枠組みで経済学に還元して論じたことが，言い換えるならより社会科学的な手法で論じたことがかれの主要な功績である。

交易条件に関するかれの分析視角も見過ごせないものである。プレビッシュ＝シンガーによって与えられた有名な命題をめぐって論争が絶えまなく続いているが，ルイスの着想を，すなわち一次産品を輸出する国や地域がいかなる財をどこに立地しているかもしくは立地してきたかに焦点を当てるべきことを，言い換えるなら温帯地域産のものかもしくは熱帯地域産のものかを明確に区別したうえで「要素」交易条件について検討しなければならないことを，きちんと組み入れて実証した研究は依然として見出せない。そうしなければこの問題についても重大な誤謬を招来しかねないのである。ただ単に一次産品対工業製品の交易条件として捉えると，温帯地域の国からもしくは先進国から輸出される一次産品も多くみられるのであって，途上国の熱帯産品についての意味が損なわれてしまう可能性が生ずることになる。

この論点は，一次産品問題をあつかうとき代表的な重要学説とされてきたステイプル説に対してその妥当性を棄却することにもつながる。この説が実証の中心にすえてきたのは温帯地域の農産物輸出だったからだ。ルイスの着想をもってくると，この説をそのまま熱帯地域で産出される一次産品にも当てはめて一般化するのは重大な誤謬であることが明らかになる。

最後に開発論の源流としてのルイスの位置づけを明確にしておこう。かれの第一の功績は1954年に発表されたかの画期的な論文のなかで展開された二重構造論の枠組みの設定と労働移動説の原型を与えたことであり，第二の功績はそれと前後してかれの問題意識に内在しつつ1969年のヴィクセル記

念講義で明示されることとなった要素交易条件の重要性についての指摘である[43]。とくに後者は，この分野におけるさらなる発展の契機を蔵しているといっても過言ではないだろう。

注
1) *Cf.* Lewis, W. A. (1972), pp.76-77.
2) この視点はIFAD（国連国際農業開発基金）主催の東京シンポジウム「アジア危機と農村における貧困」(1999年7月8日，国連大学）において報告された東南アジアの農村地帯の現状から十分窺える事情であり，このシンポジウムではアジアの山岳地域へ市場経済的要素をどうにかして持ち込みたいという意図が国連のIFADの姿勢として見受けられた。その現状報告から，自給部門を多く抱える山岳地帯には過剰人口が存在するという事実が窺え，二重構造論を展開したルイスのヴィジョンとの関連が注目されてしかるべきである。ついでにいえば，フランスのアナール学派のフェルナン・ブローデルもその主著『地中海』のなかで山岳地帯と自給自足部門との関係について触れている。*Cf.* Braudel, F. (1966). 邦訳書第1章「諸半島――山地，高原，平野」のなかの山地に関連した説明箇所の45, 52, 56-57ページをみよ。
3) 宮川 (1996) の第1章「南北貿易の視座」参照。
4) *Cf.* Lewis, W. A. (1954).
5) この問題に関しては，主に1950年代に理論づけられた初期構造主義の諸理論を参照されたい。プレビッシュやミュルダールらによって構築された理論スタイルが代表的なものである（本書第1章をみよ）。
6) *Cf.* Lewis, W. A. (1972), *op.cit.*, pp.75-82.
7) *Cf.* Harris. J. R. & M. F. Todaro (1970). その後の発展については，宮川 (1996) の第3章「"二重構造論"再考」を参照されたい。
8) このことは次のように論証される。$\partial (Q/L_S)/\partial L_S = (Q'L_S - Q)/L_S^2 = 0$, $Q/L_S = Q' = MPP_{LS}$ よって $APP_{LS} = MPP_{LS}$ となる。つまり物的平均生産力曲線の最大値のところを物的限界生産力曲線が通過することになる。ただしQは総産出高を表している。
9) 自給部門では共同体原理が作用するという捉えかたはルイスによって暗示されていた（明示されたのではない）が，そのことをもっと鮮明に出したのは安場 (1980)，同 (1985) であった。
10) *Cf.* Lewis, W. A. (1972), *op.cit.*, p.76.
11) *Ibid.*, p.77.
12) *Cf.* Lewis, W. A. (1955), ch.3, "Economic institutions", pp.57-163.
13) *Ibid.*, p.18, p.55.
14) このような認識をベースにした議論に石川 (2006) がある。とくに同書22-41ページ参照。そのなかで近年の世銀の研究動向について触れていて，この問題の重要性を訴えている。
15) 下側の水平軸は当該国の総労働量を示していて，左側から右側へ測られる自給部門の労働のほうが圧倒的に多く，右側から左側へ測られる資本制部門のそれはきわめて少ないと想定される。これは自給部門から資本制部門への労働移転を示す図であって，資本制部門において投資活動がおこなわれることは限界生産力曲線の左上方へのシフトによって示されている。
16) 偽装失業の正確な概念規定が普遍化していないため，すなわちルイスは限界生産力がゼロか著しく低いような労働の存在とし，かたやセン (1960) は労働時間を考慮に入れると労働の熱心さの度合いが異なることから労働の限界生産力の尺度だけでそれは捉えられないとし

ている。それゆえ依然としてその捕捉問題が残されている。現在はシュルツによって示されたように実証面での弱さから批判勢力にやや分があるかもしれない。しかし偽装失業の存在を組み入れたモデルは依然多くみられ，新構造主義経済学もそれを重視する立場を堅持している。

17) シュルツによるルイス批判の代表的なものは次のものである。Cf. Schultz, T. W. (1964); —— (1965); —— (1968); —— (1979).
18) Cf. Schultz, (1964), ch.4.
19) たとえば高山 (1985), 絵所 (1991), 同 (1997) など。
20) Cf. Schultz, (1965), 邦訳書, 79-80 ページ参照。
21) この点については，新構造主義経済学の泰斗ランス・テイラーによる展望論文 (2004a) のなかで明示されている。そのなかでテイラーは，これまでの開発論における代表的な論争のひとつにこのルイスとシュルツによるものを挙げている。その他の重要な論争としてテイラーが示したのは，ヌルクセ (R. Nurkse)，シトフスキー (T. Scitovsky)，ローゼンスタイン・ロダン (P. N. Rosenstein-Rodan) らによる均衡成長論派とハーシュマン (A. O. Hirschman) による不均衡成長論派との論争，およびプレビッシュ，ポランニー (K. Polanyi)，ガーシェンクロン (A. Gerschenkron) らに代表される国家主導型の輸入代替工業化の擁護派とシュルツやリトル (I. M. D. Little) ＝シトフスキー＝スコット (M. Scott) らによる反工業化論——すなわち市場経済擁護派——との論争などだ。ルイスとシュルツとの論争をテイラーは，工業部門の強化に対する農業改革の提唱として捉えている。なおこれに関連して本書第1章第3節「両派の理論的背景」も参照されたい。
22) Cf. Sen, A. K., op.cit., pp.13-16, in Meier, G. M. ed. (1995), pp.119-120.
23) Cf. Meier, ed., ibid., p.120.
24) Cf. Taylor, L. (2004b); Vos, R. (2005).
25) Cf. Lewis, W. A. (1972), op.cit., pp.76-77; —— (1978b); (1979). 後者2篇については邦訳があり，その 15-16 ページ，同 120-123 ページを参照のこと。
26) Cf. Scott, J. C. (1976); Popkins, S. L. (1979); この論争をわかりやすく解説したものに原 (1999), 147-166 ページがある。
27) Cf. Scott, ibid., 邦訳書, 204-205 ページ参照。
28) このような農民側のエートスが作用する結果，かれらは不安定要因が相対的に大きな定額小作制よりもそれが相対的に小さな分益小作制のほうを選好する傾向がみられたとスコットは述べている。同訳書, 54-62 ページ参照。制度としての分益小作の優位性——地域空間と時間（歴史）を超越してこの制度が見受けられる現象——を正面からあつかったのがスティグリッツであったことも，よく知られている。スティグリッツは情報の非対称性の典型例として途上国の農村部における分益小作制を捉え，それはプリンシパル（依頼人）である地主にとってもエージェント（代理人）である小作人にとってもリスク・シェアリングと安定収入とのいずれからみても情報の非対称性下では合理的な制度であることを論証した。スティグリッツによる一連の分益小作制の分析は，主流派である新古典派が情報の完全性を前提にすることを批判することから開始された。そこでは前述のようにパトロンがプリンシパルに，クライアントがエージェントにそれぞれ置換されて分析が進められ，新制度学派としての一翼を占めるとともに，いわゆる「開発のミクロ経済学」を発展させる契機を与えた。スティグリッツによる分析は純粋経済学に属するが，ここではスコットの着想をさらに拡充・補完するものとして捉えたい。Cf. Stiglitz, J. E. (1974); —— (1987); —— (1988); Hoff, K. & J. E. Stiglitz, (2001). なおこれをわかりやすく解説したものに原 (2002) の第6章「農村経済」(105-124 ページ) があり，純粋理論の枠組みで体系化を試みたものに黒崎 (2001) があ

る。またスコットのエートス論は，アフリカ農民の意識構造を基礎にすえて考察した大塚史学の継承者だった赤羽（1971）とも関連してこよう。赤羽はいわゆるブラックアフリカにおいて，都市部へ移動して労働に励む人びとの存在が目立つけれど，そのエートスはホモエコノミクス的動機よりもむしろ本人の出身母体である農村共同体のほうに傾いているという分析視角を随所に展開している。近年，アフリカ研究の分野でも学際的視野をもって農村の構造もしくは制度に正面から切り込もうとする研究が増えつつある。吉田（1999），杉村（2004）参照。

29) *Cf.* Puga, D. & A. J. Venables, (1999).
30) *Cf.* Sapsford, D. & H. W. Singer, (1998); Singer, H. W. et al., eds., (1998), p.9.; Lutz, M. & H. W. Singer, (1998).; Raffer, K. & H. W. Singer, (2001).
31) *Cf.* Sarkar, P. & H. W. Singer, (1991).
32) *Cf.* Lewis, W. A. (1949); —— (1952); (1955), *op.cit.*; (1969); (1978a); (1978b), *op.cit.*.
33) *Cf.* Lewis, W. A. (1949), 邦訳書，249-252 ページ参照。
34) 同訳書，252 ページ参照。
35) *Cf.* Spraos, J. (1980), p.140, table 2.
36) *Cf.* Lewis, W. A. (1955), *op.cit.*. この経緯の分類についてはディアコサヴァスらの研究によって明らかにされた。*Cf.* Diakosavvsas, D. & Scandizzo, (1991).
37) *Cf.* Lewis, W. A. (1969), *op.cit.*; —— (1978a), *op.cit.*; (1978b), *op.cit.*.
38) *Cf.* Lewis, W. A. (1978a), pp.181-188; —— (1978b), 邦訳書，15 ページ参照。なおルイスが要素交易条件について論及するとき，いうまでもなくそれは当該国の輸出部門の商品交易条件を生産性変化で修正したものである。
39) *Cf.* Lewis, W. A (1978a), pp.188-193; —— (1978b), 邦訳書，15 ページ参照。ルイスが移民の重要性について触れていることを原田（1981）も訳者解説の箇所で指摘しているが，交易条件のコンテクストで言及してはいないようだ。同様のことは，小野塚（1995）についてもいえる。
40) *Cf.* Lewis, W. A (1978a), pp.192-193; —— (1978b), 邦訳書，16 ページ参照。
41) *Cf.* Lewis, W. A. (1978a), pp.188-189;, —— (1978b), 邦訳書，19-20 ページ参照。
42) *Cf.* Lewis, W. A. (1978a), p.188.
43) ルイスはその後，要素交易条件が 19 世紀初頭以降途上国にとって連続的に不利に推移したことを指摘し，これに歯止めをかける根本的方法は，途上国で国内市場向けに生産活動をおこなっている農家の生産性を連続的に向上させることであり，そのようにして初めて輸出向け農産物の供給価格は上昇することになると述べている。このことは 1954 年の論文で示唆していたように，自給農業部門の生産性が向上するならば，生存維持水準に近い賃金水準での無制限労働供給に歯止めがかかるだろうことを含意するものと考えられる。*Cf.* Lewis, W. A (1984), pp.123-124.

第7章
ケインズと開発論

7.1 はじめに

　本書第3部では開発論に直接もしくは間接的になんらかの影響を及ぼしてきた経済思想について,いろいろな角度から検討してきた。最後にあつかうのが本章の課題であるケインズ (J. M. Keynes) である。

　ケインズの存在はいうまでもなくあまりにも巨大であって,経済学史において固有の地位を占めるだけでなく,人類の思想面において多大なる影響を与えた歴史上の人物としての側面も同時に併せもっている。かのニューディール政策が果敢に遂行された背景にかれの名が厳然と存在することに異を唱える者は,まず見当たらないであろう。その時代の機運のために,ケインズと同時代人であったシュムペーター (J. A. Schumpeter) の存在の影がまったく薄くなってしまったことも周知の事実である。むしろ経済発展のコンテクストでは,後者のヴィジョンのほうが影響力は大きかったというのが大方の見方であろう[1]。筆者の直観では,経済変動の揺れにしたがって好況のときはシュムペーターがもてはやされ,逆に不景気風が強いときはケインズが頭をもたげてくる。しばらく前のアメリカでIT革命を背景として盛んにいわれた「ニューエコノミー」なるものの背景にシュムペーター的楽観主義が見え隠れしたことは,われわれの記憶に新しい。経済がダイナミックに活動するときは,たしかにかれのヴィジョンが輝いて見える。しかし景気動向が怪しくなると途端にかれの人気は失われるのだ。それだからといってケインズが悲観主義に満ちているというわけでもない。それはさておきここでは,シュムペーターがもてはやされる一般的経済発展論のコンテクストで

はなくて，とくに途上国の経済発展問題を考えるいわゆる開発論とのつながりという意味で考察を進める。

第1章で筆者は，ワシントン・コンセンサスと対比するかたちでケインズを捉えた。ケインズ的コンセンサス，これである。ケインズ経済学は，経済学一般のなかではサミュエルソン（P. A. Samuelson）によって完成された新古典派総合のなかに組み入れられている。そのエッセンスを簡単にいえば，経済が不完全雇用の状態にあってマクロのレヴェルで不振のときは財政政策と金融政策とをミックスして完全雇用の状態にもってくるようにし（すなわちケインズ政策の適用），経済が完全雇用の状態に近ければ新古典派経済学が妥当するというものだ。しかしこのような努力も，1970年代の混乱のなかでその妥当性を失ってしまった。というのもスタグフレーションという新しい現象によって，ケインズ流のポリシーミックスが通用しなくなったからである。それを機にフリードマン（M. Friedman）の出現もあって，アメリカ経済学界を舞台にしてケインジアン・マネタリスト論争が繰り広げられた[2]が，最終的な決着をみない状態にあり，それ以降いわゆるマクロ経済学は混乱状態に陥り，絶対的にこの処方箋でマクロ経済の病は治癒できるという経済政策の理論は依然として出現するにいたっていない。それは，主要国において広く好況不況の波に揺れ続けていることから明らかであろう。したがってとくに先進国経済を念頭に置いたマクロ経済学は混沌のなかにあり，時代の気運によってそれぞれの妥当性が議論され，理論としての安定性はまさしく不安定状態にあるといえよう。しかし開発思想としてそれらを捉えなおすと，新古典派の立論はなるべく経済の運営は市場に委ねるのが正しく国家は後景に押しやられるべきだというのに対して，ケインズの立論は国家が前面に出て経済の舵取り役を果たさねばならないというにある。そのことから途上国へ向けての政策的インプリケーションが得られるのであって，当該途上国が政治経済的にどのような位置にあるのかに応じて，その国は市場メカニズムを徹底的に重視する新古典派的スタンスなのかもしくは国家主導型のケインズ的スタンスなのかがある程度明瞭になってくる。それに加えて，先進国のマクロ経済に対する妥当性についての理論の力関係が多くの途

上国の政策スタンスに影響を及ぼすという事情も、軽視できない事実である。1930年代の世界的大不況の発生に端を発するかたちで、国家の果たすべき積極的役割が正当化された。それを言い換えるならケインズ経済学の勝利を意味したのであって、それが当時の先進工業国のみならず途上国世界にあってもかなり影響力を及ぼすこととなった。すなわち国家主導型の工業化政策（輸入代替工業化政策）の採用、これである。もともとそれは大不況に端を発する工業国側の保護主義の蔓延による途上国側の輸出ペシミズムの気運が主要な動機づけとなったのだが、さらにその重要な背景は途上国の対工業先進国交易条件の長期的悪化説を唱えて国際経済の舞台に登場したプレビッシュ（R. Prebisch）の開発思想に拠るところ大であった。

　初期構造主義の重鎮プレビッシュがケインズの影響を強く受けていたことは第1章においてすでに述べたが、このことはきわめて重要なことなので再度強調しておきたい[3]。ケインズが当時の古典派経済学について完全雇用を暗黙の前提として理論が構築されていたことを批判し、不完全雇用の状態を含むさらに一般的な経済理論化をめざしたこととプレビッシュの教説はいたって親和的であって、かれは先進国の経済構造に合致した旧来の経済学は途上国の実情に適合しないことをみてとり、もっと途上国経済にふさわしい経済学のあり方を求めてやまなかった。そのような葛藤プロセスから生まれたのが、前述の交易条件論である。つまり旧来の経済学ではリカードゥ（D. Ricardo）流の比較生産費説に基づく自由貿易が正当化され（現在もなおそれが妥当とされる）、保護主義——自由な貿易活動への国家介入としての側面をもつ——は一般的に否定されていた。そこにプレビッシュは途上国の経済発展の視点から、大不況時の世界では自由貿易は先細りであるという問題点を見出し、その橋渡し役として交易条件問題を提示したのだった。この問題をめぐってさまざまな議論が戦わされたが、おおまかに整理して区分すれば、途上国プロパーの学者もしくは構造主義に属する学者はそれを支持する傾向がみられるのに対して、主流派の新古典派の学者たちはきわめて批判的である。それもその筈で、途上国にとって比較優位にあるとされる一次産品の生産に特化してそれを先進国に輸出すると同時に比較劣位にある工業製品

を先進国から輸入するという典型的なリカードゥ流の比較生産費説を，プレビッシュの交易条件説は真っ向から否定することとなり，一種の保護主義を提案することを含意したからだ。その結果をみると，統計の取り方の粗雑さは否めないとしても，理論的側面はかなり重要な側面を蔵していて，いまだに論争は続いている[4]。ただここでいえるのは史実としての一面であって，結局のところ数多くの途上国が輸入代替工業化という保護主義的色彩の濃い政策を採ることとなったのだった。

その後は周知のように，輸出指向工業化を標榜して台頭した新興工業国家群（NICs）の存在がクローズアップされ，それに付随する国や地域が目立つようになってくる。いわゆる雁行形態的工業化パターンが表面化するようになった。こうした一連のプロセスのなかでその背景において作用した開発思想がどのようなものだったかについて明らかにしたのが，本書の第1章であった。ケインズ的コンセンサスとワシントン・コンセンサスがそれである。ともあれこうした過程のなかで，ケインズと構造主義の分析視角がどのようにかかわりあってきたかもしくはかかわりあっているかについてさらに考察を深めることが，本章の第二義的目的である。

7.2 ケインズ経済学の功績と限界

7.2.1 雇用決定モデルとトダーロのパラドックス

前述のように，経済史および関連思想一般においてケインズが残した功績は計り知れないものである。第一義的には，スミス（A. Smith）流の自由放任主義に対して異議を申し立てたことであり，国家介入の正当性をいわゆる市場の失敗のコンテクストにおいて定式化した。それも市場の失敗の最大級のものとして1930年代に表面化したグローバルな次元での大不況もしくは大恐慌をいかにして押さえ込むかという問題意識のもとに考案されたマクロ経済政策が，大きな意味をもつこととなった。ただしそれは途上国の経済発展に直接関係するものではなくて，先進国で荒れ狂う市場経済のネガティヴな側面への対処療法としての政策パッケージだったのである。なぜなら途

上国経済に直接ケインズ政策を適用すると，とくに失業対策としての公共事業もしくはそれに準ずる産業増強政策をおこなえば，さしあたり予期されたポジティヴな効果とは正反対の失業増大というパラドクシカルな結果を招来しかねないことにもなるからだ。このことについては，現在の代表的な開発経済学者であるトダーロ（M. P. Todaro）によってかなりの説得力をもって強調された[5]。

　この側面について，さしあたり比較的簡単なケインズの雇用モデルからみてみよう[6]。簡単化のため，外国貿易部門を除いた国内総生産（GDP）を考える。これを Y とおけば，それは国民支出に等しいところに決まる。これがいわゆる国民（内）所得決定論なのだが，それはまた労働の雇用量とも正の相関関係があり，雇用量が増えれば総生産も増えるけれども，その増加の割合は逓減傾向にある。これらのことを一般式に表したのが次の（7-1）式と（7-2）式である。

$$Y = C + I + G \quad \cdots\cdots\cdots\cdots\cdots\cdots\cdots (7\text{-}1)$$
$$Y = F(N, K, T) \quad F'_N > 0 \quad F''_N < 0 \quad \cdots\cdots\cdots (7\text{-}2)$$

　ただし（7-1）式のC，I，Gはそれぞれ消費，投資，政府支出を表していて，（7-2）式は生産関数であり，N，K，T はそれぞれ労働の雇用量，資本量，技術を表している。そして雇用量が増えたときの一次導関数が正で，二次導関数が負であることも同時に示してある。これを図に表したのが図7-1である。そこでは上方に国民所得決定の図が，下方に総生産関数の図がそれぞれ描いてある。

　この図は明らかに，国家主導型総需要管理のしかたを示している。すなわち完全雇用水準に見合う国民所得の大きさを Y とすれば，実体経済は通常そこから外れることが多いという想定のもとで，政府の手によってその水準に経済を誘導するとよいというものである。総需要（C+I+G）を完全雇用の水準へ，ポリシーミックスによって首尾よく誘うのである。とくに不完全雇用もしくは過少雇用のばあい（デフレ・ギャップ）は，雇用増進のための

公共事業やなんらかの産業に投資を増強させるための政策によって総需要を引き上げるとよいとされた。またそれとは逆に景気がオーヴァーヒートしてインフレ傾向を生んでいるようなとき（インフレ・ギャップ）は，総需要を抑制する政策を講じるとよい。そのようにして総需要を管理するのが鉄則とされたのである。

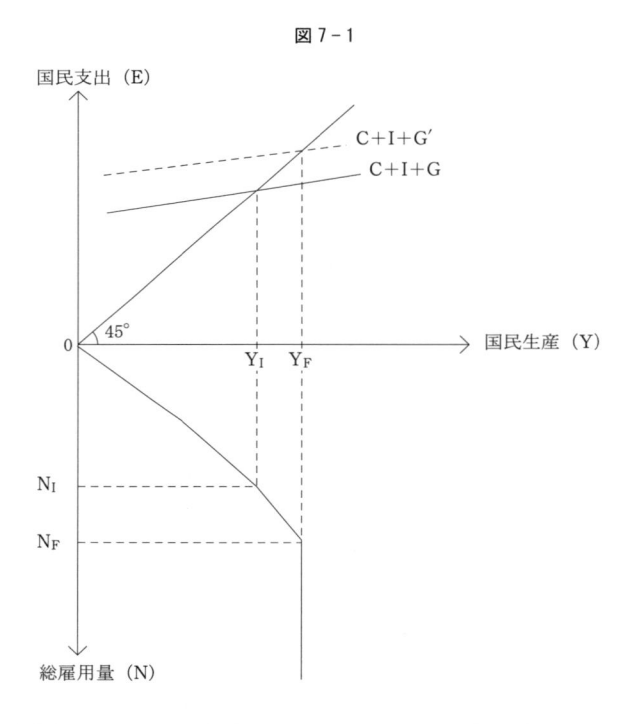

図7-1

国民支出（E）

$C+I+G'$
$C+I+G$

45°
Y_I　Y_F　国民生産（Y）

N_I
N_F

総雇用量（N）

そのような図式がもてはやされたのが、ケインズ経済学全盛の時代であった。しかし前述のように、1970年代からさまざまな国際経済面の激動——金とドルとの交換の一時停止を宣言したニクソン・ショックを契機に国際通貨制度が固定為替相場制度から変動為替相場制度への抜本的な転換がみられたこと、さらには二度の石油危機が発生して原油に関して交易条件の逆転が生じ、多くの国々が根本的に産業構造の転換を迫られたことなど——が頻発し、各国ベースでのマクロ経済政策がしだいに有効性を失うようになってし

まった。最もよく知られているのがスタグフレーションというそれまでみられなかった現象である。そうしたことを背景として,ケインズ経済学はしだいに不人気となり,マクロ政策論はいまなお混沌とした状況から抜け出せないといっても過言ではないだろう。ともあれその有効性に問題を抱えながらもケインズ流のポリシーミックスや公共事業は,さまざまな国で依然として脈々と実施されていることもまた事実なのである。こうした事情はあくまでも先進国にあてはまることに注意を要しよう。では途上国ではどうなのか。

この問いに解答を与えたのが,トダーロであった[7]。かれによれば,ケインズ流の雇用決定モデルを途上国一般へ適用するのは大きな限界にぶつかってしまう。ひとつには途上国のばあい,先進国にみられるような財市場や金融・信用市場などが未整備であって構造的もしくは制度的欠陥が多い。さらには生産と雇用を引き上げようとしても,資本・原料・中間投入財などが不足し,熟練技能や経営管理能力を具備した人的資源も乏しく,そういう意味で供給側に制約要因がみられる。また1980年代までのラテンアメリカにおいてみられた現象として,国民生産の総供給曲線が価格非弾力的なときに赤字財政による政府支出政策（Gの増加）をおこなうと慢性的インフレを招来する。さらにいまひとつには,これも最重要なもののひとつなのだが,ケインズ流の総需要増進政策を採れば,すなわち近代的部門の雇用増加を図ろうとすると,大量の余剰労働力を抱えるものと想定される伝統的部門としての農村部から都市部への人口流入に拍車をかけることになる。

トダーロはこの問題を次のようにして証明した。すなわちそれは,いわゆるハリス＝トダーロ・モデルとして知られる期待賃金モデルによってであった[8]。さしあたりオリジナルの式は次式によって与えられる。

$$(N_u/S)\cdot w = r \quad \cdots\cdots\cdots\cdots\cdots\cdots\cdots\cdots (7-3)$$

この式でN_uは都市部の近代的部門における雇用量を,Sは都市部の総労働力を,wは都市部の近代的部門の実質賃金率を,rは伝統的部門の実質賃金率をそれぞれ表している。(7-3)式は失業の均衡水準を表すものであっ

て，この失業均衡によって都市部の期待賃金率——都市部において首尾よく近代的部門に雇用される確率を近代的部門の実質賃金率に乗じたもの——が伝統的部門の実質賃金率に等しくなることを示している。

次に (7-3) 式を変形して，(7-4) 式が得られる。

$$d(S-N_u)/dN_u = w/r - 1 \quad \cdots\cdots\cdots (7-4)$$

この式から，近代的部門の雇用量が変化したときの都市部の失業（$S-N_u$）の変化は近代的部門の実質賃金率と伝統的部門のそれの大きさに依存することがわかる。言い換えるなら，都市部においてなんらかの雇用増の試みがなされるとき，近代的部門の実質賃金率が伝統的部門のそれを上回るかぎり必然的に都市部の失業は増加する，ということこれである。そこで政策上のインプリケーションは次のようになる。すなわちケインズ政策によるGの増価に付随する都市部の近代的部門の雇用増進政策は，都市部の賃金水準が農村部のそれより大きいとき，当初の目論見とは反対にかえって都市部の失業を増加させることになってしまう。これがいわゆるトダーロのパラドックスである。このことを裏返していえば，都市部での期待賃金の下に農村部からの大量の人口移動がみられる途上国においては，近代的部門の雇用を増やそうとする政策ではなくてむしろ農村部に居住することの魅力を増進するような農村部門への投資を奨励する政策が必要であることが，訴えられるのである。

7.2.2　ハロッド＝ドーマー・モデルと開発問題

ケインズ的マクロ・モデルの経済成長論への影響は，その短期的性格を打破する方向で，ハロッド（R. F. Harrod）とドーマー（E. D. Domar）によって動学化されるかたちで拡張されて日の目をみた[9]。ケインズ自身にとっては，経済成長論に対するいわば間接的な寄与ということになろう。そのエッセンスを簡単に振り返ってみると，次のようになる。

ケインズの基本方程式から次式が結果的に得られる。

g＝s／k＝n ……………………………………………………………(7−5)

　この式でgは経済成長率を，sは貯蓄率を，kは限界資本産出高比率（ICOR）を，そしてnは外生的に与えられる人口成長率をそれぞれ示している。これは一国の成長過程においてケインズ的完全雇用均衡はどのような条件下で得られるかについてみたものであって，このモデルは雇用される労働と資本間の固定比率を仮定することに依拠している。その結果として産出高水準が決まるのである。そのような制約のもとに一国の貯蓄率が高ければ高いほど，およびICORが小さければ小さいほど一国の成長率は高くなることを含意する。そして一国の成長率は最終的にその国の人口成長率に等しくなるというものである[10]。

　このようなモデルの定式化からそれを起点としてさまざまな角度から途上国の経済成長問題が議論されるようになり，開発経済学は全盛期を迎える。このモデルが前提としている要素の固定比率から資本蓄積に重点が置かれることとなった。というのは途上国一般のばあい，労働については余剰部分を抱えているものとされることが多く，問題とされるのは資本の稀少性であった。またこのモデルでは技術進歩も考慮されないので，資本集約度も不変のままである。そこで資本に関して二通りの結論が得られた。途上国一般についていえば，投資の原資となる貯蓄率が低すぎることだ。ここに貯蓄ギャップが存在することになる。そして物的資本の蓄積が重要課題となる。すなわち前者については，構造主義の論客チェネリー（H. B. Chenery）らを中心に展開されたtwo-gap説として結実することとなり，一国の目標とされる投資に対して国内貯蓄が不足しているので，それを埋め合わせるため外国投資や外国援助を必要とすることが訴えられた[11]。two-gap説は同時に輸出ペシミズムを理論化したものでもあった。それは次節で取りあつかうプレビッシュの着想とも整合的なのだが，理論的にはマッキノン（R. I. McKinnon）によるモデルがある[12]。そこで得られた結論は，一国が経済成長を達成するためには，その国が貯蓄制約かもしくは外国為替制約かのいずれかが拘束性をもつような状況下にあるとき，もしくはいずれの状況下に

あろうとも，いくら輸出を強化しても効果は薄く外国からのトランスファーに頼ったほうが生産的であるというものだった。このモデルはハロッド＝ドーマー・モデルの応用モデルとして，もしくはプレビッシュ的輸出ペシミズムの抽象モデルとして登場したのだが，結果的には外国援助を含む外国からのトランスファーを正当化するものとして南北双方に知れ渡っていった。なおそれをさらに拡張したものとして，新構造主義の一翼を担うバッシャ（E. L. Bacha）とテイラー（L. Taylor）およびロス（J. Ros）によるthree-gap説が1990年代に登場するにいたった[13]。

ここまでは物的資本の量の問題についてみてきたが，ハロッド＝ドーマー・モデルのもうひとつの因子である限界資本産出高比率（$k=\triangle K/\triangle Y$）は，投資効率を問題にする指標である。投資の量ではなくていわばその質を問うのである。これについては次のように考えられる。すなわち物的投資が生産的であってその投資が大きな国民産出高をもたらすならば，ICORは相対的に小さくなり，一国の成長率はいっそう高くなるだろう。それとは逆に，投資が非生産的であってさして大きなYの増加につながらないようであれば，ICORは比較的大きくなり，一国の成長率は低いままであろう。一般的に先進国ではこの値は小さく，途上国では大きいとみなされがちである。具体的にいうなら次の事例がそうであろう。すなわち国家の威信が前面に出てしまい，巨大な規模の道路や建築物が建てられても，それが生産的に使用されないかぎり，まったく意味をなさないであろう。つまり道路への投資ならばそれに見合うだけの車の交通量があること，およびビルの建設ならばそれにふさわしい数の店子で満たされることが要請されよう。投資効率の側面をとくにとりあげるならば，それにふさわしいソフト──試行錯誤の過程や教育レヴェル，もしくは開発プロジェクトを効率的に運営する経営管理能力など──が備わっていることが必要である。しかしこれらのソフトの問題は，オリジナルのハロッド＝ドーマー・モデルにおいては考えられていなかった。かくしてICORはそのようなモデル外の諸因子に左右される傾向が強いのである[14]。したがって一国にいくら物的投資の量が得られても，その国にそれを吸収できる能力が備わっていないかぎり，それは実質

的な経済成長にはつながらないことに留意しなければなるまい。

ともあれハロッド＝ドーマー・モデルに関係する話題は尽きないのだが，主流派においてもICORの推計を基礎にした国際比較研究がみられた。バラッサ（B. Balassa）がその代表であろう[15]。かれの推計によれば，いわゆるエマージング・マーケットの比較研究において投資効率が比較的良好だった──ICORの値が相対的に小さかった──のが東アジアの新興工業地域群であり，それとは反対に投資が非効率だった──ICORの値が高かった──のがラテンアメリカの新興工業国家群だった。かれにおいては，いくつかの指標のひとつとしてICORを使用したにすぎないかもしれないけれど，その含意するところは該当する国や地域の投資が生産的かどうかについてのものだったことに違いはない。

もうひとり主流派の論客を挙げるとすれば，経済発展段階説で知られるロストウ（W. W, Rostow）がある[16]。かれによる造語である「離陸」や「高度大衆消費社会」，「持続的成長」という術語は依然として広く使われている。かれのばあいあまりにも近代主義すぎて当時の左派からの批判が強かったことはいまだに鮮明に記憶に残る。ロストウは一国の離陸期を，投資水準がコンスタントに国民所得の10～12パーセントを維持するようになるときと定義した。この着想はむしろ先進国の離陸期比較という視点からあつかわれる傾向が強く，比較経済史の分野で評価されてきた。ともあれロストウは，ケインズのマクロ指標のなかの投資の重要性を訴えたことに変わりはない。

このようにみてくると，第二次世界大戦後の経済学界を席巻したケインズ経済学を基礎にして構築されたハロッド＝ドーマー・モデルから，非主流派のみならず主流派においても物的資本を重視する立場に偏っていたことがわかる。初期構造主義の論客にしていまなお意気盛んなシンガー（H. W. Singer）──若き研究者時代にケインズとシュムペーターの両者から直接薫陶に与ったのがシンガーであり，ケインズからは経済学はすべての国や状況に対して適用可能な普遍的真理ではないという教えを，シュムペーターからは技術とイノヴェーションの重要性および企業者の役割について学んだとされる[17]──とラファー（K. Raffer）は，このモデルの影響はほぼ構造主

義全域に及んでいたと述べている[18]。戦後の開発経済学の分野において構造主義が一世を風靡したのは周知のことだが，そこにはプレビッシュの工業化論の存在はいうに及ばず，ルイス（W. A. Lewis）の無制限労働供給説，ローゼンスタイン・ロダン（P. N. Rosenstein-Rodan）のビッグプッシュ説，ヌルクセ（R. Nurkse）の均衡成長論，ハーシュマン（A. O. Hirschman）の不均衡成長論，さらにはペルー（F. Perroux）の成長の極説など枚挙に暇がない[19]。ルイスのばあいはむしろケインズの雇用理論との関連で取り上げる筋のものかもしれないが，いずれにせよルイスは途上国の開発問題に正面から対峙するとき，伝統的部門から近代的部門への圧倒的な労働移動がみられる事情はケインズの雇用論では説明がつかないという意味で，そしてハロッド＝ドーマーに対しては，貯蓄率や限界資本産出高比率を問題にするのではなくて伝統的部門に存在する余剰労働力の吸収という意味での工業化の必要を，言い換えるなら伝統的部門から近代的部門への労働資源の移転の必要を訴えたのであった。ローゼンスタイン・ロダンやヌルクセは資本形成の重要性に鑑みて，とくにヌルクセにおいては，ケインズの有効需要の原理を援用することをとおして貧困の悪循環を説き，その解決先としてすべての部門にバランスよく投資配分するかたちの均衡成長を提案し，ハーシュマンはそれを批判して最も連関効果の見込める部門に重点的に投資配分すべきだとする不均衡成長論を提案した。それはまたペルーの成長の極説に触発されての着想だったことについては第1章においてすでに述べた。

構造主義のもうひとりの巨星ミュルダール（G. Myrdal）のばあいは，ケインズやハロッド＝ドーマーの路線とは別の視点から市場経済の普遍性を批判したが，かれが到達した結論は類似している[20]。すなわち途上国においては開発政策の重点が一方に偏る傾向があり，市場経済のなすがままにしておくとますますその傾向は強まって分極化もしくは二重構造化が深化しかねないというものだった。このようなかれの考えは，主流派のトリックルダウン説──市場経済の諸力に委ねておくと，いっそうの発展が得られたところからその他のところへ自ずと発展の果実が浸透してゆき，結果的に全体的発展が可能であるとするひとつの楽観的見方──に対する一種のアンチテーゼ

であり，そのような分極化の矛盾を取り除くために国家介入が必要であるというものであった。かれの思想の背景には，途上国の経済構造は先進国とは異なっているという信念が窺え，それは同様に途上国の経済発展問題に正面から取り組んだプレビッシュと共通のものであった。いわば途上国の経済発展の視点からの国家介入の必要性であり，この点でケインズやハロッド＝ドーマーとは異なる。後者のばあい，市場経済の諸力に委ねたときの先進国のマクロ経済が抱える矛盾の是正，もしくはマクロ理論の動学的抽象化という意味をもつものであった。

　ハロッド＝ドーマーの貯蓄率に関連するものをもうひとつ挙げるならば，実証経済学者のクズネッツ（S. Kuznets）によって提示された成長と所得分配の不平等との相関関係が逆U字の形状でもって示されるという仮説がある[21]。すなわち途上国が貯蓄を奨励して近代的工業化を推進する段階においてはむしろ所得分配の不平等化が進むけれど，経済が成熟化してくるとしだいに不平等は影を潜め平等化が進行するというものである。しかしここで問題になるのは，貯蓄がすべて生産的な投資に振り向けられるという前提に依拠していることである。これに関連して古くは初期制度学派のヴェブレン（T. Veblen）によって主張された衒示的消費という行動が，とくに途上国のばあい，頭をもたげてくる[22]。開発論のコンテクストでは，ヌルクセやプレビッシュによってこの問題はあつかわれた[23]。かれらが主張したのは，先進国の生活様式を模倣する途上国の上流階層の生活態度に向けての批判であり，デモンストレーション効果もしくは特権消費者社会という術語が使われた。途上国においてはとくに貴重な貯蓄が，輸入奢侈品の購入や海外預金など上流階層による非生産的な行動のために，生産的投資に移転されないという矛盾がみられることを批判したのだった。このような性質は，依然として途上国のいたるところに見受けられる現象である。

　最後に（7-5）式の最終項 n について触れておこう[24]。これは人口成長を表すといっても，それは効率単位の労働力の成長を意味し，ハロッドによってもともと自然成長率と呼ばれたものである。ハロッドによれば，s/k によって示されるのは適正成長率であり，要素の固定比率のもとで資本は完

全利用されると同時に労働は完全雇用されることが想定されての成長率である。国民所得は労働生産性に労働力Lを乗じたものとして表されるので，Y=L（Y/L）である。ここからYの自然成長率nはLの成長率 l と労働生産性の成長率 λ との和として表すことができる。これがnの具体的な意味なのである。そこで問題になるのは適正成長率と自然成長率との乖離であり，とくに途上国一般において顕著なのは余剰労働力の存在である。一般に自然成長率のほうが適正成長率よりも大きいとみなされる。すなわち有効労働力の成長のほうが資本蓄積よりも速いので，固定比率を前提とすれば，長期には失業問題がいよいよ頭をもたげてくる。したがってこのことから含意されるのは，資本蓄積が自然の人口成長に追いつくことはないので，人口政策を施す必要があるということだ。かくして政策的インプリケーションは，自然成長率を抑制して適正成長率を引き上げるための努力ということになる。つまりハロッドのオリジナル・モデルは幾多の途上国で実施されてきた（もしくはされている）人口規制の理論的基礎を与えたのだった[25]。もっというなら，ルイスの無制限労働供給モデルにおいて論じられた転換点へ到達するためには，伝統的部門の人口を抑制する必要があるという議論ともこれはつながってくる。人口の増加が爆発的であればあるほど，それだけ近代化への転換は遅れること必至だからだ。

7.3 ケインズ的着想とプレビッシュ経済学

プレビッシュがケインズの影響をかなり受けていたことは，よく知られている。そのことについていえば，新旧の構造主義全般がその影響下にあったというほうがむしろ正しいであろう[26]。ここでは初期構造主義の代表格としてのプレビッシュの立論のエッセンスを，とくに取り上げる。

かれの思想の奥深さはつとに知られているが，ここでは構造主義の拠って立つ先進国と途上国との経済構造の違いについて経済学的にアプローチしてみよう[27]。もともとケインズは，かつての古典派経済学がその考察の対象としたのは完全雇用が支配する世界であって，不完全雇用が幅をきかせるよ

うな経済はその射程に入っていなかったことをとくに批判してかれ自らの学問体系を構築した。古典派経済学が提示する処方箋——あえていうならスミス流の自然的市場の諸力に委ねるレッセ・フェールもしくはビナイン・ネグレクト政策——では解決されなかった当時の経済構造問題, すなわち大不況下で典型的にみられる大量失業とデフレの蔓延に対して, ケインズ経済学をもってすれば, 前節において論じたごとく, それは解決可能であるとした。このことについて途上国を含む全世界の経済にあてはめて考え直してみたとき, ふと似たようなことがらが想起されよう。古典派経済学の現代版ともいうべき新古典派経済学の備える処方箋——このばあいはとうぜんサミュエルソン的な新古典派総合のなかの一環としてのケインズ経済学そのものも含めてではあるが——では途上国一般が抱える構造的諸問題 (慢性的インフレ傾向, 国際収支の不均衡, 大量失業問題など) には答えられないのではないか, という疑問である。言い換えるなら, 新古典派経済学は先進国について論じるばあいは妥当するとしても, 途上国経済についてはあてはまらない, という批判である。したがって結果的に先進国経済だけではなくて, 途上国経済も含むより包括的な経済学の必要性をプレビッシュは訴えたのだった。これがプレビッシュ経済学の原点である。

　プレビッシュ経済学のなかで最もよく知られているのは, いうまでもなく交易条件命題である[28]。先進国と途上国とのいわゆる南北間貿易において, 代表的貿易財として先進国は工業製品を, 途上国は一次産品をそれぞれ輸出する。そこにおいて一次産品と工業製品との南北間貿易が成立する。19世紀後半から20世紀半ばまでのイギリスの貿易局によって整理された貿易統計を検討した結果, プレビッシュは途上国にとって交易条件は長期的に悪化傾向にあるというひじょうに画期的なテーゼを提示した。この仮説は, 統計を基礎にした実証的側面とその根底に流れる南北の構造に関する認識, すなわち定性的側面とを含むものであった。前者に対しては主流派の新古典派から, 厳密性に欠けるという趣旨の批判が相次いで提示された。いわば統計の取りかたの粗雑さが突かれたわけだが, それに対する反論はそれからかなり経ってからスプレイオス (J. Spraos) によって, いっそうの厳密性を具備

することで検証されるにいたった[29]。かれによれば，19世紀後半から20世紀前半にかけてたしかに交易条件は悪化したといえるが，プレビッシュのばあいはそれを誇張したものであった。言い換えるなら，同時期に途上国からみた交易条件はある程度悪化したことは事実だが，プレビッシュが主張したほど大きなものではなかったのである。スプレイオスの貢献は，いまなお関係学界において共有財産となっている。しかしこれについては注意を要する。すなわちそれによってプレビッシュの功績が損なわれることを意味することにはならないからだ。すなわちプレビッシュが提示した仮説は，留保条件付で支持されることを含意していた。この点については，プレビッシュと同時期に交易条件に関するオリジナル論文を提示したシンガーによって注意が喚起されている[30]。なお近年，サプスフォード（D. Sapsford）を中心にさらにソフィスティケートされた統計手法を使用しての実証研究がふたたび盛んにおこなわれるようになった[31]。そこでの結論は概ねシンガーの評価と変わっていない。

　さてここで命題の定性部分について再確認しておこう。それはサールウォール（A. P. Thirlwall）とパルマ（J. B. Palma）によって考案された図を用いると，いっそう鮮明になる[32]。図7-2と図7-3がそれである。

　図7-2の左側は先進国の輸出財である工業製品の市場の性質を，右側は途上国の輸出財である一次産品の市場属性を表している。この図にはプレビッシュによって仮定された2種類の市場の構造的違いが盛り込まれていることに，注目しなければならない。すなわち先進国では，工業製品の需要曲線と供給曲線は相対的に弾力的である。それに対して途上国では，一次産品の需要曲線と供給曲線は非弾力的である。すなわちこれは，プレビッシュによる需要と供給の価格弾力性の仮定の非対称性を図示したものである。また先進国では，技術進歩によって供給曲線は外側へシフトするが，賃金コストの上昇により供給曲線は内側へ引き戻される（左図のSSがS'S'へ）。それに対して途上国では，技術進歩により供給曲線は右側へ大きくシフトする（右図のSSがS'S'へ）。なぜなら途上国においては，ルイス的二重構造の仮定によって，資本制の属性をもつ近代的部門である一次産品部門では構造的

事情が作用して賃金コストの上昇はみられないからだ。加えて工業製品に対する需要の増加は大きい（左図の DD が D′D′ へ）。途上国産の一次産品に対する需要の増加はわずかでしかない（右図において DD の D′D′ へのシフトは緩慢である）。以上のことから工業製品の価格は上昇傾向にあり（左図をみよ），一次産品の価格は低下傾向にある（右図をみよ）。したがって交易条件は一次産品に不利に，工業製品に有利に作用することとなる。以上のことを要約していえば，工業製品と一次産品それぞれの特徴と，それらを生産輸出する先進国と途上国との制度的構造の違いから，一次産品の対工業製品交易条件は悪化する傾向にある。

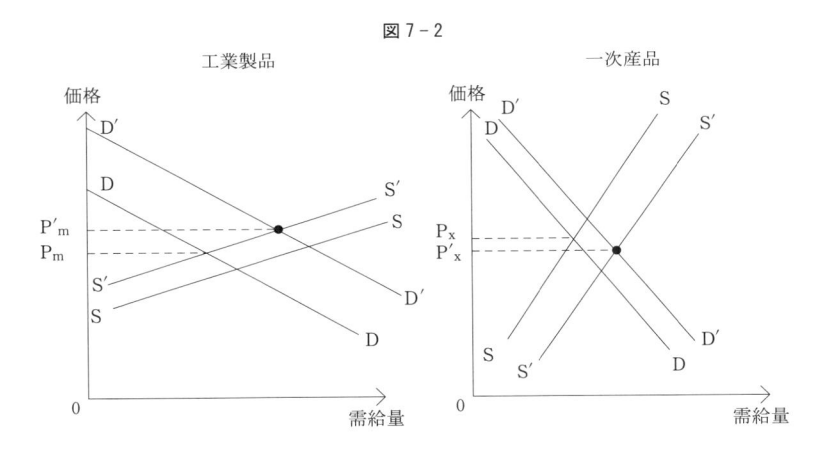

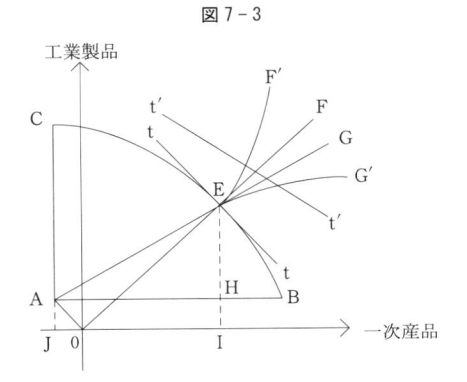

図7-2

図7-3

次に図7-3は，途上国の生産可能性ブロック（ABC）を用いた一般均衡分析を示している。横軸に途上国の輸出可能財である一次産品を，縦軸に途上国の輸入可能財である工業製品をそれぞれ測っている。途上国のばあい，一次産品の生産のほうに比較優位をもつが，比較劣位にある工業製品も生産している。無差別曲線群は隠されていて図には描かれていない。国際貿易の均衡点はEであり，そこの接線が交易条件ttである。すなわちEHが工業製品の自給部分を，HI＝AJが工業製品の輸入部分をそれぞれ示している。言い換えるならEIは工業製品の自国消費部分である。同様にAH＝JIが一次産品の国内生産量を，OIが自国消費量を，そしてその差OJが一次産品の輸出量をそれぞれ示している。交易条件はAOによっても表されることは明らかであろう。ちなみに直線OEFは途上国の中立的消費経路を，直線AEGは中立的生産経路をそれぞれ示している。ところでプレビッシュは途上国の輸入財の所得弾力性は1より大きく，しかも先進国のそれより遥かに大きいと仮定している。したがって途上国の消費経路は貿易偏向的である。すなわち途上国では所得の上昇とともに，先進国から輸入する工業製品の自国消費の占める割合は上昇することになる。図においては，このことは曲線OEF'によって表されている。同様にして途上国の生産経路も，その需給要因のため貿易偏向的であり，その生産経路は曲線AEG'となる。ふたつの貿易財に関連した需給の性質と，貿易偏向的な消費経路をまかなうのに必要な外国為替量を生み出さなければならない事情などから，途上国の生産経路はますます貿易偏向的となる。しかも先進国のそれよりもその程度は大きくなるだろう。その結果この傾向はますます強まり，消費経路と生産経路のいずれもいっそう貿易偏向的となる。言い換えるなら，先進国からの工業製品輸入に対しては超過需要気味となり，先進国への一次産品輸出のばあいはますます超過供給となり，最終的には交易条件の悪化傾向を招来せしめることとなる。図においてはttのt't'へのシフトによってそれは示されている。すなわちこういう事態を放置しておくと，途上国はいっそう多くの一次産品を持ち出さねばならなくなるとともに，途上国の手に入る工業製品はますます少なくなることが含意されるのである。

こうした事態をくい止めるには，言い換えるなら交易条件の悪化傾向を阻止するためには，自由貿易体制から保護貿易体制への転換が必要であることは論を俟たないであろう。このことは，一種の国家介入のあり方を意味していた。結果的には工業化の必要性の強調へとつながる。すなわちこれがプレビッシュ流の輸入代替工業化だったのである。

　ケインズ思想との関連から，次のように捉えられよう。ケインズは古典派経済学が主張するように自由な市場メカニズムに経済を委ねた状態を続けておくと，経済は取り返しのきかない病にかかってしまう危険性があり，それを国家の手で事前に手直ししておく必要があると主張していた。このコンテクストでプレビッシュを捉えると，次のようになる。すなわち自由な市場諸力に委ねておくと（途上国のばあい，一次産品の生産と輸出という自由貿易政策に則ったやり方に委ねておくと），交易条件の悪化のために途上国はますます不利な状況にはまり込み，貧困の度合いが深刻化しかねない。ビナイン・ネグレクトの結果重い病気を患うことを回避するためにも，国家が介入する必要があり，それはさしあたり外国貿易部門である。この部門への国家介入の形態が保護主義であり，開発戦略としては輸入代替工業化ということになる。言い換えるなら，国家主導型工業化を正当化した理論そのものがプレビッシュ経済学であった。

　ケインズの古典派経済学批判と同様のアナロジーで捉えるならこうなる。プレビッシュが批判したのはリカードゥ流の比較生産費説であり，とくに19世紀前半までの古典派経済学者たちがそのようにみなしていた一次産品輸出国にとっての交易条件の有利化説を真っ向から否定したことであろう。皮肉なことに，『一般理論』以前のケインズも例外ではなかった[33]。そのような事情は古典派時代のケインズとして位置づけられよう。プレビッシュはもともとオーストリア学派の影響をかなり受けていて，途上国の保護主義を擁護した論考では伝統的な限界分析を多用しており，自らもほんらい主流派の影響下にあったことをいろいろなところで述べている[34]。それはかれ自身，静態の設定ではリカードゥの比較生産費説を信奉するとしていることから窺えるであろう。かれが繰り返し強調したことは，動態の設定における途

上国の経済発展問題であった。そこに交易条件の着想をもってきたのであった。そして結果的に，主流派の新古典派の伝統的考えかたである自由貿易主義を否定することとなり，主流派から逆批判の集中砲火を受けることとなったのだ。ともあれそのような事情の経緯はさまざまなところですでに述べられているので，ここではこれ以上立ち入らないこととする。

　途上国世界に対して，もしくは開発論に関連した学界に対して，さらにはUNCTADをはじめとする国際機関に対して最も強力なインパクトを与えた交易条件命題については以上の説明にとどめておく。現在からこれまでの道程を振り返っていえることは，かれの交易条件に関する主張を起点として，その後さまざまな現象が起こったことだ。ひとつにはOPEC（石油輸出国機構）による原油について国際価格カルテル行動が起こったことであり，これは原油については交易条件の逆転現象がみられたことを含意した。またひとつには国際組織の考えかたに影響を与え，南北間交渉において南側のいわば共通の思想としてプレビッシュ流の政策手段が採られ，一次産品共通基金の創設や一次産品総合プログラムの検討，さらには北側からGSP（一般特恵関税制度）の譲歩を引き出したことである[35]。この一連の流れは，いわば国際市場経済におけるさまざまなレヴェルの国際介入であった。その目的が途上国一般のウェルフェアのいっそうの増進にあったことはいうまでもない。加えて開発論においては，かれの着想は輸出ペシミズムとして捉えられ，前節で述べたような構造主義理論の深化――とくにtwo-gap説，さらにはthree-gap説――をもたらし，途上国世界においては輸入代替工業化戦略が具体化したのだった（経済統合も地域全体の輸入代替工業化のコンテクストで考えられた）。ただしその後，とくに後者においてはその成果が当初意図された理想的レヴェルに達しない国や地域が多くみられたため，主流派を中心にかなりの批判が浴びせられ，開発問題の潮流はなおも逆転する運命をもたらすこととなったのだった。いわゆるNICs（新興工業国家群）現象がそれであった。しかし筆者がこれまで詳述してきたように，これらの国や地域の良好な成果の背景には，輸入代替工業化と輸出指向工業化との連続性の問題，および新古典派経済学が主張するような全面的な市場メカニズム

の尊重がこれらの国や地域においてみられたわけではなかった——むしろウェイド（R. Wade）やアムスデン（A. H. Amsden）らが主張したように，かなりの規模の国家介入がみられた——ことなどを付け加えておかねばならない[36]。こうした事情は依然として論争の過程にあるともいえよう[37]。また別の角度からプレビッシュが提示した問題をみるなら，かれの視点は左派の批判勢力である従属学派を生み出す起点となったともいえる。否むしろ政治経済学者によっては，この側面のほうが強かったとみなす傾向があるかもしれない。これについては容易に想像されるように，交易条件の悪化についての認識からもっと強いレヴェルの批判を擁するかたちで，ひとつの学派を形成するまでになった[38]。この学派の興隆もある意味では一世を風靡したといえようが，思想的には世界システム論と同じカテゴリーで捉えられることが多いようだ[39]。この論点についてもここでは深くは立ち入らない。

かくしてプレビッシュ経済学のさまざまな方面への影響力は多大なものであったが，かれが UNCTAD を退いてからそれは弱まったこともまた重要な事実である[40]。そして構造主義自体も永らく退潮にあるといわざるをえない。しかし構造主義の再評価の動きが出ていることも同様に重要な事実である[41]。ともあれ古典派経済学ならびに新古典派経済学の復刻版ともいえるワシントン・コンセンサスに対峙するケインズ的コンセンサスの重要部分を占める構造主義のなかのプレビッシュ経済学，という認識のうえに立って議論を進めよう。

なぜケインズ的着想なのかという問題に対しては，すでに述べたように国家の介入をある程度正当化するという趣旨がその中心にすえられるからだ。ただしそれは現在アメリカ合衆国において表面化してきている政治の保守化——いろいろと問題視される傾向があるが，ネオコンサーヴァティズムの興隆などその最たる現象であろう——の勢力が捉えるような全面的な国家介入を意味するのではないことに，注意しなければならない。その意味では，かつて貿易政策論のなかで重要な部分を占めた幼稚産業論の立場と基本的には同種類のものとみなして差し支えあるまい。あまりにも市場の暴力が荒れ狂うままにしておくという立場は，20 世紀末のアジア経済危機の発生に

よって，かなりの後退を余儀なくされたことはわれわれの記憶に新しい。ましてや途上国に蔓延する経済的貧困問題の撲滅可能なところでその削減——20世紀末から世界銀行の重要なスローガンとなった——という課題に対して，市場メカニズムだけで対応するというビナイン・ネグレクトが理にそぐわないことはもはや明白であろう。この点については筆者も，プレビッシュをはじめとする開発論のパイオニアたちと基本認識を同じくするものである。

7.4 ケインズの総合評価

これまでケインズ経済学の中心部分と開発論のなかのとくに構造主義との関係について，後者においてはプレビッシュをとくに取り上げて論じたが，ここでは開発論の現状からみたケインズ経済学の総合的な評価について検討する。

当時のケインズが『一般理論』を世に問うたことをとおして提示した諸問題は，前述のごとくとてつもなく大きなものであった。それはこれまでみてきたように市場経済への国家介入の正当化——ケインズ本人のばあい，現在いうところの先進国の景気循環の各局面において市場の失敗がみえるところでポリシーミックスによって国家が介入すべきことを具体的に定式化したが，それは現在いうところの途上国を念頭に置いたものではなかったこと，むしろ途上国の置かれた環境下における国家介入問題に関する具体的議論はガーシェンクロン（A. Gerschenkron）によって与えられた[42]——と，それまで供給重視だった古典派的考えかたから需要のほうを重視すべしとする発想の転換[43]——いわゆる総需要に総供給は合わせるように作用するものなので，各国家は総需要を管理する役割を担うものとするもの——の必要性，さらにはそこから得られるマクロ経済学の定式化——古典派経済学では価格理論を中心とする現在いうところのミクロ経済学に終始していたので，それだけでは経済の抱える深刻な問題に対処することはできず，マクロ経済学によってその不足部分を埋め合わせる必要があるというもの——など，そ

の論点はいずれも理論的に連動していて一種の整合性を具備するものであったので,「ケインズ革命」と呼ばれた。その後,そのひとつひとつがケインズの跡を受け継いだ俊秀たちによって理論的に深められ,ひとつのマクロ経済学体系として結実するにいたった。その体系の主だったものをあえて挙げるなら,乗数理論——後にさまざまな乗数が考案されたが,最も代表的なものがハロッドによる外国貿易乗数であろう[44]——,本章の前半であつかった国民所得決定論,流動性選好説を中心とする有効需要の理論——後にヒックス (J. R. Hicks) によって IS-LM 図表として定式化された——などがあり,さらに国際収支論の分野では,ケインズ的マクロ方程式を基礎とするアブソープション・アプローチが顕著なものである[45]。

　ケインズは政策策定の現場においても相当の力量を発揮した。かれがもつこの一面は,第二次世界大戦後の国際経済をどのように制度化するかといった重要課題を話し合ったさい,国際清算同盟案——いわゆるケインズ案——を提示したことで知られる[46]。かれの案は結果的に IMF の諸条項において日の目を見ることはなかったけれど,国際金融史にその名を刻印するに値する活躍ぶりであった。近年,ケインズ案は構造主義の学者を中心として再評価されつつある。それはアメリカのケインジアンの代表格であるトービン (J. Tobin) によって提案されたトービン税と大いに関係していて,それは前世紀末に起きたアジアの金融危機の重要局面においてみられた投機行動——ケインズ自身は『一般理論』のなかで「美人投票コンテスト」になぞらえて投機行動について論じている[47]——を規制する手立てとして,さらには一次産品の交易条件の悪化もしくはその価格不安定問題の解消のためケインズ案の再構築といったコンテクストで論じられる[48]。

　かくしていろいろな角度からケインズは議論されるけれど,ここでは総合的にみたポジティヴな面とネガティヴな面についてハント (D. Hunt) が手際よく整理しているので,さしあたりそれを参考にしよう[49]。

　ハントによれば,開発経済学に対するケインズの著作の影響および関連性について明らかにされた見解は三つのカテゴリーに分類できる。ひとつはその影響度は大きいけれどもネガティヴであるとするもの,さらにひとつはケ

インズ主義はまったく無関係であるとみなすもの，そしていまひとつはそのポジティヴな影響を認めるものである。ハントは，ルイスやミュルダールやラテンアメリカ構造主義の学者はケインズ理論を開発経済学に直接適用するとしたら困難であると言うかもしれないが，実際はかれらの学問的にアプローチするうえでの心的態度 (The attitude with mind) に与えた影響は大きかったと論じていると述べる[50]。筆者もこの側面については，これまでの議論から明らかなように，ケインズ理論と開発論との関係は直接的というよりも間接的な影響のほうが大きかったとみなすものである。開発論の系譜，とくにラテンアメリカ構造主義のそれはケインズによる着想までさかのぼることについて筆者は繰り返し述べてきたことだ。そのばあい，ハントのいう心的態度とケインズ的着想とは同じ意味である。

　ジョンソン (H. Johnson) やラル (D. Lal) ら新古典派の学者たちによって批判されたケインズのネガティヴな側面は，容易に想像されるように，生産要素の完全利用を達成するのに私的民間部門が能力を有するのに対して信頼を欠いていること，国家介入を強調していること，総生産と雇用の決定において投資の役割を強調しすぎていること，ミクロ経済の効率性問題を排除してマクロ経済政策に焦点を当てていることなどだ[51]。いかにも新古典派らしい見解である。ケインズ経済学に内在するこのような「短所」は，見方を換えれば同時に長所でもあることに容易に気づく。新古典派が絶対的な信頼を置く市場メカニズムとケインズ的前提とは，いわば両刃の剣なのである。一方に偏りすぎてはいけないことに留意しなければならない。

　では開発経済学へのケインズのポジティヴな影響についてはどうだろうか。それはハントによれば，構造主義のシンガーによって与えられている[52]。すなわち経済システムの諸類型を分析するには，単一の経済モデルではなくて複数の経済モデルが必要なことを，およびマクロ経済政策の必要を認識する心的態度がケインズによって提示されたこと，ケインズ経済学は国民所得勘定の開発を，したがってマクロ経済データのシステマティックな収集を促したこと，ケインズは国民生産と雇用の維持のための手段として潜在的には経済的保護主義もありうることを認識していたこと，そして国際貿易と金融

に関するケインズの制度改革案などである。いうまでもなくこれらの事項は，構造主義経済学ときわめて親和的である。構造主義の根底には，古典派から新古典派へと受け継がれたモノエコノミクスをとおしてだけでは途上国経済の事情を分析することは困難であるという共通認識が流れている[53]。当然ながらこのような心的態度はケインズから得られたものとみなされる。マクロの重要性については，ハロッド＝ドーマーから複数のギャップ・モデルの展開にいたる新構造主義経済学のなかに需要牽引型のモデル構築のかたちで活かされている[54]。国民生産と雇用問題を途上国の抱える問題に適用してみると，いわゆる産業政策に関係してきて，先の交易条件が絡むかたちの輸入代替工業化政策につながってこよう。すなわち資源配分を国家介入（保護主義）によって輸出向け一次産品部門から輸入代替工業部門へ移転するというものである。後者は幼稚産業論の図式と同様に，やがて輸出指向へ転化する可能性を秘めるものとされた。結果的に，それが雇用問題の解決になるというのがプレビッシュ経済学の中心部分であった。先にもみたようにケインズ自身は途上国の抱える経済問題を念頭に置いていたわけではなかったけれど，後の後継者たち（とくに構造主義の学者）によって途上国のための経済学もしくは経済政策としてケインズ経済学は拡張されたとみるのがいっそう正確かもしれない。

　かくして各学派によってもしくは各学者によってケインズと開発論との関係についての捉えかたは多岐にわたっていることが明らかにされたが，筆者の立場はポジティヴな捉えかたを支持するものである。少なくともケインズ理論は途上国一般に直接応用できるとはいえない——先に列挙したケインズ独自の諸学説をそのまま途上国の事情にあてはめるのはさすがに困難であろう——ものの，間接的に応用されたのであって，ケインズを受け継いだ学者たちによってそれがなされたといえよう。もちろんシンガーやハントが述べるように，開発論の分野に属する学者たちの心的態度に訴えた影響は絶大であったといわざるをえない。それは実務家としてのプレビッシュによって，いっそう具体化されたということもできる。新構造主義の学者たちがとくにマクロレヴェルの議論を展開しつつあることも，そのひとつの証左であろ

う。さらにいうなら，前述のトービン税の提案が近年注目されてきている。ワシントン・コンセンサスに盛り込まれたさまざまな種類の自由化政策の勧告によってすべてが解決できるわけでないことが，このところ明らかになってきている。アジアの経済危機を機に，とくに「資本の自由化」に対して批判が表立ってなされるようになってきた[55]。危機の発生源として大量の投機資金の流出入が挙げられるが，そのような大混乱が起こった根本的な背景に「資本の自由化」問題が存在したというのが大方の見方である。したがってある程度それを規制しないかぎり，当事国においては健全なマクロ経済を運営することはできないといった事情がひとつの教訓として残ったのだった。そこに良性とはけっしていえない資本移動につながる投機的外国為替取引に対して課税するというトービン税案が再浮上したのである。しかしこれについては依然として国際的なコンセンサスにいたっていないこともまた重要な事実である。それでも国際経済においては，こうした経緯もあって，ポスト・ワシントン・コンセンサスの必要性を訴える声が日増しに強くなっている。事実第1章にみたように，主流派は新規の自由化路線のアジェンダを準備するにいたった。しかし東アジアを除いたとくにラテンアメリカやアフリカにおいては，さまざまな次元の自由化政策のもたらした弊害や矛盾が頭をもたげてきていて，政治の先鋭化現象がみられるところも現出するようにもなっている。このような事情からここでいえることは，とくに国際金融面において荒れ狂う市場経済がもたらすどちらかといえば害悪を押さえ込むためにもケインズ的介入の声が大きくなってきているということであって，時代の振り子が市場経済一辺倒的世界からややケインズ的世界へと振れてきているということなのかもしれない。

7.5 結　び

　以上，さまざまな角度からケインズ思想もしくはケインズ経済学の開発論に与えた影響について考察してきた。この大きな課題に正面から取り組むのは，つうじょう無謀ではないかという謗りを免れないであろう。しかし筆者

なりにポイントを整理しながら明らかにしたつもりである[56]。ここではそうすることによって得られた結論を簡単に要約することとしよう。

第一にケインズ経済学をストレートに途上国の現状に応用しようとすると、これまでいろいろなところでいわれてきたように、無理な要素が強くて若干のもしくは大幅な修正のうえで応用される性質のものであるということだ。このことについては第２節で明らかにした。とくにケインズの雇用理論がそうであり、農村部から都市部へ向けて大量の労働移動がみられるような途上国においては、むしろパラドクシカルな現象がみられる傾向にあることがトダーロらによって反証された。ルイスによる無制限労働供給モデルの提示も、同様の路線で考えることができる。ルイスもケインズの雇用理論を念頭に置いたうえで、かれ独自の雇用理論――自給的農村部に存在する余剰労働を資本制部門に移転することによって工業化を達成するとよいという考えかた――を展開したとみなすことができる。プレビッシュの雇用論は、工業部門の保護と絡めた輸出向け一次産品部門からの前者への労働移転説として捉えることもできる。これも実際の途上国にみられる事情を念頭に置いたうえでの雇用論であり、ケインズに着想を得て到達した理論だったという解釈も十分可能であろう。ともあれケインズの雇用理論は、先進国に周期的に訪れる不況局面にみられる失業を救済するための理論として歴史に登場した。その意味ではそれはきわめて重要な歴史的役割を担ったが、途上国においてはそのストレートの使用は難しいということであった。ただしそこからヒントを得るかたちで、すなわちシンガーやハントのいうケインズ流の心的態度――既存の理論に囚われないで研究対象の現実を直視して、それにもっとふさわしい理論を構築しようとする姿勢、言い換えるならケインズ的着想――を受け継いで、途上国のための雇用理論が導出されたとみることができる。

その意味では、ハロッド＝ドーマー・モデルの展開も同様であろう。ケインズのマクロ方程式からヒントを得て、かれら独自の成長方程式を構築したのだった[57]。もともとケインズに内在していた短期的性質の限界を打破して動学化することによって、それはなされた。そしてそれは途上国に適用さ

れ，貯蓄・投資の必要性，もっというなら生産的投資の必要性が訴えられた。そこにおいて頻繁に使用された術語は限界資本産出高比率（ICOR）であった。それを基礎にその後実証分析が幅広くおこなわれ，とくにエマージング・マーケットの比較研究に使用された。構造主義のコンテクストではこのモデルは two-gap 説へ，さらには three-gap 説へ拡張された。前者が初期構造主義の，後者が新構造主義の代表的モデルとなった。

　構造主義のなかでとくに第二次世界大戦後に圧倒的な影響を与えたのが，プレビッシュ経済学であった。かれの名を一躍有名にした交易条件論は主流派から徹底的に批判される運命にあったけれど，そこに盛り込まれたエッセンスは途上国世界の開発分野において，思想面においても実証面においても,いまなお連綿と生き続けている。とくに比較的早く提示された2篇の論考は，開発関連の学界において途上国を代表する経済学体系の重要部分としてあつかわれていることを忘れるべきではない。本章ではそのような含意をこめてプレビッシュ経済学のエッセンスについて，現代経済学の用具を用いて概略的に説明した。

　学派の系譜の視点からみると，主流派の新古典派経済学はケインズ流の国家介入説に対してきわめて批判的である。それは市場諸力にすべてを委ねるやりかたを是とする流儀であって，1970年代初頭から復権するにいたった。こうした事情についてはすでに第1章で述べている。開発論のコンテクストでは，ケインズ的コンセンサスからワシントン・コンセンサスへの移行として語られる。この過程の背景には，先進国の経済事情が複雑化し，とくにスタグフレーションが蔓延化したため通常のケインズ的ポリシーミックスが効果を上げられなくなったこと，それを批判して登場したマネタリストの影響力が大きくなったこと，これらの事情に付随するマクロ経済学の混乱などがあった。かくしていろいろな事情が作用したことから，歴史の振り子は新古典派のほうへ傾いたのだった。しかし歴史の潮流は，そのようないわば一種の偏向状態をそのままにしておくことはなかった。時あたかもネオリベラリズムの圧倒的勝利にみえたまさにそのとき，荒れ狂う市場経済の悪しき側面が頭をもたげ，アジア経済やラテンアメリカ経済に重くのしかかり，いわゆ

るエマージング・マーケットに経済危機をもたらしたのだった。こうした事情は20世紀末に始まり，最悪の状態からは脱却したがグローバル・エコノミーが幅をきかす状態が依然として続いている。しかし歴史の歯車はふたたびケインズのほうへ向きだしたように筆者には思える。すべての次元における経済的自由化路線を掲げるネオリベラリズムに対して，複数のセクトから批判が浴びせられるようになった。構造主義プロパーの学者や従属学派，世界システム論――いわゆるウォーラーステイン学派――だけでなく，世界銀行の副総裁を務めたスティグリッツによる批判など，幅広い諸学派からそれはおこなわれている[58]。かれらの主張の根底に流れる基本思想は，なんらかのかたちでケインズとつながってこよう。反ケインズ的な，すなわち国家非介入主義のネオリベラリズムは，徹底して規制を嫌悪する。その結果がワシントン・コンセンサスに具体化されたように，考えられるすべての領域における自由化政策の勧告であった。そして途上国世界において，構造調整の名の下に，程度の差はあるとはいえ，それが実施されてさまざまな問題点を生み出したのだった。このような一連の流れのなかで，市場メカニズムの作用に一定の規制を要求するケインズ主義がふたたび叫ばれるようになった，というのが実情であろう。とくに国際金融面における市場の猛威に対して，ある程度の規制が必要なことについて新たなコンセンサスへ向かう途上にあるといったほうがより正確であろう。

　もとより本章においてケインズ思想が開発論にもたらしたすべてのことがらについて論じつくしたとはいえぬ――とくにネオケインジアンの学説の検討はまったくおこなっていない――けれど，筆者なりに一定の評価を試みたことはひとつの自負である。

注

1) ケインズの体系は一般的に短期の設定であるとされている。シュムペーターは深遠な経済発展のヴィジョンを提示したが，不幸にしてかれの考えを受け継いでさらに理論的に深める仕事を担う後継者は現われなかった。そうした事情が手伝ったのかもしれないが，ケインズのばあい，かれ以降の秀でた学者たちによってマクロ経済学に体系化されるという幸運に恵まれた。ともあれ開発論にとってシュムペーターの着想の重要性を再確認したものに次がある。Cf. Taylor, L. & P. Arida, (1988), ch.6: 161-194. なお筆者が翻訳した国際政治経済史家シュワルツの主著においても，シュムペーターの占める地位は高い。Cf. Schwartz, H. M.

(2000), 邦訳書の第3章「経済の循環と覇権の循環」98-121 ページ, 参照。
2) この種の論争は, 途上国を舞台に繰り広げられたこともある。1940～50年代にかけてラテンアメリカにおいてインフレーションの因果関係をめぐって展開された構造主義・マネタリスト論争である。いわばケインジアン・マネタリスト論争の前哨戦とでも呼ぶべきものであった。その内容については, 本書第1章を参照されたい。なおテイラーとアリダもとくにこの論争を取り上げて解説している。*Cf.* Taylor, L. & P. Arida, *ibid.,* pp.184-187.
3) 現在を代表する学者であるクルーグマン (P. Krugman) やスティグリッツも自らケインジアンであることを明らかにしている。クルーグマンのばあい, つねに不完全競争下の世界を中心に分析を進めており, スティグリッツは情報の不完全性の世界をあつかっている。新古典派が前提とする競争的世界や完全情報の世界とは異なるものを研究対象にしてかれらなりの結論に到達し, さらにかれら独自の政策的インプリケーションを導出し, 開発論の分野でもそれぞれ秀でた存在になっている。
4) この論点をめぐる論争のこれまでの動向については, 宮川 (1996) の第2章「南北間交易条件論の新展開」と本書第1章を参照のこと。プレビッシュが初代事務局長を務めた国連貿易開発会議 (UNCTAD) においては, かれの交易条件論を支持する立場が堅持されている。たとえば笠原 (2001)「国連貿易開発会議 (UNCTAD):その活動の回顧と展望」に詳しい。一連の『貿易開発報告書』においても必ずこの項目が設けられていて交易条件の動向が示されていて, このところまでそのスタンスは変わっていない。直近の指標によれば, 2002年以降多くの一次産品の交易条件は改善傾向を示しつつあるが, 長期的には依然として低下傾向にある。*Cf.* UNCTAD (2002), ch.4 "Competition and the fallacy of composition", pp.113-140; UNCTAD (2006), Annex 1 to ch.1, "Commodity prices and terms of trade" pp.17-28.
5) *Cf.* Todaro, M. P. (1976); ――― (1996). 後者については邦訳書の第7章「失業:課題, その規模と分析」の 301-311 ページ参照。宮川, 前掲, 第3章「"二重構造論"再考」も参照のこと。
6) もちろんこのモデルはケインズのオリジナル著作である通称『一般理論』(1936) に盛り込まれた雇用決定モデルであり, これまで数え切れないほどの解説が出ているので, その詳細は論じない。あくまでここではそのエッセンスの提示である。
7) Todaro, M. P. (1976), *op.cit.*
8) *Cf.* Harris, J. R. & M. P. Todaro, (1970).
9) かれらによるオリジナル研究は次のものである。*Cf.* Harrod, R. F. (1948); Domar, E. D. (1957).
10) このような種類の解説として比較的最近のものは次である。*Cf.* Thirlwall, A. P. (2006), 'The Harrod-Domar growth model', pp.130-136; ――― (2002), 'Harrod-Domar growth model', pp.12-19; Raffer, K. & H. W. Singer, (2001), ch.3, 'The evolution of development thinking', pp.32-42. なお邦文献では安場 (1980) の「ハロッド＝ドーマー・モデル」102-111 ページが包括的である。
11) *Cf.* Chenery, H. B. & M. Bruno, (1962); Chenery, H. B. & M. Strout, (1966); Chenery, H. B. & P. Eckstein, (1970).
12) *Cf.* McKinnon, R. E. (1964). これをもっと包括的に敷衍したものにバスーと拙著がある。*Cf.* Basu, K. (1997), 'Foreign exchange constraints and growth: a two-gap model', pp.88-93; 宮川, 前掲, 第6章「2つのギャップと第3のギャップ」150-180 ページ参照。
13) *Cf.* Bacha, E. L. (1990); Taylor, L. (1991); Ros, J. (1994). これらのモデルの紹介と解説については, 宮川, 前掲, 第6章と第7章「もうひとつの '3つのギャップ' 分析――テイ

ラー・モデルの検討——」181-212 ページを参照されたい。
14) この側面については，日本の経済発展の事例が参考になろう。日本のばあい転換点云々が論争になったことがあったが，そのような構造転換能力を議論する以前の段階で，教育——とくに初等教育——がインフォーマルなかたちで制度化されていたことを始めとして文化的発展が比較的早い段階でみられたことは特筆に値するであろう。そのような前提があって初めて ICOR は相対的に低い値を示すものと考えられる。
15) *Cf.* Balassa, B. (1982). 筆者もかれの ICOR の算定方法にしたがって開発戦略比較をおこなったことがある。宮川 (1986) を参照されたい。
16) *Cf.* Rostow, W. W. (1960).
17) *Cf.* Simon, D. ed. (2006), 'Hans Wolfgang Singer', pp.242-247.
18) *Cf.* Raffer, K. & H. W. Singer, *op.cit.*, pp.38-44.
19) これに関連する文献群についてはすでに本書第 1 章であつかったので，それを参照されたい。
20) *Cf.* Myrdal, G. (1957).
21) *Cf.* Kuznets, S. (1955).
22) *Cf.* Veblen, T. (1899).
23) *Cf.* Nurkse, R. (1953); Prebisch, R. (1976).
24) ここの説明はオーソドックスなものであり，本章脚注 10) に掲げた文献における一般的解説に沿っている。とくに近年のものではサールウォールによる詳細な説明が参考になる。*Cf.* Thirlwall, A. P. (2002), pp.12-19.
25) この種の理論の代表的なものは，ライベンスタインによる「臨界的最小努力命題」であろう。そこでは，人口成長は所得低下の一要因としてあつかわれた。*Cf.* Leibenstein, H. (1957).
26) 経済成長論もしくは開発論の体系を系統づけて論じ，ケインズ理論を正しく位置づけたものにテイラーとサールウォールの研究がある。*Cf.* Taylor, L. (2004a); Thirlwall, A. P. (2002), *op.cit.*.
27) プレビッシュ思想を体系的にまとめた研究としては，ECLAC の研究者スプラウトによるものがある。*Cf.* Sprout, R. V. (1992).
28) *Cf.* Prebisch, R. (1950); ——— (1959). 前者が交易条件命題を提示したオリジナル研究であり，後者は輸入代替工業部門の保護と輸出向け一次産品部門からの労働移転を理論化したものである。
29) *Cf.* Spraos, J. (1980).
30) *Cf.* Singer, H. W. (1987a). なおシンガーのオリジナル論文は次である。*Cf.* Singer, H. W. (1950). なおプレビッシュとシンガーとの当時の関係はトーイに詳しい。*Cf.* Toye, J. & R. Toye (2004), ch.4, "The early terms-of-trade controversy", pp.110-136.
31) *Cf.* Sapsford, D. & J. Chen (1998); Maizels, A., Palaskas, T. B., & T. Crowe (1998); Chen, J. & H. Stocker (1998). これらの研究群の結論部分を掬い上げて要約すれば次のようになる。サプスフォードらのばあい，1980 年代から 1995 年までの代表的研究についてまとめると，プレビッシュ＝シンガー命題を支持するのが 7 篇であり，それを否定するのが 2 篇であった。メイゼルらの研究は，1980 年以降についてみると，第二次世界大戦後初期の幾十年と比べて途上国産の一次産品の対工業製品交易条件はかなりの悪化がみられたとしており，チェンらの研究は 1900〜86 年についてみると，交易条件命題は明らかに支持されると結論づけている。こうした研究動向を背景としてかどうかはわからないが，世界銀行の立場もこの点を重視しているようだ。速水監修 (2003), 35-36 ページ参照。なお本章脚注 4) にすでにみたように直近の UNCTAD (2006) においても，近年一次産品価格の上昇傾向が観察され

32) *Cf.* Thirlwall, A. P. (2006), *op.cit.*, pp.548-50; Palma, J. G. (1987), pp.291-95.
33) *Cf.* Keynes, J. M. (1912); ――(1920).
34) *Cf.* Prebisch, R. (1959), *op.cit.*;―― (1984); Pollock, D., Kerner, D., & J. L. Love, (2001); Bianchi, A. M. (2005). 後者のほうの2篇の論考は、プレビッシュの跡を受け継いだECLAC関係者によるものである。とくにポロックらによるものは、1985年にワシントンD.C. にておこなわれたプレビッシュ本人に対するインタヴューをもとに編集されたものであり貴重な資料となっている。
35) これらのスキームも現在ではその多くが機能不全の状態に陥っていて、1970年代をピークにその後は全般的に停滞している。一次産品価格もしくは所得の補償もグローバルな次元ではほとんど進展せず、地域レヴェルでとくにEU（欧州連合）とACP（アフリカ・カリブ海・太平洋地域）諸国との間で締結されたロメ協定（1975）と、それを引き継いだコトヌ協定（2000）が一定の効果を上げているにとどまる。これらはいずれも輸出所得安定化制度（STABEX）であるが、十分な補償が得られないことからACP諸国側で不満がくすぶっているようだ。それもネオリベラリズムの影響もあって、かなり自由化政策に近い措置が採られる傾向があると批判されることが多い。またIMFもグローバルな次元で補償融資制度を準備したが、サールウォールによればこれもほとんど機能麻痺に陥っている。*Cf.* Thirlwall, A. P. (2006), *op.cit.*, pp.565-67, p.600. なお一次産品問題をさまざまな角度から取り上げて批判した文献がヨーロッパで刊行され続けている。*Cf.* Oxfam Internatinal, (2002); Jean-Pierre Boris, (2005). 日本の研究では吾郷（2005）を参照されたい。
36) 宮川（1996）、前掲、の第1章「南北貿易の視座」および第8章「途上国の開発戦略問題」参照。
37) *Cf.* Prebisch, R. (1988); Srinivasan, T. N. & J. Bhagwati (2001); Raffer, K. & H. W. Singer (2001); Meier, G. M. (2001). 邦文献では速水監修、前掲、34-36ページ参照。
38) 従属学派に属する一連の学者の論考を編集したものと、従属学派が構造主義とどのように関連しているかについて論じたものに次がある。*Cf.* Bernstein, H., ed., (1973); Kay, C. (1989). 邦文献では、総合的な解説と評価を試みている西川（2000）の第5章「構造学派から従属学派へ――その歴史的意義――」114-40ページを参照のこと。
39) *Cf.* Schwartz, H. M., *op.cit.*, 邦訳書の第2章「国家、市場、および国際間不平等の起源」64-97ページ参照。このような捉えかたに対する反論として、吾郷（2002）「監訳者あとがき」353-60ページがある。
40) *Cf.* Sprout, R. V. A., *op.cit.*.
41) この側面は構造主義の重鎮シンガーを中心に提示されてきた一連の研究、さらには国際政治経済学の分野から開発問題をあつかい、国家介入の重要性を訴えたリヴィジョニストの存在――東アジアの開発経験の本質を「国家」において議論を展開したアムスデンやウェイドなど――や新構造主義の代表者テイラーらによる新規マクロ・モデルの提示などがそれである。構造主義を積極的に評価する論旨のものとしては次を参照。*Cf.* Gore, C. (2000); Thirlwall, A. P. (2002), *op.cit.*; ―― (2003).
42) *Cf.* Gerschenkron, A. (1962). ガーシェンクロンの国家介入論については、Schwartz, H. M. (2000), *op.cit.*, 邦訳書の135-42ページにわかりやすい解説がある。またグイーンによれば、かれによる後発国の立場からの後発的工業化説はプレビッシュやハーシュマンへの影響も大きく、ラテンアメリカで第二次輸入代替工業化の過程が長引いた一要因でもあった。現在からみると、かれが強調したかったのは市場経済が機能するための制度を国家が準備することの重要性であったと捉えることができよう。*Cf.* Gwynne, R. (2006).

注　291

43) ケインズは景気が停滞したとき，どのようにして消費をつまり国民の需要を喚起したらよいかというコンテクストのなかで，リカードゥやミル (J. S. Mill) らに代表される古典派経済学は需要の重要性を軽視しているとし，かれらによって経済思想史の後景に押しやられていたマンデヴィル (B. Mandeville) やマルサス (T. R. Multhus) らの消費を重視する発想を呼び起こしている。ケインズ『一般理論』邦訳書，360-67 ページ参照。

44) 一般的には貿易乗数もしくは開放経済乗数として知られる。1/(s+m) によって表される。ただし s は限界貯蓄性向，m は限界輸入性向である。封鎖経済の乗数 (1/s) もそうなのだが，いわゆる乗数効果が得られるのは，そのための諸条件が整備されていて初めてそうなるのであって，多くの途上国のばあい，ルイスの労働移動説やセンの潜在能力 (capability) 説などからみてかなり困難であることが想像される。

45) ここに列挙したケインズ学説はそれぞれの分野においてすでに教科書化されているので，ここでは詳細は述べない。

46) ケインズは国際清算同盟の創設のための国際通貨としてバンコール (Bancor) を発行することを提案したが，結果的にそれは受け入れられなかった。しかし皮肉なことに 1970 年代になって特別引出権 (SDR) の使用問題が浮上し，それはケインズが提案したバンコールを別様に呼んだものに他ならないものであった。このあたりの事情については，シュワルツ (2000) 邦訳書，306-07 ページ，322-23 ページを参照のこと。

47) ケインズ『一般理論』邦訳書，154 ページ参照。

48) 一次産品問題の解決のためケインズ案へ復帰したらどうかという趣旨のものとしてサールウォール (2003) による提案と，外国為替投機防止のためにはトービン税を適用したらよいという趣旨の吾郷 (2003) による提案とが比較的新しいものである。後者は為替投機に課税することをとおして短期資本移動の規制を狙いとするものである。そうしたほうが経済基盤の脆い国のばあい，いっそう安定的であるとされる。*Cf.* Thirlwall, A. P. (2003), *op.cit.*, pp.150-54. 吾郷 (2003) の第 6 章「資本移動の規制論」225-64 ページ，第 7 章「開発金融と投機的資本――いわゆるトービン税をめぐって――」265-94 ページ参照。1990 年代はネオリベラリズム全盛の時代であったが，ステークホルダー（利害関係者）の執拗な圧力に対してトービン自身は次にように述べている。「最も残念であり驚いていることは，この取引税の本質的特徴であるとわたしがみなしているものを批判者たちは見過ごしているようであった。すなわちこの取引税の長所は，ごくわずかな税金が短期の取引に自動的に課されるだけであって，商品取引や長期の資本移動に対してはほとんど影響がないということだ。1 回の外国為替取引について 0.2% の税金を課すとしてその取引を毎営業日におこなえば年間で 48% であり，毎週の取引ならば年間で 10% となり，毎月の取引ならば 2.4% になる。しかしそれは商品取引や長期の外国投資に対してはとるにたらないものである。」(Tobin. J. 1996) しかしトービン税の制度化問題は議論の手がかりを与えてはいるが，いまなお具体的な動きはみられない。*Cf.* Simon, D. (2006).

49) *Cf.* Hunt, D. (1989), pp.25-28. さらに新しいものに Toye. J (2005) による評価がある。

50) *Ibid.*, p.27.

51) *Cf.* Johnson, H. G. (1971); Lal, D. (1983). ラルは現在においても反ディリジズムを徹底して貫いている。*Cf..* Lal, D. (2006).

52) *Cf.* Singer, H. W. (1987b).

53) ハーシュマンによって 1980 年代初期に展開されたいわゆる開発論悲観主義のなかで用いられた術語が，モノエコノミクスである。ハーシュマンは構造主義を中心とする開発論のそれまでの興隆がしだいに新古典派経済学によって取って代わられる現実をみながら，開発論プロパーの相対的な退潮を嘆いてみせた。しかしこの共通認識は構造主義を中心に連綿と受け

継がれていること，および近年は新制度学派の台頭や新構造主義経済学の巻き返しなどがあり，混沌とした状況にある．*Cf.* Hirschman, A. O. (1981)，および本書第 1 章をみよ．
54) *Cf.* Taylor, L. (2004b); Gibson, B. (2003).
55) 20 世紀末にアジア地域――とくにタイ，インドネシア，マレーシア，フィリピン，韓国など――において，外国証券投資もしくは間接投資が大きな攪乱要因と化して大量の資本逃避現象がみられた．その結果，影響が甚大だった国は政治経済面のみならず社会面においても大混乱状態に陥り，大きな国際問題に発展した．このようなことが起こった背景に，関係国が資本の自由化を積極的に推進してきた事情が窺え，資本規制の必要性を訴える趣旨の論考が目立ち始めた．現実には，さしあたり自国為替に直接手をつけたマレーシアの事例――為替レートを固定化するという意表をつく政策の実施――が世界の注目を集めた．アジアの経済危機を機に，シンガーら構造主義の学者やウェイド，日本では吾郷教授，さらには当時の世銀に属していたスティグリッツなど多くの開発論関係の学者たちによって，新古典派が唱えるような自由化の行き過ぎに対する批判がおこなわれるようになった．このような事情については本書の第 1 章と吾郷 (2003) を参照されたい．シンガーらとスティグリッツのものは次を参照のこと．*Cf.* Raffer, K. & H. W. Singer (2001), *op.cit*; Wade, R. (1998); Stiglitz, J. E. (1998a); ―― (2002), ch.4, "The east Asia crisis: how IMF policies brought the world to the verge of a global meltdown", pp.89-132.
56) もとより本章であつかわなかった論点は数多くある．ケインズは『一般理論』以外に多くの文献を著していて，それぞれ思想的深みがある．学説上最大の影響を与えたのは『一般理論』であることについて異論はなかろうが，金融史においては『貨幣論』(1930) の存在が大きかった．テイラーは，ネオケインジアンとしてパシネッティ (L. L. Pasinetti) の成長論に受け継がれたとしている[*Cf.* Taylor, L. (2004a), *op.cit.*, p.350]．カルドア (N. Kaldor) もネオケインジアンであり，フェルドルンの法則の定式化やそれを基礎とした独自の成長論の展開など，サールウォールもこの側面について非常に注目している[*Cf.* Thirlwall, A. P. (2002), *op.cit.*, pp.52-65]．
57) ハロッド＝ドーマーの成長モデルの問題点については古くから指摘されていたが，包括的な理論枠組みのなかで批判的にあつかったものとして飯田 (1971) がある．純粋理論のレヴェルではハロッド＝ドーマーのばあい，要素結合としては固定係数モデルの代表的なものとしてあつかわれる．その拡張モデルとしての複数のギャップ・モデルも同じカテゴリーに入る．それに対して，新古典派のソロー (R. M. Solow) の成長モデルは要素の代替可能性を組み入れたものとみなされる．内生成長論はその延長にあるとみなしてよい．このような区別のしかたはいまではお馴染みになっている．
58) とくにスティグリッツによる IMF 批判は注目に値する．かれは資本市場における投機行動は警戒しなければならないという趣旨の警鐘をケインズはすでに『一般理論』のなかで鳴らしていたと述べ，エマージング・マーケットを含む途上国世界において，資本市場および金融市場を自由化すれば，その結果は惨憺たるものになると舌鋒鋭く主張している[*Cf.* Stiglitz, J. E. (2002), *op.cit.*, pp.100-101.]．ケインズによる資本市場における投機行動の本質についての論及は，かの有名な美人投票コンテストの比喩を用いて論じているところである．ケインズ『一般理論』，前掲邦訳書，153-56 ページ参照．

第3部 ＜学際的アプローチ＞の参考文献

Atkinson, A. B., Basu, K., Bhagwati, J. N., North, D. C., Rodrik, D., Stewart, F., Stiglitz, J. E., & J. G. Williamson, (2005), *Wider Perspectives on Global Development*, New York: Palgrave.
Bacha, E. L. (1990), "A three gap model of foreign transfers and the GDP growth rate in developing countries", *Journal of Development Economics*, 32(2): 279-96.
Balassa, B. (1982), *Development Strategies in Semi-Industrial Economies*, Baltimore: Johns Hopkins University Press.
Basu, K. (1997), *Analytical Development Economics: the Less Developed Economy Revisited*, Cambridge Mass. And London: MIT Press.
Bear, W. (1962), "The economics of Prebisch and ECLA", *Economic Development and Cultural Change*, 10 (January): 169-182.
Bernstein, H., ed., (1973), *Underdevelopment & Development: the Third World Today*, Harmondworth, Middlesex: Penguin.
Bertram, C. W. (1963), "Economic growth in Canadian industry 1870-1915: the staple model and the take-off hypothesis", *Canadian Journal of Economics and Political Science*, 29(2): 159-184.
Bianchi, A. M. (2005), "The planned development of Latin America: a rhetorical analysis of three documents from the 1950s", in De Paula, S. & G. A Dymski, eds., *Reimagining Growth Towards a Renewal Development Theory*, London & New York: Zed Books, ch. 2: 27-51.
Boris, J. (2005), *Commerce inequitable: Le roman noir des matieres premieres*, Hachette ［ボリス『コーヒー，カカオ，コメ，綿花，コショウの暗黒物語――生産者を死に追いやるグローバル経済――』林昌宏訳，作品社，2005］.
Braudel, F. (1966), *La Mediterranee: et le monde mediterraneen a l'epoque de Philippe II* ［ブローデル『地中海』浜名優美訳，藤原書店，1999］.
Cain, P. J. & A. G. Hopkins, (1980), "The political economy of British expansion overseas, 1750-1914", *Economic History Review*, 2nd ser.XXXIII
――(1986), "Gentlemanly capitalism and British expansion overseas, I : the old colonial system, 1688-1850", *Economic History Review*, XXXIX.
――(1987), "Gentlemanly capitalism and British expansion overseas, II: new imperialism, 1850-1945", *Economic History Review*, XL ［ケイン／ホプキンス『ジェントルマン資本主義と大英帝国』竹内幸雄・秋田茂訳，岩波書店，1994，上記3論文所収］.
Chang, H., ed., (2001), *Joseph Stiglitz and the World Bank: the Rebel Within*, London: Anthem Press.
Chen, J. & H. Stocker, (1998), "A contribution to empirical research on the Prebisch-Singer thesis", in Sapsford, D. & J. Chen, eds.: 86-109.
Chenery, H. B. & M. Bruno, (1962), "Development alternatives in an open economy: the

case of Israel", *Economic Journal*, 72 (March): 79-103.
―& P. Eckstein, (1970), "Development alternatives for Latin America", *Journal of Political Economy*, 78: 966-1006.
―& A. M. Strout, (1966), "Foreign assistance and economic development", *American Economic Review*, 56 (September): 679-733.
―& T. N. Srinivasan,eds., (1988), *Handbook of Development Economics*, Amsterdam: North-Holland.
Corden, W. M. & R. Findlay, (1975), "Urban unemployment, inter-sectoral mobility and development policy", *Economica*, (February): 59-78.
Diakosavvas, D. & P. L. Scandizzo, (1991), "Trends in the terms of trade of primary commodities, 1900-1982: the controversy and its origins", *Economic Development and Cultural Change*, 39(2): 231-264.
Domar, E. D. (1957), *Essays in the Theory of Growth*, Oxford: Oxford University Press [ドーマー『経済成長の理論』宇野健吾訳, 東洋経済新報社, 1959].
Dutt, A. K., & J. Ross, eds., (2003), *Development Economics and Structuralist Macro-Economics: Essays in Honor of Lance Taylor*, Cheltenham and Noethampton, MA: Edward Elgar.
Eatwell, J., Milgate, M., & P. Newman, (1987), *The New Palgrave a Dictionary of Economics*, London: Macmillan.
Findlay, R. (1988), "Trade, development, and the state", in Ranis, G. & T. P. Schultz, eds., *The State of Development Economics: Progress and Perspectives*, Cambridge, MA.: Basil Blackwell, ch.4: 78-95.
―(1991), "The new political economy: its explanatory power for LDCs" in Meier, G. M. ed., *Politics and Policy Making in Developing Countries: Perspectives on the New Political Economy*, San Francisco, California: ICS Press, ch.2: 13-40.
Gershenkron, A. (1962), *Economic Backwardness in Historical Perspective*, Cambridge, Mass. : Harvard University Press [ガーシェンクロン『後発工業国の経済史――キャッチアップ型工業化論――』絵所秀紀・雨宮昭彦・峯陽一・鈴木義一訳, ミネルヴァ書房, 2005].
Gibson, B. (2003), "An essay on late structuralism", in Dutt, A. K. & J. Ross, eds.: 52-76.
Giersch, H. (2001), "Space and growth: a Thunen-Schumpeter perspective", in Lal, D. & R.H.Snape, eds., *Trade, Development and Political Economy: Essays in Honour of Anne O. Krueger*, New York: Palgrave, ch.11: 194-212.
Gore, C. (2000), "The rise and fall of the Washington Consensus as a paradigm for developing countries", *World Development*, 28(5): 789-804.
Gwynne, R. (2006), "Alexander Gerschenkron (1904-78)", in Simon, D. ed.: 116-21.
Harris, J. R. & M. P. Todaro, (1970), "Migration, unemployment and development: a two-sector analysis", American Economic Review, (March): 126-142.
Harrod, R. F. (1948), *Towards a Dynamic Economics*, London: Macmillan [ハロッド『動態経済学序説』高橋長太郎・鈴木諒一訳, 有斐閣, 1953].
Hirschman, A. O. (1971), *A Bias for Hope*, New Heaven and London: Yale University Press.
―(1977), *The Passions and the Interest: Political Arguments for Capitalism before Its Triumph*, Princeton, N. J.: Princeton University Press [ハーシュマン『情念の政治経

済学』佐々木毅・旦祐介訳, 法政大学出版局, 1985].
——(1981), "The rise and decline of development economics", in *Essays in Trespassing: Economics to Politics and Beyond,* Cambridge: Cambridge University Press.
——(1984), *Getting ahead Collectively: Grassroots Experience in Latin America,* New York: Pergamon Press.
Hoff, K. & J. E. Stiglitz, (2001), "Modern economic theory and development", in Meier, G. M., & J. E. Stiglitz, eds., *Frontiers of Development Economics: The Future in Perspective,* New York: Oxford University Press, pp.389-459 ［マイヤー／スティグリッツ共編『開発経済学の潮流——将来の展望——』関本勘次・近藤正規他訳, シュプリンガー, 2003, 所収].
Hoselitz, B. F. (1955), "Patterns of economic growth", *The Canadian Journal of Economics and Political Science,* 21(4): 416-431.
Hunt, D. (1989), *Economic Theory of Development: An Analysis of Competing Paradigms,* New York and London: Harvester Wheatsheaf.
Johnson, H. G. (1971), "The Keynesian revolution and the Monetarist counter-revolution", *American Economic Review,* 61 (May).
Jomo, K. S. ed., (2005), *The Pioneers of Development Economics: Great Economists on Development,* London and New York: Zed Books.
Kay, C. (1989), *Latin American Theories of Development and Underdevelopment,* London and New York: Routledge ［カイ『ラテンアメリカ従属論の系譜——ラテンアメリカ：開発と低開発の理論——』吾郷健二監訳, 大村書店, 2002].
Keynes, J. M. (1912), "Return of estimated value of foreign trade United Kingdom at prices of 1900", *Economic Journal,* 22 (December): 630-31.
——(1920), *Economic Consequences of the Peace,* London: Macmillan ［ケインズ『平和の経済的帰結』早坂忠訳, ケインズ全集第2巻, 東洋経済新報社, 1977].
——(1926), *The End of Laissez-Faire,* London ［ケインズ『自由放任の終焉』宮崎義一訳, 中公クラシックス『ケインズ　貨幣改革論　若き日の信条』中央公論新社, 所収, 2005].
——(1930), *A Treatise on Money,* London: Macmillan ［ケインズ『貨幣論』小泉明・長沢惟恭訳, ケインズ全集第5巻, 第6巻, 東洋経済新報社, 1979-80].
——(1936), *The General Theory of Employment, Interest and Money,* London and Basingstoke: Macmillan ［ケインズ『雇用・利子および貨幣の一般理論』塩野谷祐一訳, ケインズ全集第7巻, 東洋経済新報社, 1983].
Krugman, P. (1981), "Trade, accumulation, and uneven development", *Journal of Development Economics,* 8: 149-161.
Kuznets, S. (1955), "Economic growth and income inequality", *American Economic Review,* 45(1): 1-28.
Lal, D. (1983), *The Poverty of Development Economics,* London:Institute of Economic Affairs; revised version, (2000), New Delhi: Oxford University Press.
——(2006), *Reviving the Invisible Hand: the Case for Classical Liberalism in the Twenty-first Century,* Princeton, NJ.: Princeton University Press.
Lal, D. & R. H. Snape, eds., (2001), *Trade, Development and Political Economy: Essays in Honour of Anne O. Krueger,* New York: Plgrave.
Leibenstein, H. (1957), *Economic Backwardness and Economic Growth: Studies in the Theory of Economic Development,* New York and London: Wiley ［ライベンスタイン

『経済的後進性と経済成長』三沢嶽郎監修・矢野勇訳, 紀伊國屋書店, 1960].
Lewis, W. A. (1949), *Economic Survey 1919-1939*, London: Allen and Unwin [ルイス『世界経済論——両大戦間期の分析——』石崎昭彦他訳, 新評論, 1969].
——(1952), "World production, prices and trade, 1870-1960", *Manchester School of Economic and Social Studies*, 20: 105-138.
——(1954), "Economic development with unlimited supplies of labor", *Manchester School of Economic and Social Studies*, 22(2): 139-191.
——(1955), *The Theory of Economic Growth*, London and New York: Routledge.
——(1969), *Aspects of Tropical Trade 1883-1965*, Stockholm: Almqvist and Wiksel.
——(1972), "Reflections on unlimited labor", in Di Marco, L. E. ed., *International Economics and Development: Essays in Honor of Raul Prebisch*, New York: Academic Press, pp.75-96.
——(1978a), *Growth and Fluctuations: 1870-1913*, London: Allen & Unwin.
——(1978b), *The Evolution of the International Economic Order*, Princeton, N. J.: Princeton University Press [ルイス『国際経済秩序の進展』原田三喜雄訳, 東洋経済新報社, 1981].
——(1979), "The dual economy revisited", *The Manchester School of Economics and Social Studies*, 47(3) [同上原田訳, 所収].
——(1984), "Development economics in the 1950s", in Meier, G. M. & D. Seers, eds.: 121-147.
——(1988), "The roots of development theory", in Chenery, H. & T. N. Srinivasan, eds., *Handbook of Development Economics*, Vol.1, Amsterdam: North-Holland.
List, F. (1941), *Das nationale System der politischen Ökonomie*, Stuttgart und Tübingen [リスト『経済学の国民的体系』小林昇訳, 岩波書店, 1970].
Little, I. M. D. (1982), *Economic Development: Theory, Policy, and International Relations*, New York: Basi Books.
Lutz, M. & H. W. Singer, (1998), "The link between increased trade openess and the terms of trade: an empirical investigation", in Singer, H. W. et al., eds.: 123-148.
Maizels, A., Palaskas, T. & T. Coowe, (1998), "The Prebisch-Singer hypothesis re-visited", in Sapsford, D. & J. Chen, eds.: 63-85.
McKinnon, R. E. (1964), "Foreign exchange constraints in economic development and efficient aid allocation", *Economic Journal*, 74: 388-409.
Meier, G. M. (2001), "Introduction: ideas for development", in Meier, G. M. & J. E. Stiglitz, eds.: 1-12.
Meier, G. M. ed., (1995), *Leading Issues of Development*, sixth ed., New York and Oxford: Oxford University Press [マイヤー『国際開発経済学入門』松永宣明・大坪滋訳, 勁草書房, 1999].
Meier, G. M. & D. Seers, eds., (1984), *Pioneers in Development*, New York: Oxford University Press.
Meier, G. M. & J. E. Stiglitz, eds, (2001), *Frontiers of Development Economics: the Future in Perspective*, New York: Oxford University Press [マイヤー／スティグリッツ編『開発経済学の潮流——将来の展望——』関本勘次・近藤正規他訳, シュプリンガー, 2003].
Myrdal, G. (1957), *Economic Theory and Underdeveloped Regions*, London: Gerald Duckworth [ミュルダール『経済理論と低開発地域』小原敬士訳, 東洋経済新報社, 1959].
——(1968), *Asian Drama*, Clinton, Mass.: 20th Century Fund.

第3部 ＜学際的アプローチ＞の参考文献

Niehans, J. (1987), "Thunen, Johann Heinrich von (1783-1850)", in Eatwell, J. et al., eds., *The New Palgrave: A Dictionary of Economics*, Vol.4, London: Macmillan.
North, D. C. (1955), "Location theory and regional economic growth", *Journal of Political Economy*, vol.LX II: 243-258.
Nurkse, R. (1953), *Problems of Capital Formation in Underdeveloped Countries*, Oxford: Blackwell［ヌルクセ『後進諸国の資本形成』土屋六郎訳, 巌松堂, 1955］.
Ocampo, J. A. ed., (2005), *Beyond Reforms: Structural Dynamics and Macroeconomic Vulnerability*, Washington, DC.: ECLAC and Stanford University Press.
Oxfam International, (2002), *Rigged Rules and Double Standards: Trade, Globalization, and the Fight against Poverty*, Oxford: Oxfam International［オックスファム・インターナショナル『貧困・公正貿易・NGO――WTOに挑む国際NGOオックスファムの戦略――』渡辺龍也訳, 新評論, 2006］.
Palma, J. G. (1987), "Prebisch, Raul", in Eatwell, J. et al., eds.: 291-95.
Peet, J. R. (1969), "The spatial expansion of commercial agriculture", *Economic Geographer*, 45(4).
Perroux, F. (1955), "Notes sur la notion de 'pôle de croissance'", *Économie appliquée*, 7: 307-320.
――(1988), "The pole of development's new place in a general theory of economic activity", in Higgins. B. & D. J. Savoie, eds., *Regional Economic Development: Essays in Honour of Franssois Perroux*, Boston and London: Allen & Unwin, ch.2: 48-76.
Pollock, D., Kerner, D., & J. L. Love, (2001), "Raúl Prebisch on ECLAC's achievements and deficiencies: an unpublished interview", *CEPAL Review*, 75: 9-22.
Popkins, S. L. (1979), *The Rational Peasant: The Political Economy of Rural Society in Vietnam*, Berkeley: University of California Press.
Prebisch, R. (1950), *The Economic Development of Latin America and its Principal Problems*, New York: United Nations.
――(1959), "Commercial policy in the underdeveloped countries", *American Economic Review*, 49 (May): 251-73.
――(1976), "A critique of peripheral capitalism", *CEPAL Review*, no.1.
――(1984), "Five stages in my thinking on development", in Meier, G. M. & D. Seers, eds.: 175-91.
――(1988), "Dependence, development, and interdependence", in Ranis, G. & T. P. Schultz, eds.: 31-41.
Puga, D. & A. J. Venables, (1999), "Agglomeration and economic development: import substitution vs. trade liberalisation", *Economic Journal*, 109 (April): 292-311.
Raffer, K. & H. W. Singer, (2001), *The Economic North-South Divide: Six Decades of Unequal Development*, Cheltenham and Northampton MA.: Edward Elgar.
――(2001a), "Beyond terms of trade: convergence, divergence and (un) creative destruction", in *ibid.*: 16-31.
――(2001b), "The neoliberal tide of the 'Washington Consensus'", in *ibid.*: 48-63.
――(2001c), "The Asian tigers: what do they prove ?", in *ibid.*: 138-57.
Ranis, G. & T. P. Shultz, eds., (1988), *The State of Development Economics: Progress and Perspectives*, London: Blackwell.
Ros, J. (1994), "Foreign exchange and fiscal constraints on growth: a reconsideration of

structuralist and macroeconomic approaches", in Dutt, A. K. ed., *New Directions in Analytical Political Economy*, Aldershot: Edward Elgar,ch.11: 271-92.
Sapsford, D. & J. Chen, eds., (1998), *Development Economics and Policy*, London: Macmillan.
——(1998), "The Prebisch-Singer terms of trade hypothesis: some (very) new evidence", in Sapsford, D. & J.Chen, eds. : 27-34.
Sapsford, D. & H. W. Singer, (1998), "IMF, World Bank and commodity prices: a case of shifting sands", *World Development*, 26(9): 1653-1660.
Sarkar, P. & H. W. Singer, (1991), "Manufactured exports of developing countries and their terms of trade since 1965", in Singer, H. W. et al., eds., (1998): 149-163.
Schultz, T. W. (1964), *Transforming Traditional Agriculture*, New Haven, Conn.: Yale University Press [シュルツ『農業近代化の理論』逸見謙三訳, 東京大学出版会, 1966].
——(1965), *Economic Crises in World Agriculture*, Ann Arbor: University of Michigan Press [シュルツ『貧困の経済学』土屋圭三監訳／小平裕・川上隆市訳, 東洋経済新報社, 1981].
——(1968), *Economic Growth and Agriculture*, New York: McGraw-Hill [シュルツ『経済成長と農業』川野重任訳, ペリカン社, 1971].
——(1979), "The economics of being poor", Novel Foundation [前掲, 土屋監訳, 所収].
Schwartz, H. M. (2000), *States versus Markets: the Emergence of a Global Economy*, 2nd ed., London: Macmillan [シュワルツ『グローバル・エコノミー Ⅰ・Ⅱ』宮川典之・太田正登・浅野義訳, 文眞堂, 2001/2002].
Scott, J. C. (1976), *The Moral Economy of the Peasant Rebellion and Subsistence in Southeast Asia*, New Haven and London: Yale University Press [スコット『モーラル・エコノミー――東南アジアの農民叛乱と生存維持――』高橋彰訳, 勁草書房, 1999].
Sen, A. K. (1960), *Choice of Techniques*, Oxford: Basil Blackwell, inMeier, G. M. ed., (1995).
Simon, D. ed., (2006), *Fifty Key Thinkers on Development*, London and New York: Routledge.
——(2006), "James Tobin (1918-2002)", in Simon, ed.: 258-64.
Singer, H. W. (1950), "The distribution of gains between investing and borrowing countries", *American Economic Review*, 40(May): 473-485 [シンガー『発展途上国の開発戦略』大来佐武郎監訳, ダイヤモンド社, 1976, 所収].
——(1987a), "Terms of trade and economic development", in Eatwell, J. et al., eds., Vol.4: 626-628.
——(1987b), "What Keynes and Keynesianism can teach us about under-developed countries", in Thirlwall, A. P. ed..
Singer, H. W., Hatti, N. & R. Tandon, eds., (1998), *Export-led versus Balanced Growth in the 1990s: New World Order Series*, New Delhi: B. R. Publishing Corporation.
Spraos, J. (1980), "The statistical debate on the net barter terms of trade between primary commodities and manufactures", *Economic Journal*, 90: 107-128.
Sprout, R.V.A. (1992), "The ideas of Prebisch", *CEPAL Review*, 46: 177-92.
Srinivasan, T. N. & J. Bhagwati, (2001), "Outward-orientation and development: are revisionists right ?", in Lal, D. & H. Snape, eds.: 3-26.
Stiglitz, J. E. (1974), "Incentives and risk sharing in sharecropping", *Review of Economic Studies*, 41(2): 219-255.

第3部 ＜学際的アプローチ＞の参考文献

——(1987), "sharecropping", in Eatwell,J., et al., eds. Vol.4: 320-323.
——(1988), "Economic organization, information, and development" in Chenery, H., et al., eds., Vol.1, ch.5: 93-160.
——(1998a), "More instruments and broader goals: moving toward the Post-Washington Consensus", WIDER Annual Lecture 2, UN University, in Atkinson, A. B. et al.: 16-48.
——(1998b), "Toward a new paradigm for development: strategies, policies, and processes", the 1998 Prebisch Lecture at UNCTAD Geneva, Oct., 1998, in Chang, Ha-Joon, ed.: 57-93.
——(2002), *Globalization and Its Discontents*, New York and London: Norton & Company ［スティグリッツ『世界を不幸にしたグローバリズムの正体』鈴木主税訳, 徳間書店, 2002］.
——(2006), *Making Globalization Work*, New York and London: Norton & Company.
Swedberg, R. (1998), *Max Weber and the Idea of Economic Sociology*, Princeton, N. J.: Princeton University Press.
Taylor, L. (1991), *Income Distiribution, Inflation, and Growth: Lectures on Structuralist Macro-economic Theory*, Cambridge Mass.:MIT Press.
——(2004a), "Growth and development theory",in Taylor, *Reconstructing Macroeconomics: Structuralist Proposals and Critiques of the Mainstream*, ch.11: 349-377.
——(2004b), "External liberalization, economic performance, and distribution in Latin America and elsewhere", in Cornia,G.A. ed., *Inequality, Growth, and Poverty in an Era of Liberalization and Globalization*, New York: Oxford University Press, ch.7: 166-196.
Taylor, L. & P. Arida, (1988), "Long-run income distribution and growth", Chenery, H. & T. N. Srinivasan eds., ch.6: 161-194.
Thirlwall, A. P. ed., (1987), *Keynes and Economic Development*, London: Macmillan.
——(2002), *The Nature of Economic Growth: an Alternative Framework for Understanding the Performance of Nations*, Northampton Mass.:Edward Elgar.
——(2003), *Trade, the Balance of Payments and Exchange Rate Policy in Developing Countries*, Cheltenham and Northampton,MA.: Edward Elgar.
——(2006), *Growth and Development: with Special Reference to Developing Economies*, 8th ed., London and Basingstoke: Macmillan.
Tobin, J. (1996), "Prologue", in Ul Haq, M., Kaul, I. & I. Grunberg, eds..
Todaro, M. P. (1976), "Urban job expansion, induced migration and rising unemployment: a formulation and simplified empirical test for LDCs", *Journal of Development Economics*, 3(3): 211-225.
——(1996), *Economic Development*, 6th ed., New York and London: Longman ［トダーロ『M.トダロの開発経済学』岡田靖夫監訳, 国際協力出版会, 1997］.
Todaro, M. P. & S. C. Smith, (2003), *Economic Development*, 8th ed., Pearson Education ［トダロ／スミス『トダロとスミスの開発経済学』岡田靖夫監訳／OCDI開発経済研究会訳, 国際協力出版会, 2004］.
Toye, J. (2005), "The significance of Keynes for development economiics", in Jomo, KS, ed.: 123-41.
Toye, J. & R. Toye, (2004), *The UN and Global Political Economy,: Trade, Finance, and Development*, Bloomington and Indianapolis: Indiana University Press.

Ul Haq, M., Kaul, I., & I. Grunberg,eds., (1996), *The Tobin Tax: Coping with Financial Volatility,* New York and London: Oxford University Press.
UNCTAD (2002), *Trade and Development,* 2002, Geneva: United Nations.
――(2006), *Trade and Development,* 2006, Geneva: United Nations.
Veblen, T. (1899), *The Theory of the Leisure Class,* New York and London: Macmillan [ヴェブレン『有閑階級の理論』小原敬士訳, 岩波書店, 1961].
von Thünen, J. H. (1826), *Der isolierte Staat in Beziehung auf Landwirtschaft und Nationalökonomie, Pt I : Untersuchungen über den Einfluss, den die Getreidepreise, der Richtum des Bodens und die Abgaben auf den Ackerbau ausüben,* Hamburg: Perthes [フォン・チューネン『孤立国』近藤康男訳, 日本経済評論社, 1989, 所収].
Vos, R. (2005), "Globalization, rising labor inequality, and poverty in Latin America", in Ocampo, J. A. ed..
Wade, R. (1998), "The Asian debt-and -development crisis of 1997-?: causes and consequences", *World Development,* 26(8): 1534-1553.
Wallerstein, I. (1974), *The Modern World System: Capitalist Agriculture and the Origins of the European World Economy,* New York: Academic Press [ウォーラーステイン『近代世界システム I・II――農業資本主義と「ヨーロッパ世界経済」の成立――』川北稔訳, 岩波書店, 1981].
――(1995), *Historical Capitalism with Capitalist Civilization,* London: Verso [ウォーラーステイン『史的システムとしての資本主義』川北稔訳, 岩波書店, 1997].
Weber, M. (1904), Agrarstatische und soziapolitische Betrachtungen zur Fideikommißfrage in Preußen, *Gesammelte Aufsätze zur Soziologie und Sozialpolitik.*
――(1913), Der Sinn der »Wertfreiheit« der soziologischen und ökonomischen Wissenschaften, *Gesammelte Aufsätze zur Wissenschaftslehre* [ヴェーバー『社会学・経済学における「価値自由」の意味』木本幸造監訳, 日本評論社, 1972].
――(1920), Die protestantische Ethik und der »Geist« des Kapitalismus, *Gesammerte Aufsätze zur Religionssoziologie,* Bd.1 [ヴェーバー『プロテスタンティズムの倫理と資本主義の精神』大塚久雄訳, 岩波書店, 1988].
――(1924), *Wirtschaftsgeschichte, Abriss der universalen Sozial-und Wirtschaftsgeschichte,* aus den nachgelassenen Vorlesungen herausgegeben von Prof.S.Hellman und Dr. M. Palyi, 2te Auflage, München und Leipzig [ヴェーバー『一般社会経済史要論』黒正巌・青山秀夫訳, 岩波書店, 1954].
――(1956), *Wirtschaft und Gesellschaft, Grundriss der verstehenden Soziologie,* vierte, neu heraus gegebene Auflage, besorgt von Johannes Winckelmann, erster Teil, Kapital III, IV [ヴェーバー『経済と社会:支配の諸類型』世良晃志郎訳, 創文社, 1970].
Williams, E. (1970), *From Columbus to Castro: The History of the Caribbean 1492-1969,* New York: Harper & Row [ウィリアムズ『コロンブスからカストロまで――カリブ海域史, 1492-1969――』川北稔訳, 岩波書店, 1978].
World Bank (2006), *World Development Report 2006,* Washington DC.: IBRD [世界銀行『世界開発報告2006――経済開発と成長における公平性の役割――』田村勝省訳, 一灯舎, 2006].

赤羽裕 (1971)『低開発経済分析序説』岩波書店。
吾郷健二 (2003)『グローバリゼーションと発展途上国』コモンズ。

――(2005)「カリブバナナ輸出小国の悲劇――WTO 自由貿易原則の一帰結――」西南学院大学経済学論集,第 40 巻第 3 号,1-58 ページ。
安藤英治(1965a)「マックス・ヴェーバーにおける'客観性'の意味」大塚・安藤・内田・住谷,3-42 ページ。
――(1965b)「マックス・ヴェーバーにおけるカリスマ社会学の意味」大塚他,43-83 ページ。
飯田経夫(1971)『経済成長モデルと経済発展――方法論的反省の試み――』アジア経済研究所。
石川滋(2006)『国際開発政策研究』東洋経済新報社。
今関恒夫(1989)『ピューリタニズムと近代市民社会――リチャード・バクスター研究――』みすず書房。
内田芳明(1965)「文化比較の諸観点と諸問題――インドとユダヤ民族の比較――」大塚・安藤・内田・住谷,301-355 ページ。
梅津順一(1989)『近代経済人の宗教的根源――ヴェーバー,バクスター,スミス――』みすず書房。
絵所秀紀(1991)『開発経済学――形成と展開――』法政大学出版局。
――(1997)『開発の政治経済学』日本評論社。
大河内一男(1969)『スミスとリスト』大河内一男著作集,第 3 巻,青林書院新社(原本の刊行は 1943)。
大塚久雄(1948)『宗教改革と近代社会』みすず書房。
――(1966)『社会科学の方法――ヴェーバーとマルクス――』岩波書店。
――(1977)『社会科学における人間』岩波書店。
――(1996)『近代欧州経済史入門』講談社(原本の刊行は 1949)。
大塚久雄・安藤英治・内田芳明・住谷一彦(1965)『マックス・ヴェーバー研究』岩波書店。
小野塚佳光(1995)「W. A. ルイスと輸出指向工業化戦略」本山編,23-46 ページ。
笠原重久(2001)「国連貿易開発会議(UNCTAD):その活動の回顧と展望」山澤逸平編『UNCTAD の新発展戦略』アジア経済研究所トピックリポート,No.41,19-67 ページ。
川勝平太(1995)『富国有徳論』紀伊國屋書店。
金日坤(1986)『儒教文化圏の秩序と経済』名古屋大学出版会。
久保雄志(1994)「二部門経済発展モデルと'均等'・不均等経済発展の可能性について」『アジア経済』第 35 巻第 2 号。
黒崎卓(2001)『開発のミクロ経済学――理論と応用――』岩波書店。
小林昇(1985)「原始蓄積のなかの保護主義」杉山忠平編『自由貿易と保護主義』法政大学出版局,59-84 ページ。
小松芳喬(1991)『英国産業革命史』普及版,早稲田大学出版部(原本の刊行は 1952)。
杉村和彦(2004)『アフリカ農民の経済――組織原理の地域比較――』世界思想社。
住谷一彦(1965)「Grundriß der Sozialokonomik の編纂者としてのマックス・ヴェーバー」大塚他,187-234 ページ。
――(1969)『リストとヴェーバー』未来社。
高山晟(1985)「開発経済学の現状」安場・江崎編,277-350 ページ。
陶敏(1990)「東アジアの経済成長と儒教文化」金子敬生・安元泰編『東アジアの経済発展』渓水社,43-68 ページ。
西川潤(1976)『経済発展の理論』日本評論社。
――(1979)『南北問題――世界経済を動かすもの――』NHK 出版。
――(2000)『人間のための経済学――開発と貧困を考える――』。
原洋之介(1999)『エリアエコノミックス――アジア経済のトポロジー――』NTT 出版。

──(2002)『開発経済論』第2版,岩波書店。
速水佑次郎監修／秋山孝充・秋山スザンヌ・湊直信(2003)『開発戦略と世界銀行』知泉書院。
宮川典之(1986)「ラテンアメリカNICsの開発戦略──長期趨勢分析──」日本国際経済学会『国際経済』第37号,120-136ページ。
──(1996)『開発論の視座──南北貿易・構造主義・開発戦略──』文眞堂。
本山美彦編(1995)『開発論のフロンティア』同文舘。
安場保吉(1980)『経済成長論』筑摩書房。
──(1985)「二重構造」安場・江崎編,231-249ページ。
安場保吉・江崎光男編(1985)『経済発展論』創文社。
吉田昌夫(1999)「東アフリカの農村変容と土地制度変革のアクター──タンザニアを中心に──」池野旬編『アフリカ農村像の再検討』アジア経済研究所,3-58ページ。
渡辺利夫(1978)『開発経済学研究──輸出と国民経済形成──』東洋経済新報社。

人名索引

ア行

赤羽裕　258
アダムズ（J. Adams）　97, 121
アムスデン（A. H. Amsden）　17, 19, 20, 21, 43, 48, 120, 150, 159, 171, 279, 290
アリダ（P. Arida）　42, 288
石川滋　41, 66, 140, 162, 202
ウィッカム（P. Wickham）　39
ウィリアムズ（E. Williams）　205
ウィリアムソン（J. Williamson）　48, 50, 54, 65
ウェイド（R. Wade）　17, 19, 20, 43, 46, 48, 150, 159, 171, 205, 279, 290, 291
ヴァーノン（R. Vernon）　111, 151
ヴェーバー（M. Weber）　81, 82, 109, 114, 140, 144, 160, 162, , 169, 170, 172, 173, 174, 175, 176, 177, 178, 179, 180, 181, 182, 183, 184, 185, 186, 187, 188, 189, 190, 191, 192, 193, 194, 195, 196, 197, 198, 199, 200, 201, 202, 203, 205, 208, 232, 235, 242, 243, 248
ヴェブレン（T. Veblen）　81, 271
ウォーラーステイン（I. Wallerstein）　219, 220, 232, 233
内田芳明　203
エスワラン（M. Eswaran）　32
絵所秀紀　41, 42, 44
エルアグラ（A. M. El-Agraa）　160
大河内一男　203
大塚久雄　112, 177, 180, 181, 195, 196, 198, 200, 201, 203, 232
大野健一　66
オカンポ（J. A. Ocampo）　32, 33, 34, 35, 38, 39, 40, 45, 46
オリーン（B. Ohlin）　11, 157, 188, 218
カイ（C. Kay）　45

カ行

ガーシェンクロン（A. Gerschenkron）　6, 257, 280, 290
カルヴァン（J. Calvin）　175
カルドア（N. Kaldor）　153, 162, 292
川勝平太　196, 205
ギエルシュ（H. Giersch）　218
クズネッツ（S. Kuznets）　271
グリーナウェイ（D. Greenaway）　162
グリリ（E. R. Grilli）　34, 39, 40
クルーガー（A. O. Krueger）　11, 14, 17, 19, 43, 44, 135
クルーグマン（P. Krugman）　11, 32, 41, 50, 157, 193, 288
クローセン（A. W. Clausen）　44
クロムェル（O. Cromwell）　125
ケアリ（H. C. Carey）　4, 84, 121, 127
ケアリ（M. Carey）　127
ケインズ（J. M. Keynes）　5, 7, 20, 31, 32, 40, 259, 260, 261, 262, 263, 265, 266, 269, 270, 272, 277, 279, 280, 281, 282, 283, 285, 286, 287, 288, 290, 291, 292
ケネー（F. Quesnay）　86
ケンプ（M. C. Kemp）　130, 132, 133, 136, 139, 147, 207
ゴア（C. Gore）　53
吾郷健二　291
コース（R. H. Coase）　3
コーデン（W. M. Corden）　11, 139, 140, 152, 160, 207
コトワール（A. Kotwal）　32
コール（A. H. Cole）　84, 88, 125
コルベール（J. B. Colbert）　86, 125
コロンブス（C. Columbus）　200, 221

サ行

サプスフォード（D. Sapsford）　274, 289

サミュエルソン（P. A. Samuelson） 11, 30, 188, 218, 260, 273
サールウォール（A. P. Thirlwall） 41, 44, 158, 161, 274, 289, 290, 292
サルカル（A. Sarkar） 31
サンチェス（O. Sanchez） 42
ジェイ（J. Jay） 80
ジェファソン（T. Jafferson） 10, 11, 83, 87, 88, 93, 97, 105, 120, 121, 124, 125, 257
ジャクソン（A. Jackson） 107
シャファディン（M. Shafaeddin） 118, 120
シュムペーター（J. A. Schumpeter） 147, 219, 259, 269, 288
シュルツ（T. W. Schultz） 10, 12, 13, 42, 44, 233, 245, 246, 247, 248, 257
シュワルツ（H. M. Schwartz） 43, 44, 219, 220, 232, 233, 288
ジョンソン（H. Johnson） 282
シンガー（H. W. Singer） 3, 22, 24, 36, 38, 39, 40, 41, 43, 46, 51, 52, 188, 208, 251, 255, 269, 274, 282, 283, 285, 289, 290, 291, 292
スェードベルク（R. Swedberg） 198, 205, 186
スコット（J. C. Scott） 248, 249, 253, 258
スコット（M. Scott） 10, 257
スターリングス（B. Stallings） 67
スティグリッツ（J. E. Stiglitz） 3, 41, 52, 66, 162, 170, 171, 202, 257, 287, 292
ステュアート（J. Steuart） 121, 123, 124, 130, 170
ストルパー（W. F. Stolper） 11
スプレイオス（J. Spraos） 251, 273
スミス（A. Smith） 4, 80, 84, 85, 86, 88, 89, 91, 94, 95, 99, 101, 105, 108, 109, 116, 117, 121, 122, 123, 124, 129, 130, 160, 170, 172, 182, 188, 203, 262, 273
住谷一彦 182, 183
スリニヴァサン（K. Srinivasan） 161
スンケル（O. Sunkel） 11, 15, 16, 41
セン（A. K. Sen） 3, 41, 44, 52, 53, 67, 170, 171, 172, 246, 247, 290
ソロー（R. M. Solow） 13, 292

タ行

田島恵児 95

ダット（A. Dutt） 45
ダリティー（W. Darity） 45
チェネリー（H. B. Chenery） 6, 7, 15, 42, 43, 44, 267
チチルニスキー（G. Chichilnisky） 29, 30, 31, 38
チャーナウ（R. Chernow） 90, 121, 123, 124
フォン・チューネン（J. H. von Thünen） 206, 207, 208, 210, 211, 212, 213, 214, 215, 217, 218, 220, 221, 222, 223, 226, 227, 229, 230, 231, 232, 234, 235
ディアコサヴァス（D. Diakosavvas） 258
テイラー（L. Taylor） 11, 15, 17, 20, 42, 43, 45, 46, 56, 57, 58, 67, 233, 257, 268, 288, 289, 290, 292
デフォウ（D. Defoe） 112, 127
トーイ（J. Toye） 43, 289
トダーロ（M. P. Todaro） 44, 223, 233, 239, 263, 265, 266, 285
トービン（J. Tobin） 281, 291
ドーマー（E. D. Domar） 266, 270, 271, 283, 292

ナ行

西川潤 40, 45
西島章次 67
二宮尊徳 192
ヌルクセ（R. Nurkse） 43, 145, 257, 270, 271
ノース（D. C. North） 3

ハ行

バクスター（R. Baxter） 177, 202
バグワティ（J. N. Bhagwati） 49
パシネッティ（L. L. Pasinetti） 292
ハーシュマン（A. O. Hirschman） 5, 41, 42, 119, 145, 146, 147, 148, 149, 161, 189, 207, 248, 257, 270, 290, 291
バスー（K. Basu） 42, 288
バステーブル（C. F. Bastable） 108, 120, 122, 130, 132, 133, 136, 152, 154, 157, 158
バッシャ（E. L. Bacha） 11, 15, 20, 45, 268
ハミルトン（A. Hamilton） 4, 79, 80, 81, 82, 83, 85, 86, 88, 89, 90, 92, 93, 94, 95, 96, 97, 98, 99, 100, 102, 103, 104, 105, 106, 107,

108, 109, 120, 121, 123, 124, 126, 127, 130, 133, 142, 143, 145, 150, 158, 170, 207, 220, 234
パーラ（M. A. Parra）34, 46
バラッサ（B. Balassa）149, 11, 42, 269
ハリス（J. R. Harris）44, 223, 239
バルダン（P. K. Bardhan）32
パルマ（J. B. Palma）274
ハロッド（R. F. Harrod）266, 270, 271, 272, 281, 283, 292
ハント（D. Hunt）281, 282, 283, 285
ビアンキ（A. M. Bianchi）40, 205
ヒックス（J. R. Hicks）87, 99, 123, 159, 281
ピート（J. R. Peet）232
ヒューム（D. Hume）121, 123, 170
フィンドレー（R. Findlay）161, 194, 207
フェルドルン（P. J. Verdoorn）162
フォス（R. Vos）57, 59
フッガー（J. Fugger）180
フランクリン（B. Franklin）121, 180
フリードマン（M. Friedman）260
フルタード（C. Furtado）15, 16
プレビッシュ（R. Prebisch）5, 6, 15, 16, 17, 20, 20, 21, 22, 23, 24, 27, 28, 29, 31, 33, 35, 36, 38, 39, 40, 43, 44, 51, 66, 98, 126, 159, 187, 188, 190, 195, 204, 208, 209, 231, 250, 251, 255, 256, 257, 261, 262, 267, 271, 272, 273, 274, 276, 277, 278, 280, 283, 285, 288, 289, 290
ブレンターノ（L. Brentano）203
フレンチ・デイヴィス（R. French-Davis）9
ブローデル（F. Braudel）256
ベア（W. Bear）204
ヘクシャー（E. Hecksher）11, 157, 188, 218
ペルー（F. Perroux）5, 20, 41, 188, 204, 270
ポーター（M. E. Porter）157
ポプキン（S. L. Popkin）248
ポランニー（K. Polanyi）257

マ行

マイヤー（G. M. Meier）41, 42, 44, 49, 50, 131, 133, 157
マクナマラ（R. S. McNamare）44
マッキノン（R. I. McKinnon）42, 43, 267

マッキントッシュ（J. McIntosh）45
マディソン（J. Madison）80, 83, 88, 93, 97, 120, 121
マルクス（K. Marx）174
マルサス（T. R. Multhus）242, 244, 290
マン（T. Mun）124
マンデヴィル（B. Mandeville）290
ミュルダール（G. Myrdal）5, 20, 174, 188, 256, 270, 282
ミル（J. S. Mill）4, 108, 109, 120, 122, 127, 130, 131, 132, 133, 136, 139, 152, 188, 207, 290
ミント（H. Myint）51
村上敦 160
モンロー（J. Monroe）97

ヤ行

山本繁綽 136, 160
ヤン（M. C. Yang）34, 39, 40

ラ行

ライナート（E. S. Reinert）112, 122
ライナート（S. A. Reinert）112, 122
ライベンスタイン（H. Leibenstein）289
ラインハート（C. Reinhart）39
ラヴィッチ（K. P. Levitt）29, 43
ラウチ（J. E. Rauch）44
ラーナー（A. Lerner）43
ラファー（K. Raffer）269
ラファイエット（M. J. Lafayette）107, 121, 127
ラル（D. Lal）11, 14, 17, 43, 50, 66, 282
リカードゥ（D. Ricardo）4, 21, 30, 94, 111, 157, 188, 209, 261, 262, 277, 290
リスト（F. List）4, 79, 84, 106, 107, 108, 110, 111, 112, 113, 114, 115, 116, 117, 118, 119, 120, 121, 122, 123, 127, 128, 130, 131, 133, 142, 143, 145, 157, 158, 169, 170, 178, 180, 182, 187, 190, 191, 199, 203, 207, 220, 234
リトル（I. M. D. Little）10, 11, 14, 42, 44, 204, 257
ルイ14世（Louis XIV）125
ルイス（W. A. Lewis）6, 12, 13, 20, 24, 25, 26, 27, 28, 29, 30, 31, 33, 35, 38, 41, 42, 44,

202, 206, 207, 208, 209, 222, 223, 224, 225, 226, 227, 228, 229, 230, 231, 232, 233, 234, 235, 236, 237, 238, 239, 240, 241, 242, 243, 244, 245, 246, 247, 248, 249, 250, 251, 252, 253, 254, 255, 256, 257, 258, 270, 272, 274, 282, 285, 290
ルーカス（R. E. Lucas）　10, 12, 13
レヴィ・ファウア（D. Levi-Fauer）　117
ロス（J. Ros）　42, 268
ロストウ（W. W. Rostow）　127, 193, 199, 269
ローゼンスタイン・ロダン（P. N. Rosenstein-Rodan）　43, 257, 270, 270
ロドリック（D. Rodrik）　17, 53, 55
ローマー（P. R. Romer）　11, 12, 13

ワ行

ワシントン（G. Washington）　83, 87, 97, 121

事項索引

英文

ACP（アフリカ・カリブ海・太平洋地域）諸国 289
BHN（基本的人間ニーズ） 53
——戦略 172
ECLA（エクラ：国連ラテンアメリカ経済委員会） 8, 11
——ドクトリン 172, 204
ECLAC（エクラック：国連ラテンアメリカ・カリブ経済委員会） 11, 15, 16, 20, 32, 35, 36, 39, 43, 45, 52, 66, 67, 289
EU（欧州連合） 289
GATT（関税および貿易に関する一般協定） 100
GDP 48, 49, 62
GSP（一般特恵関税制度） 278
HOS（ヘクシャー＝オリーン＝サミュエルソン）世界 218
HOS モデル 11
HOS 理論 231
IFAD（国連国際農業開発基金） 256
ILO（国際労働機関） 172
IMF（国際通貨基金） 3, 8, 24, 36, 39, 41, 46, 47, 48, 52, 66, 237, 281, 290
——批判 292
IS-LM 図表 281
IT（情報技術）バブル 192
IT 革命 259
MERCOSUR（メルコスール：南米南部共同市場） 62
NAFTA（ナフタ：北米自由貿易協定） 62
NICs（ニックス：新興工業国家群） 32, 148, 171, 278
——化現象 21
NIEs（ニーズ：新興工業経済群） 82, 111, 142, 143, 148, 152, 171
——現象 32

OPEC（オペック：石油輸出国機構） 278
PRSP（貧困削減戦略文書） 41, 56, 172
SAL（構造調整貸付け） 41, 56, 172
three-gap 説 15, 42, 268, 278, 286
two-gap 説 7, 15, 23, 42, 43, 44, 50, 172, 278, 286
UNCTAD（アンクタッド：国連貿易開発会議） 23, 40, 188, 202, 278, 279, 288
UNDP（国連開発計画） 172
WTO（世界貿易機関） 43, 54, 100

ア行

藍 83
アイルランド 254
アウタルキー 31, 129
アウトソーシング 59
麻 104
アジア 21, 23, 29, 36, 46, 49, 149, 152, 159, 193, 197, 205, 223, 254, 286
——危機 52
——系移民 26, 27, 253, 254
——経済危機 3, 192, 197, 279
——とロシアの危機 58
——NIEs 192
——の金融危機 281
——の経済危機 37, 46, 51, 205, 237, 284, 291
アシェント条約 113
アナール学派 256
アブソープション・アプローチ 281
アフリカ 223, 284
——農民 258
亜麻工業 110
アメリカ 4, 35, 67, 80, 81, 82, 83, 84, 85, 86, 87, 88, 91, 92, 93, 95, 96, 97, 99, 100, 101, 103, 104, 105, 106, 107, 109, 120, 122, 123, 124, 126, 127, 142, 143, 144, 145, 153, 157, 159, 175, 180, 192, 193, 200, 220, 221, 259, 281
——合衆国 34, 179, 243, 279

事項索引

──財務省　41
──植民地　113
──数理経済学　32
──体制　107, 109, 121
──大陸　196
──南部　98
アルゼンチン　26, 58, 59, 62, 64, 252
アンカー　58
イギリス　80, 84, 90, 101, 107, 108, 110, 111, 112, 113, 114, 116, 117, 119, 120, 121, 123, 125, 142, 143, 144, 145, 170, 179, 181, 183, 190, 195, 196, 219, 220, 251, 273
──人　26
イスラム教徒　180
一次産品　5, 6, 15, 16, 22, 27, 28, 29, 30, 33, 34, 35, 36, 38, 39, 40, 43, 44, 46, 80, 81, 83, 97, 98, 111, 116, 133, 138, 143, 158, 170, 182, 187, 188, 189, 194, 196, 200, 220, 221, 222, 251, 252, 253, 255, 261, 273, 274, 275, 276, 277, 281, 288
──共通基金　278
──総合プログラム　40, 278
──部門　200, 201, 204, 208, 209, 218, 230, 237, 248, 253, 82, 116, 194, 196, 208, 255
一部門モデル　13
一般均衡分析　138, 139, 142, 276
一般特恵関税制度（GSP）　23, 40
イノヴェーション　269
イベリア半島　112, 113
移民　26, 27, 28, 35, 38, 44, 89, 91, 218, 234, 251, 258
──奨励措置　104
インセンティヴ　48, 60, 103, 118, 147, 198
インド　22, 43, 66, 143, 161, 195, 196, 246
──人　26
──茶プランテーション　196
──や中国系の移民　252
インドネシア　291
インフォーマル・サーヴィス部門　60
インフォーマル部門　16, 57, 59, 63, 170, 228, 229, 233, 234, 237, 243
インフラストラクチャー　48, 114
インフレ　8, 9, 15, 35, 49, 54, 66, 113
──・ギャップ　264

──税　15
──の収束　67
インフレーション　42, 288
ヴァージニア州　93, 97, 121
ウィスキー税　88
ウェストミンスター信仰告白　176
ヴェトナム　149
ヴェネズエラ　64
ヴェーバー＝大塚テーゼ　181, 204
ヴェーバー経済学　170
ヴェーバー社会学　244
ウォーラーステイン学派　220, 231, 287
迂回生産　146
失われた10年　50
内向きの工業化　187
売り手独占　99
ウルグアイ　62, 64
営利心　180
営利欲　203
エクアドル　58, 62, 64
エージェント（代理人）　257
エートス（Ethos）　81, 144, 169, 174, 178, 179, 180, 181, 183, 187, 188, 191, 192, 193, 195, 198, 199, 205, 208, 232, 234, 254, 257, 258
エマージング・マーケット　47, 67, 193, 197, 199, 269, 286, 287, 292
エルサルヴァドル　62, 64
エルベ川　183
──以西　195
──以東　198, 209
──以東と以西　182, 201, 203
──テーゼ　194, 200
沿岸警備隊　88
エンクロージャー　124
エンタイトルメント（entitlement）　53
大地主（貴族）　121
大塚史学　203, 205, 258
オストエルベ問題　209
オーストラリア　26, 243, 250, 252, 253, 254
オーストリア学派　190, 277
オーストリア・ハンガリー　107
オーストリア領クフシュタイン　107
オランダ　111, 112, 162
オリヴェラ＝タンジ効果　15

事項索引

温帯気候区　119
温帯地域　26, 27, 252, 253, 255
温帯入植地　254
温帯農産物　252

カ行

外貨準備　57
外国援助　15, 24, 267
外国為替　49
　——規制　19
　——市場　62
　——制約　15, 23, 267
　——投機　291
外国間接投資　198
外国資本　24
外国人労働者　27
外国直接投資　18, 48, 49, 198
外国投資　218, 267
外国トランスファー　15, 24, 268
外国貿易乗数　281
外国貿易部門　263, 277
開発経済学　267, 270, 281
　——者　14
開発思想　260, 261, 262
開発戦略　42, 66, 143, 145, 150, 152, 153, 155, 158, 161, 172, 277, 288
開発途上国　79
開発論　4, 5, 7, 22, 38, 40, 41, 43, 44, 49, 50, 79, 80, 81, 83, 85, 86, 96, 101, 103, 111, 116, 121, 123, 125, 126, 129, 132, 133, 143, 145, 150, 158, 160, 161, 169, 170, 171, 172, 174, 178, 179, 185, 186, 187, 188, 193, 194, 196, 198, 199, 202, 204, 206, 207, 209, 215, 217, 218, 219, 221, 223, 226, 227, 228, 229, 231, 234, 235, 238, 246, 255, 259, 260, 271, 278, 280, 282, 283, 284, 286, 287, 288, 291, 292
　——悲観主義　4, 291
外部経済　118, 136, 137
外部経済化　133
開放経済　13
　——乗数　290
改良主義　172, 172
カカオ豆　28
化学　18

価格インセンティヴ　228, 246
価格競争　101
価格シグナル　198
価格弾力性　7
価格統制　8
価格理論　280
学際的アプローチ　52, 66, 169, 170, 172, 202, 242, 244
学習過程　13, 109
「獲得された」比較優位　157
家産制 (Patrimonialismus)　184, 184, 185, 243
　——国家　140, 148, 162, 197, 198
　——政治　197
　——的支配　185, 197, 201, 243
カースト　203
課税権　88
価値自由 (Wertfreiheit)　173, 189
　「——」論争　173
価値前提 (value premise)　174, 188, 189, 202, 204
合衆国銀行　105
ガーナ　246
カナダ　26, 250, 252, 253, 254
下部構造　174
家父長制 (Patriar chalismus)　184, 243, 244
貨幣供給　8, 9
貨幣経済　105
貨幣の流通速度　15, 42
可変速度　15
カリスマ　186
　——的支配 (charismatische Herrschaft)　183, 185, 186, 188, 197, 198, 201
カリブ海　29, 46, 90
カルヴァン派　176
カルヴィニズム　175, 176
為替レート　8, 23, 48, 54, 58, 60, 162
　——政策　55, 157, 158
　——の過大評価　36
　——の増価　57
換金作物　26, 27, 44, 233
雁行形態　262
韓国　17, 18, 19, 31, 51, 53, 54, 155, 162, 291
慣習部門　12

関税　48, 49, 139, 141
　——請負資本主義　180
　——構造　11
　——収入　88, 102, 104, 114, 132, 134, 139
　——政策　58, 102, 132
　——同盟　107
　——の引き下げ　36
間接税　16
間接投資　37, 197
完全競争　46
完全雇用　172, 260, 261, 263, 267, 272, 272
完全情報　172, 288
官僚制　186
議会的重商主義　124
機会費用　27, 44, 140
基幹産業　146
企業　12
　——家　94
　——家精神　119
　——精神（the spirit of enterprise）　91
　——統治　54
　——の内部経済化　133
危険回避的エートス　249
危険回避的もしくは安定指向的エートス　248
技術　13
　——革新　219
　——集約度　60
　——進歩　13
　——的外部経済　131
規制緩和　46, 48, 54, 199, 205
偽装失業　12, 25, 42, 44, 223, 225, 233, 240, 241, 242, 246, 247, 256, 257
　——問題　245
基礎金属　19
貴族階級　200
期待賃金　44, 266
　——説　239
　——モデル　223, 265
規模に関して収穫逓増　161
規模に関して収穫不変　13
規模の経済　6, 7, 18, 19, 118, 149, 153, 157, 159, 161
　——性　162
逆進性　16

逆U字仮説　271
キャッチアップ　13, 80, 108, 111, 114, 122, 142, 145, 199
旧宗主国　144
キューバ　62
共感　182
供給側の硬直性　8
行政改革　55
強制貯蓄　15
強制労働　233
競争均衡　13
競争原理　99, 149
競争的市場　7
競争優位　18
共同体　6, 25, 205, 224, 238, 239
　——原理　242, 243, 256
　——的システム　244
　——的生産分配方式　230
　——的なシステム　235
共和派　88, 105
極大利潤獲得動機　235
キリスト教　114
キングズカレッジ　83
均衡　6
銀行券　105
銀行システム　19, 57
銀行信用　19
均衡成長　145, 270
　——説　20
　——論　43, 257, 270
均衡・不均衡成長論　50
均衡論　122
禁止的関税　99, 135, 138, 160
金銭的助成金（pecuniary bounties）　96
金銭的報酬制度　104
近代化　45, 272
近代経済学　87, 169
近代経済人　182
近代経済成長　5
近代合理的資本主義　199
近代産業資本家　181
近代資本家　81
近代資本主義　81, 176, 178, 179, 180, 181, 182, 183, 184, 185, 186, 189, 190, 191, 192, 193,

事項索引 311

195, 198, 201, 203, 208
近代主義　199, 200, 202, 204, 235, 269
近代的価値観　199
近代的資本主義　199
近代的部門　6, 7, 7, 12, 24, 25, 26, 31, 60, 170,
　　189, 197, 199, 200, 201, 206, 209, 210, 217,
　　221, 222, 229, 234, 235, 236, 238, 249, 250,
　　254, 265, 266, 270, 274
金融市場　55, 292
金融システム　120, 124
金融・信用市場　265
金融政策　8, 43, 49, 260, 105
金融の自由化　48, 49, 54, 59, 62
近隣窮乏化政策　157
勤労（industry）　89, 177, 178
　　——の精神　114
グァテマラ　62, 64
空間的立地論　217
クェイカー派　176
グーツヘルシャフト　182, 194, 195
クラウディング・アウト効果　15
クラウディング・イン効果　15
クリオール　121
クローニー・キャピタリズム　46, 162, 197, 205,
　　243
グローバリゼーション　34, 218
グローバル・エコノミー　3, 4, 50, 172, 199, 218,
　　231, 234, 287
経営者　25
計画化　19
景気循環　28, 42, 60
敬虔派　176
軽工業　148, 154
　　——品　123, 187, 218
経済インフラストラクチャー　105
経済援助　24
経済開発論　3
経済管理能力　268
経済構造　25
経済合理性　246, 247
経済合理的なシステム　235
経済自由主義　14
経済主体　12, 169, 177
経済人　203

経済成長　7, 22, 24, 35, 49, 50, 98
　　——率　8, 15, 267
　　——論　13
経済的自由　10
経済統合　278
　　——論　218
経済特区　21, 149, 159, 218
経済のグローバル化　9, 195, 197
経済の自由化　9
経済発展　9, 22, 28, 108, 109, 110
　　——段階説　127, 269
経済変動　259
経済倫理　178
傾斜生産方式　7, 146
経常勘定の自由化　58, 62
経常利益（ordinary profit）　92, 93, 94
契約社会　243
ケインジアン　11, 33, 281
　　——・マネタリスト論争　9, 260, 288
ケインズ案　281
ケインズ革命　281
ケインズ経済学　260, 261, 262, 264, 269, 273,
　　280, 282, 284
ケインズ思想　277, 284, 287
ケインズ主義　22, 281, 287
ケインズ政策　260, 263, 266
ケインズ的介入　284
ケインズ的国家介入　9
ケインズ的コンセンサス　3, 14, 37, 47, 260, 262,
　　279, 286
ケインズ的前提　282
ケインズ的着想　279, 282, 285
ケインズ的マクロ・モデル　266
ケインズ的有効需要制約型　31
ケインズの雇用モデル　263
ケインズの雇用論　270
ケインズのマクロ方程式　285
ケインズ理論　282, 283, 289
ケムプのテスト　136
権威主義　53
　　——国家　14, 51
限界概念　240
限界資本産出高比率（ICOR）　267, 268, 269,
　　270, 286, 288

事項索引

限界生産力　6, 170, 209, 222, 224, 230
　——曲線　217, 241
　——原理　25
　——の概念　238
　——評価　26, 222, 228, 229
限界税率　48
限界貯蓄性向　290
限界費用曲線　109, 154
限界輸入性向　290
権原アプローチ　171
建国の父祖　97, 121
原始的資本蓄積　193
衒示的消費　271, 81, 115, 200, 16
倹約　178
権力　10
交易条件　6, 16, 23, 27, 28, 30, 31, 32, 34, 36, 40, 45, 46, 98, 126, 139, 187, 227, 251, 254, 255, 274, 275, 276, 283
　——仮説　22, 24, 26, 38
　——説　262
　——の悪化　33, 35, 277, 279, 281
　——の悪化傾向　276
　——の悪化説　21
　——の悪化命題　252
　——の逆転　264, 278
　——の長期的悪化　29, 5
　——の長期的悪化仮説　250
　——の長期的悪化説　20, 251, 261
　——の有利化　277
　——命題　188, 251, 273, 278, 289
　——問題　234, 237
　——論　32, 39, 43, 208, 261, 286, 288
交換価値　115
後期重商主義　124
好況　259
工業化　5, 8, 12, 21, 25
　——論　106
公共支出　48
工業製品　5, 16, 22, 27, 33, 39, 116, 117, 118, 138, 140, 158, 170, 182, 187, 193, 196, 200, 210, 215, 218, 220, 221, 231, 251, 253, 254, 255, 261, 273, 274, 275, 276
工業中心型経済　25
公共投資　18

工業部門　218, 223, 224, 238, 249, 250
鉱山開発部門　25, 26, 223
鉱山採掘業　227
鉱山採掘部門　6, 12, 243
後進国　110
公信用　80, 124
構造改革　52, 53, 66
構造学派　20, 44, 45, 170
構造主義　7, 8, 9, 13, 15, 22, 23, 37, 38, 39, 40, 41, 50, 51, 172, 188, 189, 197, 201, 209, 246, 262, 267, 269, 270, 272, 278, 279, 280, 281, 283, 286, 287, 290, 291
　——経済学　3, 6, 47, 56, 170, 171, 237, 283
　——の退潮　24
　——・マネタリスト論争　8, 288
構造調整　48, 287
　——貸付（SAL）　3, 24, 37, 47, 49
　——政策　237
構造転換　21, 25
　——能力　288
　——論争　25, 44
公的資本形成　15
公的部門の民営化　199
高度経済成長　14, 146
高度大衆消費社会　127, 193, 269
後発国　4, 106, 108, 111, 114, 115, 117, 122, 123, 130, 142, 143, 150, 190, 199, 220, 290
後発資本主義国　80
合法的支配（legale Herrschaft）　183, 184, 185, 186, 197, 201
後方連関　161, 119, 145, 146, 147
効用の最大化　12
高利貸し　180
高利貸資本主義　180
効率　10
合理的資本主義　198
合理的農民　248
国営企業　149, 190
国（公）営部門　3, 16
国際移民　252
国際介入　278
国際価格カルテル　23, 278
国際換金作物　231
国際間資本移動　24

事項索引

国際間接投資　209
国際間労働移動　26, 218
国際規制　23
国際金融　43, 54, 55, 284, 287
　　――史　281
　　――論　24
国際交易条件　138
国際事業会社　230
国際収支　16, 57
　　――の均衡　50
　　――の不均衡　273
　　――論　281
国際商品　26, 27, 133, 187, 222, 235, 254, 255
　　――作物　208
国際清算同盟　291
　　――案　281
国際通貨制度　264
国際分業　127
国際分散投機　208
黒人奴隷　208
穀草式農業　211, 212
国内所得分配　29
国内総生産（GDP）　263
国内調達比率　19
国内貯蓄　42
国防　105
国民経済　9, 117, 156, 157, 189, 191, 236, 237, 238
　　――学　122
国民産業　99, 100
国民所得　31, 32, 263, 272
　　――勘定　282
　　――決定論　281
国民（内）所得決定論　263
穀物法　124
　　――論争　4
互恵の原則　104
小作人　257
小作農　25
互酬性（reciprocity）　248
個人経済　117
コスタリカ　62, 64
コスモポリタン　116, 117, 122
国家　16, 17, 22, 23, 37

　　――介入　4, 5, 11, 14, 16, 17, 19, 20, 23, 24, 40, 48, 50, 51, 129, 149, 150, 156, 158, 171, 261, 262, 271, 277, 279, 280, 282, 283, 286, 290
　　――介入の失敗　37
　　――資本主義　46
　　――主導型　22, 23
　　――主導型開発　6, 43
　　――主導型工業化　66, 277
　　――主導型戦略　40
　　――政商的資本主義　180
　　――独占資本主義　180
　　――と市場　43, 192
　「――」の介入　4
　　――の失敗　46
　　――の非介入主義　24, 287
　　――の役割　151, 157, 162, 202
固定為替相場制　43
　　――度　264
固定係数モデル　232
固定相場　158
固定レート制　58
古典派　7, 13, 50, 138, 228, 280, 283
　　――経済学　4, 21, 40, 109, 170, 261, 272, 273, 277, 279, 280, 290
コトヌ協定　290
コーヒー　28
雇用決定モデル　232, 265
雇用水準　32
雇用増進政策　266
雇用理論　285
孤立国　210, 215, 217, 230
コロンビア　62, 64
「コロンブス」問題　199

サ行

財市場　265
最終完成財　146, 147
最終需要　161
財政赤字　48, 49
財政規律　48, 49
財政収入　88, 92
財政政策　16, 42, 260
財政制約　15
財政投資　19

事項索引

最大利潤　247
　　——の追求　221
最低賃金法　244
最適介入　50
最適政策　131
再版農奴制　182, 194, 201
債務危機　16, 47, 48
財務長官　80, 83, 88, 120
債務累積　23
再輸出　85
サーヴィス部門　228
砂糖プランテーション　196
左派政権　61, 67
サービスの貿易に関する一般協定（GATS）　43
産業エレクトロニクス　19
産業革命　144, 148, 195, 219, 220
産業構造　17, 91, 119, 144
　　——の高度化　19, 207
　　——の多様化　21
　　——の転換　264
産業資本　83, 203
　　——家　102, 182
産業政策　13, 18, 43, 49, 120, 283
産業的中産者階層　191, 195
産業的中産者身分　181
産業の空洞化　193
産業連関表　161
三十年戦争　183
参入規制　19
三圃式農業　211, 212, 219
残余物（residual）　13
自営農民　87
ジェントルマン　124, 232
　　——階層　203
　　——農園主　83
　　——・プランター　87
自給的農民　249
自給農業部門　206, 207, 208, 209, 210, 228, 248, 249, 258
自給（非資本制）部門　6, 12, 25, 26, 42, 222, 223, 224, 225, 226, 227, 228, 229, 230, 233, 234, 235, 238, 239, 241, 242, 243, 244, 245, 247, 248, 249, 251, 253, 254, 256

資源ナショナリズム　23, 188
資源の過少利用　8
資源配分　94, 146, 217, 283
自己資本　148
死重的損失　131, 134, 135, 136, 156
市場　24
　　——経済　87, 94, 125, 157, 192, 198, 237, 248, 249, 250, 256, 262, 270, 280, 284, 286
　　——経済国　237
　　——原理　8, 9
　　——システム　129
　　——諸力　110, 114, 118, 252, 286
　　——と国家　172
　　——の失敗　14, 17, 20, 22, 37, 40, 46, 47, 262, 280
　　——の不完全性　14
　　——の暴力　279
　　——メカニズム　5, 17, 18, 22, 23, 37, 49, 51, 171, 174, 189, 199, 260, 277, 278, 280, 282, 287
自然成長率　271, 272
「自然的」比較優位　157
持続的経済成長　171, 192, 193, 269
失業　16, 52, 67, 266, 285
　　——均衡　266
　　——率　50, 61, 62, 64
実行による学習　7
実効保護率　23
実質為替レート（RER）　57, 58, 59, 60, 62, 67
実質賃金　226, 232, 241, 244
　　——率　31, 265, 266
実質利子率　57
実証経済学　271
実績基準　18
史的唯物論　174
自動車　18, 19
　　——産業　146
シニオレイジ　15
ジニ係数　16, 65, 201
地主　25, 92, 93, 94, 215, 248, 257
地主（貴族）階級　87
支配者（Herr）　184
支配（Herrschaft）の類型学　183, 186, 188, 196, 198, 235, 242, 243

事項索引　315

資本　7, 13
　——移動　24, 43, 60, 66, 218, 284
　——移動の自由化　197
　——家階級　8
　——勘定の開放　54, 60
　——勘定の自由化　58
　——形成　8
　——市場　7, 56, 60, 139, 140, 148, 292
　——集約的工業製品　42
　——集約度　267
　——主義　12, 19, 176, 177, 189
　——ストック　31, 92
　——制部門　12, 24, 222, 223, 224, 225, 226, 227, 228, 229, 230, 233, 234, 236, 237, 238, 239, 243, 244, 245, 247, 249, 251, 252, 254, 255, 285
　——蓄積　7, 25, 33, 178, 193, 226, 235, 267, 272
　——調達　148
　——集約的財　157
　——逃避　195, 291
　——の限界効率　218
　——の限界生産力　6
　——の原始的蓄積　199
　——の自由化　3, 37, 49, 58, 284
　——の本源的蓄積　125
　——流入　58
　——レンタル率　6
シミュレーション・モデル　46
召命（Beruf）　176
社会開発　172, 202
社会科学　173
社会経済学　79, 170
社会資本　105
社会的階層　16, 82, 89, 92, 94, 121, 123, 128, 175, 191, 194, 195
社会的間接資本　60
社会的厚生　10
社会的セーフティ・ネット　54, 55
社会的中産者層　181
社会的費用　57, 132
社会的分業　91
社会的便益　57
社会無差別曲線　138, 139

借地人　94
奢侈財　29, 30, 119, 158
シャドウ・プライス　7, 50
ジャマイカ　62
収穫逓増　149, 153
　——型産業　207
自由化政策　287
19世紀の第4四半世紀の大不況　28, 29
宗教改革　175
宗教倫理　175, 205
重金主義　124
自由式農業　211
重商主義　4, 6, 84, 85, 86, 88, 92, 95, 97, 98, 100, 101, 108, 110, 114, 122, 123, 124, 125, 129, 130, 141, 144, 157, 159, 170
　——国家　99
　——体制　112, 190, 196
従属学派　33, 151, 171, 233, 279, 287, 290
従属論　45, 219
習得過程　131, 135, 136, 137, 138, 152, 154, 109, 132
自由な市場諸力　277
収入経済　87, 99, 123, 125, 159
重農主義　84, 86, 87, 88, 89, 91, 92, 93, 95, 98, 124, 125, 130
18世紀啓蒙主義　83
周辺資本主義　29
周辺地域（periphery）　218, 220, 221, 233
自由貿易　4, 11, 12, 31, 32, 80, 85, 91, 114, 127, 130, 131, 133, 135, 136, 138, 139, 142, 148, 150, 154, 172, 190, 250, 261
　——主義　21, 84, 95, 108, 110, 116, 117, 120, 122, 174, 188, 196
　——政策　277
　——体制　108, 109, 111, 112, 277
　——の時代　100
　——論　109
自由放任主義　262
収斂問題　13
自由労働　208, 233
儒教　192, 205
熟練と経験　109
熟練労働　59, 62, 157
手工業者　91

呪術　178, 185, 195, 199
需要牽引型のモデル　283
主要産業　129
需要と供給の価格弾力性　274
需要の価格弾力性　158
需要の所得弾力性　18, 32, 39, 45
需要の所得と価格の弾力性　27
主流派　6, 13, 14, 15, 17, 37, 46, 49, 50, 59, 102, 120, 129, 130, 131, 132, 133, 139, 142, 145, 157, 158, 170, 188, 189, 190, 207, 209, 221, 222, 238, 246, 249, 250, 252, 261, 269, 270, 273, 277, 278, 284, 286
　——経済学　3, 5, 41, 174
準最適　10
順貿易偏向　140, 141
譲許的信用　19
証券投資　24
商工業階級　86
商工業段階　110, 110
小国　155, 157
乗数効果　290
乗数理論　281
商人　85
　——的投機的資本主義　180
消費　263
　——財　31, 32
　——者余剰　131, 133, 134, 135, 156
　——性向　57
商品交易条件　28, 34, 44, 258
商品作物　42, 235, 249, 253
上部構造　174
情報産業　207
情報の安全性　257
情報の非対称性　148, 257
　——問題　162
情報の不完全性　288
上流階層　16
奨励金　85
初期構造主義　3, 5, 6, 11, 15, 20, 36, 38, 43, 47, 174, 188, 190, 256, 261, 269, 272, 286
　——の退潮　22
初期制度学派　271
職工　95
植民資本主義　180

植民地　27
　——経験　123
　——時代　221
　——主義　189, 195, 209, 250
　——商品　116
　——体制　143
　——的支配　209
　——貿易　116
食料系一次産品　28
食料生産部門　26, 27
助成利子率　19
所得格差　59, 60, 61, 63, 65, 67, 20
　——問題　57
所得再分配政策　16, 197, 201
所得分配　11, 16, 31, 49, 50, 52, 57, 60, 61, 67, 195, 201, 215, 217, 230
　——の不平等　16, 30, 271
所有権　48, 53, 162
所有者階級　86
新ケインジアン　157
人口圧力　148
新興工業経済群（NIEs）　17, 269
新興工業国　14, 152, 251
　——家群（NICs）　11, 262, 269
人口成長率　267
人口増加　8
新構造主義　3, 9, 10, 11, 15, 17, 20, 29, 31, 32, 36, 37, 39, 42, 45, 46, 50, 52, 53, 56, 80, 126, 172, 233, 268, 283, 286, 290
　——経済学　68, 247, 257, 283, 291
　——者　16
人口爆発　223, 227
新国際経済秩序（NIEO）　23, 188
新古典派　4, 5, 6, 7, 8, 9, 10, 11, 13, 17, 23, 25, 30, 31, 33, 41, 46, 50, 122, 131, 157, 172, 204, 207, 219, 260, 261, 282, 286, 288, 292
　——経済学　3, 20, 21, 37, 40, 44, 47, 56, 169, 171, 189, 220, 250, 260, 273, 278, 279, 286, 291
　——総合　260, 273
　——の復権　22
新自由主義　10, 15, 16, 29, 35, 36, 42, 43, 47, 48, 56, 65, 233
　——経済学　3, 9, 24, 37, 66, 68, 171, 172, 237

事項索引

新制度学派　3, 162, 171, 172, 204, 291
──経済学　41, 170
人的資源　113, 265
人的資本　10, 12, 13, 13, 60, 117, 119, 218
心的態度　109, 110, 112, 113, 115, 175, 178, 179, 180, 181, 183, 191, 192, 193, 199, 282, 285
人頭税　105
信用割当　19
森林栽培圏　211
スイス　107
水路輸送　211
スウェーデン　84
数量規制　131, 141
数量割当　134
スコットランド啓蒙主義　121
スコラ哲学　122
スタグフレーション　260, 265, 286
スーダン　246
ステイプル　82, 91, 97, 98, 124, 227
──・セオリー　209
──説　227, 232, 250, 253, 255
ステークホルダー（利害関係者）　291
ストップ・ゴー　60
ストルパー＝サミュエルソン定理　11, 59, 160
スペイン　84, 112, 113, 116, 180, 191
スルタン制（Surutanismus）　184
正貨　112, 113
税関　88
税金の払い戻し　97, 148
政策金融　19
政策パッケージ　10
政策ランキング　102, 132, 140, 142, 147, 160
生産可能性ブロック　138, 276
生産関数　263
生産者余剰　133, 134, 135, 136, 154, 156
生産諸力　115, 117, 119
生産性　12
──向上　18, 27, 31, 32, 33, 39, 52, 56, 58, 59, 151, 153, 162
生産的階級　86
生産的投資　271, 286
生産能力　112, 116, 120
生産補助金　101, 102, 103, 131, 139, 141, 147, 148, 149, 156

生産要素　6, 10, 13, 25, 170, 218, 221
──の完全利用　282
生産力　110, 114, 122, 123, 127, 138, 157, 180
政治寄生的資本主義　180
政治経済学（Political Economy）　4, 37, 79, 170, 198, 207
製造工業　25, 80, 83, 118, 120, 121, 122, 127, 142, 143
──者　102, 103
──段階　110
──部門　93, 94, 162, 228
生存維持権（right to subsistence）　248
生存維持水準　25, 253, 258
成長の極　5, 20, 41
──説　270
正統的支配　183
制度的構造　10
政府介入　19, 118
政府支出　263
政府の失敗　14, 40, 47, 51
政府の役割　162
世界銀行（IBRD）　11, 16, 22, 24, 36, 37, 41, 44, 46, 47, 48, 49, 51, 52, 66, 162, 166, 171, 172, 197, 201, 202, 205, 229, 237, 249, 287, 289
世界経済　13, 117
世界システム論　45, 279, 287
世界貿易機関（WTO）　21
セカンド・ベストの理論　50
石炭産業　146
石油危機　23, 35, 47, 264
石油輸出国機構（OPEC）　23
ゼクテ（Sekte）　175
世襲財産制　183
世俗外禁欲　175
世俗内禁欲　175, 176, 178
積極財政　15
絶対主義　124
──的重商主義　124
絶対優位　117
設備能力　19
ゼロ・サム社会　122
繊維産業　144, 152, 153, 154, 155
前期的資本家　181
前期的商人　82, 181

318　事項索引

　　　──層　182, 203
1930年代の大恐慌　28
潜在能力（capability）　41, 53, 171
　　　──説　290
先進工業国　261
先進国　9, 15, 21, 23, 24, 30, 33, 35, 39, 40, 43, 44,
　　　140, 142, 143, 144, 145, 146, 148, 149, 150,
　　　151, 157, 159, 172, 174, 188, 189, 192, 196,
　　　199, 200, 220, 221, 231, 237, 248, 250, 251,
　　　255, 260, 262, 265, 268, 269, 271, 272, 273,
　　　274, 275, 276, 280, 285, 286
戦争資本主義　180
先発国　80, 114, 122, 142, 145
先発資本主義国　108
選別的保護政策　51
前方連関　161
　　　──効果　119, 145, 146, 147
賤民（パーリア）　203
賤民資本家　81, 189
賤民資本主義（Pariakapitalismus）　81, 179,
　　　180, 181, 191, 192, 198, 199, 203, 208
賤民性　83
全要素生産性　7, 13
戦略産業　18, 19
洗礼派（Taufertum）　176
荘園制度　203
荘園領主　183
総供給　7, 280
　　　──曲線　265
送金　96
総産出高曲線　226, 240
総産出高最大化　6, 209, 224, 236, 241
　　　──原理　239
宗主国　85
総需要　7, 42, 263, 264, 280
総生産関数　263
創造的破壊　18, 147
総費用曲線　213
素材産業　146
租税　88
　　　──請負資本主義　180

夕行

タイ　246, 291

第一次世界大戦　4, 34
第一次輸出指向局面　152
第一次輸入代替　152
　　　──局面　190
　　　──工業化　187
対外債務　49
対外的視角　116, 195
耐久消費財　147
大恐慌　4, 16, 22, 34, 262
大航海時代　124, 210, 230
第三世界　252
対称性定理　43
代替の弾力性　7
大土地所有制　82, 209
　　　──度　200
対内的視角　116, 117
第二次世界大戦　4, 5, 22, 32, 35, 86, 97, 116, 145,
　　　286
　　　──後　33
第二次輸入代替局面　190
第二次輸入代替工業化　187, 290
第2段階のワシントン・コンセンサス　49, 54,
　　　61
大農園　93
　　　──主　82, 83, 87, 121
大不況　261, 262, 273
タイポロジー　174, 181, 182, 186, 192, 242
大量失業　273
台湾　17, 19, 53, 155
ダウンサイジング　59
多角的通商交渉（ラウンド）　22, 100
多国籍企業　15, 21, 146, 149, 150, 151, 160, 171,
　　　189, 195, 201, 204, 209, 230
脱工業化　151
脱植民地　221
タバコ　80, 83, 84, 97
ターミノロジー　174, 180, 186, 199, 222, 238
短期資本　49
畜産地帯　211, 212
知識　13
　　　──集約的財　157
　　　──生産部門　13
地代　6, 25, 115, 182, 183, 201, 212, 213, 214, 215,
　　　217, 220, 226, 248

事項索引　319

——曲線　214
——収入　114
——や租税　253
知的所有権の貿易関連の側面に関する協定（TRIPS）　43
地方分権化　55
茶　28
中央銀行　83, 120
——の独立性　54
中央都市市場　220, 223
中核地域　233
中核・半周辺・周辺仮説　233
中間投入財　7, 106, 119, 146, 161, 265
中継貿易　112
——国家　112
中国　21, 22, 43, 114, 149, 150, 159, 162, 218
——人　26
——の輸出主導型成長　161
中産的社会階層　16, 82, 149, 160, 162, 181, 182, 183
中産的生産者層　181, 203
中心国・周辺国　33
——アプローチ　28, 221
中心地域（center）　218, 221
中枢・周辺説　233
中世修道院　175
中立的消費経路　276, 276
チューネン財　218
チューネン的アプローチ　218, 231
チューネン的世界　227
チューネン的同心圏　220, 227
長期平均費用曲線　136
長老制（Gerontkratie）　184, 242, 243
直接的信用規制　49
直接的非生産的利潤追求（DUP）　14, 37
直接投資　53, 54
貯蓄　16, 271
——ギャップ　267
——制約　15, 24, 267
——率　59, 267, 270, 271
チリ　8, 62, 64, 252
地理学　206
賃金　6, 7, 12, 26, 30, 215, 220, 226, 231, 234, 236, 239

——・価格スパイラル　8
——の上方硬直性　39
——率　219, 221
——労働者　181
通貨危機　48, 17
通商条約　85
通商政策　108, 118
定額小作制　257
定常状態　46
テイラー学派　56, 247
テイラー・モデル　42
ディリジスム（dirigisme）　50
適正成長率　271, 272
テキーラ効果　62
鉄鋼業　146
デフレ　8, 273
——・ギャップ　263
デモンストレーション効果　271
デリンク論　171
転換点　238, 272, 288
天職　176, 177, 178
伝統主義　114, 178, 195, 199
伝統的価値観　199
伝統的国際商品　221
伝統的自給自足部門　27, 170, 255
伝統的支配（traditionale Herrschaft）　183, 186, 197, 198, 242, 243
伝統的社会　127
伝統的農業部門　236
伝統的部門　7, 12, 25, 189, 197, 199, 201, 201, 204, 206, 222, 228, 234, 235, 236, 238, 249, 254, 265, 266, 270, 272
伝統的輸出産品　254
天然資源　157, 23, 59, 117
ドイツ　4, 80, 106, 107, 108, 111, 112, 117, 122, 128, 130, 142, 143, 145, 169, 183, 190, 199
——商人・工業主協会　107
——歴史学派　127, 191
——連邦　107
投機　24, 37, 179
——行動　281
——的外国為替取引　284
——的資本主義　192
——的商人　82

投資　8, 263
　　──財　30, 31
　　──制約　15
同心圏　206, 211, 212, 213, 215, 217, 219, 220,
　　223, 228, 229, 230, 231, 232, 234
東南アジア　171, 248
投入・産出関係　147
独占的競争　51
独占の弊害　99, 119
特別引出権（SDR）　291
独立革命　83, 84, 101
独立自営農民　183
都市型新興上流階層　121
都市部門　20
途上国　4, 5, 6, 7, 11, 12, 12, 13, 14, 16, 19, 21, 22,
　　23, 24, 25, 26, 28, 29, 30, 31, 32, 33, 38, 39,
　　40, 41, 42, 43, 44, 48, 51, 52, 54, 56, 59, 66,
　　80, 82, 85, 86, 97, 110, 111, 116, 121, 123,
　　125, 126, 132, 133, 138, 139, 140, 141, 142,
　　143, 144, 145, 146, 147, 148, 150, 151, 153,
　　154, 157, 158, 159, 160, 161, 171, 172, 174,
　　178, 184, 187, 188, 189, 190, 191, 192, 193,
　　194, 196, 197, 199, 200, 202, 204, 205, 206,
　　207, 208, 209, 210, 218, 221, 222, 223, 226,
　　227, 228, 229, 230, 231, 235, 242, 245, 246,
　　250, 251, 254, 255, 258, 260, 261, 262, 265,
　　266, 267, 268, 270, 271, 272, 273, 274, 275,
　　276, 277, 278, 280, 283, 285, 286, 287, 292
　　──経済　237
　　──の近代化　236
トダーロのパラドックス　262, 266
土地制度　128, 200
　　──改革　191
土地の限界生産力　6
土地の肥沃度　212, 232
土着的技術　249
土地レント　92
特化　187, 194, 196, 261
特権消費者社会　16, 271
ドーハ・ラウンド　43
トービン税　281, 284, 291
ドミニカ共和国　62, 64
トリックルダウン説　270
トリニダード・トバコ　64

取引費用　204
ドル化政策　58
奴隷解放　82
奴隷商人　208
奴隷制　82, 83, 87, 88, 92, 93, 95, 98, 114, 121,
　　127
奴隷貿易　196, 200, 203, 208
奴隷労働　87, 97, 208, 233
問屋制前貸し層　182

ナ行

内国為替手形　105
内生成長論　13, 42, 292
内発的もしくは外発的動機　238
内陸交通　105
ナポレオン戦争　4
軟性国家　5
南部諸邦　81
南部の大農園主　220
南部プランテーション　97
南北アメリカ　116, 196
南北間交易条件　30, 46
　　──論　37
南北経済間の非対称性　38
南北戦争　81, 109, 123, 127, 143
南北貿易　30, 25, 31, 32, 39, 170, 273
　　──モデル　38, 45, 29
　　──論　29
南北モデル　33
南北問題　187, 188
ニカラグア　64
ニクソン・ショック　264
2国2財2要素モデル　31
西インド　116
　　──会社　203
　　──諸島　83, 196
二重為替レート　158
二重構造　7, 13, 20, 26, 29, 30, 41, 170, 197, 199,
　　204, 210, 222, 226, 227, 228, 234, 238, 254,
　　270, 274
　　──モデル　6, 12, 24, 35, 38, 45, 206, 209, 229,
　　231, 235, 243, 244, 248, 249, 254, 255, 256
二重性　12, 25, 31, 238
西ヨーロッパ　101, 179

事項索引

──列強　227
日本　17, 19, 80, 123, 144, 146, 157, 162, 192, 204, 221, 246, 291
ニューエコノミー　259
ニュージーランド　252, 254
ニューディール政策　259
ニューヨーク　93, 121
　　──銀行　120
人間開発　53, 172
　　──指数　172, 202
人間存在　175
ネオケインジアン　287, 292
ネオコンサーヴァティズム　279
ネオリベラリズム　49, 52, 66, 67, 286, 287, 290, 291
熱帯産品　252
熱帯地域　26, 27, 110, 252, 253, 254, 255
ネポティズム　197
年季契約奉公人　208
年貢　87, 88
農園主　94, 98, 100, 101, 102, 103
農業改革　246
農業階級　86
農業経営者　215, 230, 232
農業圏　218, 230, 232
農業自給部門　236
農業資本主義　182
農業者　92, 93, 94, 100, 102
農業段階　110
農業中心型経済　25, 92, 93
農業部門　12, 93, 94, 228, 233, 235, 238, 246, 247, 249, 254
農業保護政策　43
農業補助金　35
農業立国　94
　　──主義　87
農業立地論　215, 229
農業労働者　26, 215, 246, 254
農工部門均衡成長論　103
農工立国　94
　　──論　95
農産物　8
農場経営者　212, 217, 221
農村共同体　258

──原理　209
農奴制　114
農民　95, 248
　　──一揆　248
　　──層分解　128

ハ行

ハイパーインフレーション　62
バステーブルのテスト　136, 152, 158
発展段階説　122
パトロン＝クライアント関係　25, 87, 197, 201, 235, 239, 242, 244, 248, 249
パナマ　64
バプティスト派　176
バブル　57
　　──経済　192
　　──現象　203
ハミルトン体制　125
パラグアイ　62, 64
パリ　107
パーリア　180, 189, 191, 193, 200
　　──力作型　193, 199
ハリス＝トダーロ・モデル　38, 265
パレート最適　9, 50
ハロッド＝ドーマーの成長モデル　268, 269, 285, 288, 292
バンコール（Bancor）　291
半封建主義　86
比較経済史　269
比較静学　9
比較生産費説　21, 261, 262, 277
比較体制論　43
比較優位　19, 30, 60, 132, 133, 136, 137, 138, 150, 152, 155, 157, 158, 261, 276
　　──産業　135, 139, 148, 153, 157, 160
　　──の原理　4, 17, 209, 250
比較劣位　132, 136, 138, 261, 276
　　──産業　139
東アジア　19, 20, 37, 48, 120, 153, 159, 171, 192, 269, 284, 290
　　──経済学派　171, 172
　　──地域　14
　　──的開発主義　21, 22, 53
　　──的開発主義者　17

事項索引

——NIEs 51, 66, 150, 151
東インド 114
——会社 124, 203
東ヨーロッパ 162, 192
非関税障壁 36
非効率 11, 14, 23, 37
非合理的資本主義 180
非合理的な経済主体 247
非資本制部門 25, 233, 234, 236, 239, 248
非主流派 269
非食料系一次産品 28
美人投票コンテスト 281, 292
非生産的階級 87
非耐久消費財 187
ビッグプッシュ説 20, 43, 50, 270
ビナイン・ネグレクト 273, 277, 280
ピュウリタニズム 179
ピュウリタン 177, 179
——革命 203
非ヨーロッパ世界 205
肥料 18
貧困削減 49, 52, 54, 55, 60, 162, 171, 202
——戦略 66
——戦略文書 (PRSP) 3, 37, 47, 49, 55
貧困の悪循環 20, 43, 270
貧富の格差 82, 83, 195
フィフスベストの政策 114
フィリピン 291
封鎖経済 290
賦役労働 115
フェルドルン効果 7, 153
フェルドルンの法則 292
フォースベストの政策 141
フォーマル部門 63
付加価値 214
不完全競争 11, 288
不完全雇用 7, 172, 260, 261, 263, 272
不完全情報 172
——問題 171
不況局面 285
不均衡 9, 10
——成長 145
——成長論 5, 20, 257, 270
不均等発展 45

複数為替レート 158
複数のギャップ・モデル 283, 292
不景気 259
不公正 52
婦女子や児童の労働 90
プッシュ装置 227
物的限界生産力 241
——曲線 256
物的資本 10, 13, 117, 268, 269
物的平均生産力 241
——曲線 256
不等価交換 33, 45
浮動性 60
部分均衡分析 131, 133, 138, 139, 142
ブラジル 22, 43, 58, 62, 64, 243, 246
フランス 84, 86, 107, 175, 188
——革命 4
プランター 92, 97, 98, 100, 124
プランテーション 6, 12, 25, 26, 80, 82, 87, 98, 189, 194, 200, 204, 208, 221, 223, 227, 231, 243, 249, 253, 254
プリンシパル (依頼人) 257
プル装置 227
ブレトン・ウッズ体制 47, 48
プレビッシュ仮説 32
プレビッシュ経済学 32, 273, 277, 279, 283, 286
プレビッシュ思想 289
プレビッシュ＝シンガーによる交易条件仮説 29
プレビッシュ＝シンガー命題 26, 36, 39, 194, 289
プレビッシュの工業化論 270
プロダクト・サイクル論 111, 151, 204
プロテスタンティズム 82, 175, 176, 177, 178, 179, 180, 190, 191, 192, 193
フロンティア領域 223, 228
分益小作制 25, 233, 257
文化人類学 6, 25
分業 89, 117, 125
分極化 270
分配上の正義 99
平均生産力 6, 170, 209, 224, 230, 240
——曲線 240
——原理 25

事項索引

――の概念　238
――評価　26, 222
平均費用　154
ヘクシャー＝オリーンの貿易モデル　30
ベスト・プラクティス　160
　　――・マニュファクチュアリング　196
ペソ危機　58, 62
ペルー　62, 64, 245
ペンシルヴェニア　107
　　――協会　103
変動為替相場制度　264
変動レート　158
　　――制　58
貿易可能財　27
貿易差額　85
貿易三角形　138
貿易乗数　290
貿易政策　14, 17, 51
貿易戦略　11, 42
貿易の自由化　3, 48, 54, 55, 58, 59, 60, 62, 66, 119
貿易の利益　13
貿易偏向　276
貿易論　4
法王庁　180
封建遺制　200
封建主義　87, 182, 194
　　――の復権　198
冒険商人　82
　　――的資本主義　179, 180
封建制　87, 201
封建領主　87, 200
　　――＝ユンカー（Junker）　182
報奨金（premiums）　96, 103
放牧　212
ヘクシャー＝オリーン＝サミュエルソン（HOS）・モデル　59
北西ヨーロッパ　175, 210, 220, 230, 254
　　――の近代化　175
牧畜段階　109
北部諸邦　80
北部の商工業　98
保護関税　96, 99, 100, 101, 107, 108, 119, 121, 138, 155

――率　134
保護権（junos）　113
保護産業　118
保護主義　4, 11, 21, 22, 35, 80, 85, 91, 95, 107, 109, 112, 122, 127, 129, 130, 142, 144, 150, 250, 261, 262, 277, 282, 283
　　――運動　97, 120, 121, 127, 143
保護政策　14, 129
保護貿易　138, 172
　　――主義　84, 190
　　――体制　277
ポジ・サム社会　122
補助金　18, 118
ポスト・ワシントン・コンセンサス　284
没価値　173
ホモエコノミクス　12, 169, 182, 205, 217, 230, 236, 237, 244, 248, 254, 258
ボリヴィア　62, 64
ポリシー・ミックス　102, 260, 263, 265, 280, 286
ポリティカル・エコノミー　37
ポルトガル　84, 112, 113, 116, 180
本源的資本蓄積　81
ホンジュラス　64

マ行

マーカンティリズム　124
マクロ経済　19, 284
　　――学　260, 280, 286, 288
　　――政策　262, 264, 282
マクロ指数　28
マクロの理論　10
マクロ・モデル　15
マサチューセッツ州　97
マニュファクチュア　125
マネタリスト　8, 9, 15, 42, 286
マルクス学派　188, 220, 233
マルクス主義　45
マルサス点　242, 244
マレーシア　291
マレー半島　243
慢性的インフレ　265, 273
マンデル＝フレミングのトリレンマ　24, 43
未開段階　109

ミクロ経済学　9, 25, 280
ミクロ経済単位　9
ミクロ経済の効率性　282
未熟練労働　57, 59, 60, 62, 157
南アジア　5, 188
南ドイツ　106
身分制社会　243
身分制的（ständisch）支配　185
ミルのテスト　136, 152
ミル＝バステーブル＝ケンプのテスト　132, 142
ミル＝バステーブルのテスト　152
民営化　3, 16, 48, 49, 53, 54, 55
民間資本形成　15
民主化　17
民主主義　14
ムーア人　191
　——の追放　113
無差別曲線　276
無制限労働供給　26, 30, 234, 245, 251, 258
　——説　253, 270
　——モデル　249, 272, 285
迷信　178, 199
名目為替レート　58
名誉革命　124, 203
メキシコ　48, 58, 59, 62, 64, 246
メスタ　113
メシュエン条約　113
メソジスト派　176
メノナイト派　176
綿花　28, 80, 83, 97, 104
　——プランテーション　196
綿工業　110
綿繊維製品　19
戻し税　85
モノエコノミクス　42, 189, 248, 283, 291
モノカルチャー　15, 81, 123, 144, 159, 189, 209, 221, 235, 250, 253
　——的構造　21, 83, 98, 123
　——的産業構造　22, 143, 206, 208, 223
モラル・エコノミー論争　248
モラル原理　248, 249, 253

ヤ行

夜警国家論　129
優遇利子　148
　——率　156
有効需要　58, 281
　——の原理　270
有効保護率　11
ユグノー　175
輸出オプティミズム　32, 209
輸出加工区　21, 161
輸出産業　135
輸出指向　42, 143
　——局面　153, 158
　——工業化　12, 21, 66, 148, 149, 150, 153, 158, 161, 192, 207, 234, 250, 262, 278
　——工業部門　159
　——産業　152
　——部門　150
輸出主導型成長　32, 29, 149
輸出主導の経済成長　253
輸出奨励金　97, 125
輸出奨励措置　85
輸出所得安定化制度（STABEX）　290
輸出振興　98
輸出信用　156
輸出促進　43, 55, 60
　——措置　96
輸出対応　15
輸出代替　161
輸出ペシミズム　5, 7, 15, 17, 23, 32, 85, 86, 92, 98, 209, 227, 251, 261, 267, 278
輸出補助金　58, 140, 141, 155, 156, 158, 159
輸出向け一次産品部門　206, 210, 222, 223, 224, 227, 228, 230, 231, 235, 236, 245, 247, 249, 250, 252, 254, 283, 285, 289, 27
輸送費　211, 212, 213, 217
ユダヤ教　179
　——徒　180
ユダヤ人　179, 191
　——の追放　113
輸入関税　99, 101, 103, 104, 118, 129, 154
輸入許可証　132, 135, 141
輸入数量規制　48, 58

事項索引 325

輸入数量割当 140
輸入制限 19
——措置 85, 86
輸入代替 42, 43, 154, 195, 254
——局面 153
——効果 155
——工業化 (ISI) 5, 9, 12, 16, 17, 21, 22, 23, 47, 54, 66, 81, 85, 86, 96, 97, 98, 101, 110, 111, 123, 132, 142, 143, 144, 145, 148, 149, 150, 152, 158, 161, 187, 192, 207, 234, 250, 257, 261, 262, 277
——工業化政策 283
——工業化戦略 278
——工業部門 133, 140, 141, 159, 190, 283, 289
——産業 134, 135, 152
——部門 150, 151, 154
要素移動 13, 218, 231, 252
要素価格 7
——均等化 30
——均等化定理 11, 30, 59
要素交易条件 27, 28, 35, 38, 44, 252, 253, 254, 255, 256, 258
要素市場 7, 43
要素集約度 206, 217
要素の固定比率 267, 271
要素の代替可能性 292
要素賦存 59
要素報酬 6, 60
幼稚産業 84, 95, 97, 110, 117, 119, 124, 129, 131, 133, 134, 135, 138, 139, 140, 141, 142, 143, 145, 147, 149, 150, 151, 152, 153, 154, 155, 158, 159, 160, 162, 187, 190, 220, 235
——論 4, 7, 51, 79, 80, 81, 84, 86, 97, 98, 101, 106, 108, 109, 118, 120, 121, 122, 123, 129, 130, 132, 133, 139, 142, 143, 144, 145, 148, 149, 150, 154, 157, 158, 159, 160, 161, 169, 170, 199, 207, 208, 234, 250, 279, 283
羊毛 28, 106
——工業 110
予見可能性 46
余剰 87
——はけ口 (vent for surplus) 91
——労働 29, 30, 222, 227, 240, 265, 270, 285

——労働経済 38
——労働説 44, 50
——労働力 272
予定説 175, 176
予定調和 116
ヨーマンリー (独立自営農民層) 183, 195, 181
ヨーロッパ 20, 34, 87, 91, 107, 113, 183, 200, 219, 220
——系移民 26, 27, 252, 254
——人 200

ラ行

ライセンス 18
ラテンアメリカ 8, 14, 15, 16, 23, 23, 29, 35, 36, 40, 41, 42, 46, 47, 48, 49, 50, 52, 53, 54, 57, 58, 59, 60, 61, 64, 65, 66, 67, 149, 150, 159, 161, 187, 190, 190, 201, 207, 223, 247, 265, 269, 284, 286, 288, 290
——・カリブ海地域 43
——構造学派 231
——構造主義 250, 282
リヴァイアサン国家 14
リヴィジョニスト 52, 290
リカードゥ型戦略 209
利権 94, 180
利己心 203
利潤 25, 81, 92, 94, 182, 183, 201, 212, 217, 220, 226, 231, 239
——最大化 12, 25, 31, 236
——最大化原理 239
——実現 28
——動機 183, 230
——動機の生産システム 226
利子率 48, 49, 60
利他心 203
立地論 206, 217, 226
利得動機 81, 180, 189, 192, 203
掠奪資本主義 179
流動性選好説 281
離陸 127, 269
林業 211
輪栽式農業 211, 212
輪作 212
——地 211

リンネル　104
累進的直接税　16
ルイス的世界　227
ルイス的二重構造　31
ルイス・モデル　6, 230, 233, 236, 244, 245, 254
累積債務　24
累積的因果律　5, 20
歴史学派　169
歴史経済学　170
歴史的構造　207
レコンキスタ（国土回復運動）　113, 180, 191
レッセ・フェール　273
連関効果　41, 145, 146, 147, 148, 149, 161, 207, 270
レント　14, 19, 87, 93, 204
　　――・シーカー　19
　　――・シーキング　14, 18, 19, 20, 23, 37, 94, 125, 132, 135, 140, 141, 151, 159, 161
連邦主義　105
連邦政府　83, 105
連邦派　97
ロイトリンゲン　106
労働　13
　　――移動　26, 44, 170, 210, 222, 223, 238, 247, 252, 285
　　――移動説　20, 24, 38, 172, 231, 238, 255, 290
　　――移動モデル　223, 233
　　――組合圧力　39
　　――市場　7, 32, 54, 55, 216, 217
　　――市場の均衡条件　219
　　――者　12, 27, 28
　　――集約的工業製品　42
　　――集約的工業部門　150
　　――集約的産業　148
　　――集約度　140, 141, 148, 219, 220, 223
　　――集約度曲線　217
　　――需要　59
　　――生産性　44, 58, 272
　　――と資本間の固定比率　267
　　――の限界生産力　6, 26, 31, 219, 222, 234, 240, 244, 245
　　――のプッシュ装置　223
　　――の物的限界生産力　215, 217, 221, 225, 226, 231, 232
　　――の物的平均生産力　225, 226, 231
　　――のプル装置　223
　　――の平均生産力　227, 236, 244
　　――の無制限供給　238
　　――余剰　39
ロシア　192
ロビンソン・クルーソウ的「経済人」　181
ロメ協定　290

ワ行

ワシントン　41
　　――・コンセンサス　3, 24, 37, 40, 41, 47, 48, 50, 51, 52, 53, 54, 56, 65, 66, 171, 172, 260, 262, 279, 284, 286, 287

各章の初出は以下のとおり

第1章　初期構造主義から新構造主義へ　『岐阜聖徳学園大学紀要〈教育学部編〉』第42集，2003年2月／第44集，2005年2月（原題「構造主義の復権は可能か──新旧構造学派の総合をもとめて──」および「新構造主義の展開」を加筆修正，なお前者を基礎に同志社大学グローバル経済学会［2003年5月］にて「グローバル経済下の国家と市場」として研究報告）

第1章補遺　新構造主義による新自由主義評価　書き下ろし

第2章　幼稚産業論の原型──ハミルトンとリストのケース──　『岐阜教育大学紀要』第33集，1997年2月／第34集，1997年9月（原題「リスト，ヴェーバーの分析視角と開発論」のリストに関する部分および「A. ハミルトンの『製造工業に関する報告書』と開発論」を加筆修正）

第3章　幼稚産業論の発展　『岐阜教育大学紀要』第35集，1998年2月／『岐阜聖徳学園大学紀要〈教育学部　外国語学部〉』第36集，1998年9月（原題「幼稚産業論と開発論」および「幼稚産業付論」を加筆修正，なお第2章と第3章は名古屋大学経済学部での隔年講義［1999／2001］「産業構造」の講義ノートとして一部使用）

第4章　ヴェーバーと開発論　『岐阜教育大学紀要』第33集，1997年9月（原題「リスト，ヴェーバーの分析視角と開発論」のヴェーバーに関する部分を加筆修正）

第5章　フォン・チューネンと開発論──チューネンからルイスへの視座──　『岐阜聖徳学園大学紀要〈教育学部　外国語学部〉』第38集，1999年9月（原題「フォン・チューネンの分析視角と開発論──チューネン的世界とルイス的世界との一総合──」を加筆修正）

第6章　ルイス問題再考　『岐阜聖徳学園大学紀要〈教育大学　外国語学部〉』第39集，2000年2月（原題「ルイス問題再考」を加筆修正）

第7章　ケインズと開発論　『岐阜聖徳学園大学紀要〈教育学部編〉』第43集，2004年2月（原題「ケインズの分析視角と開発論」を加筆修正）

著者略歴

宮　川　典　之
（みや　がわ　のり　ゆき）

1954 年	長崎県に生まれる
1978 年	同志社大学商学部卒業
1988 年	早稲田大学大学院経済学研究科博士後期課程単位取得満期退学
現　在	岐阜聖徳学園大学教育学部および大学院国際文化研究科教授
専　攻	開発経済論，国際経済論

この間，早稲田大学社会科学研究所と同現代政治経済研究所の特別研究員，名古屋大学経済学部，南山大学経済学部，椙山女学園大学生活科学部，中部大学大学院経営情報学研究科の兼任講師を歴任。

著　書　『国際経済開発の動向』（共著），高文堂出版社，1989 年
　　　　『開発論の視座―南北貿易・構造主義・開発戦略―』，文眞堂，1996 年
訳　書　A. M. エルアグラ『EC の貿易政策―貿易の理論と政策―』（共訳），
　　　　文眞堂，1992 年
　　　　H. M. シュワルツ『グローバル・エコノミー―形成と発展―Ⅰ・Ⅱ』
　　　　（共訳），文眞堂，2001／2002 年

開発論の源流
――新構造主義・幼稚産業論・学際的アプローチ――

2007 年 3 月 20 日　第 1 版第 1 刷発行　　　　　　　　検印省略

著　者　宮　川　典　之

発行者　前　野　眞太郎

東京都新宿区早稲田鶴巻町 533

発行所　株式会社　文　眞　堂
電話 03（3202）8480
FAX 03（3203）2638
http://www.bunshin-do.co.jp
郵便番号 (162-0041)　振替 00120-2-96437

印刷・モリモト印刷　　製本・イマキ製本所
©2007
定価はカバー裏に表示してあります
ISBN978-4-8309-4572-4　C3033